Max Bense

# Ausgewählte Schriften

Band 1

Philosophie

# Max Bense

# Ausgewählte Schriften in vier Bänden

Herausgegeben und mit Einleitung,
Anmerkungen und Register versehen
von Elisabeth Walther

Verlag J. B. Metzler
Stuttgart · Weimar

# Max Bense

# Ausgewählte Schriften

## Band 1 Philosophie

Verlag J. B. Metzler
Stuttgart · Weimar

Dieses Werk wurde unterstützt durch:
Baden-Württembergische Bank AG
Stiftung Landesgirokasse
Landeshauptstadt Stuttgart

WÜRTH®

Dieses Werk wurde gefördert
mit Mitteln der
Adolf Würth GmbH & Co. KG.

Die Deutsche Bibliothek – CIP-Einheitsaufnahme

**Max Bense:**
Ausgewählte Schriften : in vier Bänden / Max Bense. Hrsg. und mit Einl., Anm. und Reg. vers. Von Elisabeth Walther. – Stuttgart ; Weimar : Metzler
ISBN 3-476-01564-5

Bd. 1. Philosophie. – 1997
ISBN 3-476-01565-3

Gedruckt auf säure- und chlorfreiem, alterungsbeständigem Papier

ISBN 3-476-01565-3


Satz: Typomedia Satztechnik GmbH, Ostfildern
Druck und Bindung: Franz Spiegel Buch GmbH, Ulm
Printed in Germany

Verlag J.B. Metzler Stuttgart · Weimar

# Inhalt

# Einleitung

Mit dieser Ausgabe in vier Bänden werden Schriften von Max Bense (geboren am 7. 2. 1910 in Straßburg/Elsaß, gestorben am 29. 4. 1990 in Stuttgart), die seit langem vergriffen sind, wieder zugänglich gemacht.[1] Da sein Werk sehr vielschichtig ist – es umfaßt philosophische Essays, Abhandlungen zur Ästhetik, Semiotik, Philosophie der Mathematik, Natur und Technik sowie kulturpolitisch-polemische Traktate und poetische Texte –, sind hier jeweils nur einige typische Werke aus den genannten Gebieten aufgenommen worden. Vieles, was die Leser vermissen könnten, muß einer späteren Veröffentlichung vorbehalten bleiben.

Die Entwicklung des Gesamtwerks weist sachliche Schwerpunkte in einer gewissen zeitlichen Folge auf, so daß die einzelnen Bände nach sachlichen Gesichtspunkten zusammengestellt und in sich nahezu chronologisch angelegt werden konnten. Zeitliche und sachliche Überschneidungen waren aber nicht zu vermeiden. Band 1 enthält frühe philosophische Schriften, Band 2 Schriften zur Philosophie der Mathematik, Naturwissenschaft und Technik (Einleitung: Elisabeth Emter), Band 3 ästhetische und semiotische Bücher (Einleitung: Helmut Kreuzer) und Band 4 poetische Texte (Einleitung: Friederike Roth).

Ich möchte Bernd Lutz danken, daß der Metzler-Verlag diese Ausgabe veröffentlicht, der Deutschen Forschungsgemeinschaft, daß sie Mittel für eine Mitarbeiterin zur Verfügung stellt, Elisabeth Emter, Helmut Kreuzer und Friederike Roth, daß sie jeweils in einen der Bände einleiten und Anita Kernwein, daß sie so engagiert an den Vorbereitungen und Korrekturen des gesamten Materials mitwirkt.

Juli 1997 — Elisabeth Walther

# Erläuterungen zu Band 1

Max Bense war gleichermaßen an Philosophie, Naturwissenschaften, Literatur und bildender Kunst interessiert. Während der Schulzeit, mit etwa 16 Jahren, begann er zu schreiben, und zwar philosophische Abhandlungen, Gedichte und ein Theaterstück. Daneben malte er und beschäftigte sich mit naturwissenschaftlichen Experimenten. Die ersten mir bekannten Veröffentlichungen stammen aus dem Jahr 1930. Bevor 1934 sein erstes Buch erschien, hat er zwischen 1930 und 1934 als Student an der Universität Bonn – er studierte Physik, Mathematik, Geologie und Philosophie – zahlreiche Abhandlungen, Rezensionen und Berichte sowie ein Hörspiel in Zeitschriften, Zeitungen und am Reichssender Köln veröffentlicht. Seine intensive Mitarbeit am Rundfunk hörte überraschenderweise im Frühjahr 1936 auf. Nachforschungen ergaben, daß ab März 1936 in ganz Deutschland nur noch wenige wissenschaftliche, philosophische oder literarische Beiträge gesendet wurden. Auch die eigenständige Arbeit der Sender wurde durch zentral gesteuerte politische Sendungen, Musik und Sport abgelöst. Der Vorwand war die Vorbereitung der Olympischen Spiele, der eigentliche Grund aber offensichtlich die »Gleichschaltung«. Erst nach dem zweiten Weltkrieg hat Max Bense wieder an verschiedenen Rundfunksendern mitgearbeitet.

Noch als Schüler hat er sich dem Freundeskreis der »Rheinischen Gruppe« um den Dichter Goswin P. Gath in Köln angeschlossen und wurde ein anregender Partner, der die Publikationen der Physiker, Mathematiker, Geologen, Philosophen und Schriftsteller dieser Jahre aufmerksam las, rezensierte und mit den Freunden diskutierte. Im ersten und einzigen Heft der Zeitschrift der Rheinischen Gruppe, *Aufriß*, erschien 1930 sein erster Artikel mit dem Titel »Kausalität«[2]. In einer Sitzung der Gruppe las er aber auch aus seinem Hörspiel »Flucht vom Pol« nach der

Novelle von Stefan Zweig vor, das der Sender Köln 1930 produzierte, von dem jedoch keine Unterlagen mehr existieren. In dieser Zeit gründete er als Zwanzigjähriger eine »Kosmotechnische Gesellschaft«, als deren »Präsident« er öffentliche Vorträge über Kosmologie und Anthropologie hielt. Es waren die Jahre seiner Begeisterung für die »Welteislehre«, die ihn eine kurze Zeit lang fesselte und in deren Zeitschriften er anthropologisch-kosmologische Artikel publizierte.

Sein frühes politisches Interesse geht z. B. aus der Abhandlung »Zur Metaphysik der abendländischen Problematik«[3] hervor, die er im Juli 1932 in der Zeitschrift *Gegner* von Harro Schulze-Boysen veröffentlichte. Er muß die politische Einstellung von Schulze-Boysen gekannt haben; denn dieser hatte schon früh eine Widerstandsgruppe gegen die Nationalsozialisten gegründet und gehörte später zur »Roten Kapelle«. Er wurde am 12. Dezember 1942 mit seiner Frau und anderen Hitler-Gegnern hingerichtet. Max Bense und seine Freunde der Rheinischen Gruppe lehnten die neuen Machthaber ebenfalls ab und scheinen mit anderen Gruppen Kontakt gehabt zu haben.

Neben philosophischen und naturwissenschaftlichen Arbeiten verfolgte Max Bense seine literarischen Neigungen. Gelegentlich verblüffte er sogar Literaturwissenschaftler mit der Rezitation von Gedichten in voller Länge. Im Nachlaß sind verschiedene frühe Manuskripte mit philosophischen Aphorismen, Gedichten, dem Fragment des in der Schule aufgeführten Theaterstücks »Das Gebet des Moses«, dazu kleinere philosophische Arbeiten und Reden enthalten. Er war ein großer Verehrer der zeitgenössischen Literatur, z. B. von Rainer Maria Rilke, Stefan George, Hugo von Hofmannsthal und Gottfried Benn. Im Januar 1935 rezensierte er Benns Buch *Kunst und Macht*[4], das nach dem Krieg Anlaß war, die Verbindung Benns mit den Nationalsozialisten anzuprangern. Max Bense war verständnisvoller als viele andere; in seiner Besprechung vom Januar 1935 bemerkt er: »Die Macht ist nichts ohne Idee, und Vitalität allein bedeutet nichts ohne Geist ... Denn im Tiefsten glaubt er [Benn] daran, daß das ›Politische Reich‹ der Deutschen niemals ohne ein ›Geistiges Reich‹ bestehen kann.« Am 6. Mai 1935 teilte ihm Benn dann auf einer Postkarte aus Hannover mit, daß er Berlin verlassen habe. »Hatte den Kulturbetrieb satt« lautet einer der wenigen Sätze.

Für den schöpferischen Umgang mit der Sprache, und zwar auf allen Gebieten, sei es in Literatur, Mathematik, Geologie, Physik oder Philosophie, ist der Aufsatz »Stilisten der exakten Wissenschaft«, eine Randnote vom 2. Juli 1937 in der *Kölnischen Zeitung*[5], einer der frühen Belege. Neben literarischen Fragen haben ihn Sprachprobleme stets interessiert und er hat seine Einsichten in die Macht der Sprache immer wieder einmal, insbesondere in seinen ästhetischen und semiotischen Untersuchungen, differenziert entwickelt.

Max Benses programmatischer Text »Manifest des existentiellen Rationalismus 1951«[6] wird als seine eigene Einleitung den Schriften in Band 1 vorangestellt. Das Abweichen von der chronologischen Anordnung ist deshalb gerechtfertigt, weil er in diesem Manifest seine philosophische Grundkonzeption, an der er zeitlebens festhielt, in knappen Sätzen darlegt. Was er von Anfang an zu vereinbaren suchte: Rationalität und menschliche Existenz, ist darin programmatisch zusammengefaßt. Die nachfolgenden Schriften sind chronologisch angeordnet, und zwar: *Raum und Ich* (1934), *Aufstand des Geistes* (1935), *Über Leibniz* (1946), *Umgang mit Philosophen* (1947), *Descartes und die Folgen* (1955) und *Ungehorsam der Ideen* (1965).

Das Buch *Raum und Ich*[7] ist das erste Werk des jungen Studenten. Verschiedene Konzeptionen der nachfolgenden Bücher, Abhandlungen und Vorträge sind darin bereits enthalten. Es wurde von ihm selbst im Tagebuch Ende 1933, nachdem er es dem Verlag zugeschickt hatte, als »Quellwerk« bezeichnet. Auch wenn manche Passagen vielleicht etwas zu ernst und zu pathetisch formuliert sind, so ist es doch von großer Tiefe und Begeisterung erfüllt. Vorbereitet wurden seine Konzeptionen u. a. in der Abhandlung »Die Wendung zum Symbol« von 1933[8]. Selbstverständlich sind in *Raum und Ich* noch Abhängigkeiten von anderen Philosophen, insbesondere von Max Scheler, zu entdecken, dessen Anthropologie ihn stark beeinflußte und den er in dem posthum veröffentlichten Buch *Die Eigenrealität der Zeichen* (1992) noch einmal ausführlich zitiert. Auch der Einfluß Kierkegaards und Nietzsches ist nicht zu übersehen. Ziemlich unabhängig von Vorbildern hat er jedoch die Beziehungen zwischen Mathematik und Ästhetik sowie die grundlegende Bedeutung der Zeichen in Wissenschaft und Kunst neben den Ausführungen über den »Raum«, über das »Ich«, über »Geist und Gestalt« usw. dargelegt. Seine späteren ästhetischen Schriften basieren auf den Konzeptionen dieses ersten Buches.

Das zweite Buch in Band 1, *Aufstand des Geistes*[9], ist nicht nur eine erkenntnistheoretische, sondern auch eine philosophisch-politische Schrift, die dem »Willen zur Macht« den »Willen zum Geist« (es sollte ursprünglich diesen Titel erhalten), dem »Aufstand der Massen« den »Aufstand des Geistes« entgegensetzt. »Man muß neue geistige Perspektiven über dieses Abendland werfen«, schreibt er. Max Bense ist hier bereits europäisch, später auch kosmopolitisch eingestellt. Er hat den Provinzialismus, die Ideologie der Deutschtümelei und die Verherrlichung von »Blut und Boden« vehement verabscheut. Im Untertitel hat er dieses Buch eine »Verteidigung der Erkenntnis« genannt, womit die Wissenschaft in ihrer Abhängigkeit von der menschlichen Existenz gemeint ist. »Das Leben muß dem Geist begegnen, und das Maß der Erkenntnis ist ein Maß der Sicherung der Existenz«, heißt es dort. Die moderne Erkenntnistheorie hängt seiner Meinung nach von einer modernen Naturphilosophie ab, die noch zu schreiben sei; die Geisteswissenschaften hätten keine Methoden entwickelt, die für die Erkenntnis- und Wissenschaftstheorie fruchtbar gemacht werden könnten. Jedenfalls weist er einerseits auf die modernen Physiker und Mathematiker, andererseits aber auch auf die Existenzphilosophen wie Kierkegaard, Heidegger und Jaspers sowie auf Nietzsche hin, da beide Seiten, die Naturwissenschaften und die Existenzphilosophie, für seinen »existentiellen Rationalismus« grundlegend sind. Das Buch ist jedoch auch ein Angriff auf die neuen Machthaber, deren »drittem Reich« er das »innere Reich« entgegenstellt, sowie auf die Lebensphilosophie, insbesondere auf Klages, den er hier aber teilweise noch respektiert.

Eine konsequentere Haltung nimmt er in dem Pamphlet *Anti-Klages*[10] ein, das er 1937, also drei Jahre später, im Widerstandsverlag von Ernst Niekisch veröffentlichte. Er hat darin Ludwig Klages' *Der Geist als Widersacher der Seele*[11] mit aller Schärfe angegriffen, was ihm die offene Feindschaft gewisser Kreise der Nationalsozialisten einbrachte, von deren Seite man lesen konnte: »Wir stehen zu Ludwig Klages.« Leider kann dieser und einige andere Traktate in diese Ausgabe nicht aufgenommen werden.

Da die Schriften zu Kierkegaard ebenfalls nicht einbezogen werden können, möchte ich wenigstens auf sie hinweisen; denn Kierkegaard war, wie gesagt, eines der wichtigsten Vorbilder Max Benses, auf dessen Existenzbegriff er hauptsächlich fußt. 1937 hat er mit seinem Freund Peter Schäfer als Übersetzer ein *Kierkegaard-Brevier*[12] herausgegeben und eingeleitet; 1939 die Einführung zu Kierkegaards *Entweder-Oder*[13] geschrieben und 1942 *Sören Kierkegaard, Leben im Geist*[14], eine kleine Werk- und Lebensbeschreibung, veröffentlicht. In vielen Büchern und Artikeln hat er Kierkegaard immer wieder zitiert oder zum Ausgangspunkt seiner eigenen Vorstellungen gemacht. An der Universität Stuttgart hat Max Bense später verschiedene Vorlesungen über Kierkegaard gehalten, die von zahlreichen Studenten aller Fachbereiche begeistert gehört wurden, vor allem vielleicht auch deshalb, weil er inzwischen als Atheist bekannt geworden war.[15]

Max Bense wurde im Dezember 1937 an der Universität Bonn zum Dr. phil. nat. promoviert. (Im Dezember 1988 wurde ihm von der Universität Bonn das »Goldene Doktordiplom« verliehen.) Seine Dissertation *Quantenmechanik und Daseinsrelativität* erschien 1938[16] (s. Band 2) und im selben Jahr veröffentlichte er im Oldenbourg-Verlag zwei weitere Bücher: *Vom Wesen deutscher Denker*[17] und *Die abendländische Leidenschaft*[18], die hier nicht enthalten sind. Im ersten porträtiert er Luther, Kepler, Leibniz, Kant, Kierkegaard, Nietzsche, Spengler und David Hilbert – ähnliche Kurzporträts hat er auch später veröffentlicht –, im zweiten gewinnt seine philosophische Haltung als Aufklärer schärfere Konturen; denn darin erwähnt er bereits den »existentiellen Idealismus«, den er später »existentiellen Rationalismus« nennt.

Von der Idee der notwendigen Demokratisierung der Wissenschaften und Philosophie im Sinne der Aufklärung überzeugt, gründete er 1939 im Oldenbourg-Verlag die Reihe »Einheit des Wissens«. Als erster Band erschien sein Buch *Geist der Mathematik*[19]. Als zweiter Band folgte 1941 seine *Einleitung in die Philosophie*[20] und trotz des Krieges gab er noch drei weitere Bücher anderer Autoren in dieser Reihe heraus. Im selben Jahr veröffentlichte er das schmale Buch *Aus der Philosophie der Gegenwart*[21], dessen Vorwort »bei der Wehrmacht, den 1. Oktober 1940« datiert ist. Darin werden die philosophischen Strömungen der ersten 40 Jahre des 20. Jahrhunderts in Deutschland, Europa und Amerika kritisch dargestellt und insbesondere die Geistfeindschaft der Lebensphilosophie den mathematisch-logischen Bestrebungen, die damals nur wenig beachtet wurden, gegenübergestellt. Die politische Philosophie Alfred Rosenbergs, dessen *Mythus des 20. Jahrhunderts* in jenen Jahren Pflichtlektüre war, wird zwar erwähnt, aber nicht weiter berücksichtigt. Es ist erstaunlich, daß sein Buch überhaupt gedruckt werden durfte; denn es befand sich nicht im Einklang mit der herrschenden Ideologie.

Max Bense bevorzugte übrigens immer kurze Texte, schmale Bücher, Essays, Aphorismen, Traktate, kleine Porträts und Skizzen. Bis Ende 1938 hatte er bereits mehr als 200 Abhandlungen, Rezensionen, Berichte, Reisebeschreibungen, Kurzporträts, Nachrufe und Radio-Stücke veröffentlicht.

Nach der Promotion trat er am 1. Februar 1938 eine Stelle als Physiker bei der I. G. Bayer in Leverkusen an, weil er es ablehnte, eine halbjährige Ausbildung in einer »Ordensschule« der NSDAP zu absolvieren, was damals zur Habilitation verlangt wurde. Er plante, im Herbst 1939, nach Beendigung seines dreimonatigen Militärdienstes, nach Amerika zu gehen, doch der Kriegsausbruch vereitelte dieses Vorhaben. Den Krieg hat er teils als Soldat (Meteorologe), teils als Physiker im medizintechnischen Labor Dr. Hollmann, das dann Rüstungslabor wurde, in Berlin, später Georgenthal/Thüringen überstanden. Nach Kriegsende war er einige Monate Bürgermeister von Georgenthal und wurde im September 1945 zum Kurator der Universität Jena berufen, wo er sich 1946 endlich habilitieren konnte. Bis 1948 hielt er gut besuchte philosophische Vorlesungen über das Zeitalter des klassischen Rationalismus, Mathematische Logik, Geschichte der Naturwissenschaften usw., bevor er im Sommer 1948 mit der Familie in den Westen floh. Obwohl er weder christlich noch konservativ oder nationalistisch, sondern »links« eingestellt war, verließ er bereits nach drei Jahren seine erste, die »Arbeiter- und Bauern-Universität« Jena. In der »Vorbemerkung« zur *Literaturmetaphysik* (1950) kann man seine Begründung nachlesen: »Ich widme diese Schrift den wenigen freien Geistern, die in Jena nach 1945 sich zusammenfanden, um das alte Spiel der europäischen Intelligenz, das Spiel um die Wahrscheinlichkeit der Wahrheit und der Schönheit, fortzusetzen, eine Weile wenigstens, um dann die Stadt, die Universität zu verlassen, weil es ihnen nicht möglich schien, in einer vorgetäuschten Verbrüderung etwas anderes als einen Zerfall der menschlichen Würde zu erkennen.« In Jena hat er im Frühjahr 1948 noch zwei seiner Studenten promoviert: Georg Klaus, der als marxistischer Philosoph bekannt wurde, aber nach Benses Flucht in den Westen, obwohl er dadurch politische Schwierigkeiten bekam, loyal zu seinem Lehrer hielt, und Klaus Schrickel, ebenfalls Marxist, der später in den Westen ging, in einem Schulbuch-Verlag in Frankfurt arbeitete und öfter nach Stuttgart kam. An der Universität Stuttgart hat Max Bense weitere 53 Promotionen betreut und durchgeführt.

Noch in Jena veröffentlichte er den dritten Text von Band 1, das Büchlein *Über Leibniz*[22], das aus zwei Essays besteht: »Leibniz und seine Ideologie« und »Der geistige Mensch und die Technik«. Der erste Text gehört zu seinen Forschungen über den klassischen Rationalismus, deren Hauptvertreter: Descartes, Pascal und Leibniz in vielen Büchern zitiert werden. Die Vorbemerkung zu Denis Diderots *Gedanken über Philosophie und Natur* (1948)[23], seine Einleitung zur Ausgabe von René Descartes' *Briefe 1629–1650* (1949)[24] sowie das Nachwort mit dem Titel »Pascals Existenz des Geistes und des Herzens. Materialien zu einer Existenzphilosophie des klassischen Rationalismus« in Blaise Pascals Abhandlung über *Die Leidenschaften der Liebe* (1949)[25] zählen ebenfalls zu seinen Untersuchungen des klassischen Rationalismus bzw. der Aufklärung. In »Leibniz und seine Ideologie« stellt er die Methoden von Descartes und Pascal dar, um dann vor allem die Leistungen von Leibniz in Mathematik, Logik, Metaphysik und Theologie zu analysieren. Er sieht in Leibniz einen Philosophen, der, ebenso Logiker wie Ästhetiker, als universaler Denker gerade nach diesem Krieg »unserer unglücklichen Welt nottue«. Übrigens verstand er unter Ideologie hier noch die »Begriffslehre« oder »Ideenlehre«, ohne jede negative Wertung. Im zweiten Essay: »Der geistige Mensch und die Technik« verteidigt er die Technik als eine geistige Leistung des Menschen, die sich im wesentlichen nicht von anderen geistigen Leistungen unterscheide. Vor allem führt er den Begriff der »Perfektion« hier an, nicht nur um das ständige Bemühen der Techniker um Verbesserungen ihrer Gebilde, sondern insbesondere die Perfektion des Denkens darzustellen. Selbstverständlich sieht er auch die Gefahren der technischen Welt und fordert daher vom technischen Menschen, die Dinge, die er hervorbringt, »geistig in der Hand zu halten«, d.h. sich seiner Verantwortung für sie bewußt zu bleiben. Er verkennt dabei aber durchaus nicht, daß die technische Intelligenz nicht die Macht besitzt, den Gebrauch der technischen Gebilde zu regeln, sondern daß sich häufig Andere – Politik, Ökonomie – ihrer bemächtigen, die diese Verantwortung nicht übernehmen können oder wollen.

Nach der Flucht aus Jena im Sommer 1948 und einer kurzen Übergangszeit als stellvertretender Präsident des von den Franzosen gegründeten »Rheinischen Kulturinstituts« in Koblenz und als Mitarbeiter an Zeitungen und Zeitschriften sowie als Vortragsredner, lehrte Max Bense von 1949 bis zu seiner Emeritierung 1978 an der Technischen Hochschule, später Universität Stuttgart. Er war ein leidenschaftlicher Lehrer und ein faszinierender Redner. Da er von seinen Themen, die er stets frei vortrug – er benutzte meistens nur kleine Zettel oder Notizblöckchen mit Quellenangaben –, durchdrungen war, zog er nicht nur Studenten aller Fachbereiche und Interessierte aus der Stadt an, sondern auch viele Hörer seiner zahllosen Vorträge in allen größeren Orten Deutschlands und später auch in vielen Städten des Auslands. Er sprach stets äußerst konzentriert und wußte seine Beredsamkeit insbesondere bei Streitgesprächen glänzend einzusetzen, ja, er ließ seinen Gegnern oft überhaupt keine Chance.

Immer wieder versuchte Max Bense, Verleger zu bewegen, Bücher in Reihen herauszubringen oder Zeitschriften zu verlegen, für die er zahlreiche Vorschläge machte. Ich erwähnte bereits die Reihe »Einheit des Wissens« im Oldenbourg-Verlag. Mit J.K. Witsch und E. von Schenk gründete er 1949 eine andere Reihe: »Dokumente des europäischen Rationalismus«, deren erster Band das genannte Pascal-Buch war. Leider wurde die Reihe nach dem zweiten Band, W.G. Hamiltons *Parlamentarische Logik und Rhetorik*, abgebrochen. Die angekündigtenTexte von Condorcet, Kant, Lessing, Collins, Bolzano, Dürer, Diderot usw. hatte er ausgewählt, um die fortschrittlichen Tendenzen auch älterer Philosophen wieder bekannt zu machen. Erwähnt sei noch, daß eine dreibändige Leibniz-Ausgabe, die vollständig beim Oldenbourg-Verlag vorlag, eine zweibändige Lessing-Ausgabe und eine Ausgabe von Kierkegaard-Briefen, die zum Druck vorbereitet waren, während des Krieges dort verlorengingen. Andere Buchprojekte wollte er während und nach dem Krieg auch mit anderen Verlegern realisieren, zum Beispiel im Staufen-Verlag in Köln verschiedene Bücher, unter anderen 1946 eine Valéry-Ausgabe mit dem Titel *Existenz des Symbolismus*, die aber nicht zustande kam. Auch die Zeitschrift *Der Zeitgeist*, für den selben Verlag geplant, kam über die Vorarbeiten dazu nicht hinaus. Der Agis-Verlag (Baden-Baden) publizierte 1955/56 die von ihm herausgegebene Zeitschrift *augenblick* (später im Bläschke-Verlag, Darmstadt und im Verlag Der Augenblick, Siegen erschienen) und die »Internationale Reihe Kybernetik und Information«, die auf seine Anregung zurückging und in der ab 1967 verschiedene seiner Bücher zu Semiotik und Ästhetik erschienen, sowie ab 1976 die Zeitschrift *Semiosis. Internationale Zeitschrift für Semiotik und Ästhetik*.

Leider können die *Einleitung in die Philosophie* (1941)[26] sowie *Philosophie als Forschung* (1947)[27] und *Hegel und Kierkegaard* (1948)[28] (die letzteren noch in Jena geschrieben) hier nicht aufgenommen werden. Auch auf die Abhandlungen »Interpretation zu Hegels ›Wissenschaft der Logik‹ von 1812« und »Theorie dialektischer Satzsysteme. Eine Untersuchung über die sogenannte dialektische Methode« (1949/50)[29], muß verzichtet werden. Neben Kierkegaard hat sich Max Bense häufig mit Hegel befaßt, was insbesondere aus seinen eigenen ästhetischen Untersuchungen hervorgeht, aber er zitierte ihn nicht nur gelegentlich, sondern publizierte z. B. auch eine Auswahl aus Hegels *Ästhetik*[30].

Die Sammlung von kleinen Texten unter dem Titel *Umgang mit Philosophen*[31] ist als viertes Buch in Band 1 aufgenommen worden, dessen Vorwort mit folgenden Sätzen beginnt: »Diese Versuche über den Umgang mit Philosophen, diese Aufzeichnungen über den geistigen Menschen sind einer leichteren Feder entsprungen ... Wir wollen durch das Ärgernis der Philosophie unter den Zuhörenden und Gebildeten jenes leise Feuer für das Unwägbare dieser Welt wachhalten. Dieses Feuer nennen wir meist Begeisterung. Und Begeisterung kommt von Geist.« Einige dieser Skizzen waren zwischen 1939 und 1944 in ähnlicher Form bereits in Tageszeitungen veröffentlicht worden. Sie präsentieren einen philosophischen Schriftsteller, der von Nietzsche gelernt und die Bewunderung für ihn nie geleugnet hat und der mit Gefühl und Verstand ironisch, amüsiert, betroffen oder mutig seine Reflexionen vorlegt. Man stößt beim Lesen, auch seiner theoretischen Schriften, übrigens häufig auf ungewöhnliche Metaphern, überraschende Vergleiche und poetische Bilder; sein Stil ist nie nur rein sachlich, sondern stets auch ästhetisch orientiert.

Neben seiner Lehrtätigkeit in Philosophie und Wissenschaftstheorie hat sich Max Bense – ich möchte das hier einfügen – auch um das kulturelle Leben seiner Studenten bemüht. Ich erinnere an seine langjährige Tätigkeit als Vorsitzender des Studium Generale der TH Stuttgart und darin insbesondere an den Arbeitskreis »Geistiges Frankreich«, den wir zusammen betreuten. Hier wurden die Studenten mit den Schriften der damals gegenwärtigen französischen Dichter, Schriftsteller und Philosophen, mit bildenden Künstlern und zeitgenössischen Musikern, mit neuen Filmen usw. bekanntgemacht. Zum Beispiel kamen Francis Ponge, Nathalie Sarraute, Pierre Barbaud und viele andere zu Vorträgen oder Lesungen. Mit kleinen Gruppen wurden zwei Frankreichreisen unternommen: 1952 nach Südfrankreich, um Jean Giono zu besuchen, das Corbusier-Haus in Marseille und den Camargue-Nationalpark u.a. zu besichtigen, die andere Reise 1954 nach Reims, Paris und zu den Loire-Schlössern.

Nach Frankreich zog es Max Bense ganz besonders stark; denn er betrachtete es als zweite Heimat, weil er die ersten neun Jahre seines Lebens in Straßburg verbracht hatte. Es verging später kein Jahr ohne mindestens eine Reise nach Straßburg, Paris, Nord- oder Südfrankreich. (In der Provence verbrachten wir nach seiner Emeritierung oft einige Monate im Jahr.) Dazu kamen Vortragsreisen in die Schweiz, nach Italien, Spanien, Portugal, Brasilien, Mexico, Israel, Japan, England, Holland und ab 1969 immer wieder nach USA und Canada. Er liebte es, unterwegs zu sein. Er war nie abhängig von einem Ort, sondern schrieb seine Bücher oder Artikel unter jeder Bedingung, im Zug, im Auto, im Flugzeug, in der Natur, im Hotel oder wo auch immer. Er hat schon 1936 Reisebilder (über Thüringen, das Moseltal, Heidelberg, das Bergische Land, Schlesien, Weimar, das Unstruttal), später vor allem Gedichte über Orte und Begebenheiten in Frankreich und Amerika veröffentlicht. Sein Buch *Brasilianische Intelligenz. Eine cartesianische Reflexion*[32] wurde unter dem Titel »Cogito auf Reisen« rezensiert. Er liebte die Urbanität von Paris, Mexico City, São Paulo, Tokio und New York, aber auch Landschaften und Dörfer, nur Kleinstädte zogen ihn nicht an. Er war auch davon überzeugt, daß man die Landschaft seiner Kindheit ein ganzes Leben lang mitführt und sie im Geist auf die neuen Orte projiziert. Von daher wird auch sein Buch *Entwurf einer Rheinlandschaft* (s. Band 4) verständlich.

Ich komme auf die Schriften, die wir für den ersten Band auswählten, zurück. Um die kritisch-polemische Seite Max Benses nicht zu unterschlagen, wird in Band 1 als fünftes Buch *Descartes und die Folgen. Ein aktueller Traktat*[33] veröffentlicht. Durch den Angriff eines ehemaligen Freundes, Gert H. Theunissen, der im Kölner Sender am 17. Januar 1956 zur besten Sendezeit am Abend unter dem Titel »Der falsche Professor« seine Absetzung forderte, erfuhr das Buch zwar drei Auflagen, hätte ihn aber beinahe seinen Lehrstuhl gekostet. An dieser Schrift schieden sich die Geister – hier große Zustimmung, dort absolute Ablehnung. Daß staatliche und kirchliche Stellen derart aggressiv darauf reagierten, wurde im Ausland kaum verstanden; man beurteilte den Angriff Theunissens sogar als einen gelungenen Werbeschachzug. Acht Jahre später, am 17. April 1964, widerrief Theunissen in der *ZEIT* alles, was er Max Bense vorgeworfen hatte, unter dem Titel »Der Fall Max Bense. Oder: Bete an, was du verbrannt hast«. Worin hatte der Grund seines Angriffs aber bestanden? Die Christen (Karl Korn hat in der *Frankfurter Allgemeinen Zeitung* Max Bense als »kleinen Antichristen« bezeichnet) fühlten sich »beleidigt«. Es war die Zeit der »moralischen Aufrüstung«, des Bekennens der persönlichen Schuld während der Naziherrschaft. Man hielt sich für moralisch, wenn man öffentlich Reue zeigte. Max Bense knüpfte hingegen an Descartes an, der die Philosophie nicht mehr als »Magd« der Theologie verstanden, sondern auch für sie ein methodisches Vorgehen gefordert hat; seine Begriffe »Zweifel und Beweis« fassen seine Grundüberlegungen zusammen. Nach Bense gehört der *Beweis* zur Rationalität und der *Zweifel* zur menschlichen Existenz, d.h. er sieht in Descartes einen Vorläufer seines eigenen »existentiellen

Rationalismus«. Keine Ideologie (nun im wertenden Sinne), weder die christliche noch die marxistische, ist seiner Meinung nach für die Wissenschaften verwendbar, weil sie keine kontrollierbare Methode besitzt. Da er Ideologien für eine Gefahr hält, greift er ihre Vertreter, die ihre sogenannten »Lehren« meistens aus machtpolitischen Gründen verbreiten, aufs schärfste an.

Im Frühjahr 1960 erschien als Fortsetzung von *Descartes und die Folgen* ein weiterer Traktat: *Ein Geräusch in der Straße*[34]. Wir können ihn hier leider nicht veröffentlichen. Er löste neue Kontroversen aus, so daß nun der Staat, d. h. die Regierung von Baden-Württemberg, eingriff. Als der Senat der TH Stuttgart die Ernennung Benses zum »persönlichen Ordinarius« beantragt hatte, hat sich ein Ministerialdirigent Ende 1960 CDU-intern gegen die »Ernennung eines Extraordinarius zum persönlichen Ordinarius«, der »wegen seiner religionsfeindlichen Schriften« bekannt sei, ausgesprochen. Die Presse griff die Äußerung auf und jedermann wußte, wer gemeint war. Prof. Martini protestierte im Namen der Abteilung. Studenten, Kollegen und der Rektor setzten sich für Max Bense, die freie Meinungsäußerung und die Lehrfreiheit in einem öffentlichen Gespräch mit dem Ministerialrat ein. Übrigens wurde Max Bense von christlicher Seite gelegentlich als »Marxist mit Ost-Gefälle«, von den Marxisten der DDR als »bürgerlicher oder kapitalistischer Idealist« bezeichnet. Der »Fall Bense« kam schließlich vor den baden-württembergischen Landtag, wurde aber nicht sofort entschieden. Schließlich schlug die SPD-Fraktion im März 1961 vor, einen zweiten Lehrstuhl für Philosophie an der TH Stuttgart einzurichten, um ein christliches Gegengewicht zu Bense zu schaffen. Dieser zweite Lehrstuhl wurde 1962 besetzt und Bense konnte im April 1963 endlich zum »persönlichen Ordinarius« ernannt werden, nachdem er bereits mit großem Erfolg zwölf Jahre lang als Hochschullehrer in Stuttgart gewirkt hatte.

Ich möchte an dieser Stelle hinzufügen, daß durch die Zeitschrift *augenblick*, die er von 1955–1960 herausgab, sowie durch seine Gründung der ersten »Studiengalerie« an einer deutschen Hochschule, in der er deutsche und ausländische junge Künstler mit kleinen Eröffnungsreden präsentierte und damit viele Besucher anzog, ein geistiges Zentrum entstand, das als »Stuttgarter Schule« (die seine Studenten betrifft) und »Stuttgarter Gruppe«, (der sich junge Künstler verbunden fühlten) bezeichnet wurde. Dazu gehörte auch Hansjörg Mayer, der nicht nur viele Texte der »edition rot« druckte, sondern selbst die moderne konkrete Poesie in Mappen herausbrachte und eine Galerie gründete. Hansjörg Mayer druckte übrigens auch Max Benses »jetzt-Text« und »Rosenschuttplatz« (1961). Beide Texte, vor allem der »Rosenschuttplatz« mit der Notation von Clytus Gottwald, wurden 1966 von der Schola cantorum (Manfred Gerbert, Ewald Liska, Theophil Maier)[35] und später verschiedentlich von der exvoco-Gruppe (Liska, Maier, Hanna Aurbacher) präsentiert. 1965 veröffentlichte Max Bense zusammen mit Reinhard Döhl ein Manifest mit dem Titel »Die ›Stuttgarter Gruppe‹. Zur Lage«, in der die Zusammenarbeit der Schriftsteller festgehalten wurde, die an der Zeitschrift *augenblick* und der »Reihe rot« sowie den Publikationen von Hansjörg Mayer beteiligt waren und mehr oder weniger streng Ziele der konkreten Poesie verfolgten. Sie hatten Kontakte zu verschiedenen Konkreten in aller Welt, von Brasilien bis Japan, von USA und Mexico bis Skandinavien, von Rumänien, Kroatien, Tschechoslowakei bis zum Irak, um nur diese zu nennen.

Durch seine theoretischen und literarischen Publikationen und Vorträge, sowie auch durch seine Vortragsreisen in Deutschland und im Ausland hat Max Bense auch der TH/Universität Stuttgart zu Ansehen verholfen.

Es gab übrigens noch weitere »Fälle Max Bense«, z. B. wegen der Sendung »Zukunft ohne Religion I« am 19. Dezember 1966 und »Zukunft ohne Religion II« am 26. Februar 1967 im Fernsehen des Hessischen Rundfunks. Diese Streitgespräche haben, wie Eugen Kogon, der Diskussionsleiter, schrieb, »Hunderte von Zuschriften zur Folge gehabt«. Max Bense beteiligte sich 1968 auch an der ZDF-Diskussion »Selbstmord und Glaube« und nachdem sein Buch *Artistik und Engagement* (1970)[36] erschienen war, gab er ein Zeitungsinterview, in welchem er als Beispiel für »Engagement« anführte, daß er den angeblichen Papstattentäter von Manila verteidigen würde. Das rückte ihn »in die Nähe eines Schreibtischtäters«, wie es hieß. In dem juristischen Gutachten für den Landtag wurde schließlich jedoch festgestellt, daß die Verteidigung eines Angeklagten nirgends ein Delikt sei und das Attentat außerdem im Ausland von einem Ausländer an einem

Ausländer begangen worden sei, d.h. die Regierung von Baden-Württemberg nicht betreffe. Damit war der Fall abgeschlossen. Manfred Rommel hat in launigen Worten in der Festschrift zum 80. Geburtstag Max Benses bemerkt: »Ihm ist etwas gelungen, was nach meiner Erfahrung kein anderer Philosoph geschafft hat, nämlich zweimal eine Diskussion im baden-württembergischen Landtag auszulösen, einmal am 2. März 1961 und das andere Mal am 4. Dezember 1970.«

Als letztes Buch in Band 1 veröffentlichen wir *Ungehorsam der Ideen. Abschließender Traktat über Intelligenz und technische Welt* (1965)[37]. Max Bense führt darin seine Ideen aus *Descartes und die Folgen* und *Ein Geräusch in der Straße* detaillierter und begründeter fort, vertritt aber die gleiche Tendenz. Der »bürgerliche (zivile) Ungehorsam«, d.h. Henry David Thoreaus Schrift *Civil Disobedience*, stand als Idee hinter der Wahl des Titels. Es handelt sich bei Thoreau wie Bense um eminent politische Schriften, jedoch nicht in dem Sinne, eine Staats- oder Regierungsform zu propagieren oder anzugreifen, sondern um die anthropologische Lage des Individuums, insbesondere des Intellektuellen, in einer staatlichen Gemeinschaft zu analysieren. Im August 1965 hatte er bereits eine Wahlrede mit dem Titel »Anti-Alternative DFU«[38] veröffentlicht, in der er zur *außerparlamentarischen Opposition* aufruft: »Die Organisation einer außerparlamentarischen Opposition darf in keinem Falle als vergeblich angesehen werden ... Es kommt aber auf eine Art von Opposition an, die globales und damit individuelles Recht vertritt, die an der Idee der Humanität stärker interessiert ist als an der Idee der Nationalität ...« Er hat mit dem Begriff »außerparlamentarische Opposition« 1966 bei den Berliner Studenten eine politische Bewegung ausgelöst, die sich auch an anderen Universitäten ausbreitete. Seine Ausführungen in *Ungehorsam der Ideen* stießen daher vor allem unter der jungen Intelligenz auf großes Interesse und das Buch erfuhr in kurzer Zeit drei Auflagen. Max Bense hat seine philosophischen Hauptideen darin um verschiedene Aspekte erweitert. Der erste Satz des Buches: »Ich schreibe nur für Intellektuelle, also gegen die Stimmungen, aber für das Bewußtsein« hat allerdings einige Leser irritiert, doch hat er sich damit eine Basis gegen die übelwollenden Zeitgenossen schaffen wollen, von der aus er seine Vorstellungen von Freiheit in Lehre und Forschung, vom Ungehorsam des Denkens, von der Unabhängigkeit der Wissenschaften von irgendwelchen Ideologien und vor allem von staatlicher und kirchlicher Bevormundung sowie über die Notwendigkeit des Atheismus[39] besser und unmißverständlicher darlegen konnte. Es hat auch heute noch nichts von seiner damaligen Frische, meine ich, eingebüßt: es ist noch ebenso aktuell wie 1965.

# Erläuterungen zu Band 2

In Band 2 werden Schriften zur Philosophie der Naturwissenschaften, Mathematik und Technik vereinigt, und zwar: *Quantenmechanik und Daseinsrelativität*, Dissertation Bonn 1937 (1938)[40], *Konturen einer Geistesgeschichte der Mathematik. Die Mathematik und die Wissenschaften* (1946, $^{2}$1948)[41], *Konturen einer Geistesgeschichte der Mathematik II. Die Mathematik in der Kunst* (1949)[42] und die Abhandlung »Kybernetik oder Die Metatechnik einer Maschine« (März 1951)[43]. Leider reicht der Platz nicht für *Der Begriff der Naturphilosophie* (1953)[44] aus, das wir gern aufgenommen hätten, weil er darin die Konzeptionen der vorhergehenden Bücher und Artikel in neuer, einheitlicher Form präsentiert und eine moderne Erkenntnistheorie auf naturwissenschaftlicher Grundlage entwirft. Es ist seine letzte Veröffentlichung zu dieser Thematik, danach hat er sich stärker der Ästhetik, Texttheorie und Semiotik sowie seinen poetischen Experimenten zugewandt. Ich möchte abschließend nur den einen Satz aus der Einleitung zur Naturphilosophie zitieren, mit dem er ihre Aufgabe definiert: »Im wesentlichen handelt also Naturphilosophie von der logischen, erkenntnistheoretischen, ontologischen, metaphysischen, fundamentalontologischen und existentiellen Demonstration der Naturwissenschaften und ihrer besonderen Gegenstände, sofern diese im Rahmen der Theorien sichtbar werden.«

Vor der Promotion hatte Max Bense sein Studium mit dem physikalischen Verbandsexamen und dem Diplom in Geologie abgeschlossen. Er war also einerseits Naturwissenschaftler und Mathematiker, andererseits galt sein Hauptinteresse jedoch der Philosophie. Alle Bereiche, mit denen er sich beschäftigte, untersuchte er vom philosophischen Standpunkt aus. Schon in der Dissertation, seiner vierten Buchpublikation, wird der Begriff der

Relativität der modernen Physik mit dem phänomenologischen Begriff der Daseinsrelativität Max Schelers[45] verglichen bzw. die Übereinstimmungen beider Relationsbegriffe herausgearbeitet. Übrigens sollte die Dissertation anscheinend wesentlich umfangreicher werden; denn im Nachlaß gibt es einige Typoskripte, die dafür gedacht waren, aber nicht publiziert wurden. Max Bense hat sich nicht gescheut, in der Dissertation auch die Verdienste der bekannten jüdischen Physiker und Mathematiker hervorzuheben. Sollte es also staatliche Verbote in dieser Hinsicht gegeben haben, wie immer behauptet wird, so hat er sie jedenfalls, im Gegensatz zu vielen anderen Wissenschaftlern jener Zeit, nicht beachtet.

Nach der Promotion hat Max Bense zwar als Physiker gearbeitet und unter dem Pseudonym Karl Zink *Physikalische Welträtsel. Ein Buch von Atomen, Kernen, Strahlen und Zellen* (1942)[46] veröffentlicht, doch war dieses Buch nicht für den Fachphysiker gedacht, sondern sollte »Gebildete und Schüler« anregen, sich mit naturwissenschaftlichen Fragen zu beschäftigen, wie er schreibt. Die pädagogische Absicht, die er später auch in dem kleinen Artikel über das »populäre Buch«[47] verteidigt, steht hier im Mittelpunkt; denn er hat sich stets als Rationalist und Aufklärer verstanden, wozu ja auch das Eintreten für die Demokratisierung und Popularisierung der Wissenschaften gehört. Seine didaktischen Fähigkeiten hängen zweifellos mit dieser Grundeinstellung zusammen. Auch war er der Ansicht, man habe etwas erst dann verstanden, wenn man es einem Laien (z. B. »der eigenen Großmutter«) erklären könne. Daß seine Bücher schwerer verständlich sind als seine Vorträge und Vorlesungen, was man vor allem von den späten Schriften zur Semiotik und Ästhetik gesagt hat, hängt wohl auch damit zusammen, daß er sich als Redner leicht auf sein Publikum einstellen konnte und auch nicht davor zurückschreckte, kuriose Beispiele zu bringen, um etwas anschaulich zu machen. Beim Schreiben muß man die Aussagen jedoch stärker verdichten, so daß die Verständlichkeit zwangsläufig leidet.

Die Bücher *Geist der Mathematik* (1939) und *Das Leben der Mathematiker* (1944)[48], eine Sammlung kleiner Mathematikerporträts, können hier leider nicht aufgenommen werden, obwohl es in der Geistesgeschichte der Mathematik nichts Vergleichbares gibt, das auch für mathematische Laien oder Amateure ebenso reizvoll wäre. Auf viele Aufsätze zur Philosophie der Mathematik[49] sei nur hingewiesen.

Die Bände I und II der *Konturen einer Geistesgeschichte der Mathematik* dürfen hier jedoch nicht fehlen, weil die Hauptthese Max Benses, daß Wissenschaft und Kunst nicht ohne Mathematik geschaffen und erklärt werden können, zum ersten Mal ausführlich, d. h. auch mit Rücksicht auf die wissenschaftsgeschichtlichen Fakten dargelegt wird. Er hat in diesen beiden Büchern nicht nur ein Panorama der europäischen Kultur und Geistesgeschichte entworfen, sondern auch die festen Verbindungen zwischen allen Bereichen menschlicher Schöpfungsfähigkeit und Intelligenz mit Hilfe der Mathematik aufgezeigt. Die Vorbereitung beider Bände reicht bis ins Jahr 1943 zurück, doch Band I konnte erst 1946 erscheinen. Mit dem Untertitel *Die Mathematik und die Wissenschaften* werden seine Reflexionen zu den verschiedenen Wissenschaften durch einen einzigen Gesichtspunkt zusammengehalten: die Mathematik soll sich als Geistesgeschichte »offenbaren«. Eine Geistesgeschichte ist kein Lehrbuch. Max Bense will keine mathematischen Sätze beweisen und auch keine mathematischen Formeln auf irgendwelche Wissenschaften anwenden, sondern will die Rolle der Mathematik in allen geistigen Bemühungen des Menschen aufzeigen. Daß er dabei auf die Reflexionen von Mathematikern und Philosophen von der Antike bis zur Gegenwart zurückgeht, ermöglicht es ihm, das mathematische Denken in seiner ganzen Fülle auszubreiten, ohne allzu sehr auf Einzelheiten eingehen zu müssen. Im Mittelpunkt seiner Darstellung steht dabei die Mathesis universalis sowie die Characteristica universalis von Leibniz, der – als einer der wichtigster Vertreter des Zeitalters des klassischen Rationalismus (1630–1750), das durch die Namen René Descartes, Blaise Pascal, Johann Bernoulli usw. bestimmt ist und bis zu Diderot und d'Alembert, also bis zur Zeit der Aufklärung reicht – die Mathematik auf nichtmathematische Gegenstände bzw. Wissenschaften angewendet und eine allgemeine Zeichensprache gefordert hat. Diese Vorstellungen von einer »verallgemeinerten Mathematik« und einer »universalen Zeichensprache« hat Max Bense aber nicht nur in diesen beiden Bänden der *Konturen einer Geistesgeschichte der Mathematik*, sondern in verschiedenen anderen Büchern zum Ausgangspunkt seiner philosophischen Untersuchungen gemacht.

Seine Vorlesungen über die Geschichte der Wissenschaften an der Universität Jena und der TH Stuttgart hängen mit diesen Grundkonzeptionen der verallgemeinerten Mathematik zusammen. Sie zogen übrigens viele Studenten aller Fachbereiche an. Ich möchte in diesem Zusammenhang auch auf die *Briefe großer Naturforscher und Mathematiker* (1943)[50] hinweisen, die er gesammelt und herausgegeben hat, desgleichen auf die Sammlung von Briefen großer Techniker, die fast vollständig im Typoskript erhalten ist und deren Veröffentlichung von der Deutschen Verlags-Anstalt um 1948 geplant, aber dann doch nicht realisiert wurde. Hinweisen möchte ich auch auf die kleinen Schriften *Moderne Naturphilosophie* (1949)[51] und *Was ist Elektrizität?* (1950)[52].

In Band II der *Konturen einer Geistesgeschichte der Mathematik. Die Mathematik in der Kunst* (1949) stellt Max Bense Ideen vor, die er bereits in *Raum und Ich*, wenn auch nur andeutungsweise, geäußert hatte. Das Buch ist ein Panorama der abendländischen Mathematik, als Zusammenfassung von Geometrie, Algebra, Arithmetik, Topologie usw., von denen in Prosa und Poesie, in der Ornamentik und Malerei sowie in der Musik in der Zeit der Renaissance und des Barock, bei Diderot, Goethe usw. bis in unser Jahrhundert hinein Gebrauch gemacht wurde, wie er an vielen Beispielen nachweist. Daß die Ausführungen über die Mathematik in der Kunst überleiten zu ästhetischen Schriften, ist in den späteren Büchern immer deutlicher zutage getreten. In den ästhetischen Schriften zwischen 1958 und 1970 wird die Mathematik dann durch die Informations- und Kommunikationstheorie ersetzt und diese durch die Semiotik erweitert. In der Einleitung zu Band 2 wird Elisabeth Emter näher auf diese beiden Bände eingehen.

Als einzige Abhandlung wird in Band 2 »Kybernetik oder Die Metatechnik einer Maschine« vom März 1951[53] abgedruckt. Max Bense war einer der ersten, der die Wichtigkeit und Fruchtbarkeit der Kybernetik[54] für die moderne Wissenschaftstheorie und Philosophie erkannte. Daher unterstützte er 1960 auch Helmar Franks Gründung der Zeitschrift *Grundlagenstudien aus Kybernetik und Geisteswissenschaft*, für die er viele Jahre lang als Mitherausgeber tätig war und in der er einige Abhandlungen publiziert hat. Er war auch Gründungsmitglied der Abteilung für Informatik an der TH/Universität Stuttgart und obwohl er sich in seinen letzten Lebensjahren weigerte, selbst einen Computer zu benutzen, war er doch von der zukunftweisenden Rolle der Kybernetik als einer »Metatechnik« oder einer »höheren Technik« überzeugt; denn hatten die technischen Gebilde bisher die körperliche Kraft des Menschen unterstützt, so übernahmen die neuen technischen Gebilde, die der Information und Kommunikation dienen, nunmehr die Unterstützung geistiger Kräfte, wie er betont. Da er alles vom Standpunkt einer philosophischen Anthropologie beurteilt, endet sein Artikel über Kybernetik mit dem Satz: »Der Mensch als technische Existenz: das scheint mir eine der großen Aufgaben einer philosophischen Anthropologie von morgen zu sein.«

Es waren die Jahre, als Hans Reichenbach, Norbert Wiener, Gotthard Günther, Abraham Moles u. a. auf Einladung Max Benses nach Stuttgart kamen, um über ihre neuen Forschungen vorzutragen. Es waren die Jahre, als die Ästhetik zu einer »Informationsästhetik« erweitert wurde und das Kunstwerk als Träger des »ästhetischen Zustands« oder der »ästhetischen Information« bezeichnet wurde. Daß er von seiten konventioneller Kollegen damit keinen Ruhm erntete, interessierte ihn nicht und hinderte ihn vor allem nicht daran, das, was er als zukunftsträchtig erkannt hatte, zu bearbeiten, zu veröffentlichen und zu fördern, d.h. auch in seine Vorstellungen über eine moderne Anthropologie einzubeziehen.

In Vorlesungen und Gesprächen hat Max Bense immer wieder betont, daß er ohne seine mathematisch-naturwissenschaftliche Ausbildung auch die philosophischen Bereiche nicht in gleicher Weise hätte bearbeiten können, und daß es wünschenswert wäre, von jedem Philosophiestudenten eine gewisse mathematische Grundausbildung zu verlangen. Diese These vertrat er z.B. auch in der Hochschule für Gestaltung in Ulm und der Hochschule für bildende Künste in Hamburg, wo er als Gastprofessor Ästhetik lehrte. Seine Ansicht ist gewiß nicht neu – schon Platon hat die Mathematikausbildung der Philosophiestudenten gefordert –, sie muß jedoch in Bezug auf jene Zeit und Situation in Deutschland gesehen werden. Die »zwei Kulturen« – Geistes- und Naturwissenschaften –, dieses Schlagwort von Charles P. Snow[55] beinhaltet ja gerade die Trennung von Natur- und Geisteswissenschaften. Durch die Kybernetik war es nun möglich, beide wieder zu verbinden. Den Naturwissenschaftlern und Technikern fiel damit eine bis dahin nicht gekannte geistige Rolle zu – eine unerhörte Neuigkeit und Provokation. Max Bense hat zur Verbreitung dieser neuen Ideen, als Vermittler zwischen Technik und Philosophie, zwischen Natur- und Geisteswissenschaften mit verschiedenen Schriften beigetragen. Auch in vielen Vorträgen, vor allem zwischen 1946 und 1970, stellte er seine Einsichten zu diesen Problemen dar. Er betonte dabei, wie schon gesagt, auch die große Verantwortung des Menschen für die technischen Gebilde, die er hervorbringt, bestritt aber vehement, daß die Technik von sich aus »böse« sei. Daß die Verwendung technischer Erfindungen in die Hände von Ökonomen gerät, die dafür angeblich nicht verantwortlich sind, ändert an der Forderung Max Benses nichts, sondern zeigt nur, daß sie leider nicht immer berücksichtigt wird.

# Erläuterungen zu Band 3

Kulturtheoretische, ästhetische, semiotische und texttheoretische Themen werden in Band 3 zusammengefaßt. Er enthält: *Technische Existenz. Essays* (1949)[56], *Literaturmetaphysik. Der Schriftsteller in der technischen Welt* (1950)[57], *Einführung in die informationstheoretische Ästhetik. Grundlegung und Anwendung in der Texttheorie* (1969)[58] und *kleine abstrakte ästhetik* (1969)[59]. Da Max Benses *Aesthetica* (1965, ²erw. 1982)[60] sowie weitere Bücher zur Semiotik, Ästhetik und Wissenschaftstheorie noch im Handel sind, mußte auf sie verzichtet werden. Auf Vorträge, Artikel, kleinere Bücher, Beiträge in Lexika usw. zu Ästhetik und Semiotik möchte ich wenigstens hinweisen, desgleichen auf seine Arbeiten für Maler – seien es Beiträge in ihren Büchern oder Katalogen, Reden zur Eröffnung ihrer Ausstellungen, oder Bücher, die er gemeinsam mit Malern machte –, die ab 1955 erschienen. Sie hängen sowohl mit den persönlichen Beziehungen zu den Künstlern als auch mit der Gründung der Studiengalerie der TH Stuttgart im Jahre 1957 zusammen. Die über 100 Ausstellungen der Studiengalerie wurden zum größten Teil von ihm selbst eröffnet und waren somit ein Forum für die Anwendung seiner ästhetischen und semiotischen Theorien. In der Studiengalerie wurden übrigens nicht nur bildnerische Arbeiten, sondern auch Texte, z. B. der brasilianischen konkreten Poesie um Haroldo de Campos, die visuellen Texte von Francis Ponge, zweimal eine Auswahl der internationalen konkreten Poesie u. a. gezeigt, sowie die ersten Computergrafiken von Georg Nees im Februar 1965 zur Diskussion gestellt. Zu dieser Ausstellung erschien ein rot-Heft mit Max Benses Text »projekte generativer ästhetik« und den Programmen und Grafiken von Georg Nees (1965)[61]. Im November 1965 stellte dann die Buchhandlung Wendelin Niedlich in Stuttgart Computergrafiken von Georg Nees und Frieder Nake aus; weitere Ausstellungen in Hannover,

Amsterdam, Laupheim, Lissabon, Madrid, Barcelona usw. folgten. Sie wurden von Max Bense eröffnet und, um dem Publikum diese neuartigen Gebilde verständlicher zu machen, als »künstliche Kunst« bezeichnet. Anfangs teilweise stark abgelehnt, hat die Computergrafik inzwischen einen festen Platz im »Kunstbetrieb« eingenommen. Grafik-Design, Architektur und Entwurfsprozesse verschiedenster Art haben davon profitiert. In *Artistik und Engagement* (1970)[62] sowie in *Das Auge Epikurs* (1979)[63] hat Max Bense verschiedene Texte zur bildenden Kunst noch einmal zur Diskussion gestellt, die zum Teil aus Eröffnungsreden oder Katalogtexten stammen. In *Die Realität der Literatur* (1971)[64] sind seine Schriften über »Autoren und ihre Texte« enthalten.

Die erste Schrift in Band 3 ist *Technische Existenz* (1949). Das Buch besteht aus Essays, die auf Arbeiten in der ersten Nachkriegszeit in Jena zurückgehen. Es hat zwei Teile, und zwar Teil I: »Bonaventuras Reden über die deutsche Intelligenz« und Teil II: »Technische Existenz«. Max Bense bezieht sich in der Vorbemerkung auf die »zwölfjährige Regenzeit«, die nun überstanden sei und rechtfertigt sein Vorgehen, zunächst in der Maske Bonaventuras zu schreiben. Er kannte das Buch *Die Nachtwachen des Bonaventura*, das, 1804 erschienen, viele Ausgaben erfuhr und dessen Autor sich des Pseudonyms Bonaventura bediente, das schon der scholastische Philosoph Johannes Fidanza verwendet hat. Ob tatsächlich Friedrich Gottlob Wetzel (1779–1819) oder irgendein anderer der Autor war, spielte für ihn keine Rolle. Die Art und Weise, wie der Autor der *Nachtwachen* seine Zeitgenossen beschrieb bzw. belehrte, hat ihn zu den eigenen Ausführungen angeregt. Dem Humanismus stellt er in diesen Reflexionen den Humanisten, dem System die Existenz entgegen und nennt Banause den Antihumanisten. Das Buch ist eine breit angelegte Verteidigung der »technischen Intelligenz«, die sowohl anthropologisch als auch kulturpolitisch die Aufgabe der geistigen Entwicklung übernommen habe oder nun übernehmen müsse. Nur durch seine Intelligenz werde der Mensch als ein von Natur aus »schwächeres Wesen« überleben, aber ohne Wissen um die möglichen technischen Mittel, die immer größere Perfektion verlangen – und Perfektion ist ein offener Prozeß –, werde dies nicht gelingen. Technische Möglichkeiten hängen von Erkenntnissen auf allen Wissensgebieten, aber auch von der Kunst und allen schöpferischen Fähigkeiten ab, die bisher entwickelt wurden, meint er, d.h. die Verteidigung der Technik ist im Grunde eine Verteidigung des schöpferischen Menschen, des Wissenschaftlers und des Künstlers; denn sie sind gleichermaßen am Fortschritt der Menschheit beteiligt. Gegen die Technikfeindschaft wegen der angeblichen Bedrohung durch die technischen Gebilde führt er die Segnungen der Technik an, die der Erleichterung und Sicherung der Menschheit dienen. Die beginnende Beschäftigung mit Gestaltung, guter Form, Design usw. galt ihm später auch als Bestätigung der Thesen dieses Buches. Seine Lehrtätigkeit in den fünfziger und sechziger Jahren an der Hochschule für Gestaltung in Ulm und der Hochschule für bildende Künste in Hamburg sowie am Museum für moderne Kunst und an der Hochschule für Gestaltung in Rio de Janeiro hängen eng damit zusammen. Man hat Max Bense gelegentlich vorgeworfen, er sei ein Verfechter des Rationalen, also ein »kalter« Logiker, der aus der Kunst ein mathematisches Spiel ohne jedes Gefühl machen wolle, aber man hat nur die eine Seite bemerkt und hat die Verbindung von *Rationalismus und Sensibilität* (1956)[65], wie eine Sammlung von Essays heißt, vielleicht ebenso wenig ernst genommen wie seinen immer neu verteidigten »existentiellen Rationalismus«.

Wenn man das zweite Buch von Band 3, *Literaturmetaphysik. Der Schriftsteller in der technischen Welt* (1950)[66] aufmerksam gelesen hätte, würde es den Eindruck des puren Rationalismus ebenfalls korrigiert haben. Dieses Buch ist der Versuch, metaphysische, d. h. ontologische, kosmologische, anthropologische und existentielle Begriffe in die Ästhetik der »technischen Welt« einzuführen. Wir haben es heute natürlich leichter als vor mehr als vierzig Jahren, Kunst in Verbindung mit Technik zu begreifen; denn wir haben uns in Richtung der Medien entwickelt, die von der technischen Intelligenz der ganzen Welt erfunden und zur Verfügung gestellt werden. Als das Buch 1950 erschien und die vielen ästhetischen Schriften, die danach folgten, einleitete, waren solche Gedanken vielleicht zu neu, um verstanden werden zu können. Die *Literaturmetaphysik* besteht aus 36 kleinen Skizzen, die die Beziehungen zwischen Philosophie und Literatur, klassischer Ontologie und Fundamentalontologie, Sprache der Metaphysik, Logik, Ästhetik und Ethik und Sprache der Prosa und Poesie, zwischen epischer Ontologie oder ontologischer und existentieller Prosa und zwischen Zeichen und Chiffren usw. betreffen. Mit Namen von Aristoteles, Descartes, Leibniz, Nietzsche und Kierkegaard bis Heidegger und Wittgenstein, Sartre, Camus u. a. einerseits, Lessing, Goethe, Poe, Melville, Kafka, Proust, Benn usw. andererseits stützt er seine Thesen. Er spricht von der Notwendigkeit einer neuen zukunftweisenden philosophischen Wissenschaft, die aus einer »technologischen Theorie der Existenz« entwickelt werden kann. Daß die Philosophie – zumindest in Deutschland – angeblich keinen Rang mehr besitzt, wie man heute immer wieder zu hören bekommt, liegt vielleicht auch daran, daß man die Verbindung zwischen den verschiedenen Bereichen nur schwer herstellen kann, weil die philosophische Ausbildung schwächer betrieben wird als vor fünfzig Jahren. Vielleicht könnte das Lesen der Schriften Max Benses hier neue Anregungen geben.

Nach 1949 erschienen noch weitere Bücher wie z. B.: *Die Philosophie* (Zwischen den beiden Kriegen Bd. 1, 1951)[67], *Plakatwelt* (1952)[68], *Die Theorie Kafkas* (1952)[69], *Aesthetica [I]. Metaphysische Beobachtungen am Schönen* (1954)[70], *Aesthetica II. Ästhetische Information* (1956)[71], *Aesthetica III. Ästhetik und Zivilisation. Theorie der ästhetischen Kommunikation* (1958)[72], *Aesthetica IV. Programmierung des Schönen. Allgemeine Texttheorie und Textästhetik* (1960)[73]. Aesthetica I-IV wurden unter dem Titel *Aesthetica. Einführung in die neue Ästhetik* (1965)[74] in einem Band zusammengefaßt, überarbeitet und erweitert. Die zweite Auflage der *Aesthetica* von 1982, die nochmals überarbeitet wurde, ist noch im Handel.

Seine Veröffentlichungen zur Ästhetik haben Max Bense in aller Welt bekannt gemacht. Es erschienen Übersetzungen von *Metaphysische Beobachtungen am Schönen* in Argentinien, der *Aesthetica* in Italien und Kroatien, Teile der *Einführung in die informationstheoretische Ästhetik* in Spanien, Brasilien und Italien, die vollständige Ausgabe ist in Japan im Druck, der *Theorie der Texte* in der Tschechoslowakei und der *Vermittlung der Realitäten* in Polen, eines Teils von *Zeichen und Design* in China sowie der *kleinen abstrakten ästhetik* in vielen Ländern. Mit den

Übersetzungen hingen auch die Einladungen zu Vorträgen in Brasilien, Mexico, Japan, Italien, Spanien usw. zusammen sowie die einzige Auszeichnung, die er je erhielt: die Goldmedaille des 18. Kongresses »Theorie und Methodologie der Form« 1969 in Rimini, die ihm für sein ästhetisches Gesamtwerk verliehen wurde.

Die verschiedenen ästhetischen Schriften von 1934 bis 1992 kann man in vier Bereiche aufteilen: zuerst war die Mathematik und das Schöne bzw. die Mathematik in der Kunst das Hauptthema, das bereits in *Raum und Ich* und *Geistesgeschichte der Mathematik*, Band II, formuliert wurde. Danach kamen zweitens die metaphysischen, ontologisch-kosmologischen Überlegungen, die ihn insbesondere im Zusammenhang mit Literatur fesselten. Durch die Beschäftigung mit der Kybernetik bzw. Informations- und Kommunikationstheorie entstanden drittens die Arbeiten zur Informationsästhetik, in der das Kunstwerk als Botschaft, Neuigkeit, Information, und zwar als »ästhetische Information«, die sich von der »semantischen Information« unterscheidet, untersucht wird. Schließlich gewannen viertens die semiotischen Grundlagen die größte Aufmerksamkeit; denn eine Information – die semantische wie die ästhetische – wird aus Zeichen aufgebaut, so daß die Definition und Begründung der Zeichen auch eine Aufgabe des Ästhetikers ist. Max Bense hat bereits in *Raum und Ich* und anderen Schriften von Zeichen gesprochen. Während der Jenaer Zeit hatte er die Arbeit von Charles W. Morris »Esthetics and the Theory of Signs« (1939)[75] übersetzen lassen, um sie zu publizieren, was durch seine Flucht jedoch nicht mehr möglich war. Erst durch die Dissertation des amerikanischen Doktoranden Theodore A. Schulz über die Ästhetik von Charles S. Peirce (1961) und die ersten sechs Bände der *Collected Papers of C. S. Peirce*, die Schulz ihm schenkte, konnten die semiotischen Anleihen, die Morris bei Peirce gemacht hat, mit der Peirceschen Semiotik verglichen werden, so daß Max Bense erst Anfang der sechziger Jahre, von den Grundlagen der Peirceschen Semiotik ausgehend, eigene Zeichenkonzeptionen entwickeln und auch für die Ästhetik fruchtbar machen konnte.

*Semiotik. Allgemeine Theorie der Zeichen* (1967)[76] war sein erstes Buch, in dem er seine eigenen Ideen zur Semiotik darstellte. Wir können es leider nicht berücksichtigen. Ich möchte aber darauf hinweisen, daß er stets an der peirceschen Definition des Zeichens als »triadischer Relation« festgehalten hat. Das Zeichen besteht bekanntlich aus den drei Gliedern der Mittel-, Objekt- und Interpretanten-Relation. Die drei Glieder werden von Peirce wiederum dreifach unterteilt, und zwar die Mittelrelation in Qualizeichen, Sinzeichen und Legizeichen, die Objektrelation in Icon, Index und Symbol und die Interpretantenrelation in Rhema, Dicent und Argument. Die Kombination dieser von Bense »Subzeichen« genannten Glieder zu einer von gewissen Regeln abhängigen triadischen Relation, die Peirce »Zeichenklasse« nennt, ermöglicht es, jedes beliebige realisierte Zeichen detailliert zu analysieren. Max Bense verband in seiner *Semiotik* die Erläuterungen zu den Zeichen mit erkenntnistheoretischen, texttheoretischen, linguistischen, informationstheoretischen und vor allem ästhetischen Überlegungen. Ich möchte an dieser Stelle die semiotisch-ästhetischen Bücher wenigstens nennen, die nach 1970 publiziert wurden und noch im Handel sind. Es handelt sich um: *Zeichen und Design. Semiotische Ästhetik* (1971), *Semiotische Prozesse und Systeme* (1975), *Vermittlung der Realitäten* (1976), *Die Unwahrscheinlichkeit des Ästhetischen und die semiotische Konzeption der Kunst* (1979), *Axiomatik und Semiotik* (1981), *Das Universum der Zeichen* (1983), *Repräsentation und Fundierung der Realitäten* (1986) und *Die Eigenrealität der Zeichen* (posthum 1992)[77].

Die Zeit nach 1952 wurde also vorwiegend diesen Untersuchungen gewidmet, wenn ich von den literarischen Arbeiten, mit deren Veröffentlichung Max Bense Mitte der fünfziger Jahre begann, zunächst einmal absehe. (Eine Auswahl wird in Band 4 publiziert.) Er hat insbesondere Literatur und Malerei, Skulptur und Design als künstlerische Ausdrucksformen untersucht, Musik, Architektur und Tanz spielten eine untergeordnete Rolle. So ist es auch nicht erstaunlich, daß er Werke der Literatur als Beispiele bevorzugte und sich immer wieder auf den »Schriftsteller in der technischen Welt« bezog.

Unter dem Titel *Einführung in die informationstheoretische Ästhetik. Grundlegung und Anwendung in der Texttheorie* veröffentlichte er 1969 eine ästhetische Untersuchung, die den Begriff »Text« als erweiterten Grundbegriff enthält. Teile des Buches wurden ins Portugiesische, Italienische und Spanische übersetzt. Eine vollständige japanische Ausgabe wird zur Zeit in Tokio vorbereitet. In früheren Arbeiten ging er vom »Wort«, »Satz« oder von der »Sprache« aus, nunmehr vergrößert er jedoch das Untersuchungsfeld durch den Begriff »Text«. Auch bezieht er verschiedene Disziplinen ein, die er bisher nicht verwendet hat, zum Beispiel: Informations-, Kommunikations- und Bewußtseinstheorie, Statistik, Kybernetik, Systemtheorie, Linguistik, Semantik, Interpretationstheorie, und vor allem eben Semiotik. Anders als in den vorangehenden Büchern hat er diese methodischen Grundlagen hier fast lehrbuchmäßig dargestellt. Wir haben das Buch in Band 3 als eines der wichtigen ästhetischen Schriften aufgenommen, weil er darin vieles, was er in *Aesthetica* und in späteren ästhetischen und semiotischen Büchern ausführlich behandelt, im Zusammenhang entwickelt hat. Gerade durch den Begriff der nicht abgeschlossenen Theorie, den er hervorhebt, hat er weitere Untersuchungen angeregt. Mit dem Begriff »Theorie« will er zum Ausdruck bringen, daß es sich dabei um eine offene, wissenschaftliche Verfahrensweise handelt, die er dem »System« als etwas Abgeschlossenem, nicht Erweiterungsfähigem gegenüberstellt. Liest man die späten Bücher, wird man von den neuen Darstellungen früherer Begriffe überrascht sein. Gerade was Semiotik und Ästhetik betrifft, ist er durch ständige eigene Forschungen und die Berücksichtigung von Ergebnissen anderer Autoren zu neuen Einsichten gelangt, die eine Erweiterung oder Veränderung der eigenen Vorstellungen erforderten. Die Arbeiten seiner Schüler oder der Mitarbeiter der Zeitschrift *Semiosis* waren ebenfalls Quellen für ständige Korrekturen eigener Überlegungen.

Als vierten und letzten Text haben wir in Band 3 die *kleine abstrakte ästhetik* (1969)[78] aufgenommen, die fast 20 Jahre nach der *Literaturmetaphysik* veröffentlicht und in mehrere Sprachen übersetzt wurde. Sie ist die Kurzfassung der ästhetischen Forschungen der sechziger Jahre, die es erlaubt, sich rasch einen Überblick zu verschaffen.

# Erläuterungen zu Band 4

In Band 4 werden ausschließlich poetische Texte, Prosa und Poesie, veröffentlicht, und zwar: *Après-fiche* (1961)[79], *bestandteile des vorüber* (1961)[80], *Entwurf einer Rheinlandschaft* (1962)[81], *vielleicht zunächst wirklich nur. monolog der Terry Jo im Mercey-Hospital* (1963)[82], *Die präzisen Vergnügen* (1964)[83], *Epische Studie zu einem epikureischen Doppelspiel* (1967)[84], *die zerstörung des durstes durch wasser* (1967)[85], *nur glas ist wie glas* (1970)[86], der nachgelassene fragmentarische Text: *Der Mann, an den ich denke* (1991)[87] und die Gedichtbände: *Zentrales und Occasionelles* (1981)[88], *Das graue Rot der Poesie* (1983)[89], *Kosmos Atheos* (1985)[90], *Nacht-Euklidische Verstecke* (1988)[91] und *Poetische Abstraktionen* (1990)[92]. Vielleicht wird man den einen oder anderen Text vermissen, z. B. »Die Attribute Epikurs«[93] oder die schmalen Bücher: *Von der Verborgenheit des Geistes*[94], *Plakatwelt*[95] u. a.; sie alle müssen einer späteren Veröffentlichung vorbehalten bleiben.

Schon als Sechzehnjähriger hat Max Bense, wie bereits erwähnt, Gedichte und Prosatexte geschrieben. Etwas in literarischer Sprache auszudrücken oder sich über Ausdrucksmöglichkeiten im allgemeinen Gedanken zu machen, gleichgültig ob in poetischen, philosophischen oder wissenschaftlichen Texten, ist ein wichtiges Anliegen seiner vielfältigen Arbeiten gewesen. Unter den theoretischen Artikeln, die er seit 1938 zu methodisch-literarischen Fragen veröffentlichte, gehören z. B. Abhandlungen wie: »Von der Wahrheit im Aphorismus«(1938)[96], »Das Literarische in der Philosophie« (1940)[97], »Literarischer und wissenschaftlicher Stil« (1941)[98], »Über den Essay« (1942)[99], »Über den Essay und seine Prosa« (1947)[100], »Über existentielle Prosa« (1948)[101], »Über expressionistische Prosa« (1949)[102], »Metapherthеorie« (1956)[103], »Neue Textsorten« (1961)[104], »Konkrete Poesie« (1964)[105], *Experimentelle Schreibweisen* (1964)[106],

»Theorie kubistischer Texte« (1965)[107], »Die pantomimische Funktion der Sprache« (1966/67)[108], »Über natürliche und künstliche Poesie« (1966)[109], »Was erzählt Gertrude Stein?« (1971)[110], »Was ist ein topographischer Text?« (1972)[111] und viele andere[112].

In *Ptolemäer und Mauretanier oder die theologische Emigration der deutschen Literatur* (1950)[113], *Die Theorie Kafkas* (1952)[114] und *Plakatwelt* (1952)[115] sind Ausführungen über Literaturtheorie enthalten, die später in ästhetische Arbeiten eingegangen sind. Diese theoretischen Arbeiten sind weder historisch noch philologisch oder linguistisch ausgerichtet, sondern sind vor allem Fragen des Sprachmaterials und seiner Bearbeitung, d.h. der Komposition dieser sprachlichen Mittel, ihrer experimentellen Natur und Ausdrucksfähigkeit sowie auch des Engagements oder der Tendenz eines Autors gewidmet. Kurz, Max Bense hat eine philosophische Poetik im Sinne, wenn er theoretische Zusammenhänge der sprachlichen Elemente analysiert oder seine Untersuchungen unter dem Stichwort »Texttheorie« als eines besonderen Teils der Ästhetik zusammenfaßt.

Erst ab 1960 begann er, poetische Texte zu publizieren, rechnet man die »Küste Picassos« (1956)[116], »Rom – Genua« (1956)[117], »Kontext nur für Francis Ponge« (1958)[118], »Montage Gertrude Stein 1958«[119], und »Montage des IST« (1959/60)[120] nur zu ihren Vorläufern. Seine eigenen poetischen Schriften hat er stets vorwiegend als *Experimente* oder *Modelle* verstanden, um verschiedene Möglichkeiten, Prosa oder Poesie zu schreiben, zu erproben. Als Schüler hat er seine Gedichte noch in der Nachfolge Georges und Rilkes geschrieben. Es gibt im Nachlaß verschiedene Entwürfe, z. B. ein Roman-Fragment aus den fünfziger Jahren sowie Vorarbeiten zu Prosatexten und Hörspielen, wo er neue Möglichkeiten ausprobiert hat. Die hier ausgewählten Texte sind Einzelpublikationen, d.h. Bücher oder einzelne Blätter, sowie Bücher mit Malern und Beiträge in Zeitschriften und Zeitungen. Einige von ihnen wurden nachgedruckt, gesendet oder übersetzt. Sie sind alle nach 1960 veröffentlicht worden und bis auf *Poetische Abstraktionen*, deren Abdruck die manus-presse in Stuttgart freundlicherweise erlaubte, nicht mehr im Handel.

Für die poetischen Texte gilt das, was er im Untertitel für den *augenblick* verwendet hat, nämlich die Begriffe: Philosophie, Ästhetik, Kritik, Polemik, Tendenz und Experiment. Man hat die experimentelle Sprachbearbeitung Max Benses gelegentlich angegriffen, doch gerade sie charakterisiert seine poetischen Vorstellungen; er wollte mit seinen Experimenten auch die Dichtungen Mallarmés, Getrude Steins, der Dadaisten u. a. weiterführen. Seine Nähe zur konkreten Poesie, die er auch theoretisch mehrfach analysierte, ist erkennbar in der Betonung des sprachlichen Materials auf der einen und der »ästhetischen Information« auf der anderen Seite. Das Ästhetische hat er als ein Mehr an Form, Rhythmus, Komposition, kurz, »Schönheit«, dem Semantischen gegenübergestellt. Mit den Wörtern »Tendenz« und »Experiment« hat er seine Absicht, die politischen Hintergründe seines Schreibens – auch in den poetischen Texten – nicht zu unterschlagen, ausgedrückt. Doch er war nicht ausschließlich ein konkreter Dichter, wenn man darunter insbesondere die Reduktion des Literarischen auf die sprachlichen Elemente versteht. In seinen Prosastücken entwirft er z. B. neue Metaphern, Bilder und Vergleiche und rhythmisiert die sprachlichen Elemente. In *Entwurf einer Rheinlandschaft* beschreibt er »eine« Rheinlandschaft, um auszudrücken, daß jeder seine eigene Rheinlandschaft mit sich führt, die nicht auf den Rhein bei Köln beschränkt ist, sondern Landschaften der Kindheit, der Reisen, der Wohnsitze und Ferienorte einbezieht. Seine Gedichte sind zum größten Teil »Denk-Gedichte«, um sie nicht »Gedanken-Lyrik« zu nennen, in denen auch über das Gedicht selbst reflektiert wird. »Laßt mich noch leben, Wörter« ist eine Zeile, mit der er seine Wörter wie Personen anredet. Übrigens weist diese Gedanken-Poesie emotionale Wendungen auf, auch wenn sie nicht sofort als solche verstanden werden. Ich denke dabei z. B. an: »Vielleicht hat jeder seinen Mond, den er zum ersten Mal betritt.«[121] – Man muß hier vielleicht daran erinnern, daß er sich zum 90. Geburtstag eine Fahrt zum Mond gewünscht hat. – Oder an die Zeile: »Denn Liebe ist die Zahl, die Einheit heißt.«[122]

Es ist erstaunlich, daß ein sprachlich so reduziertes Gedicht wie das folgende[123], mit dem ich die Einleitung beenden möchte, mit dem Substantiv »Gedanken« und dem Pronomen »ich« sowie dem Verb »gehen«, ohne Eigenschaften, Bilder, Metaphern und Vergleiche, ohne lyrische Gefühle usw. auskommt und trotzdem einen starken emotionalen Kern enthält:

## Letzte Implikation

Wenn dann
noch nicht

Vielleicht bald
oder später
doch sicher.

Zweifellos
wird es sein,
und warum
auch nicht?

Wenn der Gedanke endet,
gehe ich auch.

# Manifest des existentiellen Rationalismus 1951[1]

1. Wir beziehen uns auf Descartes; auf seine Methode, weniger auf seine Ergebnisse, und unterscheiden in ihr eine negative und eine positive Denkbewegung: den Zweifel und den Beweis. Sie stehen im Verhältnis des Korrektivs zueinander, sind einander ausschließende Aktionen unserer Intelligenz, aber, was wir Geist nennen, wird erst durch ihre Koordination sichtbar.

2. Der Zweifel äußert sich zwar durch das Mittel der Negation, aber er erschöpft sich nicht in ihm: er reicht weiter, er verläßt die Zonen des Geistes und dringt in die Poren der Emotionen, der Vitalität ein, enthält bewußte und unbewußte Bestandteile und absorbiert nach und nach das ganze Individuum in seinen existentiellen und sozialen Bezügen. Der Beweis indessen bleibt in der Sphäre der Intelligenz, er entzieht sich jeder negierenden Denkbewegung, tritt vollständig aus der Negation heraus und wird sichtbar als eine Folge wahrer Thesen, in deren Aufbau keine emotionalen, vitalen, unbewußten Bestandteile eingehen: die Konstruktion der Wahrheit kann nur bewußt und rational erfolgen. In dem Maße, wie der Zweifel den Geist destruiert und die individuelle Existenz zur Geltung bringt, zerstört der Beweis den Zweifel und manifestiert den Geist als ein Faktum, in dem die individuelle Existenz gleichgültig bleibt.

3. Wir sprechen von existentiellem Rationalismus, sofern es sich darum handelt, einerseits der Destruktion des Geistes durch den Zweifel und andererseits der Destruktion der Existenz durch den Beweis methodisch zu entgehen. Philosophie als Methode des Entkommens besteht in der fortgesetzten Koordinierung von Zweifel und Beweis: der Zweifel demonstriert die Existenz, der Beweis die Rationalität im Medium des Geistes.

4. Jedes Entkommen bezieht sich auf Destruktion und auf Ausbeutung. Ausbeutung ist selbst eine Form der Destruktion, sofern sie wie diese auf Verlusten beruht. Verluste sind aber nur

ernst zu nehmen, wenn sie Verluste der Wahrheit und der Realität sind. Nur Wahrheit und Realität können ausgebeutet werden; nur Wahrheit und Realität können destruiert werden. Die Ausbeutung leitet die Destruktion ein. Ausbeutung verhindern, heißt der Destruktion der Wahrheit und der Realität, ihren Verlusten entgegenarbeiten.

5. Wir werden zwischen materieller und geistiger Ausbeutung unterscheiden. Materielle Ausbeutung, von Marx beschrieben, repräsentiert sich als ökonomische Ausbeutung, als Ausbeutung der Arbeitskraft; sie gehört noch immer zu den essentiellen Zügen unserer Gesellschaft; sie konnte noch immer nicht verhindert werden. Daß sie noch nicht verhindert werden konnte, liegt indessen daran, daß ihrer Aufhebung beständig durch geistige Ausbeutung, also durch Verlust der Wahrheit, entgegengearbeitet wird.

6. Politik ist im Idealfall die Methode, materieller Ausbeutung zu entgehen. Philosophie ist im Idealfall die Methode, drohender geistiger Ausbeutung zu entgehen, also mit dem Beweis der Wahrheit einer These die Existenz dessen zu demonstrieren, der, im Besitz der Wahrheit, dieser Realität verleiht.

7. Religionen, Weltanschauungen, Ideologien, Doktrinen und dergleichen sind Mittel der geistigen Ausbeutung. Der Weg dazu führt über ihre Vermachtung. Vermachtung ist stets die unerläßliche Voraussetzung der Ausbeutung. In dieser Hinsicht entsprechen alle ideologischen Formen den Produktionsmitteln, die in der materiellen Sphäre der Vermachtung anheimfallen und damit der materiellen Ausbeutung dienen.

8. Kirchen, Sekten, Parteien, bestimmte Staatsformen, Hochschulen usw., kurz alles, was sich durch ideologische Formen konstituiert, vermag zugleich auch eine Institution öffentlicher geistiger Ausbeutung zu sein. Dementsprechend kann an Kirchen, Sekten, Parteien, bestimmten Staatsformen, Hochschulen usw. gegenwärtig der Verlust der Wahrheit und der Realität am sorgfältigsten studiert werden.

9. Die Destruktion der Ideologien wird sukzessive durch verfeinerte Organisation ausgeglichen. Mehr und mehr tritt an die Stelle der Ideologie die Organisation und, im elementaren Zwischenstadium, die Bürokratie. In der modernen Bürokratie, deren subtile Metaphysik Kafka literarisch ausgebreitet hat, bereitet sich der Übergang von der Ideologie zur Organisation vor: sie

repräsentiert sowohl das Zeremoniell wie auch die Hierarchie der ideologischen Epochen.

10. Nach einer Lessingschen Vorentscheidung haben wir von Sören Kierkegaard die Frage aus dem Jahre 1847: »Hat ein Mensch das Recht, sich für die Wahrheit totschlagen zu lassen?« – und von Bert Brecht die Frage aus dem Jahre 1934, ob man für die Wahrheit foltern dürfe. Die Lessingsche Vorentscheidung (denn er sprach an dieser Stelle weder aus Erfahrung noch als Autorität) lautet: »Der Mann, der, bei drohenden Gefahren, der Wahrheit untreu wird, kann die Wahrheit doch sehr lieben; und die Wahrheit vergibt ihm seine Untreue um seiner Liebe willen.« Lessing schließt sogleich die Anmerkung für Ausbeuter an: »Aber wer nur darauf denkt, die Wahrheit unter allerlei Larven und Schminke an den Mann zu bringen, der möchte wohl gern ihr Kuppler sein, nur ihr Liebhaber ist er nie gewesen.« Kierkegaard verneint seine Frage ironisch nur für den Christen, sofern seine Wahrheit der Ausbeutung, nicht der Nachfolge diene. Brecht bejaht seine Frage zynisch, sofern die Wahrheit ein politisches Mittel darstellt, der materiellen Ausbeutung zu entgehen. Die Fragen demonstrieren die existentielle Rationalität, daher können die Antworten auch nur als Thesen dieser existentiellen Rationalität verstanden werden. Das bedeutet aber, daß sie den Kriterien des Zweifels und des Beweises zu genügen haben.

11. In dem Maße, wie die Ideologie hinter der Organisation zurücktritt, werden die Traditionen hinter den Theorien verschwinden müssen. Die Theorie dient der Organisation, wie die Tradition die Ideologien begünstigt hat. Wir meinen die reine Theorie, in der nur empirische und syllogistische Thesen vorkommen. Denn nur diese Theorie ermöglicht den reinen Zweifel an einer vermeintlichen Wahrheit: den Zweifel aus Mangel an Überblick, nicht aus Gründen einer Konvention; und nur sie ermöglicht den reinen Beweis: den Beweis, der keine Emotion, keine intuitive Vorentscheidung, keine Offenbarung voraussetzt, sondern die Regeln der Logik, die jedermann erlernen und handhaben kann – wenigstens im Prinzip.

12. Nur die Organisation entgeht der Vermachtung und der Ausbeutung, die offen gegen die reine Theorie bleibt, die jede erkenntnistheoretische und ontologische Entstellung ihrer Funktionen ausschließt.

13. Das Wesen der reinen Theorie besteht innerhalb des existentiellen Rationalismus in ihrer Rolle als Instrument: die Anordnung, die sie ermöglicht, ist kein starres Ziel, sondern ein Mittel des Überblicks, also der Anwendung; sie hat nicht die Aufgabe, unabänderliche Rahmen und Ordnungen für Erkenntnisse abzugeben, sondern Funktionen anzuweisen und zu limitieren. Die Wahrheit, die durch Theorien hervorgerufen wird, kann keine Wahrheit an sich sein, wie sie sich die Einfalt der Theologen im Kopfe Gottes vorstellt; es ist eine Wahrheit, die realiter eine Rolle spielt, die im Ablauf des Lebens und des Seins des konkreten Menschen die Ereignisse regelt, die seinsgerechte Welt ermöglicht und die ursprüngliche »Dunkelheit der Vernunft« erhellt; sie ist eine Funktion, keine Substanz. Substanzen und ihre Attribute verstellen den Überblick; Funktionen und ihre Prozesse schließen ihn ein oder dispensieren von seiner Forderung.

14. Es ist ein Irrtum, zu glauben, die Funktion ersetze das Individuum durch die Gattung. Nur das Individuum hat Funktionen: Gattung ist ein Ergebnis individueller Funktionen.

15. Existenz bezeichnet keine Gattung, sondern eine individuierte Realität. Existenz ist keine Substanz mit essentiellen Attributen, sie geht daher auch keineswegs, wie Sartre meint, der Essenz voran. Existenz beweist sich durch Funktionen und ihre Prozesse, sie kann weder real noch gedanklich von ihnen getrennt betrachtet werden.

16. Es ist ein Irrtum, zu glauben, die Funktion töte den Gedanken, indem sie seine Entstehung verhindert. Man hat nur den Gedanken, der gedacht worden ist, und nur der Gedanke ist gedacht worden, der in der Gestalt einer Aussage gezeigt werden kann. Die Funktion der Ratio ist, Gedanken zu ermöglichen und nicht nur das, sie auch in der Gestalt der Aussagen zu verfertigen, sie zu demonstrieren und den Kriterien des Zweifels und des Beweises zu unterstellen. Daraus folgt, daß es für die Regel der Ratio selbst keine Regeln gibt. Und genau damit entzieht sich das Denken einer Unfreiheit, einer Limitierung durch seine eigenen Theoreme und Ergebnisse: Rationalität heißt immer nur den Überblick über die Genesis der Gedanken nicht zu verlieren.

17. Geist hat, wer Gedanken hat: Geist ist, wessen Existenz wesentlich durch die Funktion, Gedanken zu haben, bestimmt wird.

# Raum und Ich

## Eine Philosophie über den Raum[1]

Die Folge:

# I. Abgrund und Urgrund

*Das Weltall schweigt zu tief.*
G. Benn

Es gibt ein Urerlebnis des Menschen, und dieses Urerlebnis ist der Raum, und in allem Wirklichen muß das Wesen des einen Raumes wieder erscheinen.

Das ist die grundsätzliche und neue These, von der aus diese Untersuchung fortschreiten wird.

Jedes Philosophieren hebt nun irgendwie am Weltgrund an oder hat die ungestüme Absicht, diesen Weltgrund oder den Boden dieses Weltabgrundes zu berühren.

Philosophie kann gleichsam als die ewige Sehnsucht des Geistes, einen Abgrund in seinem Urgrund zu berühren, verstanden werden. Und diese Philosophie über den Raum als das Urerlebnis des Menschen bestimmt damit den Raum als Urgrund und Abgrund der Welt.

Der Raum ist der Urgrund und Abgrund der Welt, Urgrund und Abgrund vor der einsichtigen Kreatur.

Vor dem Raum als Urgrund der Welt empfängt das Wesen die philosophische Sehnsucht nach Ur, das Glücksgefühl in der Ahnung einer letzten Tiefe. Aber vor dem Raum als Abgrund muß das Wesen erschrecken, empfängt es Angst und Einsamkeit, angesichts von so viel Schweigen und dunkler Maßlosigkeit.

Vor dem Abgrund des Raumes jenseits aller Kategorie und Mathematik steht der Mensch in atemloser, aber kaum bewußter Verzweiflung; nur zuweilen findet er in sich die Ruhe und den Einklang dieses reinen Raumes wieder und sucht ihn wie das Göttliche in allen Dingen, Geschehnissen und Erlebnissen.

Den Raum als Urgrund der Welt zu bestimmen, ist der erste Sinn dieser Philosophie. Darüber hinaus wird die Kreatur in ihrem Dasein vor dem Abgrund des Raumes erhellt. Denn der Urgrund wird als Abgrund erlebt. Was das »Innen« dieses Seins ausmacht, ist das Urerlebnis und das Urgefühl des Menschen.

Diese philosophische Einsicht muß zu Ende ausgelegt werden.

So gestalten wir erstens die Grundlegung einer philosophischen Raum-Zeit-Lehre und gelangen zweitens zu einer philosophischen Daseinslehre vom Menschen. Indem wir nämlich im Raum das universale, urgründige Weltphänomen erkennen und indem wir diesen vom realen Bezirk bis in alle Wesenheiten hinein gespannten Raum zum Urerlebnis des Menschen erheben, lehren wir, den Menschen von seinem Urgrund und Abgrund her zu verstehen. Und da erhellt er gerade am deutlichsten. Die philosophische Anthropologie wird zu einer kosmogonischen Anthropologie. Nur so können wir uns eine Weiterführung dessen denken, was Max Scheler[2] als philosophische Anthropologie bezeichnet, eben die Lehre vom Wesen und Wesensaufbau des Menschen.

Der Raum ist der Abgrund – und das ist er für die Kreatur. Wo aber etwas als Abgrund empfunden oder erlebt wird, da ist auch Erschrockenheit, Angst und Sorge. Wenn aber ursprünglich das Sein als Raumabgrund empfangen wird, dann müssen jene Gefühle der Angst und Erschrockenheit die Urgefühle des erwachenden Ichs gewesen sein. Seinsunsicherheit oder Seinsungewißheit bestimmten die Seele des Ursprungs. Als solche liegt das Abgrundsgefühl in uns vor, und von dieser Erlebnisschicht aus werden naturgemäß eine ganze Reihe von Ahnungen, Gefühlen, Erkenntnissen und Einsichten entspringen, die unser eigenes Daseinsgefühl erhellen.

Der Raum ist der Urgrund – und das ist er sowohl »für mich« als auch »ohne mich«.

Der Raum als Abgrund liegt unmittelbar vor uns; aber im Raum als Urgrund sind wir unmittelbar verwurzelt, berühren ihn so; ohne darum zu wissen, wird er Kategorie, die uns leitet.

Schon unsere Sehnsucht nach dem Urgrund der Welt, dem Weltwesen, der Welteinheit oder dem Absoluten, ist einmal der Zustand, vor dem Abgrund zu stehen, und dann, diesen Abgrund der Welt in sich selbst wieder als Urgrund zu fühlen, dunkel, aber schwer.

Mit zwei verschiedenen Formen tritt das, was ich hier einfach Raum nenne, in unser Bewußtsein. Einmal als konkreter Umraum und dann als abstrakter Dinginnenraum.

Der konkrete Raum ist das unendliche Um-mich, sichtbar und erfüllt; der abstrakte Raum ist das unendliche Ohne-mich, rein und unsichtbar.

Der Raum als Abgrund erscheint mit dem konkreten Raum Um-mich. Aber der Raum als Urgrund erscheint mit dem abstrakten, rein wesenhaften Raum als unendliches Ohne-mich, dem Symbol des unbekannten Innen aller Seinsweisen, dem Wissen darum, daß alles, was ist, irgendwie geborgen sein muß in einem »Inn-Sein«, das wir eben Raum nennen.

Die Kreatur ängstigt sich vor den Dingen. Sie erschrickt vor dem niemals Gesehenen. Das ist wieder die Raumangst, das Erschrecken vor dem abgründigen Weltinnen, das so maßlos sich öffnet. Erst die Gewöhnung an die Dinge läßt uns die Raumangst überwinden.

Tiere erschrecken viel stärker vor neuen Dingen als mancher Mensch. Auch sie erfahren die Raumangst.

Alle Sinnesempfindung vermittelt sich uns über das Raumerlebnis oder die Raumempfindung; und erst dann mischt sich in die Sinnesempfindung die Angst, wenn der Gegenstand der Empfindung mit seinem Fremdsein die Angst vor dem Raum erweckt, oder wenn mit dem Gegenstand der Raum als Abgrund sich öffnet.

Man muß diese Dinge naturgemäß zunächst immer vom Standort der so ganz anders gearteten Urseele aus sehen und niemals einen Menschen späten Ichgefühls und Intellekts voraussetzen. Die Psychologie der Urseele ist der unseren fremd. Nur für die Urseele ist die Urnacht noch großes Erlebnis und der Blick in den Raum noch Entsetzen. Nur die Urseele hob aus dem Erschrecken den Mythos und beruhigte sich an seiner einfachen Wahrheit.

Der Raum ist demnach das eigentliche Urphänomen der Welt und der Urgegenstand menschlichen Erlebens, und als Unbekanntes oder Ungewisses vermittelt er die Angst. Der Raum offenbart die Gewalt. Große Geschehnisse fallen wie fremde Mächte aus dem Raume auf die Urseele herab: Niederbrüche von kosmischen Wassern oder Monden, Katastrophen, die sich über Jahrhunderte erstreckten, Sintfluten und Glutwolken. Die Kreatur erschrak davor, und aus dem Erschrecken formt sich die mythische Einsicht, das versinnbildlichende Urgedicht. Aller Mythos der Urseele wurzelt in dem Erschrecken vor dem Raum und seiner unbekannten Gewalt.

Fragen wir aber nach den Urmythen vom Raum, dann werden

die Erkenntnisse der Dacqué, Hörbiger[3], Hinzpeter und Georg von größter Bedeutung. Durch sie wird der Gedanke der Katastrophe zum ersten Mal wieder in den Gedankenkreis der Geologie und Biologie eingeführt, und wir gehen her und erheben diesen Gedanken zu psychologischem, ja philosophischem Rang. Das Wesen, das solche Katastrophen des Raumes, der Erde oder des Kosmos erlebt, verwandelt sich nur in der Zeit der großen Erlebnisse, und das Geschick der Erde schlägt sich bildend und unvergeßlich im Blut der Geschlechter nieder und bleibt als ewige Erinnerung an das große Erschrecken mythisch bewahrt. Denn es gibt eine tiefere Schicht im Menschen, die genauer zu bestimmen noch versagt bleiben wird, darin Urschicksale dämmern, die aber in gelösteren Augenblicken mit allem Rätsel und aller Gewalt noch einmal hervorbrechen und den Geist an das Erlebnis knüpfen.

Wir haben nämlich festzuhalten, daß das Ich als Ichbewußtsein oder als Bewußtsein schlechthin verhältnismäßig spät entstanden ist, wahrscheinlich sogar, wie wir darlegen werden, gewaltsam, und müssen uns alsdann auch darüber klar werden, daß die eigentliche Ausbildung des Ichs oder des Bewußtseins darin besteht, daß eine Vervollkommnung des Unterscheidungsvermögens sich vollzieht. Der Weg des Bewußtseins als Weg des Intellekts ist eine Steigerung der Fähigkeit zur Unterscheidung innerhalb dessen, was seiend begriffen wird. Es löst sich auf diesem Weg die Komplexität der Sinne genauso gut wie die Verschlungenheit des Welterlebnisses oder die an Bild oder Metapher gebundene Ausdruckskraft. Es ist der Weg vom Urgedicht bis zum Begriff, vom Allerlebnis bis zum Dingerlebnis, vom Raum zum Punkt, von der Zusammenschau zur Einzelheit oder vom magischen Wesen des Verbundenseins bis zum letzten Ich, das in Einsamkeit erstirbt.

Immer, wenn etwas zerbricht, entsteht Erschrecken. Immer, wenn etwas zerbricht, entsteht auch Mythos, letzte Schau des alten Zusammenhangs. Und wenn mit dem Logos sich das Ich aus dem kosmischen Einsgefühl herausgestellt hat, gleichsam aus dem Raume in die Zeit, dann entsteht aus diesem Erschrecken Philosophie als Mythos des Logos, als Mythos des Ichs, das die Magie beweint.

Aus dem Erschrecken vor der Nacht während der großen Katastrophen, die wir heute mühselig am Bau der Erde ablesen, formte sich der Mythos der Urnacht.

Bei den Maoris heißt es: In Te Po, der Urnacht, vermählt sich die Zeit mit dem Raum, und daraus wird Bewegung. Welch hohe philosophische Einsicht! Denn tatsächlich ist doch, phänomenologisch gesehen, die Bewegung eine Synthesis aus Raum und Zeit.

Die Bewohner der Tonga-Inseln singen:

»Noch war nicht Tag, noch war kein Licht,
Eine finstere, schwarzdunkle Nacht.
Tanaoa wars, der die Nacht beherrschte ...«

Und auf polynesischen Inseln heißt es in einem Festgesang:

»Des Dunkels Beginn aus den Tiefen des Abgrunds,
Der Uranfang von Nacht in Nacht ...«

Oder:

»Bei Tagesanbruch ins Finstere schauend,
Hat die Nacht den Samen der Nacht empfangen.
Das Herz, der Urquell der Nacht,
Bestand für sich allein, allein in der Finsternis.
In der Finsternis aufschwoll der Lebenssaft ...«

Woher diese Mythen der Nacht? Wie groß muß doch das Erlebnis der Unterscheidung von Tag und Nacht oder der Verwandlung von Dunkel in Helle gewesen sein, und wie sehr muß die Urseele davor erschrocken sein, wenn sie solche Gesänge hervorbringen konnte!

In allen diesen Hymnen tritt auch das Erlebnis des Raumes bedeutsam an den Anfang. Folgende Belege:

»Des Dunkels Beginn aus den Tiefen des Abgrunds ...«

oder:

»Im Anfang der Raum und Gefährte, der Raum in des Himmels Höhe ...«

Der frühen Seele ist der Raum keine Kategorie, er ist Wirklichkeit, die ins Erlebnis fällt, ängstigt und doch alles umfängt. Am Anfang der Weltmythen steht beinah immer das Erschrecken vor der Grenzenlosigkeit.

Der Raum ist das Urphänomen der Welterkenntnis, also Urerscheinung vor dem Ich und erster Gegenstand der Schau, der Ahnung, des Fühlens und des Erlebens. Als solcher muß daher das Raumphänomen bis in alle Mittel des Ausdrucks unseres Geistes eingedrungen sein. In allem, was ist, erkennen wir Wesen vom Raum; und in jedem Mittel, Wort, Symbol oder Begriff unseres Verstandes liegt dieser Urraum als Kategorie zu Grunde. Der Raum der Wirklichkeit als erster Gegenstand unseres Erkennens wird später also auch Grundform der geistigen Ausdrucksmittel, d.h. Kategorie.

Man spricht in letzter Zeit sehr viel vom wiederentdeckten Urbild, meint es aber, so weit ich sehe, doch zu sehr im Sinne etwas gefärbter oder verdinglichter platonischer Ideen, weil man bei der Beschreibung dessen, was nun eigentlich ein Urbild sei, zu stark den Ton auf das Ewige, also auf die Überzeitlichkeit legte. Wir bestimmen hier Urbild oder Urgestalt in etwas anderem Sinne.

Alles, was ist, hat Form und Wesen. Mit der Erkenntnis der Form gelangen wir sozusagen zum rationalen Bestandteil des Gegenstandes unseres Erkennens, zu seiner Logik oder zu seiner inneren Wahrheit. Aber mit der Erkenntnis des Wesens überwinden wir eigentlich die Form unseres Gegenstandes, treffen auf das Reale, das zuinnerst Vorhandene, das sich ohne Form darbietet, also unübersehbar irrational.

Denn Form ist sinnliche Übersehbarkeit. Und Wesen ist einmalige Einzelheit, letztes Innen als das absolut Einzelne. Die sinnlich-rationale Übersehbarkeit eines Seienden, vorgelegt als Offenheit, ist gleichsam abgrundlos. Aber das Wesen der Dinge ist im geheimen immer ein Abgrund. Mit dem Wesen ist der Abgrund der Dinge sichtbar geworden, der unerschöpfliche Abgrund, die ewige Schöpfung, das Unaufhörliche.

Nach diesen Festlegungen über Form und Wesen bestimmen wir nun das Urbild, das Urphänomen oder die Urgestalt.

Urphänomen bedeutet die Einheit von Form und Wesen, die an jedem Seienden haftet. Erkenntnis teilt immer in Form und Wesen, nur Urphänomenerkenntnis sieht das Ding in der Einheit von Gestalt und Wesen.

Wenn also der Raum das Urphänomen der Welterscheinung ist, dann bedeutet der Raum zugleich Wesen und Form. Als Wesen wird er erlebt. Als Form wird er bewußt erkannt und als Kategorie bestimmt. Der Raum als Wesen wird Urbild und Abgrund im Erlebnis der Ferne. Raumangst ist Ferneangst, und alles Erschrecken oder Grauen vor etwas ist Erschrecken oder Grauen vor einer Ferne. Das Erlebnis der Ferne ist das Erlebnis des Grauens, weil hier der Raum als unerschöpflicher Abgrund des

Weltseins sich öffnet. Daher liegt in der Nähe aller Schönheit schon das Grauen, weil mit dem Erlebnis des Schönen etwas Fernes vor unsere Seele gelegt ist, das ängstigt.

Es gibt demnach Formerkenntnis und Wesenserkenntnis, und je näher bei der Erkenntnis eines Dinges Formerkenntnis und Wesenserkenntnis beieinander liegen, desto mehr nähert sich der Geist dem Urphänomen. Erkenntnis im rationalen Sinne ist recht eigentlich immer Formerkenntnis, also gewissermaßen immer nur einseitig. Das Wesen ist ihr verschlossen. Daher ist es der rationalen Wissenschaft niemals gelungen, das, was Wesen ist, zu definieren. Wir treffen hier auf eine neue, prinzipielle Scheidung:

Form wird erkannt, aber Wesen wird verstanden. Form kann rational überprüft, geklärt und axiomatisch verwurzelt oder bewiesen werden. Aber Wesen bleibt der Ratio im Grunde unzugänglich. Es ist – und als solches wird es verstanden, es hat keine rationale Herkunft, es kann nicht weiter darüber nachgedacht werden im Sinne einer Reduktion.

Denn Form ist Übersehbarkeit. Aber Wesen ist Unerschöpflichkeit. Form hat Grund. Wesen hat Abgrund.

Ein Urphänomen kann demnach als Wesen nur verstanden, aber als Form nur übersehen werden. Im Grunde zeigt sich an ihm die Einheit von Form und Wesen. Ein Urphänomen wird also gleichzeitig verstanden und begriffen, es haftet ihm der Widerspruch an, daß es logisch übersehen werden kann, aber doch unverstanden bleibt in seiner Form, und daß es nur verstanden werden kann, ohne logisch sich selbst zu vermitteln. Für die einsichtige Kreatur wird das Urphänomen immer etwas Paradoxes bleiben.

Als das bewußte Ich vor die Welt trat, denn das Ich ist als Kreatur eine Vor-Weltlichkeit, da schied sich die Ur-Welt der Einheit von Gestalt und Wesen vor diesem Ich in eine Weltform des erkennenden und ein Weltwesen des verstehenden Ichs. Die Sorge um die Welt war also urtümlich einmal eine Sorge um die Weltform und dann eine Sorge um das Weltwesen. Das formerkennende Ich wurde zum mathematischen Ich, denn ewiger Gegenstand der Mathematik ist die Seinsform im reinsten Sinne. Aber das verstehende Ich wurde zum philosophierenden Ich, denn der ewige Gegenstand aller Philosophie ist das Weltwesen.

Ursprung der Weltbemühung des Ichs ist also eine Sorge um

die Welt, eine Angst vor der Welt, die mit ihrem Geöffnetsein ins Weite den Raum als Abgrund empfinden läßt. Denn das Ich als gleichsam selbstbewußt-isoliertes Ich ist in seinem Dasein etwas Vor-Weltliches, und darum empfindet das Ich ursprünglich die Welt als etwas ungeheuer Fernes. Wo das Ich aber vor einer Ferne steht, will es überbrücken, will es berühren. Denn Ferne ist Angst und Berührung ist Beglückung. Das mathematische Phänomen bringt nun die Berührung genauso gut zum Ausdruck wie das philosophische Phänomen.

Die an das Kontinuum gebundene Infinitesimalmathematik des unendlich Kleinen, die ihren wundervollsten Ausdruck in dem rein infinitesimalgeometrischen Weltbild des großen Mathematikers Weyl erfuhr, hat das Ideal der Berührung von Punkt zu Punkt der Weltform ganz in ihre Mitte gerückt. Die Infinitesimalgeometrie schreitet immer von einem Punkt zum unendlich benachbarten fort und spannt so ein Netz der Berührungen über das Weltphänomen. In diesem Kunstwerk der Weylschen Weltgeometrie ist alles, was physikalisch ist, reine Geometrie geworden. Die Welt ist berührt. Aber das Wesen wurde Form. Es ist ein Weltbild gegeben, aber kein Weltwesen. Denn Form als Übersehbarkeit, und so will Weyl zutiefst seine Weltgeometrie verstanden haben, ist nur ein Wille zur Berührung. Wo die Form gewonnen ist, da ist auch die Berührung gegeben. Mathematik aber ist reinste Formbildung, und damit bringt sie den Trieb des Ichs zur Berührung vollendet zum Ausdruck. Die philosophische Sehnsucht verlangt nach dem Urgrund der Dinge. Dieser Urgrund will aber berührt sein, um ganz erkannt zu werden. Philosophische Erkenntnis als Wesenserkenntnis enthält in sich also deutlich den Trieb zur Überwindung der Vor-Weltlichkeit des Ichs. Erkenntnis wird eben als Berührung begriffen, besser freilich als Illusion einer Berührung. Mathematik versteht die Berührung im Sinne des Zusammenhangs der Form, und Philosophie versteht die Berührung im Sinne innersten Verstehens als Gewißheit um den Urgrund der Dinge und des Seins. Mathematik überwindet die Angst vor der Ferne durch den Zusammenhang in Form, aber Philosophie überwindet diese Weltfernenangst durch die Verwurzelung der Dinge in einem Urgrund.

So stehen sich also Logos und Wesenseinfühlung gegenüber, d.h. aber Rationalität und Irrationalität oder Wahrheit und

Wirklichkeit. Denn Wahrheit ist etwas Formales, und Wirklichkeit ist etwas Wesenhaftes. In der Mathematik kommt der Logos zu seiner größten Reinheit, und alle logischen Gesetze sind reine Formgesetze. In den metaphysischen Systemen und Spekulationen der Philosophie aber hat sich die Ahnung des Wesens, die Sehnsucht nach Ur als Wort gefunden.

# II. Über den Raum

*Zum Sehen geboren,*
*zum Schauen bestellt . . .*
Goethe

## 1.

Raum ist nicht nur ein physikalisches und mathematisches, sondern auch ein metaphysisches Phänomen.

Zum Wesen des Raumes gehören: Das Neben-, das Ausgedehntsein, das den Einschluß einer Vielheit zuläßt und endlich die Möglichkeit des Bewegens oder Verwandelns und das Ordnen enthält.

Raum ist Ganzheit und Geschlossenheit. Raum ist gleichsam der Zusammenhang, der die Dinge umspannt, wobei unter Ding alles verstanden ist, was ein Etwas darstellt.

Alles Etwas ist zugleich im Raum und bringt Raum zum Ausdruck. Zum Sein gehört notwendig der Raum. Das prädikative Ist bedeutet Raum oder verbal ausgedrückt: raumen.

Raum und Sein sind wesenhaft identisch, sind Letztes und darum Vielheit und Einheit zugleich. In jeder Aussage wird im letzten Sinne auf Sein tendiert und damit Raumvorstellung erweckt.

Sein kann ohne sich selbst nicht gedeutet werden und ist definitorisch nicht zugängig. Auch die Bedeutung Raum kann im wesentlichen nur verstanden, aber begrifflich nicht weiter erhellt werden.

Wir kommen dabei immer wieder auf die Gleichwertigkeit der beiden Phänomene.

Das Raumen entspricht dem Sein. Das Seiende raumt, soll bedeuten, daß Sein immer zugleich Raum ist, ganz gleichgültig, ob es sich dabei um physische, psychische, mathematische, logische oder metaphysische Phänomene handelt.

Aus jedem Phänomen kann der Raumcharakter verstanden werden.

Es ist ganz irrig, dieses z. B. für Zahlen leugnen zu wollen (A. Müller).

Der Zahlbegriff ist in keiner Weise von der Vorstellung einer Reihe oder einer Ordnung zu lösen. Damit ist aber das Prädikat des Neben schon mitgegeben.

Auch in zunächst psychischen Erscheinungen offenbart sich das Raumwesen als ein Metaphysisches. Liebe als Sympathiegefühl – um Scheler zu folgen – enthält doch gewiß als Wesentliches, nehmen wir sie als Akt, ein Von-Zu, oder nehmen wir sie als Zustand, eine Harmonie, die entweder in der Einheit oder aber im Verhalten an den gefühlten Grenzen des Eigenmenschentums besteht und so immer wieder das Neben oder das Einsgefühl des Raumwesens offenbart.

Überall, wo es Unterscheidungen gibt, ist notwendig die Idee des Viel zum Ausdruck gebracht und damit ein Neben gegeben.

Kants fundamentaler Irrtum bestand darin, den Raum nur als Phänomen der Ratio gelten zu lassen. Was eine Anschauungsform ist, tendiert auf ein Anschaubares, ein Etwas, das in seiner Transzendenz noch Etwas ist und damit um ein Sein als Phänomen nicht herumkommt. Damit bringt es das »wesenhaft metaphysisch Räumliche« schon zum Ausdruck.

Wir unterscheiden also zunächst zwischen dem metaphysischen, dem physischen oder physikalischen, dem logischen und dem mathematischen Raumausdruck. Freilich sind die drei letzten nur Erscheinungs- oder Seinsformen des ersten, des mehr oder weniger absoluten, letzten, metaphysischen Raums, der mit dem Sein als Letztem gleichgesetzt werden kann und muß.

So ist der metaphysische Raum das Letzte eines jeden Phänomens, das Innerste und das Allgemeinste, das uns noch verstehbar ist. Was wir begrifflich nennen, zwingt uns zur Vorstellung oder Anschauung einer Gegenständlichkeit. Diese begünstigt das Verstehen. Raum ist das vergegenständlichte Sein. In ihrem metaphysischen Bezirk sind Raum und Sein aber absolut identisch.

Heidegger grenzt Dasein gegen das Sein durch die Seinsweise des Innseins ab. Aber in dieser Philosophie bedeutet nicht bloß Dasein etwas Räumliches, sondern ich bestimmte das Sein als Letztes schon als Raum.

Nun ist aber Dasein eine ganz bestimmte Seinsweise, und darum muß es notwendig auch durch eine bestimmte Raumweise ausgezeichnet sein.

Diese gleichsam vektorielle Raumweise soll weiter unten näher bestimmt werden.

Die Wurzel der Gewißheit um den Raum liegt im Raumerlebnis, das, worauf u.a. Heymans schon hinwies, mit der Bewegung gegeben ist. Aber darüber hinaus hat sich das Raumphänomen schon in der Entdeckung der Erscheinung des Viel oder des Neben in der Vorstellung oder der inneren Wahrnehmung gezeigt.

Das Welterlebnis ist schon Raumerlebnis. Das Etwas und das Viel stammen aus der Erkenntnis der Begrenzungen oder Unterschiedenheit.

Aber das reine metaphysische Raumwesen ist vom Logos genauso wenig befragbar wie das Sein.

Das als Letztes zu verstehende Sein ist eine Einheitlichkeit und als möglicher Urgrund – d.h. Innen, Wesen – eine klare, geschlossene Wesenheit.

Das hat sein Raumentsprechendes darin, daß zum Begriff, zum Wesen des Raums, das Attribut der Homogenität gehört. Wesenseinheit des Seins ist gleichwertig der Homogenität des Raums. Ein Ding kann überall im Raum gedacht werden. Damit kommt die Homogenität denkend zur Vorstellung. Endlich aber vermittelt die Homogenität des Raumes den Begriff der Kongruenz, und zuletzt folgt aus der Wesenseinheit des Seins die Idee eines Prinzips aller Prinzipien (Husserl)[4].

Der metaphysische Raum unterscheidet sich vom physikalisch-mathematischen dadurch, daß er keine Metrik zuläßt, also in keiner Weise Maßraum sein kann. Nur im intensiven Erleben, wenn Maß, Ordnung und alles Distanzhalten auf einmal schwindet, wird das Leben dieses reinen Raum-Seins inne. Jenes unendliche Raumgefühl der kosmischen Wonnen erhebender Augenblicke, wo man nur noch von unaufhörlicher Steigerung ergriffen ist, bedeutet den vitalen Ausdruck jenes metaphysischen Phänomens.

Der physikalische Raum ist mit der Fiktion des starren Körpers gegeben, also mit einem idealen Massezustand verknüpft und empirisch nur als dreidimensionales Gebilde zugängig.

Der Raum, der in den logischen Gesetzmäßigkeiten zum Ausdruck kommt, berührt sich stark mit dem Raum der mathematischen Objekte. Nur läßt er natürlich keine Metrik zu, sondern enthüllt sich ganz als Ordnungsschema des Denkens. Leisegang[5] hat gezeigt, wie man verschiedene Denkformen – so lautet sein entscheidender Terminus – unterscheiden kann. Aber diese innere Verschiedenheit der Denkformen – wie sie sich nach Leisegang vor allem in der Struktur der durch Jahrhunderte getrennten philosophischen Systeme der Plato, Augustin, Hegel u. a. aufzeigen läßt – wird selbst wieder nur durch ein geometrisches Zeichen verstanden: z. B. durch die Kreisstruktur (bei Hegel), durch die Begriffspyramide (bei der mittelalterlichen Summa) oder durch die Geradlinigkeit (in gewissen Systemen, worin vom unaufhörlichen Fortschritt der natürlichen Entwicklung die Rede ist).

Der Maßraum, die Metrik, ist, wie gesagt, für den physischen Raum gültig, obwohl er als mathematisches Phänomen zunächst nichts damit gemein hat. Letzteres kommt denn auch darin zum Ausdruck, daß ein völliges Überlagern des Physischen mit dem Maßraum nicht möglich ist. Einfach gesprochen besagt das: eine absolute Messung ist nicht möglich.

Den mathematischen Raum gliedere ich folgendermaßen:

Den Maßraum, den Raum der Lage und den Zahlenraum.

Das Typische des Maßraums ist die Entfernung, das Messen, d. h. die Kennzeichnung der geometrischen Gebilde durch Zahlen, die das Vielfache einer Einheit ausdrücken sollen oder algebraisch darstellbare Abhängigkeiten von geometrischen Gebilden. Das Gebilde erhält hier den Charakter eines Wertes, einer Größe.

Der Raum der Lage erscheint mit den Phänomenen der Ähnlichkeit, der Symmetrie, immer, wenn die geometrischen Gebilde daraufhin untersucht werden, wie sie untereinander durch die gegenseitige Lage ihrer bedingenden Elemente unterscheidbar oder vergleichbar sind. Am deutlichsten erscheint er in der Geometrie der reinen Lage. Die Definition der innerhalb dieser Disziplin behandelten geometrischen Konfigurationen drückt das, was wir im Sinne haben, aus. Sie lautet: Unter einer Konfiguration versteht man ein System von m Punkten und n Geraden, derart, daß durch jeden Punkt i Geraden laufen und auf jeder Geraden j Punkte liegen.

Der Zahlenraum wird dadurch geschaffen, daß die Zahl Mengencharakter besitzt oder als Ordnungszahl einen bestimmten Zahlenort kennzeichnet. Außerdem vermag sie Relationen oder Funktionen zu bestimmen, deren innere Struktur auch das Auseinandersein, das Raumwesen, voraussetzt.

Man hat die verschiedenen Geometrien, abgesehen von der vorausgesetzten Dimensionszahl (3-dimensionales oder mehr-dimensionales Kontinuum) und der Euklidizität oder Nicht-Euklidizität, als Invariantentheorie einer bestimmten Gruppe zu erfassen gesucht und folgende Einteilung getroffen:

| | | |
|---|---|---|
| Äquiforme Geometrie (Möglichkeit der Ähnlichkeit bleibt bestehen) | Orthogonalmetrik | |
| | Parallelmetrik | Affine Geometrie |
| | Projektive Geometrie | |

Gewisse Bedingungen bleiben bei einer Ähnlichkeitstransformation geometrischer Gebilde immer erhalten. Und eben durch diese gewissen invarianten Bedingungen ist die Gruppe der Geometrie definiert. In Frage kommen bei der geometrischen Betrachtung folgende Erscheinungen: Senkrechtstehen oder Orthogonalität zweier Geraden, Parallelität von Geraden, vereinigte Lage von Punkt und Gerade.

Das sind alles Lageerscheinungen. Aber die Frage, wo ein Dreieck liegt oder ob seine absolute Größe bei einer Transformation erhalten bleibt oder nicht, ist ohne geometrisches Interesse und zeigt Maßerscheinungen. Der Maßraum ist konventionell. Seine Struktur basiert auf dem Willen. Der Wille erscheint hier tatsächlich im Dinglerschen Sinne als etwas Letztes. Der Maßraum setzt Zeitbewußtsein, Bewußtsein und Zeit, voraus. Der Raum der Lage nicht. Ja, die Geometrie der Lage, der reine Raum setzt hier Gleichzeitigkeit voraus. In der Konfiguration ist das Wesen des Raumes, die Gleichzeitigkeit im Sinne der Unzeitlichkeit, phänomenal eingefangen. Damit ist die geometrische Existenz in ihrem tieferen Wesen, ihrem Sinn eindeutig bestimmt.

Wenn auch die Mathematik das Wesen des Raums nicht absolut deutlich macht oder bis in die Wesensmitte ausdrückt, ihre Gestaltungsmittel enthalten alle etwas von jenem letzten Wesen des Raums, das nur metaphysisch zu fassen ist. Nur auf diesem Wege wird das eigentliche Phänomen des Raumes sichtbar.

Wie sehr der Raum aber Einheit und Gestalt oder Form ist, vermochte bisher noch nicht anders als mathematisch verdeutlicht zu werden. Der mathematische Raum, hergeleitet aus dem optischen Vermögen des Menschen, hat bisher den Weltgrund-Raum am weitesten sichtbar gemacht.

Das mathematische Wesen des Raums ist die Sichtbarkeit. Der optische Sinn ist die Voraussetzung aller Mathematik.

Die geometrischen Konfigurationen sind auf der Gleichzeitigkeit ihrer Elemente aufgebaut. Zeitgebundene Kausalität ist hier sinnlos. Die Gesetze der Konfigurationen sind Ausdruck des Gestaltnexus – womit ich die morphologische Kausalität der Erscheinungen bezeichne.

Es gibt also eine Kausalität der Zeit, des Nacheinander, und eine Kausalität des Raumes, des Nebeneinander, den Gestaltnexus, das Gesetz der Gleichzeitigkeit der Elemente der Konfigurationen, der Erscheinungen. Die Kausalität der Konfiguration schließt, wie leicht einzusehen ist, die Kausalität der Zeit aus; denn die Konfiguration ist die Erscheinung der Gleichzeitigkeit. Die Raumkausalität erklärt die Art der Anordnung der Konfigurationselemente, während die Zeitkausalität – die gewöhnliche Kausalität – sich um die Anordnung im Raum gar nicht kümmert, sondern nur um das Nacheinander von Erscheinungen.

Der Zeitbegriff ist also durch die normale Kausalität erklärt. Was aber läßt uns die Raumkausalität verstehen? Wie unterscheiden wir denn eigentlich verschiedene Anordnungen im Raum?

Das geschieht durch die Dimensionen.

In der Dimension kommt die allgemeine Raumkausalität zu ihrer eigentlichen Sichtbarkeit.

Die Dimension leistet im wesentlichen genau das gleiche für das Raumphänomen, was die normale Kausalität für das Zeitphänomen, für das Bewußtsein, wie wir noch sehen werden, leistet, nämlich Ordnung zur Gestalt.

Die Dimension ist die Kausalität des Raums.

Die objektive Welt, der Seins-Raum, kann nur Raumkausalität haben, nur Gestaltnexus. Die normale, zeitgebundene Kausalität hat also gar keinen Sinn für die Welt jenseits unseres Bewußtseins.

Es gibt in Wirklichkeit kein Nacheinander der Dinge, nur ein Nebeneinander.

Sollte die Tatsache, daß es kein Bewußtsein von Ursachen gibt, und daß die Warumfrage ohne Ende und immer stellbar ist, nicht ein Hinweis darauf sein, daß es keine Ursachen gibt, keine Zeitkausalität?

Zeit ist die Spiegelung, die Erscheinung des Raumes im Bewußtsein.

Zeitkausalität ist die Erscheinung der Raumkausalität, des Gestaltnexus im Bewußtsein.

Raum und Ort dürfen nicht verwechselt werden. Ebenso wenig wie Raum und Körper.

Ort ist Gegensatz zu Raum. Ort tendiert auf den Punkt. Als Folge von Orten ist der Raum dem Bewußtsein zugängig, also zeitlich interpretierbar. Der Körper ist im Raum und erscheint dem Bewußtsein an einem Ort zu einer Zeit, d.h. an einem Ort, wo zuvor ursächlich ein anderes Etwas war. Durch den Ortsbegriff überwindet der Logos die Diskrepanz von Raum und Zeit.

Der Logos kommt wohl zur Vorstellung einer Gleichzeitigkeit, aber nicht zum Begriff der Gleichortigkeit.

Gleichzeitigkeit realisiert Raum. Sie setzt Vielfalt, mindestens eine Zweitheit, voraus. Das Denken, die Ratio, hat mit dem Begriff der Gleichzeitigkeit den Raum, das Phänomen des Raumes, so definiert, wie es von seiner Raumform, seinem Raumbewußtsein aus, eben der Zeit, nur möglich war.

Das eigentlich irrationale Phänomen ist die Bewegung. Ihre Irrationalität liegt darin, daß in ihr sowohl Raum als auch Zeit enthalten sind. Daher steckt auch das Ortsphänomen darin. Exakter definiert ließe sich sagen: Die Irrationalität des Bewegungsphänomens bringt die Raum-Zeit-Diskrepanz zum Ausdruck. Allgemein läßt sich sagen: Irrationalität ist Raum-Zeit-Diskrepanz. Hierauf werden wir noch einmal zurückkommen, verweilen aber zunächst noch beim Bewegungsphänomen.

Zeit erscheint mit der Bewegung. Diese aus der Bewegung hergeleitete Zeiterscheinung läßt sich als eigentlicher Raum des Ortes erfassen. Der Ort ist ja, ideal genommen, punktuell. Aber mit dem Phänomen der Bewegung transzendiert er auf den Raum. Bewegung wird zum Ausdruck dieses Phänomens.

Die Zeit ist gar nicht verschieden vom Raum. Sie ist ja selbst ein Ausgedehntsein, das Neben und Vielfalt zuläßt, allerdings mit wesentlichem Bezug auf Bewußtsein. Die Zeit ist nur im Bewußtsein. Zeit ist das ins Bewußtsein übertragene Raumphänomen. Raum ist objektives Sein, aber Zeit ist die Anschauung des Raums durchs Bewußtsein. Nur bezüglich der Zeit hatte Kant richtig gesehen.

## 2.

Wir rühren hier schon an das Verhältnis von Raum und Zeit in metaphysischem Bezirk. Wir bemerken im voraus schon, daß es für uns wohl eine Wesenheit »Raum« aber keine Wesenheit »Zeit« geben kann.

Die Welt in der ganzen Fülle ihres Seins ist darin zugleich Raum.

Durch die Räumlichkeit der Welt kommt es phänomenal erst zu einem Innsein.

Im Sein ist etwas, Sein hat Innsein, diese Sätze erweisen das Raumwesen der Welt.

Das Ich ist zunächst nichts mehr als ein solches Innsein. Es ist Dasein. Als solches ist es, wie Heidegger bemerkt, wesenhaft entfremdend, hat aber doch damit auch die Tendenz auf Nähe.

Der Raum ist alles außer Ich. Das Ich ist Innsein, und das heißt:

Das Innsein entdeckt sich als Innsein und sucht sich als Außer-ich, sucht das Außer-ich zu erfassen.

Wie nun Sein niemals reines Prädikat ist, muß jedes Innsein schon wieder als raumend gesetzt werden.

Innsein ist ein Raumsein, das notwendig die Struktur einer Inselhaftigkeit besitzt. Innsein ist Ortsein.

Das ontisch wohlverstandene Subjekt des Daseins ist räumlich, sagt Heidegger, und das bedeutet für mich eben den Ichbefund.

Innsein transzendiert auf Sein, d.h. es transzendiert auf Abstraktion des Inn, um Sein zu sein.

Dasein ist Transzendenz auf Sein. Das ist zugleich das Phänomen des Lebendigen.

Dieser Überstieg ist eine Abstraktion, eine Raumung.

Raumung vollzieht sich vor dem bewußten Innsein, wenn es vom Bewußtsein aus bemerkt wird, als Zeit.

Von hier aus gelingt uns die neue Erhellung: Der Raum des bewußten Daseins ist die Zeit.

Sein des Daseins ist die Zeit. Die Zeit ist die Raumform des Bewußtseins. Das berührt sich mit den Formulierungen der Phänomenologie.

Wesentlich ist die scharfe Unterscheidung zwischen Körper und Raum. Der Körper ist immer im Raum, er ist also Innsein. Er ist physisch, und der Maßraum kann an ihm verifiziert werden. Ein Körper ohne Raum erscheint uns als widerspruchsvoll, aber ein Raum ohne Körper nicht. Im Raum als Letztem kann niemals Zeit sein in dem Sinne des Nacheinander. Raum als Sein kann nicht ein Nichtsein oder ein Nochnichtsein enthalten.

Der Raum ist ohne Zeit. Zeit bezieht sich immer – wie noch gezeigt wird – auf ein Bewußtsein.

Raum und Zeit schließen sich aus; denn Zeit tendiert immer auf den Punkt, den Ort. Punktsein aber bedeutet den äußersten Gegensatz zu Raumsein. Daher war es auch unmöglich, den mathematischen Raum vom Punktbegriff her zu fassen.

Das Prinzip der Raum-Zeit-Diskrepanz ist die wesentlichste Relation zum Verständnis des metaphysischen Wesens des Menschen, das eigentliche Subjekt-Objekt-Problem.

Der reine Raum realisiert wesenhaft die völlige, absolute Gleichzeitigkeit. Anfang und Ende sind für das letzte Raumsein nicht mehr zuständige Begriffe. Dieses Raumsein ist ohne Schöpfung.

Der Körper und das Etwas sind, als Ort in bezug auf das Bewußthaben, in der spezifischen Raumform des Bewußtseins, die wir Zeit nennen.

Man hat gesagt, der vom Menschen verstandene Raum sei ausgezeichnet durch die Geradheit. Daher könne der gekrümmte Raum, der aus den relativitäts-theoretischen Forschungen sich ergab, niemals verstanden werden – ja, andere behaupten sogar: der Raum müsse notwendig gerade sein. Geradheit gehöre zum Wesen des Raums (H. Driesch).

Derartige Einstellungen beruhen zumeist auf dem Mangel der mathematischen Einsicht oder auf Unklarheit über das metamathematische Wesen des Raums.

Sicher ist natürlich dies: Wir empfinden den Raum am unmittelbarsten über das Phänomen der Geradheit. Scheler sagt, die

Geradheit des Raums ergäbe sich uns aus der orthoïden Bewegung. Das ist nicht falsch, aber es ist nicht das Entscheidende.

Die Geradheit des Raums erscheint uns deshalb als die wesenhaft notwendige Raumstruktur, weil wir den Raum gar nicht mehr als reinen Raum empfinden, sondern durchsetzt mit dem Zeitphänomen. Wir vermögen ja, weil uns mit der Dominanz des Bewußtseins ein Übermaß an Zeitbewußtsein gegeben ist, den reinen Raum gar nicht zu empfinden. Wir empfinden den Raum gleichsam als Zeitphänomen.

Die Zeit aber ist das Ideal der Geradheit. Zeit ist Geradheit. Denn das Zeitbewußtsein ist einfach, eindeutig und eindimensional. Das ist aber Wesen der Geradheit.

Diese durch die Zeitempfindung oder durch das Zeitbewußtsein bedingte Wesensart der Geradheit übertragen wir unbewußt in die Raumwahrnehmung oder in das Raumverständnis.

Wir sind Zeitwesen geworden. Denn in uns hat sich eine Dominanz des Zeitbewußtseins herausgebildet. Daher verstehen wir selbst den Raum nur über das Zeitphänomen, über die Geradheit.

Der Raum als reines Phänomen ist gar nicht Geradheit. Dieser Begriff hat keinen Sinn für den metamathematischen Raum.

Der allgemeinste n-dimensionale Raum ist auch der gekrümmte Raum. Der euklidische Raum als der Raum der Geradheit, der Parallelität im eindeutigen Sinne, wie das problematische 5. Axiom des Euklid[6] sie definiert, ist nur ein Spezialfall dieses allgemeinsten Raumes.

Der orthoïde euklidische Raum ist als Raum der Geradheit aus konventioneller Zeitbetrachtung und aus der Zeitempfindung abgeleitet.

## 3.

Raum setzt, wie gesagt, Mannigfaltigkeit voraus. Das Denken stellt jetzt natürlich die Frage: Ist Vielfalt? Und wenn ja, wie kommt es aus der Einheit zur Vielfalt? Aber die Frage selbst ist schon falsch gestellt, denn sofern man vom Raum-Sein ausgeht, ist schon Vielfalt. Und einen anderen Ausgangspunkt kann man gar nicht wählen. Fragestellungen, die etwa so lauten: wie wird dies oder jenes aus ...?, oder: wie entsteht dies oder jenes? – verraten die typische Fragestellung aus der Voraussetzung des Zeitphänomens und des Nichts. Das ist eine prinzipiell falsche Haltung erkenntnistheoretischer Forschung. Man muß mit der Art einer Fragestellung niemals die Zeit, sondern das Raumsein voraussetzen.

Geist bedeutet, wie wir weiter unten noch sehen werden, Einheit der Gestalt in der Erscheinung. Wohl beziehen wir Wahrnehmungen auf das Bewußtsein und damit auf die Zeit. Aber eine wahrgenommene Mannigfaltigkeit zwingt uns schon zur Aufgabe der Wahrnehmung in der Zeitfolge. Wahrnehmung der Mannigfaltigkeit formt die Wahrnehmung als Zeitlichkeit um in Wahrnehmung als Raumung. Der Geist kommt aus der Wahrnehmung. Wahrnehmung wird zur Raumung. Raumung soll hier heißen: Raumerkenntnis oder Raumerlebnis.

Der Geist erkennt. Aus dem Geist kommt die Synthese. Geist ist ohne Begrifflichkeit – die hat der Intellekt –, aber der Geist hat die Bilder, die Prägung der Mannigfaltigkeit zur Einheit. Darin offenbart sich das Raumwesen. Der Geist tendiert auf die Gestalt, auf den Raum. Der Intellekt aber auf den Punkt.

Alle Tendenz auf Umfassung der Mannigfaltigkeit kommt aus dem Geiste. Im Geist erst erkennen wir Wahrnehmung als Raumung. So erklärt sich die Entstehung der Mengenlehre oder Soziologie.

Was den Geist in die Vernichtung wirft, ist das Schwinden des Erlebnisses. Der Geist leidet an der Zeit, denn er will Raumung.

Urtat des Geistes ist nicht Reagenz (Klages)[7], sondern: Kontemplation.

Einheit besagt Räumlichkeit. Am deutlichsten wird das bei gewissen mathematischen Phänomenen. Die Mannigfaltigkeitslehre ist die Setzung einer Vielheit. Es wird mit Mannigfaltigkeiten gerechnet, indem sie wie Einheiten aufgefaßt werden. Einheit ist immer Einheit von einer Mannigfaltigkeit. Der Satz des Cusanus, Raum sei Einheit und Vielheit zugleich, besteht durchaus zu Recht.

Der Mensch ist das Wesen mit Weltgefühl und Lebensgefühl. Das Lebensgefühl kommt zum Weltgefühl, wenn es sich zum Geiste aus der Wahrnehmung erhebt.

Das Lebensgefühl bedarf also des Ausdrucks. Die bloße Wahrnehmung wird Weltgefühl, indem sie vergeistigt, und dabei geschieht die erste Wahl, nämlich die Wahl der Urformen.

Aber der Geist aus der Wahrnehmung hat als solcher Wesen vom Raum. Wir nannten das Raumung, und Raumwesen hat sich so in die Urform eingehüllt. Aufgabe ist, in den intensiven Phänomenen des Lebens dieses Wesen vom Raum zu erkennen.

Aus dem Geiste kam der Intellekt, der analytische Logos, der Geist des tieferen Bewußtseins. In ihm wird Raum zur Zeit. Zeit als Spiegel des Raums im Bewußtsein. Da wird der Mensch zum Zeitwesen. Neue Phänomene kommen, die aus der Zeitnatur des Menschen geboren werden.

Da geschieht eine zweite Wahl. Wahl der Zeitsymbole als neue Urformen, in denen ein neues Lebensgefühl, das Ichgefühl, sich ausdrückt.

Aufgabe ist, im Phänomen des Ichgefühls Wesen der Zeit zu entdecken.

## 4.

Philosophie über die Nacht ist schon Philosophie über den Raum.

Es soll nicht heißen: am Anfang war der Raum, sondern: immer war der Raum.

Und in diesem Raum geschah es, daß Nacht und Tag wechselten.

Die Verwandlung des Lichtes in die Dunkelheit oder die der Dunkelheit in das Licht könnte gleichsam die Urscheidung sein, deren die Sinne inne wurden. Daß wir im Übergang von Tag und Nacht eine Verwandlung erleben, ist für den Wachen kein Geheimnis. Mit diesem Wechsel von Tagseele und Nachtseele ist ein Stück Erdgeschichte in uns eingesunken.

Im Augenblick des Raumerlebnisses entrücken wir über die Dinge in ein Allgemeines. Aber der Raum wird in der Helle anders erlebt als in der Dunkelheit. Der tiefe Grund des Raumes hat keine Grenzen, keine Unterscheidungen, keinen Anfang und kein Ende. Diesen reinen Raum, der ohne Dinglichkeit ist, erleben wir in der Nacht. Denn da sinkt das Viel auf ein Wenig.

Die Nacht ist es, die Dunkle, die Unterscheidungslose, wo wir die Weite am tiefsten erleben. In der Nacht erreicht das Raumgefühl in uns seine höchste Intensität, bis zu jenem Einklang, wo das Schweigen schon zu tönen beginnt und die Ruhe zu schweben. Denn fast ist eine dumpfe Musik mehr Stille als das Schweigen und ein Schweben mehr Ruhe als ein Gehaltensein.

Die Innerlichkeit des Menschen, jene reinste Form seiner Einsamkeit, ist in der Nacht größer als am Tag. Vollkommene Innerlichkeit ist Schau in die eigene Tiefe. Das kann am intensivsten geschehen im Wachsein während der Nacht.

Aber wir sind Ich, und das Ich hat Raumangst, darum fürchtet es die raumbringende Nacht.

Die Einsamkeit des Ichs ist in der Nacht größer als am Tage. Das Leiden an der Unendlichkeit kommt dem Ich aus dem Raum. In der Nacht fließt es stärker in ihm und pocht mit dem rascheren Herzschlag an den Raum, mit dem es nicht sprechen kann, der immer Ferne ist, immer taub und immer stumm. In der Nacht geschieht im Ich das Erschrecken vor dem Raum.

Erst das Schaffen verbindet das Ich wieder mit dem Kosmos, mit dem Raum. Schaffen ist eine Form der religio. Das Werk kommt aus der Not des Ichs, und der Augenblick seiner Geburt ist die Befreiung des Ichs.

Da aber die Not des Ichs in der Nacht vor dem Raume größer ist als irgendwann, steigert die Nacht den Drang des Schaffenden. Schöpferische Naturen lieben die Dunkelheit, den Abend und die Nacht. Hier geschieht ihre Sammlung, ihre Steigerung am stärksten, und ihr Raumwille wird zur Gestaltung. Denn Gestaltung bedeutet Einfang des Raums.

Nun verstehen wir, warum alte Völker ihre religiösen Kulte so gern unter nächtlichem Himmel vollzogen. In der Nacht steigert sich das Raumgefühl, die kosmische Wallung, die an das Ganze bindet. In der Nacht erst kommt das Gebet aus seiner tiefsten Innerlichkeit, aus der tiefsten Weltnot und Weltangst des Ichs. Die Nacht begünstigt die Verwandlung. Die Nacht erregt die Zeremonie, die das starre Ich auflöst.

Und endlich begreifen wir die Sage vom Anfang mit der Dunkelheit, den Mythos der Urnacht. In allem dämmert das unbewußte Wissen um die Macht des Dunkels über das Ich.

Der Raum schweigt und die Nacht schweigt. Die Tiefe ist die Seele des Raums. Darum liebt der tiefe, innerliche Mensch das

Schweigen. Im Schweigen spricht er seine Wahrheiten. Das Schweigen ist das Vernehmen des Raums. Wer aber tief ist, steht in der Einsamkeit wie die Nacht, die als Offenbarwerden des reinen Raums Einsamkeit ausstrahlt.

So beruhigt der tiefe Mensch, weil er den Raum bringt wie die Nacht jene Sehnsucht erweckt, die kaum erfüllt wird ohne den Tod des Ichs.

Aber der tiefe Mensch ängstigt, wenn er mit dem Schweigen das Nächtliche in uns erregt, indem er mit dem Schweigen die Melodie des Raumes entläßt.

Das aber ist die letzte Qual des Ichs: die in der Nacht am reinsten geschaute Unendlichkeit des Raumes, die Ahnung von dessen Ewigkeit im Wissen um das kleine Quentchen bewußten Schicksals, das es selbst ist.

Vielleicht stürbe das Ich, wären wir ohne Schlaf. O, wie gut ist der Schlaf im Vergessen der oberen Welt des Zeitlichen. Oder gewöhnen uns die Nacht und der Schlaf an das Sterben, an das Ertragen des Wissens um das Sterben?

Im Schlaf sind wir im Raum jenseits der Dinge, im Atem des Unterscheidungslosen.

Wie aber, wenn im Schlaf jener Weltgrund in uns einbräche, der die Berührung mit allen Dingen bringt; wenn wir im Schlaf wieder zum Magier würden mit dem letzten Hören, Schauen und Fühlen?

Müßte dann im Traum nicht die große Erinnerung wiederkehren, die Zeitlosigkeit unter den Dingen, das spielerische Nebeneinander als die Kausalität des Traums, die nicht an den linearen Ablauf des Zeitlichen gebunden ist, sondern, gleichsam unendlich dimensional, nach allen Richtungen sich erstreckt? Die Kausalität des Traums ist nicht einfach, eindeutig oder einfältig wie die der Welt des Wachens, wo zu einer Ursache die eine bestimmte Wirkung gehört. Die Kausalität des Traums ist Vieldeutigkeit, Mannigfaltigkeit. Im Wachen gibt es immer die Ordnung des Nacheinander, aber im Traum gibt es immer die Ordnung des Nebeneinander. Und im Nebeneinander ist die Zeit des Nacheinander Raum geworden. Wo es im Wachen die kausalen Zusammenhänge gibt, formen sich im Traum die Bilder. Aber keiner weiß zu sagen, was in den Traumerscheinungen Urbild und was persönliches Tagerlebnis ist. Beides ist immer verschlungen. Aus einem Ansatz läßt sich das Traumerleben nicht erklären.

Traum ist Wahrnehmung aus dem eigenen Innen. Wahrnehmung über die Negation des Außen, ohne Sinne. Traum bedeutet also Flucht aus der Um-Ich-Welt in die Welt der eigenen Innerlichkeit. Der Traum ist die Verwirklichung der idealistischen Philosophie, die die Welt im Menschen beginnen läßt, oder: die idealistische Philosophie gilt nur im Traum.

Die Wahrnehmung im Wachen ist ganz in der Zeit, aber die des Traums ist Wesen vom Raum. Endlich ist es gerade der Traum, der das Raumerlebnis am intensivsten innehaben kann. Das Gefühl des Fallens, das die Träume manchmal so erschreckend macht für das Ich, bringt die Auflösung des Ichs im Raum zum Ausdruck. Dieses Fallerlebnis im Traum ist nichts weiter als der Übergang des Ich-Selbst in den Raum, also das Raumerlebnis, Werden vom Dasein zum Weltsein, Überwindung der Subjektnatur des Ichs.

Der Traum ist die Welt aller Möglichkeiten. Im Traum werden alle Verwandlungen verwirklicht. Der Traum erfüllt den Tagwunsch.

Wirklicher erscheint uns die Tagwelt nur deshalb, weil wir uns in ihr besser zurechtfinden.

Es ist fraglich, ob im Wissen des Kindes bis zu einem bestimmten Alter überhaupt ein Unterschied zwischen Tagwelt und Traumwelt gemacht wird. Und wer sagt, ob Tiere nicht manchmal so handeln, als stünden sie in der Traumwelt? Wieviel Handeln geschieht überhaupt nach der Kausalität des Traums? Vielleicht ist es sogar das glücklichere Tun.

Von der Wirklichkeit des Wachens aus gesehen ist das Traumerleben von Symbolen erfüllt. Daraus erhellt die starke Bilderstruktur des Traums. Im Symbol ist aber immer das innere Wesen von Dingen und Handlungen eingefangen. Damit ist die Raumnähe gegeben.

Was in der Nacht geschieht, ist intensiver und symbolischer als die Handlungen des Tags. Es dürfte uns nicht erstaunen lassen, daß die wesentlichsten Dinge des Lebens gerne auf die Nacht warten.

Alle Hingabe ist nächtlich; denn in ihr stirbt das Ich.

Und das ist die Nächtlichkeit oder das Geheimnis des alltäglichen Lebens, daß zwei Menschen schwerer werden, lässiger im Bewußtsein, aber wacher im Traumsein, und so kein Gefühl für ihre Urgeschiedenheit mehr besitzen. Wir sagen, es sei Liebe, und sprechen kaum von jenem Trieb der Seele, des Geistes und des Körpers, und verstehen doch immer, wenn das Urwunder der Erschaffung wieder geschieht, wie es immer geschah ohne Befragen – großes Ertragen des nie alltäglichen Mysteriums.

Wir erkennen das Treiben zur Einheit, das die Sehnsucht zum Raum ist.

Und wir sagen, es sei die Liebe, die uralte, und sind ohne Kummer um ihren Anfang und ihr Ende. Liebe ist ohne Zeit, aber ganz Raum.

Wenn im anderen Menschen das Ich stirbt und auch im eigenen die Verlöschung beginnt, ahnen wir das Wesen des Raums.

Und wenn es nächtlich geschieht, war es vielleicht am reinsten, weil keine Wahrnehmung des Außen störte.

Wenn sich in der Nacht das Ich zur letzten Einsamkeit sammelt, indem es der Übermacht des Raumes unterliegt, gelangt es zum vollkommenen Innsein.

In dieser Innerlickeit nimmt sich der Geist selbst wahr.

Die Dinge lenken vom eigenen Innen ab. Man ist am Tag zu weit an das Fremde verschenkt. Nur in der Nacht gelangt das Ich ganz zum Ich und leidet am meisten, bis das kommt, dem es sich hingeben kann, ohne aus der Welt zu gehn und ohne schon von Rückkehr zu sprechen. Die Eigenwahrnehmung des Ich hemmt den Schlaf. Man wird nächtlich gezwungen, unendlich still und verhalten zu sein.

Das ist das schwere Horchen auf sein Selbst.

Aber die Raumnacht fordert das Lauschen, das Lauschen auf das Ich, wie es an den Raum anstößt. Lauschen auf das Eigensein in der Furcht vor dem Raum.

Dieses Lauschen auf sich selbst, auf seine eigene Furcht, gibt plötzlich das Gefühl des Verlorenseins im Raum. Und wehe, wenn dann kein Schlaf wäre oder keine Liebe.

Innerlichkeit in den Liebenden ist ohne Ichheit, ist ohne Gegenüber, Raumwesen – Erschaffung. Innerlichkeit der Liebenden ist ohne Angst. Augenblick eines Innewerdens, wo Weltvergessenheit und Welterschaffung durch die Nacht aus dem Raum herüberkommen.

Das also ist die Art, die Welt des Traums: Sonderbare Innerlichkeit, gekommen aus Ich und Du, die alle Gesetze des Ja und Nein, des Gut und Böse aufheben kann, alles Neben überwinden möchte und alle Zeit.

Wir nennen es Liebe, ... aber es ist sehr viel Untergang darin.

# III. Über das Ich

*und die findigen Tiere merken es schon, daß wir nicht sehr verläßlich zu Hause sind in der gedeuteten Welt.*
R. M. Rilke

Das Ich ist nicht gleichbedeutend mit dem Menschen, der es trägt. Wie das Dasein im Sein steht, so steht das Ich im Menschsein.

Das Ich verhält sich zum Sein, wie ein abgehobenes Gegenüber. Das Ich empfindet sich im Raum, vermag sich selbst aber in diesem Innsein nicht zu begreifen. Alles Um-Ich ist Objekt und wird denkend erfaßt. Das Ich ist ein Entferntseinszustand, und das Denken, die begriffliche Methode, drückt wesenhaft diesen Zustand des Entferntseins aus.

Es gibt Dinge, die erfährt nur das Ich, und andere, die erfährt nur der Mensch.

Die Wahrnehmung des Ichs ist Projektion, aber die Wahrnehmung des Menschen ist Ergriffenheit, Erlebnis.

Nur der Mensch hat das Entzücken, aber das Ich den Weltschmerz, den Ekel und die Selbstentfremdung.

Das Ich ist ohne Eros. Der Mensch ist Eros und Magie.

Manchmal spüren wir fast den Augenblick, da das Ich in uns an den Menschen stößt, da das magische Herz sich vor dem bewußten Willen aufbäumt, da die Wahrnehmung an der Selbstentfremdung zehrt und das Bemühen, sich selber inne zu werden, vom Fleisch her und vom Geiste her, im Zustand zwischen Verlockung und Abwendung verharrt.

Das ist der glühende Augenblick, da in einem Dasein Mensch und Ich um die innere re-ligio sich abmühen und Spiel und Leid zum Ausgleich bringen: es ist die Stunde, da das Werk entsteht.

Zwischen Mensch und Ich gibt es die irdische re-ligio des Werks.

Es ist jene Form von höherer Sinnlichkeit, die das Irdische zum heiligen Wert bestimmt.

Das Ich entfremdet in der Wahrnehmung dem Körper. Die letzte Möglichkeit des Ichs ist Selbsthaß.

Sofern ein Ich da ist, ist auch Denken.

Das Ich kann aber vermöge der Art seines Zustandes niemals sich selber denken. Denn es liegt im Wesen des Denkens der Zustand des Entferntseins, der durch Abbildung in einem vermittelnden Begriffsbau nicht aufgehoben wird.

Niemals kann aber ohne verbindenden Spiegel ein Mensch sich selbst in die Augen sehen. Niemals kann das Ich sich selbst denkend begrifflich fassen. Ichheit ist der Ursprung der Objektivierung. Das objektsetzende Ich kann sich nicht selbst zum Objekt machen.

Es gehört aber zur Tragödie des Ichs, daß es sich dennoch darum bemühte, sich selbst zu denken, denkend zu leben und zu verstehen, sich selbst gegenüber zu sein.

Darum schuf das Ich sich sein gespiegeltes Abbild, jenes Gegenüber-Ich, das Nicht-Ich.

Und um Sein denkend zu verstehen, schuf das Ich das Nichtsein, den abgründigen Spiegel, der die Frage nach dem Ich, dem Sein und dem Sinn des Seins mit dem Lächeln des Irren zurückwarf.

Und das Leid des Ichs begann, als es sich selber schauen wollte, sich selber dachte, indem es die eigene Verneinung schuf. Da senkten sich mit der Illusion des Nichts Weltangst und Weltleid in die tiefen und hohen Triebe des Lebens.

Denn das Nichts offenbarte das erste Grauen.

Das Sichschauen-Wollen ist die erste Feindschaft des Ichs mit sich selbst.

Das gespiegelte Ich ist die logische Wurzel des Nichtbegriffs. Der Begriff des Nichts aber ist die logische Wurzel der Weltangst.

Ein intensives Ich ist notwendig auch intensives Ichbewußtsein. Ich und Selbstbewußtsein sind nicht trennbar.

Das Schmerzliche, Lebensfeindliche des Ichs liegt darin, daß das Ich eine Setzung ist, womit der menschliche Geist den Menschen, also sich selbst, zum Objekt entarten läßt.

Ohne noch um Verrat und Feindschaft zu wissen, aber in jenen ersten lüsternenen und erschütternden Augenblicken, da am Denkspiegel der Ichmensch seine scheinbare Macht erfuhr, erhob sich das Ich zur weltbewältigenden Geste:

Sein wurde in Nichts gebettet, wie ein Unberührbares wurde das Nichts zum Mantel um die Dinge gelegt.

Damit wurden die Probleme der Stetigkeit, der Kausalität, der Schöpfung, des Anfangs und des Endes erst sichtbar, erst gestellt.

Daß die Probleme werden, ist noch gar nicht tief genug begriffen worden und bei der Betrachtung noch kaum in das Wesen des Problems einbezogen worden. Das Werden der Probleme aber ist selbst kein Problem, sondern Ausdruck der Geschichte des Ichs.

Das Ich begann. Das Ich ist Ablauf. Das Ich sieht sich punktuell in das Sein eingespannt, und es erhob die Wirklichkeit aus jenem fremden Urgrund des Nichtseins in den Kreis der begrifflich gedeuteten Welt.

Anfang und Ende sind dem Denk-Ich die Grenzen der Dinge und des Daseins gegen das Nichts.

Woher komme ich? Wohin gehe ich? Werde ich wieder sein? Werde ich immer sein? – dies ist die Reihe jener Fragen, die das Ich sich im Geheimen immer stellt, die das Mysterium und die Tiefe seines Leides verstehen lassen, zugleich aber auch die Zerrissenheit des Menschwesens und die harte Qual zeigen, die ihm der Logos mit den täuschenden Begriffen wie Nichts, Anfang und Ende bereitete. Fern vom Welterlebnis, fern von der reinen Wirklichkeit des Seins wurde es dem Ich einfach prinzipiell unmöglich, zu verstehen, daß vollendetes »All-sein« jenseits von Anfang, jenseits von Ende, von Zeit steht.

Welteinheit, Weltganzheit sind dem Ich nicht verstehbar und begrifflich nicht definierbar. »Seiendes« kann in letzter Wesenheit gar nicht gedacht werden.

Weltinnerlichkeit, Weltwesenheit sind dem Denk-ich unzugänglich; denn es sind nur Phänomene des Erlebens. –

Das Erlebnis ist ein ganzes Ergreifen, ein Zustand des ganzen Menschen, eine Wandlung, die Ichheit und Denkwachheit auflöst.

Das Ich ist kein Erlebnisstrom, auch kein angeschautes Erleben, wie die Phänomenologen sagen, sondern ein Denkstrom, ein Bewußt-habe-Strom.

Das Ich tendiert gleichsam immer auf den Punkt. Sein letzter Wille ist die Negierung, der Nihilismus. Denn Negierung ist Trieb zur Fiktion des Nichts, ist Selbstvernichtung des eigenen Daseins. Ein vollkommenes Kennen seiner selbst, die letzte Selbsterkenntnis, strebt immer zur Selbstverneinung und Selbstvernichtung.

Nur durch das Werk kommt das Ich wieder zum Weltja, das in der Magie seines Wesens dem Ich wohl problematisch erscheint, aber nicht überwunden werden kann.

Die innere Struktur eines Denkaktes bedingt die Notwendigkeit des Nichts, das nur allzuleicht so absolut genommen wird wie der Seinsbegriff.

Es gibt Unverstehbares und Unbeweisbares wie die Axiome. Axiome sind Gewißheiten, die urbildartig sind, also nicht erdacht, sondern erkannt werden. Axiome sind Darstellungen der Urbilder im Begriffsbau des Denkens. Ihre Evidenz beweist die Grenze des Denkens.

Axiome, die ganz aus dem Denken postuliert werden und nicht aus dem Erkennen, sind Konventionen, aber zeigen in ihrer Phänomenalität keine Merkmale des Urbildes.

Natürlich sind die Urbilder nicht absolut; was uns als Urbild erscheint, was uns Urbild ist, kann es nur auf menschlichen Bezug sein, ist jene Wesenheit, die der Mensch unmittelbar erkennt, wenn er ohne Grenze gegen die Wirklichkeit ist.

Zusammenfassend sei noch einmal gesagt:

Das Ich ist primär der Denkträger, aber was Mensch heißt, ist Erkenntnisträger, Lebensträger und Erlebnisträger.

Der Mensch ist geistig und Leben. Aber das Ich ist analytisches Bewußtsein und lebt nicht im reinen Sinne des Worts, sondern funktioniert.

Ursprünglich war das Lebensgefühl einheitlich. Erst spät formte sich das Wesen des Ichs in uns. Das späte Lebensgefühl ist also die Resultante zweier Gefühlsphasen: des Ichgefühls und des Seinsgefühls.

Das menschliche Dasein hat also eine zwiespältige Struktur oder, durch den Begriff des Gefühls ausgedrückt, unser Lebensgefühl hat einmal das Gefühl des menschlichen Selbst und dann das Gefühl eines aus dem Raum oder dem kosmischen Zusammenhang abgehobenen Ichs.

Das Ichgefühl treibt zum Punkt und zur Negierung, aber das Seinsgefühl tendiert auf den Raum, den Kosmos und ist Ausdruck der Weltbejahung, weil es als Gefühl des Weltmitseins die Welt, den Raum, den Kosmos wesenhaft bejahen muß.

Das Ichgefühl ist das Kontingenzgefühl, das Seinsgefühl ist zugleich Sinngefühl und kosmogonisches Gefühl im Menschen.

Das Ichgefühl oder das Ichbewußtsein stellt mich aus dem kosmischen Zusammenhang heraus, das Seinsgefühl oder das Weltgefühl stellt mich hinein.

Eine Steigerung des Ichgefühls erhöht das Gefühl des Entferntseins vom kosmischen Sein. Eine Steigerung des Seinsgefühls erzeugt die Wollust des kosmischen Einklangs, jenes Aufgehen aller Sinne in der Welt, jenes Spüren, daß der Mensch mit der Welt ist, oder jenes Mysterium, daß alle Weltdinge und Weltgeschehnisse in unserem Inneren vernommen werden, wie es bei Lawrence' »Die Frau, die davonritt«[8] geschieht, wenn sie das Kreisen der Sterne hört und das Wachsen der Frucht im Leib der Hündin.

Das Gefühl des Mit-der-Welt-Seins ist es, das im Augenblick des vollkommenen Wissens, des vollkommenen Erlebens und der letzten Entrückung über das Antlitz fließt und den Zauber des Entrücktseins plastisch macht. Denn der entrückte Blick ist schön, wie der Schmerz schön wird, wenn er zu schwinden beginnt.

Habt ihr jemals den Augenblick begriffen, wo der mönchische Aljoscha vom Sarge des Starez Sosima wegtritt, in die Nachtlandschaft hinausgeht, den »Geruch der Verwesung« über das Antlitz gespannt, auf die Erde niedersinkt und sie lange küßt?

Das ist der Augenblick, wo alles, was Ich ist, alles, was nicht Weltgefühl und Welterlebnis ist, von Aljoscha abfällt und das Erdwesen, voll Kosmos, durchbricht.

Das ist Gemahnung an die Erde durch den Tod.

Konntet ihr jene Nächte der Einsamkeit erleben, wo das Vertrauen auf den Raum plötzlich in euch war und ihr von einem Wind getragen wurdet, der kein Wind war, sondern Weltwerden und Weltgeräusch.

»O, und die Nacht, die Nacht, wenn der Wind voller Weltraum
uns am Angesicht zehrt –, wem bliebe sie nicht, die ersehnte,
sanft enttäuschende, welche dem einzelnen Herzen
mühsam bevorsteht. Ist sie den Liebenden leichter?«
»Wirf aus den Armen die Leere
zu den Räumen hinzu, die wir atmen; vielleicht, daß die Vögel
die erweiterte Luft fühlen mit innigerem Flug.«

Leiden kann nur das Ich; denn es ist weltentfernt. Aber man leidet nur an dem, was man nicht besitzt. Das ist der tiefe Zusammenhang des Leides mit dem Bösen, daß beide sich nur am Ich offenbaren, weil sie aus der Weltfremde des Ichs kommen oder aus dessen ewiger Raumangst.

Es gehört zur tragischen Natur des Bewußtseins, daß es immer tiefer zum Ich drängt und so die geheimen Wurzeln des Bösen und des Leides in die Abgründe unserer nihilistischen Position wirft.

In den Wonnen des Erlebnisses oder der Verwandlung, wo die Frau oder das Schöne, die Erde oder das Gestirn in den Menschen sinkt, steigt das Seinsgefühl in uns auf und bleibt schwebend, solange keine Leidenschaft kommt. Leidenschaft im Anblick des Ersehnten ist keine Wonne mehr, sondern Sieg des Ichs, das keinen Untergang fand.

Das Denk-Ich steigt ohne Lampe zur Tiefe. Es kennt nicht die Problematik seiner Position und die Aussichtslosigkeit seiner Sehnsucht, die die Ursehnsucht des Ichs nach dem Raume des Kosmos ist.

Es singt sich die Illusion des Nichtseins vor, seinen ersten und letzten Feind. Denn das Ich, das sich das Nichts erschuf, sah als Bild des Nichts den Tod, und daraus floß alles Grauen vor dem Tod.

Daß man den Tod fürchtet, das ist etwas Spätes. Nicht der Mensch fürchtet den Tod, sondern das Ich in ihm.

Der Todestrieb des Menschen, den der Russe Metschnikoff physiologisch nachgewiesen haben will, hat also sein phänomenologisches oder psychologisches Korrelat, das ganz in der Ichschicht wurzelt.

Das tiefere Denken kennt auch das tiefere Leid. Im großen Schmerz ist die Vorstellung des Nichts so gegenwärtig, daß man den Tod wünscht. Erst dem Ichwesen wurde der Tod zur Furchtbarkeit und zum Problem. Alle Angst wurde zur Angst vor dem Tod, der dem Ich im Raum erscheint. Das zu Tode geängstigte Ich kann denkend nicht erfassen, daß der Tod kein Nichts im absoluten Sinne ist. Dem Ich ist alle Verwandlung ein Treiben zum Tod hin. Der Tod ist die schöpferische Kraft des schaffenden Ichs. Der Wille zum Schaffen ist der große Schritt des Ichs in den Raum, in die Ewigkeit des Lebens. Der Schaffende ist der

Schmerzliche mit der Fröhlichkeit des Erlösenden und der Einsame mit dem tiefsten Spiel.

Das Ichgefühl ist antikosmisch. Es ist das Gefühl der Endlichkeit – und leidet daran.

Was geschieht dem höchsten Ichtyp, den das Leben bisher hervorbrachte, dem Europäer, nicht aus Angst vor dem Tode? Wozu pazifistische Konferenzen, wozu Sicherheitspakte, wozu Medikamente und künstliche Sonnen? Ist nicht alle Technik, alle Medizin gestaltgewordene Todesangst des intellektuellen Typs?

Tiere legen sich zum Tod hin wie zum Schlaf, immer noch mit dem reinen Blick und der ruhigen Gebärde. Wir aber bedürfen einer Heilung von der Todesfurcht, wie wir der großen feierlichen Heilung von dem Ich bedürfen, um die Tiefe der Weltnuß, die Ordnung der Materie, das Diesseits wieder nur vom Diesseits aus zu werten. Das Diesseits ist heilig und sinnvoll, selbst wenn es kein Jenseits gibt. Wer den Wert der Welt, ihre Heiligkeit, die in ihr selbst ruht, nicht ohne Jenseits verstehen kann, verliert die Rechtfertigung seines Daseins. Das ist das höhere Verbrechen, die Gemeinheit wider das Leben, das im Geiste schwebt, aber nicht im Jenseits.

Der Geist will eben keine Überwelt, wenn er ohne Angst ist. Aber alles Geängstigte flieht aus dem Beängstigenden. So fordert das Ich das Jenseits, weil es zum Raum will.

Das Ich ist ein wachsendes Wesen in uns. Es entsteht, es vollendet Frühe und Mittag. Es stirbt, denkmüde.

Durch den Leib ist der Mensch noch kosmisch gebunden. Ich fordere die neue Sinngebung des Leibes, denn aller Geist ist Ausdruck des Leibes.

Das Ich hat seine Wesensgeschichte wie der Mensch. Ichgeschichte ist die schmerzlichste Phase der Menschheitsgeschichte.

Darin liegt die große Täuschung der Philosophie über den Menschen vergangener Systeme, daß sie den Menschen nahmen wie eine Tatsache, ein Ding, das ohne Wandelbarkeit unter der Größe des Raumes steht.

Aber gerade der Mensch ist eine Vielfalt, und wenn man über ihn philosophiert, dann muß mit dem Wandel alles Lebens und aller menschlichen Äußerungen begonnen werden.

Das Wesen selbst vermag sich zu ändern, nicht nur seine Form.

Aus dem Menschen wurde das Ich, und das ist etwas Verschiedenes.

Was im Menschen sich von den Dingen bedrängt fühlt, ist Ichheit.

Nur dem Ich bangt vor dem Welterlebnis. Ich und Raum sind Widersacher.

Ich ist Dasein als Entferntsein. Raum ist Dasein als Ganz-Sein, Mit-Sein.

Das Ich ist unbedingtes Erkennenwollen. Dieses Erkennenwollen ist Ausdruck eines Nichthabens, eines Nichtseinkönnens.

Das Ich erleidet ein Fallgefühl.

Das Denken ist bemüht, Geschehnisse in Gesetze zu bergen. Diese fangen das überzeitliche Sein der Weltverläufe ein. Durch die Gesetze wird dem Ich die Weltruhe wiedergegeben. Die Gesetze suchen das Bewußtsein von der Weltangst zu befreien und das Leiden an der Zeit und dem Nichtsein der Zukunft und der Unübersehbarkeit des Alls zu überwinden. Das Gesetz reduziert oder verifiziert das Unendliche, das denkend nicht begriffen werden kann, auf das Endliche.

Wer sagt, er wolle nicht denken, d.h. zu Ende denken, kann sehr glücklich sein. Aber indem er wach wird aus der Trunkenheit des nur Erlebens, der Pflanzlichkeit oder des Instinktes, wird ihm in den ersten Augenblicken die Welt zur Furchtbarkeit. Das war die Grundstimmung des ersten Ichs.

Wer aber sagt: Ich will mein Denken mit mir tragen wie meine Hände, der weiß vielleicht spät einmal um sein Schicksal als Ich und vermag zu überwinden; denn das letzte Denken, das letzte Zerdenken der Dinge führt entweder zur selbstvernichtenden Selbsterkenntnis oder zum wirklichen Selbst, das mit den Dingen spricht, wie mit dem Menschen.

Das tiefe Denken kommt über das Zerdenken zur Gestalt und zum Raum, zum Übergang, zur weltenschöpferischen Konzentration.

Aber dieses Letzte-Tiefen-Denken ist ein Weg des Leides, der Grausamkeit und Einsamkeit.

Wenn man ein Phänomen beschreibt, kommt man immer zur Aussage des Seins. Deutung ist Reduktion, ist Auflösen im Grund, ist Schau unter kosmischem Aspekt.

Das ist das tiefere Wesen des Prinzips aller Prinzipien (Husserl).

Nach ihm gibt es nur eine Wesenswahrheit. Denn Sein ist einmalig. Alle Wesenheiten gründen in einer. In jeder Pflanze steckt Wesen des Lebens. Vermöchte ich das Wesen des Pflanzlichen zu sagen, dann hätte ich auch das Wesen des Lebens erfaßt.

Man versteht immer mehr als man weiß, und man weiß immer mehr als man sagen kann – darin liegt die ganze Zwiespältigkeit des menschlichen Wesens.

Immer wieder fällt in dieses Wissen des Ichs um seine ewige Einsamkeit im grenzenlosen Raum auf diesem einen, winzigen Planeten Erde jene große Hoffnung, daß andere Wesen von den Sternen des Raumes kommen, die Grüße bringen und so das Einsame vergessen machen.

Und immer wieder gibt es den Rausch der Hände, der Blicke, des Leibes und des Geistes, worin keine Ferne mehr gekannt ist, und die tiefe Wollust in uns, die ohne Bangnis ausruht und das Sterben erträgt.

# IV. Die Mathematik und das Schöne

*... mit dem Geist der Ruh*
*aus einem Schoß geboren ...*
Hölderlin

Mit der Wahrheit erweist sich der Weltbesitz des Bewußtseins. Das Urerlebnis des Raums wird zum Begriff verwandelt, ohne aber das metaphysische Wesen zum Ausdruck zu bringen.

Gestalt fängt das Wesen des Raums ein. Und Gestaltung ist eine höhere Art von Wahrnehmung, wie Gestalt selbst eine höhere Art von Sichtbarkeit ist. So schafft Gestaltung den Raum aus dem Lebensgefühl, dem persönlichen Welterlebnis.

Weiterhin sagten wir schon, daß das magische Wesen das Wesen des Zusammenhangs ausdrückt. Magie ist Zusammenhang. Und wo der Geist Zusammenhänge im Gestaltsinne entdeckt, sichtbar macht, ist er seiner Natur nach magisch.

Diese Magie formt das künstlerische Schaffen.

Das magische Wesen wurde als das Raumwesen verstanden und die menschliche Entwicklung durch das Zeitwesen des Ichs und endlich – noch im Werden begriffen – durch das dynamische Wesen fortgebildet. Das offenbart sich alles schon durch die bloße Betrachtung der Kunst, was wir andeuten werden und was jeder von selbst finden kann.

Das Lebensgefühl des Schaffenden strebt zur Überwindung des Ichs und damit fort vom Zeitwesen. Seine Gestaltung symbolisiert den Raum.

Wir wollen zeigen, wie die Raumerscheinung sowohl mathematische als auch ästhetische Urform, Urausdrucksweise ist.

Wir hoben schon mehrfach hervor, daß die geometrischen Konfigurationen und Gebilde durch die Notwendigkeit des gleichzeitigen Seins ihrer Elemente dem Wesen des Raums Ausdruck verleihen. Denn durch das Phänomen der Gleichzeitigkeit wird eben Raum-Sein phänomenal gegeben.

Aber niemals wird auch offenbarer, daß das Gedachte aus dem Verwirklichten entspringt, dem Einfach-Seienden im Phänomen der geometrischen Figuren, die gar nicht den Charakter des

An-sich oder der Abstraktionen tragen. Selbst geometrische Gebilde sind urbildhaft. Das »An-sich« ist doch nichts weiter als ein »Ohne-mich«, d.h. hier: ohne mein Bewußtsein und ohne (ich meine außerhalb des Bewußtseins) die Urbilder, die Urzusammenhänge, denen das Ich entfremdete.

Der Kreis symbolisiert den Querschnitt des Stammes genauso gut wie den Lauf des Jahres. Gestaltliches ist in geometrische Urformen auflösbar. Und das ist immer so.

Bestimmen wir nun den Grund des Schönen:

Das Schöne zwingt zur Erstarrung. Das ist der tiefere Sinn des Wortes von Valéry: *Le Beau – il est ce qui désespère*[9].

Der ästhetische Vorgang ist der Vollzug des Gestalterlebnisses, und das Gestalterlebnis bedeutet in seiner letzten Intensität das Raumerlebnis. Das Schöne tötet also die Zeit. Es verwandelt. Es formt aus dem Ich wieder das magische Wesen des Zusammenhangs, des Raums. Ganzheit und Geschlossenheit der Gestalt stehen immer jenseits der Zeit. Es gehört also wesenhaft zum ästhetischen Erleben der Abfall des Zeitbewußtseins, Vergessen des Werdens und, bis zu einem gewissen Grade, sogar Stagnation.

Das Schöne fordert die Verwandlung. Die Vitalität selbst ist es demnach, die das Schöne fordert; denn alles Leben des Menschen ist nicht Wille zur Macht, auch nicht Wille zum Wert, sondern primär Wille zur Verwandlung.

Das Schöne ist verzauberndes Sein und damit Schaffung der Entrückung bis zu jener Höhe oder Tiefe, die keine Verwandlung mehr zuläßt. Darum gibt es in jedem intensiven ästhetischen Erlebnis eine Art Erstarrung. Der entrückte Blick des Schauenden ist still und Schönheit, denn wir fühlen, wie alles Zeitliche, alles Bewußte, abgefallen ist. Erstarrung wird zur letzten Reife des Schönheitserlebnisses. Es stirbt immer etwas, wenn das Schöne erkannt wird. Daher ist tatsächlich im ästhetischen Erlebnis das vorhanden, was die Phänomenologen mit Fragilität oder Zerbrechlichkeit bezeichnen. Darin ist die Tatsache der Einmaligkeit und die der Unwiederbringlichkeit einbegriffen. Diese Subtilität des Kunstwerkes ist mir nirgends so entscheidend erschienen als bei den Gedichten Rilkes oder Hofmannsthals.

Vielleicht hängt mit dieser phänomenologischen Situation jene merkwürdige Tatsache zusammen, daß vielen Menschen das Sterben eine Art letzter Schönheit bedeutet. Überdies haben auch die Physiologen nachweisen können, daß der plötzliche Tod eine Lustempfindung hervorruft.

Bewußtsein und Denken offenbaren das Zeitphänomen. Sie sind die eigentlichen Widersacher des ästhetischen Vorgangs.

Das analytische Denken und das Bewußtsein zerstören die Gestaltschau und erzeugen das Zeitbewußtsein. Dagegen wird im vollendeten ästhetischen Erleben das ganz klare Denken, das vollkommene Bewußtsein zur Unmöglichkeit.

Dem reinen Ich ist aller Raum einfach Körper. Erst im Schaffen erkennt das Ich das allgemeinere Wesen des Raums, begreift das Ich, daß der Körper nur im Raum ist, aber nicht vollkommenen Raum ausdrückt. Der Raum ist gleichsam das Ur und das Ideal der Körperlichkeit.

Was die Schaffung der Plastik, überhaupt des stofflichen oder geistigen Leibes zum ästhetischen Vorgang erhebt, ist jenes unbegreifliche Phänomen, daß durch den Akt der Spontaneität etwas vom Ideal des Leibes, vom Wesen des reinen Raums in das Werk einfließt.

Das Schöne ist zugleich das, worüber hinaus es nichts mehr gibt. Es ist nicht übersteigbar. Wird es berührt in seiner inneren Vollkommenheit, so verliert es seine Idealität.

Im Augenblick des Schaffens offenbart sich die Übermenschlichkeit des Menschen. Und dieser Augenblick des Innewerdens seiner eigenen Übermenschlichkeit ist auch die Wonne des ästhetischen Erlebens.

Wir können nun sagen, wie es zur Anlage des ästhetischen Phänomens kommt. Zugleich aber vergleichen wir das mit der Entdeckung des mathematischen Phänomens.

Was das Wesen des Menschen bestimmt, sind der Akt des Wählens[10] und der Zustand der – metaphysischen – Einsamkeit.

Im Augenblick, da das Ich entsteht, zerbricht die anfänglich wesenhafte Einsamkeit, und es bildet sich, wie wir schon sagten, die Leid-Einsamkeit oder das tragische Weltgefühl. Damit steigert sich der Schaffensdrang des Menschen ins Unerhörte. Dabei entdeckt er gewisse Augenblicke des Abfalls des Zeitbewußtseins, Augenblicke, in denen der leid-einsame Zustand ertragbar wird. Sein Drang zur Wahl entdeckt den Reiz des Gestalteten, in sich vollkommen allein Möglichen: den ästhetischen Zustand und den ästhetischen Vorgang.

Das Wählen, der Akt der Wahl, gehört also unmittelbar zum ästhetischen Erleben – des Genießenden und des Schaffenden.

Damit gerät aber etwas in dieses seltsame Phänomen, was nur selten bejaht wird. Nämlich der Zustand der Relativität.

Schönheit ist also notwendig relativ und subjektiv. Es gibt keine absolute Schönheit. Denn Schönheit ist ein Ergebnis der Wahl. Wahl aber ist wesenhaft subjektiv und relativ. Damit ist auch zugegeben, daß es kein vollkommenes Kunstwerk gibt. Jedes Kunstwerk ist vollkommen für den Genießenden und für den Erschaffer, wenn er dabei das ästhetische Erlebnis hat.

Das mathematische Phänomen ruht eigentlich auf dem Symbol oder Bild des Maßes. Maß, verstanden als grundlegende Einheit mit Elementcharakter.

Das Maß aber ist ebenfalls in der Wahl entdeckt. Und Wahl ist die Urtat der Reagenz auf die Außenwelt.

Auch zum Begriff des Maßes gehört, sofern es in der Wahl gründet, die Subjektivität oder Relativität.

Aber es ergibt sich sogleich ein ganz wesentlicher und bestimmender Unterschied: Die Wahl des Schönen geschieht unbewußt, aber die Wahl des mathematischen Maßes geschieht bewußt.

Wenn das Bewußtsein wählt, gelangt es zum Bild des Maßes, aber wenn das Magische in uns, das Gefühl vielleicht, wählt, ersteht das ästhetische Phänomen.

So werden jedenfalls das ästhetische und auch das mathematische Phänomen durch den elementaren Akt des Wählens gefunden. Jenes gründet im Erleben, dieses im Denken. Daher wird auch jetzt verständlich, daß das Maß immer wieder aufs Ästhetische bezogen wurde. Vor allem von der Malerei. Die Beziehung des Goldenen Schnitts zum Gefallen der Formen ist ja allgemein bekannt. Weiter muß ich hier einer Bemerkung Rolf Mayrs[11] Raum geben, der mir einmal sagte, daß der Held eines Romans nichts anderes als der Maßstab sei, mit dem die weiteren Gestalten gemessen werden. Wir vermögen eben niemals zu sehen, ohne zugleich auch zu vergleichen.

In dieser Hinsicht scheint mir sogar das ästhetische Erlebnis als Akt der Wahl und Zeitverbindung eine besondere Form der inneren Vergleichung auszudrücken.

Im Akte der Wahl selbst, denn er setzt ja eine gewisse Freiheit voraus, liegt naturgemäß schon eine Art Überwindung der Zeit. Je tiefer die Ich-Intensität eines Menschen ist, je unglücklicher er darin ist, um so stärker wird sein Wille zum Wählen sein. Das bloße Wählen erzeugt eben schon ästhetisches Erleben oder ästhetischen Genuß. Schönheit ist also tatsächlich mit dem Phänomen, das das Gefühl oder selbst das Bewußtsein als Freiheit begreift, innig verbunden. Das Gefühl der Freiheit bedeutet eben ein Gefühl der Wahlmöglichkeit.

Indem wir nun wieder bemerken, daß nach der Theorie über die reine Mathematik von Russell[12] diese gar nicht auf Axiomen, sondern auf Definitionen beruht, so bemerken wir auch hier wieder die Voraussetzung einer gewissen Freiheit des Logos, die sich in der Auswahl der Setzungen oder Definitionen manifestiert. Also ist auch das mathematische Gebäude in seinen letzten Grundlagen vom Wahlakt des Logos abhängig.

Das Vertrauen auf die Wahrheit eines mathematischen Systems ist mehr das Vertrauen auf die Wahl. Und das Innewerden des ästhetischen Erlebnisses ist eben – bewußt oder unbewußt – auch der Genuß der Wahl. Natürlich ist dieses Wählen im ästhetischen Genießen ein wechselseitiges. Die Dinge sprechen uns an, wie der Befund der Außenwelt unserer wählenden Logik die freie Wahl nimmt. Der reife Logos aber wählt immer freier. Und der wirkliche Schönheitserleber genießt auch die Freiheit seiner Wahl.

Das Schönheitserlebnis geht vom Erlebnis des substantiell oder geistig Gestalteten aus, in dem es das Ursymbol des Raumes wiederfindet.

Das mathematische Phänomen gründet in der Möglichkeit der Vielfalt, in der Setzung des Raums, d.h. des mathematischen Raums. Weniger ist es das Raumphänomen gewesen, von dem es zunächst ausging, als die Zahl der Dimensionen, die mit der Dreiheit vom sichtbaren Körper abgeleitet wurden, wo die Größenorientierung Länge, Breite und Höhe annimmt.

Die jeweilige Raumtheorie ist von der Wahl der Dimensionen abhängig. Der absolute Raum ist eigentlich für die Mathematik und die Physik ganz gegenstandslos. Ja, der absolute Raum ist an und für sich hinfällig, er wird verneint. Man spricht vom relativen Raum und verbindet die Relativität mit dem Raumbegriff, wie man die Relativität mit dem Schönheitsbegriff verband, indem man der absoluten Schönheit – die eben dem absoluten Raum entsprechen würde – ihren Sinn nahm.

Sofern, wie wir zeigten, die Zeit nur die Raumform des einfaltig gerichteten Bewußtseins darstellt, können wir, wie wir ebenfalls schon ausgeführt haben, von einer Raum-Zeit-Diskrepanz sprechen, die wesenhaft den Gegensatz von Sein und Dasein, Sein und Bewußtsein oder Gestalt und Menge symbolisiert. Das Leben tendiert nun auf die Überwindung dieser Diskrepanz und drückt sich in Formen aus, die das Raum-Sein der Welt wieder zur Darstellung bringen.

Und damit vollzieht sich die Tendenz des Geistes auf Gestalt als Überwinder der Zeit. Denn Gestalt – sichtbar durch die Aufgehobenheit der Zeit zwischen ihren Elementen – meint Raum.

Von hier aus gewinnen wir zwei wesentliche Sätze:

Das mathematische Phänomen bedeutet die Überwindung der Zeit vor dem Bewußtsein und in dem Bewußtsein.

Das ästhetische Phänomen aber bedeutet die Überwindung der Zeit vor dem schöpferischen Leben, indem es selbst noch das Bewußtsein zu überwinden im Stande ist.

Die Welt des zeitlichen Werdens stirbt im Gedachten mit dem Maß und der Zahl, im Wirklichen aber mit dem Schönen.

Und das ist auch der tiefere Grund dafür, daß der Mensch in der Mathematik und der Kunst jene Mittel besitzt, mit Hilfe derer er den Zustand der Diskrepanz zwischen Wahrheit und Wirklichkeit aufheben kann und des Wesens des Weltgrundes inne wird.

In dem Abschnitt über Gestalt und Geist wird gesagt, Schönheit sei auch Urbild als Erscheinung. Und etwa im gleichen Sinne möchte ich die geometrischen Gebilde auffassen, nicht als Abstraktionen, sondern als Urbilder, die in allen Dingen, Zuständen und Handlungen wieder angetroffen werden.

Der Mensch hat einen Drang nach Maß. Sein Lebensgefühl äußert sich im Vergleichen, dem das Wählen zugrunde liegt. Aber das ästhetische Phänomen kommt mit der gleichen Intensität aus dem Erlebnis des wählbaren Maßes wie das mathematische aus dem bewußt geschauten Maß.

Die Zweiförmigkeit der Mathematik – Algebra (Zahlenlehre) und Geometrie – steht zu dieser Sinngebung durchaus nicht in Widerspruch.

Wir erinnern uns, daß die geometrische Konfiguration die

Verwirklichung der Gleichzeitigkeit darstellt. Es ist also die Figur ein Ausdruck der Stagnation.

Die Zahl bedeutet aber wesenhaft auch Ausdruck von etwas Unveränderlichem. Jede Zahl ist eine Bestimmtheit. a ist a und nichts anderes. Die Zahl für sich allein genommen drückt kein Werden aus, ob sie nun eine Menge bezeichnet oder eine Stellenbezeichnung der natürlichen Zahlenreihe, d.h. gleichgültig, ob sie nun Kardinalzahl oder Ordnungszahl ist.

Aber hat es denn Sinn, von einer Zahl allein zu sprechen? Sofern Zahl ist, gibt es die Zahlenreihe. Die Zahl ist also gar kein Einzelphänomen, sondern ein Reihenphänomen oder von vornherein ein Mengenphänomen. Durch die Zahl, und d.h. durch die Zahlenlehre, Algebra und Arithmetik, enthüllt sich in dem Bewußtsein eine Folge, ein Werdendes, worin für das Bewußtsein das Phänomen der Zeit beschlossen ist. Denn das Bewußtsein kann nicht auf einmal zugleich alle Zahlen, das heißt die gesamte Zahlenreihe, besitzen. Das Bewußtsein hat immer nur eine Teilmenge der Zahlenreihe. Will es mehr Zahlen haben, dann zählt es. Im Zählen verbirgt sich das Phänomen der Folge und das der Zeit.

Das geometrische Gebilde, das Dreieck oder der Kegelschnitt, der Polyeder oder die Kurve höherer Ordnung, ist schaubar als Ganzheit. Raumsichtbarkeit.

Versteht man die Zahl als Mengenbezeichnung, so gibt es eigentlich nur eine einzige Menge oder Kardinalzahl, die in ihrer Erscheinung die Vollkommenheit der Stagnation besitzt und im weiteren Sinne wieder Raum ausdrückt und für sich allein genommen werden kann: Das Unendliche, die unendlichen Kardinalzahlen.

Das Phänomen der Zeit offenbart sich mathematisch in der Zahlenreihe, die aus dem Prinzip der Folge entsteht. Die Folge selbst hängt wieder mit dem Additionstheorem zusammen. Die Zahlenreihe entsteht, indem ich zur ersten die 1, zur zweiten wieder die 1 hinzunehme und den Prozeß mit jeder entstehenden Zahl (den Additionsprozeß) wiederhole. Nun hat die Mengenlehre Cantors[13] aufgewiesen, wie dieses Additionstheorem für die unendlichen Mengen – als welche die unendlichen Kardinalzahlen aufzufassen sind – ungültig wird. Die Menge 1, 2, 3 … und die ihr entnommene Teilmenge 2, 4, 6 … sind in der

Mächtigkeit ihrer Elemente äquivalent. Aus diesen Betrachtungen wurde die klassische Definition der unendlichen Menge abgeleitet:

Eine Menge m heißt unendlich, wenn es eine echte Teilmenge von m gibt, die zu m äquivalent ist.

Der triviale Inhalt dieses merkwürdigen Satzes ist eben der, daß zur unendlichen Menge nichts mehr dazu addiert werden kann, was ihren Wert irgendwie ändern könnte. Das Unendliche bringt damit die ideale Stagnation zum Ausdruck. Es ist darin ganz reines Zahlwesen. Das Unendliche steht jenseits des Prinzips der Folge und jenseits des zeitlichen Phänomens. Es bedeutet die Erscheinung des Raumes als reine Zahl. So überwindet also diese eigenartige Begriffssituation gewissermaßen die Diskrepanz zwischen Raum und Zeit oder die zwischen Geometrie und Arithmetik. Im Phänomen des Unendlich wird das Werden und das Sein zur Einheit verschmolzen.

Hier enthüllt sich auch jene Tatsache, die ich durch den Terminus Relativität der Zahlenlehre kennzeichnen möchte.

Wenn man die Zahlen ganz rein aus der bewußten Induktion als Folge oder Werden, d.h. als Zahlenreihe herleiten könnte, dann entspräche die Zahlenreihe wirklich dem Zeitbewußtsein. Aber die Möglichkeit der Induktion – die kein Werden aus Nichts, sondern Werden als Folge fordert – setzt die Gegebenheit der Menge aller Zahlen voraus. Die Induktivität ist nur dadurch möglich, daß Deduktivität einer Ganzheit vorliegt. Zeitbewußtsein selbst ist ein Akt der Induktivität und setzt notwendig den Seins-Raum voraus.

Endlich hat man aus diesen Betrachtungen eine Spaltung des Unendlichkeitsphänomens abgeleitet. Indem man einmal das Unendlich mehr arithmetisch, also aus der endlosen Folge der Zahlen, definiert und das andere Mal aber als fertiges unendliches Ausgedehntsein auffaßt, das eine mehr geometrische Art hat, stellt man das zeitartige Unendlich einem raumartigen Unendlich gegenüber. In der Mengenlehre wird diese Unterscheidung durch die Begriffe Potentielles und Aktuelles Unendlich ausgedrückt.

Natürlich wird diese Unterscheidung, die mengentheoretische Untersuchungen vorweggenommen haben, nunmehr wieder zum Beweis der Fundamentalthese, daß im Begriff des Unendlich der Übergang des Zeitphänomens in das Raumphänomen sich vollzieht. Das Unendliche wird in einer Weise arithmetisch eingefangen, die dem arithmetischen Prinzip eigentlich widerspricht: Zahlentheorie wird Geometrie, und das ist die Auslösung des ästhetischen Vorgangs durch Mathematik.

Man hat in der Frühgeschichte der Mathematik zwischen platonischer und aristotelischer Mathematik unterschieden und versuchte damit anzudeuten, daß die Primärmathematik fast ausschließlich Geometrie gewesen sei, während die Sekundärmathematik sich an der Zahl orientierte und mehr und mehr Arithmetik wurde.

Vielleicht begänne man aber die Reihe der mathematischen Geschichtsphasen, um klarer zu sehen, besser mit der mythischen, pythagoreischen Mathematik und kennzeichnete spätere, neuzeitliche Epochen noch durch die Begriffe der infinitesimalen oder Leibnizschen und mengentheoretischen oder cantorschen Mathematik.

Denn daß mit der Entdeckung des Differentials oder der Menge zwei ganz neue Phasen des tieferen mathematischen Denkens beginnen, ist jedem Kenner klar. Auch die innere Logik der Weiterführung, der Geschichte dieser Doktrin ist von unerhörter Konsequenz und Sicherheit.

Damit können wir aber schon wieder auf eine Parallelität des ästhetischen und mathematischen Phänomens hinweisen, die für die Äquivalenz ihrer Wesenheiten spricht. Theodor Litt war es, der zeigte und es prägnant aussprach, daß die Mathematik als solche sich entwickelt und damit eine Art Sonderdasein führt. Ähnliches würde sich bis zu einem gewissen Grade auch von der Musik zeigen lassen. Auch der Musik haftet etwas Objektives an, nur auf anderer Ebene. Der menschliche Bezug ist in der Mathematik und der Musik auf ein Minimum gesunken.

Im Schaffen gelangt der Mensch in Berührung mit dem Außermenschlichen. Das Ästhetische zeigt das Außermenschliche am intensivsten, wenn es sich als Musik vollzieht. Das Mathematische zeigt das Außermenschliche, wenn es bis zur formalsten Zahl- und Regelbildung vorstößt. Genau wie der Musik haftet auch der Mathematik etwas Abstraktes, Objektives an.

Endlich läßt sich von dieser Warte aus eine eindeutigere Zuordnung vollziehen:

Musik und Wortkunst sind Algebra. Plastik und Malerei sind Geometrie.

Das erhellt ohne weiteres bei einer Betrachtung der Mittel und der Erwägung der Erscheinungsmöglichkeit der Phänomene. Töne entsprechen den Zahlen. Musik ist nur in der Zeit möglich. Die Musik hat ja gar nicht die Gleichzeitigkeit der Töne zur Voraussetzung. Für den Menschen wäre damit das musikalische Phänomen sinnlos. Hören ist nachfolgen. Aber die Wirkung der Musik kann deshalb doch durch die Zeitverwindung gekennzeichnet sein. Wohl ist die Musik Folge wie die Reihe der natürlichen Zahlen. Aber nur dadurch, daß wir die Töne in Gefühl und Gehör bewahren, daß wir der Gesamtheit der Tonfolgen inne werden, erfahren wir das musikalische Erlebnis genauso, wie wir der Zahlen und des Zählens, ja der Algebra, nur dadurch inne werden, indem wir im Geheimen darauf bauen, daß die Menge aller Zahlen ewig gegeben ist. Ein Ton allein ist genauso wesenlos und sinnlos, wie eine Zahl allein es wäre.

Zunächst ist alle Mathematik Geometrie gewesen. Und Geometrie bedeutet die Geburt der Mathematik aus dem Erlebnis des Raums.

Bei den Pythagoreern, ja von ihnen bis zur platonischen Mathematik, gibt es natürlich auch Zahlen. Aber keine eigentliche Zahlen-Rechnung. Der Begriff der Folge im modernen Sinne war absolut unbekannt.

Das gesteigerte Bewußtsein, das tiefere Denken, kurz, der Einbruch der analytischen Methode, wird zum Ursprung des Zahlenkalküls, der Problematik des Werdens und der Bewegung, bis mit der Ausgestaltung der Arithmetik die Zahl, deren Wert zuvor in nichts weiter als Symbolik bestand, endlich die entscheidende Bedeutung gewinnt.

Arithmetik als mathematisch entscheidendes Mittel ist also später als Geometrie. Arithmetik enthüllt das mathematische Phänomen aus dem der Zeit.

Kultur wird in dem Augenblick Geschichte, da das Lebensgefühl im unaufhörlichen Schaffen sich verschwendet; sie wird Tradition, wenn das Lebensgefühl vom Zeitbewußtsein überschattet wird.

Aus dem dominierenden Zeitbewußtsein erwächst die Analysis und die Zahl als Folge oder Werdendes. Geschichte ist Ausdruck einer Analysis, eines Limeskalküls, wo die Ereignisse in der Folge betrachtet, angenähert bestimmt, aber niemals exakt gesehen werden können. Ähnlich der irrationalen Zahl.

Rein äußerlich kommt die Tatsache, daß innerhalb des griechischen Lebensgefühls das Zeitbewußtsein, die Zeitvorstellung noch nicht jene entscheidende Rolle spielt, schon darin zum Ausdruck, daß die Zeit als Größe in der griechischen Mathematik und Naturwissenschaft gar nicht vorkommt.

Weiterhin liegt eine tiefe Symbolik darin, wie Spengler[14] bemerkte, daß der Grieche unhistorisch lebt und gleichzeitig Analysis und Irrationalität der Zahl nicht kennt.

Zuletzt steht damit in Einklang, daß, wie Ziegler bemerkt, die Sehnsucht vom Griechen nicht als tragisches Motiv empfunden wird.

Der Grieche hat den Sinn für die sinnliche Endlichkeit. Das offenbart seine Mathematik genauso gut wie sein Lebensstil und der größte Teil seiner Kunst. Er empfindet immer räumlich, während wir heute mehr zeitlich empfinden. Der Marathon-Sieger ist der, der zuerst ankommt. Wir würden uns für die genaue Angabe der Laufzeit mehr begeistern als für den zuerst an das Ziel Gelangenden.

In gleicher Weise liegt in der griechischen Dramenauffassung dieses die Zeitempfindung überwiegende Raumgefühl verborgen. Man fordert Einheit des Ortes, der Zeit und der Handlung. Der griechische Mensch hätte eine Nichtgleichwertigkeit der Handlungsdauer und der Spieldauer sicher als absurd empfunden.

Die Weiterführung der mathematischen Analyse nach der Renaissance mußte notwendigerweise zur Vorstellung des unendlich Kleinen führen. Schließlich definierte man das Diffenrential $dx$ mehr als ein unaufhörlich kleiner Werdendes. So wurde ziemlich spät erst der Begriff des Werdens, des Limes, in den mathematischen Kalkül eingeführt. Diese Limesrechnung, diese Konvergenzrechnung, die keine festen Zahlen oder Größen benötigt, drückt also die letztmögliche Bindung des mathematischen Phänomens an die Zeit aus. Was diese Art Zahl meint – vor allem die irrationale Zahl, über die gleich noch etwas zu sagen sein wird – ist also mehr ein Zahlfluß.

In der gleichen Epoche formulierte Descartes[15] die Grundlagen der analytischen Geometrie, wodurch die vollkommene Arithmetisierung der Geometrie eingeleitet wurde. Die Kurve wird hier als Folge von Punkten aufgefaßt.

Jeder Punkt ist durch die Koordinaten – 2 in der Ebene, 3 im gewöhnlichen Raum oder n im n-dimensionalen Raum – bestimmt.

Der erste, der zur gleichen Zeit dunkel die Gefährlichkeit des gesteigerten Logos empfand, sich mit den Worten: »Demütige dich, ohnmächtige Vernunft!« dagegen wandte, war Blaise Pascal[16]. So stellt denn dieser tiefe, aber auch unglückliche Geist der Analytischen Geometrie die Synthetische Geometrie der Kegelschnitte gegenüber. Damit offenbart sich ein geschichtsbildender Augenblick, der im menschlichen Erschaffen die tiefste Symbolik und weiteste unbewußte Voraussicht enthält.

Die vollendete Analyse nähert sich wieder dem Bild und damit der Synthese. Im Atom findet man das Abbild der Planetenbahnen und die Konfiguration des gesamten Sonnensystems. Die Erzeugung des unendlich Kleinen aus der gegebenen Größe, der Zahl oder der Strecke, mittels fortgesetzter Teilung, fordert ganz von selbst die Zusammenfassung der unendlich vielen Elemente zur Menge der unendlichen Mächtigkeit. Der Geist will kein Ende. Er vermag es nicht, auf die Dauer sich zu verschließen und ohne Bild zu sein. Erst mit der Mengenlehre ist also die Zahl wieder an den Raum gebunden worden, und zwar in durchaus neuer Weise. Die Mengenlehre bedeutet vielleicht einen ähnlichen Abschnitt in der Geschichte der Mathematik wie die Analytische Geometrie. Sie wendet die Zahl in das geometrische Phänomen, wenn auch eigentlich keine geometrischen Gebilde im Rahmen ihres Stoffes eine wesentliche Rolle spielen. Durch den Mengenbegriff ist die Zahl räumlich verstanden und das mathematische Phänomen wieder zu seinem Ursprung zurückgekehrt.

Die Entdeckung der irrationalen Zahl war es vor allem, die das Gesicht der Mathematik wesentlich verändert hat.

Im Grunde ist Pythagoras der eigentliche Entdecker. Allerdings prägte er nicht den Begriff und erkannte nicht die Irrationalität als weitgreifendes mathematisches Phänomen. Gelegentlich der Postulierung seines bekannten Satzes ergab sich folgendes: Nimmt man die beiden Katheten in der Länge der Einheit, dann muß nach dem Satz des Griechen die Hypotenuse die Länge $\sqrt{2}$ haben. Diese Zahlengröße ist also geometrisch möglich, man braucht zu der Aufgabe ja nur eine Figur zu zeichnen. Aber algebraisch, d.h. rechnerisch ist die $\sqrt{2}$ nicht ausziehbar, d.h.

nicht exakt bestimmbar. Es erscheint dabei ein neues Zahlenwesen. Eine Zahl ohne Stellenende. Sie lautet 1,41421356 … Mit wachsender Stellenzahl wird der Wurzelwert genauer, aber man kann schließlich nicht alle Werte aufschreiben, man käme nie zu einem Ende. Man sagt, die vorliegende Wurzel konvergiert nach 1,414 … Diese irrationale Zahl ist also gar keine Zahl im alten Sinne, sondern eine Folge von Zahlen. So hat die Mathematik denn auch die irrationale Zahl definiert. Damit drückt diese Zahlengattung ganz deutlich das Zeitphänomen aus.

Die rationale Zahl ist geometrisch und algebraisch ohne weiteres faßbar. Nur die irrationale Zahl weist in diesem Sinne eine Diskrepanz auf, indem sie wohl zeichnerisch hingelegt werden kann, aber nicht auf die übliche Weise algebraisch verstanden und verwertet werden kann. Das irrationale Phänomen der Mathematik führt zu einer neuen Zahlengattung.

Indem nun die irrationale Zahl mathematisch eine Zahlenfolge darstellt, die auf irgendeinen Wert, das Konvergenzziel, hinstrebt, fängt sie das Phänomen des Werdens oder der Bewegung ein und offenbart es in mathematischer Form. Die irrationale Zahl ist in ihrer Struktur der Folge sowohl ein abgeschlossenes Raumding, also Zahl, als auch zeitgebundene Reihe, also Zeitding.

So verstanden in seiner innersten Wesenheit, enthüllt die mathematische Irrationalität die Raum-Zeit-Diskrepanz, d.h. das Irrationale ist eine notwendige Äußerung dieses Verhaltens. Das Raumsymbol kann nicht gleichzeitig mit dem Zeitsymbol verstanden werden. Der Verstand kann darum das Bewegte gar nicht fassen. Bewegung selbst ist irrational.

Damit vollzieht sich das Paradoxon, daß das Irrationale definiert wird mit den Hilfsmitteln der Ratio.

Dieses irrationale Phänomen erscheint noch einmal in dieser Weise so rational verdeutlicht als physikalisches Phänomen in den sogenannten Heisenbergschen[17] Unbestimmtheitsrelationen. Diese besagen im Kernpunkt nichts anderes, als daß die exakte Geschwindigkeitsmessung eines Mikropartikels – eines Elektrons also – seine exakte Ortsbestimmung ausschließt. Die Raum-Zeit-Diskrepanz ist deutlich; denn die Geschwindigkeit ist Ausdruck der Bewegung; in ihr erscheinen Raum und Zeit gleichzeitig. Aber die gleichzeitige – absolut gleichzeitige – Konstatierung ist unmöglich.

Die Unbestimmtheit ist die physikalische Irrationalität. Heisenbergs Prinzip ist der Ausdruck eines viel tieferen Phänomens, als man bisher angenommen hat.

Hier erhebt sich die Frage, ob das so verstandene Phänomen des Irrationalen, durch das der bewußte Logos sich selbst problematisch werden konnte, nicht auch im Bereich des Ästhetischen eine Rolle spielt. Sicher ist das Schöne in seiner Wesensmitte selbst dem Logos gar nicht zugängig und steht in seiner Ganzheit als abgeschlossenes Phänomen durchaus jenseits des Machtbereichs des Verstandes, aber in ihm selbst, d.h. in einer Form seines Ausdrucks, kann das in obigem Sinne verstandene Irrationale doch wieder entdeckt werden. Sofern der Mensch das Ästhetische erlebt, sofern er seiner Macht inne wird und sofern das Ästhetische überhaupt nur als Mensch-Ding-Beziehung gegeben sein kann, kommt es innerhalb dieser Beziehung wieder zu einem Widerstreit von Bewußtsein und Verwandlung oder zu einer Diskrepanz zwischen Zeitbewußtsein und magischem Raumgefühl.

Am intensivsten erscheint dieses Irrationale im musikalischen Phänomen. Um das klarzustellen, weise ich zunächst darauf hin, daß Albrecht Fabri[18] in einem Essay über Musik darauf hingewiesen hat, daß die große Musik Raumvorstellung erzwinge. Darin liege das Kosmische aller großen Musik, wie Bach sie z.B. uns geschenkt hat.

Musik als Ganzes erzeugt Raumvorstellung. Dem steht aber gegenüber, daß Musik in ihrer Eigenschaft als Tonfolge nur in der Zeit möglich ist. Die Raumvorstellung kommt aus dem Klang, dem Rhythmus oder der Melodie. Das sind Ganzheitsphänomene. Wenn man ihrer inne werden will, müssen sie als Ganzes abgelaufen sein. Sie entstehen als Folge und enthüllen damit die Zeit, aber sie wirken als Ganzes und erzeugen so die Raumvorstellung. So ist die Musik Abbild aller Bewegung, in ihr werden Raum und Zeit synthetisch geäußert. Damit ist aber die Irrationalität des musikalischen Phänomens sichtbar. Im Musikalischen erscheint also das Phänomen der Raum-Zeit-Diskrepanz, wie es in der irrationalen Zahl sich darstellt, noch einmal wiederholt. Im mathematischen Bereich enthüllt sich das Irrationale der Bewegtheit mit der irrationalen Zahl und der Idee der konvergenten unendlichen Folge. Also mehr oder weniger doch algebraisch.

Aber im ästhetischen Bereich stellt es sich mit dem musikalischen Phänomen vor. Die Musik ist die irrationalste aller Künste.

Zusammenfassend läßt sich jetzt sagen:

Das Ästhetische und das Mathematische sind entsprechende Phänomene.

Das Ästhetische läßt sich dem Mathematischen entgegensetzen. Jenes gründet im Erleben und schafft hieraus das magische Weltgefühl des Raumseins, dieses aber gründet im wachsten Bewußtsein und produziert das Raumweltphänomen als Gedachtes.

Das mathematische Phänomen zeigt sich in zwei Formen: als Algebra und als Geometrie.

Dieser Scheidung läßt sich im Bereich der Kunst die Polarität von Musik und Plastik entgegenstellen.

Zu dieser vergleichenden Perspektive läßt sich historisch noch etwas sagen:

Das plastische Vermögen – Plastik scheint mir die raumerfüllteste der Künste zu sein – ist ursprünglich viel ausgeprägter als die Malerei. Aber dieses Gefühl zur Plastik tritt nach der Renaissance in der künstlerischen Gestaltung Europas hinter der Malerei zurück, also gerade mit jener Epoche, da die Arithmetisierung der Geometrie beginnt. Weiterhin zeigt sich in der gleichen Epoche das Aufkommen des verfeinerten Logos, die Rationalisierung und das Werden der Probleme der Zeit und der Bewegung. Endlich hat Albrecht Fabri gezeigt, daß mit Bach eigentlich jene intensive Musik des magischen Raumgefühls ebenfalls zu Ende ist.

Bemerkenswert ist auch, daß die Plastik hochkultivierter, uralter Völker, magischer Kulturen, viel mehr die Idee der Ruhe oder den Ausdruck reinster Räumlichkeit ausstrahlt als etwa Handlung und Bewegung. Im großen und ganzen sind das erst spätere Motive.

Dort gestaltet man den einfachen, geometrisch klaren Körper, das fast In-die-Erde-Fließen der sitzenden Gottheit, während man später sich um das Spiel tastender Hände oder das Schreiten des nackten Mannes bemüht.

Es ist offensichtlich: Renaissance formt weniger Bewegtheit als Barock oder Rokoko. Auguste Rodin aber versucht endlich, ganz das bewegte Wesen im Stein einzufangen. Man denke doch nur an Fugit amor. Aber trotzdem vermag Rodins Plastik die vollendete Raumwirkung zu erzielen. Er begriff, daß erst die Tiefenwirkung aus der Oberfläche den Raum erschafft. Denn die Tiefe ist Seele des Raums. Darum liebt er es, wie er es selbst sagt, die Spitzen der Gelenke oder Blätter dem Auge des Betrachtenden zugewandt aus dem Stein zu meißeln. Oder aber er gibt dem Frauentorso jene zarte, in sich verschlossene oder leicht in sich selbst zurückgebogene Form, die ihn zum großen Krug macht. Denn die in sich selbst zurückfließende Bewegung der Linie oder der Fläche schafft aus dem Symbol des Kreises die Raumvorstellung.

Kunst gestaltet das Schöne aus dem Erlebnis. Aber wenn das Schöne aus dem reinen Logos kommt, offenbart es sich als Mathematik.

Denn die Kunst ist Sehnsucht nach Magie und Traum. Und Traum und Magie bringen Gestalt und Bild, Raum und Kosmos. Aber die Mathematik setzt das Weltding ins reine Bewußtsein, darum in den Logos. Auch offenbart sich der Geist in Bild und Form oder Gesetz und Gleichung.

Nun ist das Gedachte jedoch der Widerspruch zum Erlebten, und die endgültige Ferne vom Erleben, geschaffen in der Herrschaft des Ichs, des analytischen Logos oder des Intellekts, würde den Untergang des schöpferischen Blutgeistes bedeuten, verwandelte sich mit der reinen Geometrie, deren Axiom die klare Form ist, die tödliche Ästhetik des mathematischen Phänomens nicht von selbst in das symbolische Spiel von der Ruhe des Raums.

# V. Raum und Tanz

Für L. B.

*... Das ist die Sehnsucht,*
*die sie verzehrt, die sie beschwingt.*
G. P. Gath[19]

Mit einer Deutlichkeit ohnegleichen tritt im Leben eines jeden Menschen der Augenblick ein, wo seine Seele einmal in grenzenloser Abgeschiedenheit verharrt, vor dem unendlichen Eröffnetsein des Werdens erschaudert und sich zurücksehnt in den heimlichen Schoß eines Anfangs. Und in jenem Augenblick begibt es sich, daß die Seele noch einmal anfängt, spät, aber doch noch zeitig, ganz jung zu sein, ganz wie am ersten Tage des Ichs.

Denn das Ich ist eine späte Stimmung der Natur, so lautet das Wort eines tiefen Deuters der Zeit und ihrer Menschen, und damit ist die Erinnerung an jene eine, frühe und eigenste Sekunde wachgerufen, da das Ich aus der magischen Schwere des Einsseins mit dem All in die Wachheit und Klarheit des Daseins, in das Bewußtsein, tritt.

Das geschah unbemerkt – dieses Sichlösen aus dem Gefüge des Seins, wie der Abschied aus einer Hütte, dieses Werden eines Ichs, dieses Formen des höchsten Eigentums aus dem Unbewußten frühester Tage.

Die Erinnerung an diese zweite Geburt ist genauso unvollkommen oder gar unmöglich wie die Erinnerung an die leibliche Geburt. Nur in besonderen, verinnerlichten oder gesteigerten Augenblicken, wenn Leib und Geist von transzendenten Händen fortgetragen werden, kann ein Erlebnis manchmal noch spröde und undeutlich ins Gedächtnis rücken, jene Urzeit des Ichs, da es noch ganz voll Seele war und nicht in Verlorenheit sann, jene Urzeit des Ichs, da es sich erstmalig bewußt in einem ungestaltigen Etwas vorfand, das uns später einfach Raum hieß.

Schönes, kaum bewußtes Erlebnis der Frühe, höchster Augenblick ferner Urzeit des Ichs, der sich immer wieder als Sehnen nach der Urhöhle der Mutter in die Seele stahl; erstes Sichbefinden im allischen Raum, im farbenlosen Ganzen, im Jenseits der Materie, das uns ängstigte und doch zärtlich aufnahm, als die erste Bewegung gelang; das uns Frömmigkeit lehrte und endlich Himmel genannt wurde.

Sicher ist dies: Das Wesen Mensch erlebte einmal die Verwandlung in das bewußte Ich, und eine leise Ahnung in uns spricht vom Urerschrecken dieses Ichs und seiner ersten Verzweiflung. Dieses Urerschrecken des urmenschlichen Wesens war das Erschrecken vor dem Raum, vor dem unendlichen Geöffnetsein aller Weiten, die man immer weiter fühlen und denken kann, bis die ewige Endlosigkeit leidvoll beschwert. Dieser Raum ähnelt ganz dem heißen, bluterfüllten Leben, das in Schwermut oder Labsal immer über sich hinausdrängt. Unsichtbar ist dieser Raum, transzendent für alle Hände und doch unendlich vor dem Ich geöffnet. Niemand bemerkt diese Unendlichkeit, die das Licht entläßt, die den Blick und alle Fernen einschließt, aber wer irgendwo eine scheinbare Grenze berühren will, spürt plötzlich, wie eine neue Grenzenlosigkeit sich auftut.

Aller Raum ist maßlos, und diese ewige, freie Maßlosigkeit macht ihn schön.

Aber da überfällt uns die furchtbare Paradoxie des Raumes: Er selbst ist gestaltlos, leiblos, farblos und unsichtbar um uns gelegt, und doch geschieht alles Gestalten nur, weil es den Raum gibt, und doch ist nur dort Leib und Blick, Licht und Sichtbarkeit, wo auch Raum ist.

Und das Ich findet sich als winzige Insel in der Unermeßlichkeit des Raumes, der Werden und Zeit umfaßt, und erschrickt vor dieser Unendlichkeit, weil alle Angst des Erschreckens die Urangst vor dem Raum ist und die Geschiedenheit von Raum und Ich uns wie die Urzwietracht überfällt und die Seele nicht mehr losläßt.

In dieser Raumangst verlangt das einsame, welteinsame, späte Wesen, verlangt das Ich zurück zum Raum, zurück zur mütterlichen Höhle, darin es ohne Sorge gedieh, und schafft sich zum Zeichen der Raumsehnsucht und zur Erinnerung an die Urheimat der Seele im Raum die tiefe Felsenhöhle, die düstere Wölbung, darin es knien und entsinken kann.

Denn das Ich ist schöpferisch in dieser Not.

Dunkel spürt es aus seiner Einsamkeit heraus, daß ihm etwas verlorengegangen war, als es bewußtes, selbstbewußtes Wesen wurde, aber nichts war da, was dem Ich den Raum wiedergab, nichts war da, was das Abgelöste wieder in die große Flut zurückwarf, was diese Unermeßlichkeit des Lichtes und der Finsternis wieder nahe brachte.

Und wir wollen doch immer die Nähe, die Berührung, das Einssein.

Nichts sagte vom Raum. Der Raum selbst schwieg. Nur wenn es zuweilen jemand gab, der die Nacht verstand, dann wurde ihm das Schweigen zur Musik des Raums. Und der Findigen einer deutete endlich dieses Schweigen des Raums als die Sprache eines unbekannten Wesens höchster und letzter Ferne. So stieg der Gott aus dem Raum, und das Geheimnis dieses Gottes war das Schweigen des Raums.

Aber das einsame, geängstigte Wesen, halb erschrocken vor der Weite, in die es als bewußtes Wesen sich gestellt sah – denn alles Bewußtsein beginnt mit dem Erschrecken vor dem Raum oder dem ewigen Geöffnetsein des Seins – und halb ergriffen von einer Lust des Bewußtseins, wich nicht vor dem Unbekannten zurück.

Das Ur-Ich wurde schöpferisch in seiner Not vor dem Raum. Es vermaß sich, den Raum, das Jenseits aller Materie und das Wesen des Lichtes und der Finsternis zu ergreifen, die Unendlichkeit einmal zu berühren, den immer geöffneten Horizont zu betasten und mit Sanftmut zu streicheln.

So entstand ein dunkler Trieb im Ich, den unsichtbaren Raum zu berühren, ein Trieb, der immer zum Raum geht, eine Bewegungslust, weil alle Bewegung zum Raum geht, ein Gleiten der Hand wie zum Streicheln, ein langsames Schreiten in das Unendliche, ein jäher Wurf der Arme und eine Wölbung des Leibes, die mit dem Kreis das Zeichen des reinen Raumes einfängt.

Wer je den Fingertanz der Mädchen aus Bali gesehen und das Greifen der Hände beim Tanz einfacher, südlicher Völker bemerkt hat, der erkennt, daß aller Tanz ein dunkler, kaum bewußter Trieb zum Raum ist. Die Hände wollen tasten und die Schritte die aufgetane Unermeßlichkeit durchgehen. Alle Bewegung meint Raum – aber Tanz berührt ihn schon. Die Urlust des Tanzes ist die Berührung des reinen Raumes.

Denn das eigentliche Wesen aller Lust ist die Berührung – und Schönheit ist da, wo die Seele und das Ich heimkehren können zum ersten Augenblick.

Der Tanz findet den Raum. Das Ungestaltige des Raums wird

nun geformt, wird auf einmal Leib: im Streicheln der Hände durch die Luft, im Gleiten des Raums durch die Finger, im verhaltenen Schreiten oder im Wiegen der Hüfte.

So gebar das Suchen nach dem Raum der Herkunft den Trieb zum Tanz. Wollust der bewegten, also lebendigen Gestalt. Denn jenes Ich, das den Raum berührt, erträgt nicht mehr die Ungestalt des Raums. Tanz formt den Raum zur Gestalt, und so drängt alle Bewegung insgeheim auf Tanz, um das Unsichtbare in das Sichtbare des Gestalteten zu rücken und das weltverlorene Ich dem Raum zurückzugeben.

Im Tanzen wird das Ich wieder Seele. O, nicht mehr hartes gefügtes Ich zu sein! – spricht aller Tanz und schenkt der Seele der Trauer und des Frohsinns den Raum wieder, berührt er in heimlichem Gesetz den Raum, wie die Hand sonst Erde oder zärtlich den Kristall berührt.

Aus der Bewegung entdeckten wir die Seele. Seele ist Bewegung. In dieser Einsicht Platons schimmert es wie Sprache aus der Urzeit des Ichs. Aber Seele ist auch Sehnsucht, und die ewige Sehnsucht der Seele geht immer zum Raum. Im Tanz verschmelzen Seele und Bewegung wieder zum Urgrund des betasteten Raums. Im Tanzen findet das Ich den Einklang mit dem Raum, die uralte, große Nächtlichkeit der Weltgrundnähe. Tanz ist Hingabe an den Raum – und Hingabe ist die Lust des Daseins.

So verstehen wir endlich die große Einfalt des Tanzes von Bali, wenn die Mädchen ohne Wippen nur die Finger hin und her spreizen, streicheln, öffnen und schließen. Dieser Fingertanz ist ein Teil vom Urtanz, letzter Rest der großen Ahnung dessen, was Wesen des Tanzes heißt. In seiner großen Genügsamkeit erkennen wir leicht die Lust, den Raum zu berühren wie einen Leib und mit dem Mund daran zu schlürfen wie an einer Flut von Labsal. Trinke das Licht, atme den Raum, das ist die erste Weisheit der ersten Tänzer. Immer geht es um diesen einen Raum, der alles wie einen Mantel umfängt, manchmal voll Dunkel und manchmal voll Helle.

In diesem Spiel am Raum ist keine Qual mehr, hat das Leben keine Ängste mehr um sich selbst, hat das Ich sich selbst verloren, hat es sich aus seiner Einsamkeit herausgedrängt, schwindet die Raumangst und fällt alle unsägliche Betroffenheit vom Ich ab.

Denn der Raum wird berührt, und das bedeutet die Einkehr der Seele in die Tiefe des Seins, wo es keinen Abschied mehr gibt.

Denn das eigentliche Wesen aller Lust ist die Berührung.

Nur was zutiefst berührt wird, kann überwunden werden. Nur aus der großen, beinah feierlichen Berührung steigt das Glücksgefühl des höchsten Augenblicks. In der Berührung werden das Ich und der Leib ihrer selbst inne. In der Berührung wird die Materie ihrer selbst gewiß.

Und alles Rhythmische ist die ewige Wiederholung dieser einen Daseinslust; denn schön ist erst das, was noch einmal kommt, was ein Wiedersehen will, vielleicht, weil alles, was zum zweiten Mal geschieht, mehr und schwerer wiegt als das, was beim ersten Mal geschah.

Wie sollte das verlorene Ich, das vor dem Raum so klein gewordene und erschrockene Wesen, aber seiner selbst inne werden können, wieder inne werden können, wenn es den fremden Mantel des Raums nicht berühren könnte? – Der Tanz gibt den Zusammenhang mit dem Raum – letzter mythischer Rest aus der Urzeit der Seele. Der Raum beruhigt damit das raumerschrockene Wesen. Das Ich will im Tanz den Raum berühren, um seiner selbst gewiß werden zu können in dieser fürchterlichen Einsamkeit im Raum und um ohne Angst darin zu sein.

Erst wenn das angstbringende Phänomen berührt wird, fällt die Angst ab, und das Gefühl eines einsamen Innseins im Raum hört auf, reine Angst zu sein. Das Wesen darf sich hingeben, das Wesen darf das Unbekannte anfassen, berührt den Raum in tiefem Mitsein, im Glücksgefühl der herrlichen Schwere, mit der aller Raum uns zueinander hält.

# VI. Gestalt und Geist

*Das Höchste ist das Anschaun des*
*Verschiedenen als identisch ...*
Goethe

## 1.

Die Entfaltung des menschlichen Geistes schwingt zwischen den Polen Versenkung und Distanz.

Es ist der Geist der Kindschaft, wenn das Erkennen in der Verwandlung des eigenen Wesens sich vollzieht, wenn der Mensch sich selbst entsinkt, zum Nichtscheidbaren hinabsteigt und hier im Grund mit den Dingen eins wird, das Du nicht denkt sondern lebt.

Aber es ist der Geist der Späte, wenn das Gefühl der Distanz erwächst, das Ich sich aus dem Kosmos abhebt und mit dem »Willen zur Distanz« Leben in Machttrieb und Wissen in reine Objektsetzung verwandelt.

Die Welt wird erlebt oder gedacht. Immer ist sie Fülle von Dingen, Bildern oder Begriffen. Aber das schöpferische, erlebende Menschentum begnügt sich nicht mit der Fülle, sondern fordert ein Ganzes: die Gestalt.

Im Gestalterlebnis formt sich das Raumerlebnis noch einmal als Urbesitz des Welterlebnisses; denn der Raum ist der Tiefengrund der Welt, aller Dinge und Entwicklungen. Das Raumerlebnis ist der Ursprung der Transzendenz des Lebens zum Geiste.

Gestalt ist sowohl Raum als auch Leib; sie spricht von Geschlossenheit und Maß.

Auch der Denkakt zielt auf Gestalt, sei es mit der Schaffung eines metaphysischen Systems oder mit der Formulierung einer mathematischen Axiomatik. Schließlich wiederholt sich in den Erscheinungen, die Hans Leisegang »Denkformen« nennt, ebenfalls die Gestaltbildung. In der Kreis-Denkart enthüllt sich diese Tatsache am klarsten.

Schaffen ist Gestaltung. Das Gestalterlebnis bildet den Kern des schöpferischen Aktes unseres Blutes und unseres Geistes. Zwischen Chaos und Gestalt schwebt die schöpferische Arbeit.

Die Synthese der Punkte und Geraden zur geometrischen Figur ist im wesentlichen der gleiche gestaltende Akt wie Verschmelzung von Worten zum Symbol, und das Leben selbst wird zum Symbol, wenn es die Vollkommenheit einer Gestalt zum Ausdruck bringt.

Durch die Gestalt erhält eine Fülle von Dingen erst das, was man Sinn nennt. Sinn ist Sein als Gestalt. Aber Gestalt ist Zusammenhang im Einklang gleichzeitigen Seins. Klarheit liegt über den Dingen, wenn sie im Einklang einer Gestalt ruhen.

Aus dem Sein der Gestalt folgt das Sein des Maßes und aus dem Sein des Maßes das Gesetz der Zahl. Maß und Zahl entspringen dem Gestalterlebnis.

Geometrie ist Gestalt gewordenes Maß und Gestalt gewordene Zahl. Arithmetik aber ist Zahl gewordene Gestalt.

Alle reine Erkenntnis ist Gestaltschau, synthetisches Erkennen. Synthese ist Gestalt. Die Gestalt zerlegen, heißt analysieren. Es ergibt sich eine Menge, ein Chaos von Dingen.

Der Wille zum Objekt als Schaffung der Distanz ist der Ursprung der Analyse. Erkennen des Ichs, das Denken, enthüllt das Ich als Sein in Distanz. Das ist die Seinsform des Ichs, das Sein als Bewußtsein. Das vollkommene Denken wäre zugleich das vollkommene Analysieren.

Das Bild wird in das Wort und das Wort wieder in den Begriff verwandelt. Der Vorgang ist eine Reduktion, eine Analyse.

Bild und Wort sind komplex und darum Gestalt; aber der Begriff ist das analytische Ergebnis des Wortes.

Primär hat das Denken immer nur eine Reihe von Objekten. Erst wenn im Verlauf des Prozesses eine Dingmenge als System oder Ordnung unter die Umfassung tritt, gelangt das Denken sekundär zur Synthese, zur Gestalt. Aber dieser Augenblick der Synthese, der Schaffung des Oberbegriffs, ist selbst kein Akt des Denkens mehr, sondern als schöpferische Spontaneität ein Akt der Intuition, wenn auch die Gewöhnung an die Automatik des Denkens es anders erscheinen läßt.

Nach Palágyi ist das Bewußtsein diskontinuierlich. Auch der Denkvorgang hat diese Struktur. Die Leerstellen im Denkakt enthalten Intuitionen. Ich habe schon darauf hingewiesen, daß der Akt des Erkennens vom Akt des Bewußtseins streng zu scheiden ist. Erkenntnis ist spontan, intuitiv; Bewußtsein ist – ideal genommen – kausal, systematisch. Erkennen hat in seiner spontanen, momentanen Schau immer Gestalt zum Inhalt, eine Idee oder ein Bild, einen Zusammenhang oder ein Symbol. Das Bewußtsein aber besitzt analytisch, d.h. als Folge. Erst mit dem Begriff, der wieder aus einem Erkennen, aus einer Spontaneität stammt, kann Ordnung oder System, also Gestalt in das Bewußt-Seiende kommen.

Jener gesteigerte Lebensausdruck, der unablässig auf Gestalt tendiert und sich über die Intuition als Durchbruch des Raumerlebnisses darbietet, ist umfassend bezeichnet durch den Terminus: Geist.

Jener tragische Lebensausdruck, der mit der reinen Objektsetzung, dem Denken, anhebt, die Funktion dessen ist, was Ichheit heißt, und niemals aus sich selbst zur Gestalt gelangt, sondern nur zur analytischen Beobachtung, ist bezeichnet durch den Terminus: Intellekt.

Geist entspringt unmittelbar dem Leben. Intellekt aber einem lebensbeobachtenden Prinzip, dem Bewußtsein.

Der Geist erkennt. Der Intellekt zerlegt. Der Geist ist spontan, der Intellekt kausal. Geist ist Gestalt, Intellekt nur Menge.

Geist ist Schöpfung. Intellekt ist Ordnung in der Zeit.

Geist und Intellekt verhalten sich wie Leben und Funktionieren, Organik und Automatik.

Der Geist fordert und schafft den Sinn. Aber der Sinn ist der kosmische Aspekt der Dinge, also Sein im Zusammenhang, Gestalt.

Der Intellekt hat nicht die Möglichkeit der Sinngebung; denn seine Mechanik schafft ein Warum, das ohne Grenze ist.

So ist die Schöpfung der Gestalt der Vollzug des Geistes, und die Ordnung in der Folge der Vollzug des Intellekts.

Die Einheit der Gestalt fordert die Gleichzeitigkeit ihrer Elemente. Innerhalb der Ganzheit der Gestalt gibt es kein Nacheinander, keinen Zeitfluß zwischen den Elementen, keinen Kausalnexus, es sei denn die zeitentlöste, morphologische Kausalität, den Gestaltnexus, wie er eindeutig in den geometrischen Konfigurationen formuliert wurde. Geist ist die Einheit der Gestalt in der Erscheinung.

Da es aber in Wirklichkeit nur Gestalt oder Zusammenhang gibt, und die letzte Wirklichkeit nichts anderes als die Weltganzheit bedeutet, die zugleich Vollkommenheit darstellt, offenbart auch der Geist die Vollkommenheit der Wirklichkeit in der Erscheinung.

Das Denken ersetzt Gestalt durch Idee. Gestalt bedeutet Idee in der Erscheinung und Idee Gestalt als Gedachtes. Die Idealität der Materie beruht auf der Möglichkeit deren Formung. Es gibt keine Substanz ohne Form, darum keine Wirklichkeit ohne Gestalt-Idee und nichts Ideales, das ohne Materie sein könnte.

Die Verwirklichung der Gestalt bedeutet einen Widerspruch gegen das Phänomen des Zeitbewußtseins. Gestalt ist Raum. Raum ist Gleichzeitigkeit, schließt also Zeitlichkeit als Folge aus.

Mit dem Gestalterlebnis schwindet das Zeitbewußtsein.

Durch intellektuelle, analytische Kausalschau wird der Gestaltcharakter des Werks zerstört. Gestalt-Werk ist in der Totalität seiner Erscheinung problemlos; denn nur das Denken stößt auf Probleme.

Da nun der gestaltende Vorgang der geistige ist und es zum entscheidenden Wesen des Ästhetischen gehört, daß das Zeitbewußtsein abfällt, ist der geistige Akt ein ästhetischer und sein Gegensatz ist das Problematische, das Intellektuelle.

Was die Schaffung der Gestalt aus dem Geiste, Plastik oder Idee, zum ästhetischen Vorgang vollendet, ist jenes unfaßbare Phänomen, daß im Akt spontaner Schöpfung etwas von der Idealität der Allmaterie, dem Raum, in das Werk gebannt wird.

Mit der Hand zugleich entstand die Behauung des Steins, und mit der Behauung des Steins verwandelte sich das Stofferlebnis in das Gestalterlebnis, geschah der Durchbruch des Geistes aus den rein stofflichen Bezirken und dokumentierte sich das Geistige als Ästhetisches.

Zweierlei Bedeutung hat sich in dem Begriff Ur verborgen.

Es gibt das raumbetonte Ur, das nach Urform oder Urbild fragt, und das zeitbetonte Ur, das als Geheimnis den Ursprung oder den Urbeginn bewahrt.

Diese Suche nach Ur, jenes späte Motiv des Geistes, die nach Urbild und Urkraft ausgeht wie zum Mysterium des Lebens, enthüllt die tragische Konstellation unseres Weltgefühls, das ganz in Weltbesorgnis aufgeht, weil es vom Zeitgefühl überschattet wird. Denn die Sorge ist zugleich Passivität und Aktivität, gebunden an die dominierende Zeiterfahrung des Bewußtseins. Dieses sieht nicht die Dinge, sondern Problematik ihrer Form und Herkunft. Das Denk-Ich ist das Prinzip der Enthüllung. Darum ist es zugleich Wille zum Ursprung.

Das Denken kann nur jene Probleme lösen, die im Denkkalkül selber gründen. Was zum Leben oder zum Geist gehört und aus diesen Böden sein Geheimnis zieht, bleibt Geheimnis vor dem Denken, und so geschieht es, daß alle Bemühung, das Ur zu finden, nur wieder im geistigen Akt des Verstehens endigen kann, oder daß alle kausale Enthüllung, räumlicher und zeitlicher Tendenz, immer zur Gestalt führt. Es ist, als sei durch das Gestalt-Werdende die Gestalt selbst fortgerückt und in einem fernen Ur verborgen, aber jeden Augenblick bereit, nach räumlicher oder zeitlicher Enthüllung in die Schau zu brechen. Jedes Phänomen zeigt im geheimen vor dem Denken die Urgestalt, und der Urbeginn ist wieder nur verstehbar durch die Setzung einer bestimmten Urform. Urgestalt und Ursprung sind nicht trennbar. Mit Ur sind Chaos und Gestalt, Werden und Sein zur Einheit gebracht. Wir spüren hinter der Urform das Chaos und dahinter das Nichts. Denkend kann die Identität von Urbeginn und Urgestalt problemlos nicht gefaßt werden. Und doch bedeutet ihr Zusammensein in der Einheit der Gestalt die Lösung; denn Gestalt ist ohne Zeit.

Nicht der Geist und das Leben stellen die Frage nach dem Nichts, dem absoluten Anfang oder Ende, sondern der Intellekt oder das Denken. Er verwarf sich in der Frage nach dem Warum des Warum, zerbrach die Weltgestalt und schuf das Geheimnis um zum Leid.

Was Schöpfungsakt heißt, bleibt darum unbegreiflich vor der Ratio. Es ist das Ursein, das nur verstanden, nicht gedacht werden kann.

Im Bewußtsein ist das Welten – um einen Terminus Heideggers zu gebrauchen – ein Weltwerden geworden, das einen Anfang wünscht. Aber der fließt in sich zurück; denn das Welten ist ein Raumen, das in sich selbst ruht.

Was wesenhaft Stagnation bedeutet, kann Phänomene des Werdens nicht erfassen, und wessen Sein nur Werden oder Verwandlung ausdrückt, kann nicht Ruhe begrifflich erfassen. Das logische Verstehen der Bewegung ist unlösbares Problem des Logos, darin der Gegensatz von Raum und Zeit, Intuition und Analyse beschlossen ist.

Die Frage nach Entwicklung ist zugleich die Frage nach der unablässigen Neuschöpfung der Gestalt und der Tendenz der Natur zur Bewahrung der Gestalt: des Lebens im Fossil, der pflanzlichen Formen im Dendriten, der Geometrie im Kristall, der Kegelschnitte der Planetenbahnen im Atom. Was in allem organischen Werden über Tage oder Jahre, geologische Perioden oder Planetenlebensalter erhalten bleibt, ist Wesenheit. Aus der Frage nach Wesenheit entspringt die Frage nach Urform.

Urform ist das verleiblichte metaphysische Phänomen eines Lebewesens.

Von hier aus gelangt man ohne weiteres zu der neuen biologischen Formenlehre Edgar Dacqués, die von der Tatsache der Erhaltung gewisser Grundtypen ausgeht und in diesen prinzipiellen Sätzen gipfelt:

> »... alle zusammenhängenden Formenreihen ... lassen sich stets als Umbildung eines Grundtyps im Sinne einer Neuanpassung an bestimmte Umweltsverhältnisse verstehen ... Typen sind die den physischen realen Formen zugrundeliegenden naturmetaphysischen Artpotenzen.«

Der Geist der Natur entfaltet sich in der Mannigfaltigkeit ihres Gestaltwillens. Der Weltwille selbst ist ein Gestaltwille und nur darum ein Wille zum Wert, wie Weininger und Kerler sagten.

## 2.

Das Weltgesetz ist ein Gestaltgesetz. Einheit ist das Wesen der Gestalt, und Einheit bedeutet Erscheinung des Raums.

Es gibt ein Wissen von der Welt, das aus dem Erleben des synthetischen Geistes entspringt und dessen Inhalt die reinen Phänomene sind, wie sie uns in Gestalten entgegentreten. Dieses synthetische Wissen hat die Erscheinungen in ihrer unberührten

Gegebenheit, in der Einheit von Sinnlichkeit und Wesen ergriffen, etwa so, wie Goethe[20] die Farben sah.

Das ist die morphologische Welt- und Dingbetrachtung, die als ästhetischer Vollzug aus dem Geiste stammt. Kausalität ist hier ein Formgesetz, Gestaltnexus, ein Wille des Ganzen, Tektonik, gründend in der Versinnbildlichung des Raums.

Der synthetischen Welterkenntnis des Geistes steht die Problematik des Weltbewußtseins gegenüber, die gegeben ist durch das im Zeitbewußtsein gründende Phänomen der Sorge. Die problematische Weltbetrachtung ist zugleich die sorgende.

Dem reinen Phänomen steht die Kausalreihe entgegen, Ästhetik der Problematik, Kontemplation der Sorge, Raum dem Ich.

Das Weltgesetz ist ein Gestaltgesetz. In der Sphäre der physisch realen Welt erzeugt es die Andeutung der geometrischen Figuren. Alle stofflichen Formen können auf solche reduziert werden.

Reinheit, Einfachheit und Genügsamkeit sind in der Synthese der reinen Gestalt – wie sie etwa in geometrischen Formen oder den Kristallen vorliegt – zur Einheit verbunden. Was Urbild heißt, steht ganz unter diesem Gesetz.

Die Schaffung der Gestalt als unberührtes Phänomen, ohne Schwere und Unvollkommenheit, bedeutet: Kristallisation. In ihr entlädt sich jene Trinität als Einheit unter der Herrschaft des Gestaltwillens.

Geometrische Formen, Kristalle und Symbole sind die Grundformen substantieller und geistiger Gestaltung, Raumung oder Kristallisation. Diese Urform aber ist immer zugleich auch schön. Schönheit ist Urform in der Erscheinung. Sie schafft aus dem Grunde des Seins das Ursymbol des Raums.

Bis in die feinen Bezirke tierischen und pflanzlichen Lebens, bis in die Selbstentfaltung der Kristalle aus dem Schmelz oder der Lösung und die unfaßliche Gestaltung der Spiralnebelordnung hinein, hat sich das Mysterium der Gestalt bewahrt. Was an den Dingen von selbst aus Innen Wachstum wird, ist schon Lebensausdruck.

Organisches ist gestaltlicher als Anorganisches. Jenes erscheint als Selbstgestaltung, dieses wird gestaltet. Jenes ist endogene Gestaltung, so als entlade sich ein unleibliches Innentum; dieses ist exogene Gestaltung, so als ströme Wesenheit hinein.

Der Kristall steht dazwischen. Er ist das Leben als reine Substanz, schon Wachstum von Innen, aber keine Zelle, sondern Gitter. Dem bestimmten Stoff gehört die bestimmte Gestalt. Die geometrische Gestalt ist das Ideal und der Lebensausdruck des Kristalls.

Die Seele des Kristalls – das ist die Strenge der Maßzahlen seiner Winkel, Flächen und Kanten; ist Gesetz der Zahl, ist bewegte Geometrie. Kristalle wachsen aus der Mutterlauge. Schwangerschaft heißt hier Lösungs-Sattheit, Konzentration, Bereitschaft der Ionen zum Gitter. Manchmal gibt es die Befruchtung: wenn ein Staubkorn in die Lösung eindringt wie die Spermie und die eihafte Homogenität der Mutterlauge erregt.

Homogenität ist Bereitschaft zur Gestaltung. Um das Staubkorn schalt sich der Kristall. Mikroanlage, embryohaft, unsichtbar, aber doch schon eingeboren der reifen Lauge. Das Sichtbarwerden für unser Auge beendet die Geburt.

Auch hier die Polarität: Spendung und Empfängnis. Auch hier das Gesetz der These, Antithese und Synthese in der Trinität: Spermie, Ei und Kind.

Das Kind endlich bewahrt Blut der Mutter, und der gewordene Kristall enthält als Kristallwasser, als Blut der Gestalt, die Lauge seiner Herkunft. Wenn dieses Kristallwasser ausdünstet, schwindet die Kraft zur Gestalt, stirbt das Formgesetz, bleicht die Farbe oder Wasserhelle: Tod des Kristalls. Wandlung der Geometrie in Chaos, Heimkehr der Form zum Staub.

Geburt ist Prägung der Gestalt und Leben Wachstum der Gestalt. Leben unter Bewahrung der Urform, immerwährendes Wachstum um die Flächen, Kanten und Winkel, um das Ideal zu verwirklichen – das ist die Seele dieser gelebten Geometrie und der substantielle Sinn dieses ruhigen Daseins, dessen ganzes Schicksal und ganze Besorgnis der Gestalt des Stoffes gilt.

Wie die Kristallisation des Stoffes, gibt es als Schaffung der Gestalt aus dem Geiste – Kosmogonie, Mythos und Gesetz – geistige Kristallisation, die das Wesen der Philosophie ausmacht.

Sofern es sich aber bei der Philosophie um eine Art geistiger Kristallisation handelt, einer Ineinanderschau der Dinge, kann es eine einheitliche Idee von der Philosophie gar nicht geben. Die Schaffung der Idee aus den Erscheinungen, das Zusammenfassen des Seienden unter einem Aspekt, will den inneren Zusammenhang der Dinge versinnbildlichen. Das kann über die Setzung verschiedener Formen geschehen. Man wird nie danach fragen können, welche Philosophie wahr oder wirklich, sondern immer nur, welche möglich sei.

Sofern die Philosophie als Ideenkomplex, als Synopsis, mehr oder weniger symbolhafte Urvorstellungen benötigt, deren Art bekenntnishaft und durch Erlebnisse des Schöpfers mitbestimmt ist, haften an ihrer Gestaltung künstlerische Intensitäten; sofern sie aber in sich widerspruchslos sein muß und von der Empirie ausgeht, ist sie wissenschaftlich orientiert.

Ein philosophisches System gibt es nicht – es sei denn mit unendlich fernen Grenzen. Es gibt nur philosophischen Geist, der niemals wie ein System von Sätzen oder eine Fülle von Tatsachen gelehrt werden kann; denn es handelt sich bei ihm nicht darum, Sätze zu verifizieren, sondern zu klären, wie Schlick sehr fein bemerkte.

Der philosophische Geist drängt nicht zu einem einheitlichen Weltsystem, sondern zu einem einheitlichen Weltwesen, und darin zeigt sich am deutlichsten, wie die Schaffung der Gestalt immer unter dem Gesetz der Kristallisation steht.

Kristall ist nicht nur Schale oder Maske, sondern auch Innen. Seine Gesetze liegen nicht nur wie ein Gewand über der Oberfläche, sondern durchsetzen den ganzen Körper, und so sieht der philosophische Geist alle Dinge im Zusammenhang, Übergang und Ineinandersein, wenn er, wie der kristallbildende Akt das Zentrum seiner Symmetrie, die letzte metaphysische Mitte der Welt sucht und sich damit zum tragischen Protest gegen das sorgebringende Zeitbewußtsein erhebt.

# Aufstand des Geistes

## Eine Verteidigung der Erkenntnis

– greife ich da, wo ich dem Ideellen in seiner reinsten und schönsten Form zu begegnen glaube, das Materielle?!

Sören Kierkegaard

– Der höchste Mut des Erkennenden zeigt sich nicht da, wo er Staunen und Schrecken erregt, sondern da, wo er von den Nichterkennenden als oberflächlich, niedrig, feige, gleichgültig empfunden werden muß.

Friedrich Nietzsche

# Inhalt

# Vorwort – oder was uns auffordert

Verteidigung der Erkenntnis? – Ist das ein letztes Wort dessen, der sich davon abwendet, oder ist es das erste Wort dessen, der sich ihr zuwendet? –

Wer noch die Ironie liebt, der suche auch genügend Einsamkeit für seinen geschliffenen Geist, denn das ist alles, was er braucht. Und wer diese Einsamkeit gefunden hat, der wende sich heimlich ab von den Terrassen der Wartenden und den Gewässern der Klarheit, denn es ist nicht die Zeit, deutlich zu sprechen, wenn es zuviel der Klugen gibt, die alles gleich verstehen oder das Anspruchsvolle zurecht-, das heißt herabbiegen. –

Es ist die Frage, ob einer, wenn er wie Kierkegaard[1] einmal so tief die menschliche Schwermut erfahren hat, daß sie ihm wie der »Pfahl im Fleisch« erschien, ob der noch, ich stelle hier die Frage, aus dem Ursprung heraus schaffen kann, schaffen ohne zu leiden, zu dulden, ohne gleich die Welt als tragisches Phänomen zu interpretieren und in dieser Einsicht unterzugehen. Ich stelle fest, daß es ein Merkmal abendländischen Geistes ist, zu wenig heiter, aber viel zu tragisch sich zu geben... und schließe nun die Frage an, kann mit der Schwermut und dem denkenden Leiden etwas Großes entstehen, kann damit der Geist zu einem Werk gerinnen, das das Leben steigert, das der Vitalität begegnen kann? –

Man setze dem schmerzlichen Antlitz, so man nicht anders kann, doch zumindest Ironie entgegen und wird gewonnen haben, daß den anderen jene Stimmung der Zweifel und Unseligkeit entgeht. Man schaffe sich so eine tiefe Einsamkeit, aber ertrage sie auch. Denn entscheidend ist immer, wie man etwas erträgt – nicht daß man etwas erträgt.

Denn gerade die Position der erlittenen Einsamkeit, diese Unfähigkeit, einmal über alle inneren Abgründe und Berge zu springen – das ist die ganze Tragik des späten abendländischen Geistes, das ist der Ursprung der »Abwendung vom Geist«, die im Augenblick von der menschlichen Existenz unternommen wird.

Diese Existenz nun suche ich auf – aber bedrohe sie nicht mit neuen Tragismen, nicht mit neuem schmerzlichem Gesicht, nicht mit neuem Ernst. Ich will ihre inneren Klüfte nicht zuwerfen. Denn mein Prinzip ist auch sokratischer Art, trotz Nietzsche, ist auch sokratische Ironie. Ich werde es nie unterlassen, aus den Abgründen, die jeder mit sich trägt, den Willen, darüber hinwegzuspringen, zu erzeugen. Ich will zeigen, wie der Geist gerade in der Mitte dieser schmerzlichen Existenz sitzt, gerade in der tiefsten Spalte jenes Abgrundes aufspringt und jeden Augenblick bereit ist, zerstörend in Seele und Vitalität zu brechen – aber das muß geschehen um der Schöpfung willen, die in uns bereitet wird. Zerstörung kann nur durch Schöpfung überwunden werden. Das heißt für uns: Geistfeindschaft kann nur durch Geist gebrochen werden. Man muß im Augenblick der Geistfeindschaft mit Geist antworten, man muß aus jenen inneren Abgründen, die jeder schmerzlichen Antlitzes in sich herumträgt, den Geist ausbrechen lassen wie einen Wolf. Man muß neue geistige Perspektiven über dieses Abendland werfen, die wie Unwetter sind und deren Fruchtbarkeit, deren regnerische Segen überall aus dem uralten, noch immer kreisenden Boden der Seele den Geist aufschießen lassen. Denn nur wenn man den Geist verloren hat, empfindet man ihn als feindlich. Nur wenn man Distanz gegen ihn hält, schlägt er zu. Nur wenn man Abschied von ihm genommen hat, zieht die Heiterkeit aus dem Leben und die Wehmut hinein. Feindschaft ist Abstand. Man muß Geist sein in diesem Leben, dann erträgt man Geist, aber leidet nicht durch ihn. Das Leiden durch den Geist ist eine Frage der Distanz vom Geist.

Denn noch gibt es Völker, die zu neuem Aufstand aufbrechen, und soll es kein Aufstand der Massen sein, dann bedarf es der Prägung des geistigen Reiches. Und noch gibt es die Einzigen, die Absoluten, deren Wort das Reich, äußeres und inneres, ewig rechtfertigten und retteten.

Und davor seien die Überalterten versammelt.

Die Antisophen aus Mangel an innerem Zwang zum Geist, aus Mangel an Kraft zum Geist; denn es ist vergessen worden, daß auch zum Geist Kraft gehört. –

Die Tragiker, die mit den letzten in ihnen übriggebliebenen Mitteln des Geistes das, was Abschied nahm von ihnen, bewerfen. –

Die Sentimentalen, die nicht einsehen können, daß der Geist nur deshalb nicht bei ihnen ist, weil er keine Sentimentalität verträgt und vor ihrer Schwachheit höchstens seufzen könnte. –

Die Hassenden, die Gefährlichen, weil sie Mut haben zu werfen, die den Geist vom Ursprung her vernichten wollen – grundlos oder aus einer unverständlichen Wollust heraus. –

Die Gehässigen, weil der Geist nicht die Liebe brachte, sondern die Unruhe. –

Die Gläubigen, die Hackenden, die auf allem herumhacken, was schwerer wiegt als ein Dogma, was teurer zu gewinnen ist als ein Rundschreiben, und nicht nach den »Tränen unschuldiger Kindlein« fragt. –

Und schließlich die getreuen Eckharde, die großen Schüler, man könnte auch sagen die großen Maskenträger, die so brav und ernst einherschreiten, wie der große Meister, das Gesetz, es durchaus nicht befahl. –

Wenn es auch Zeiträume gibt, in denen der Geist in die Katakombe gehen muß oder gezwungen wird, in die letzte Innerlichkeit hinabzusteigen, wir sagen ja dazu, wenn er dabei aus den Händen derer genommen wird, denen er nicht angehört und die ihm nicht gewachsen sind. Noch immer ist das Leben etwas, das sich steigern will, das unablässig über sich hinausdrängt. Noch immer kreisen wir »um den uralten Turm«, den wir Geist genannt haben, der unser Schicksal ist und ewig sein wird. Wir sehen keine Untergänge, sondern ungeheure Verwandlungen. Wir sehen keine neuen Leiden im Geist, aber die Umwertung des leidenden zum heiteren Geist. Und wenn wir die neuen Perspektiven mit den brennenden Fluchtpunkten, und die neuen Welten mit den schimmernden und beladenen Horizonten aus der einfachen Betrachtung der Dinge heben und so den Versuch machen, den Geist von seinen Ursprüngen her an den Dingen, die wir in dieser Zeit gefunden oder erkannt haben, aufglänzen zu lassen, dann geschieht es aus dem Willen, dem Geist der Urväter und Väter zu begegnen, noch einmal oder von neuem. Denn wir suchen den Geist in seiner Feindschaft gegen den Menschen, wir können diese Abwendung vom Geist nur brechen durch den

»Willen zum Geist«, der allein die Möglichkeit hat, den »Willen zur Macht«, so lange er noch einer Rechtfertigung bedarf, zu rechtfertigen. Wer aus Schmerzlichkeit das Antlitz vom Geist wendet, hat ihn verloren, weil er seine ungeheure Pracht nicht mehr verspüren konnte oder aber darin erblindete. Wir aber glauben an die Pracht des Geistes, die gesegnet und mittaglich ist wie ein Sommer. In dieser Pracht suchen wir ihn auf, um der Idee, daß er der Seele Feind sei, zu begegnen. Darum müssen wir den Geist überbrückend in die ersten Dinge unseres Raumes einbrechen lassen, in die Steine und Atome, in die Sterne und Kristalle. Denn das sind die gleichen uralten Dinge der menschlichen Existenz, die Dinge, die immer einfach daliegen zwischen Morgen, Mittag und Abend. –

So begründen wir also die Idee der Naturphilosophie aus dem, was man heute »menschliche Existenz« nennt. Und wenn Systeme oder Ismen einmal genannt sein sollen, daraus wir schöpften, und die wir in diese Andeutungen einer »Synthetischen Philosophie« einbauten, um die Auseinandersetzung von menschlichem Dasein und Naturerkenntnis, menschlicher Innerlichkeit und Naturphilosophie aus der Betrachtung logosverwöhnter Wissenschaften sich vollziehen zu lassen, dann sind es Phänomenologie und Existentialphilosophie[2] der Nietzsche, Kierkegaard und Heidegger. Es gibt Wege, das ist die Grundlage unserer Einsichten, die aus dem Reich der intuitiven Wahrheiten der Husserl und Bergson in die Mitte der tiefsten Gebiete moderner Quantenphysik[3] führen. Es gibt weiterhin Ideen, die eine Brücke schlagen von der tiefen Innerlichkeit Kierkegaards zu den Relationen Heisenbergs.[4] Und es gibt endlich einen Geist, der immer über den Logos hinausgreift, ihn aber doch einschließt, und zu dessen Wesen es gehört, aus der Idee, daß alles Menschliche ihn auch angehe, Sterne, Welten und Atome mit dem letzten Rauschen der Seele, der Bekümmernis der Existenz, dem Suchen nach Ethos und Glück zu verbinden.

Diese neue »Synthetische Naturphilosophie« kann sicherlich das Gesamtsein der Philosophie verändern. Wir sind antik genug, noch einmal mit der Waffe des Logos an die Fruchtbarkeit der Dinge heranzutreten, aber wir sind auch nördlich genug, dem Unbill dieses Geistes zu begegnen und ihn zu wenden, wo es sein muß. Philosophie wird zunächst immer an den ersten Dingen der

Umwelt beginnen müssen, am Menschen, am Gestein, an der Materie und an den Bewegungen. So geschah es in Ionien, der einzig großen Erinnerung, der wir uns hier hingeben dürfen. Es gibt eine Begründung des Glücks aus dem Anschauen, eine Begründung der Harmonie der Seele und der Existenz aus der Idee des Weltbilds, eine Begründung der Innerlichkeit aus der Berührung der Materie, und eine Begründung der Ruhe aus dem Anblick der Vielfalt aller Geschehnisse in der seltsamen Ordnung dieser Welt.

Und danach schauen wir noch einmal aus.

# Der Begriff des naturwissenschaftlichen Zeitalters

Man liebt es, Jahrhunderte und ganze Zeitalter durch ein großes Wort, einen glanzvollen Namen zu bestimmen. Man gibt ihnen die Namen edelster Erze, um ihren Reichtum, ihre Reife, ihre Entscheidungen zu kennzeichnen. Aber immer muß es etwas sein, das Menschliches unmittelbar angeht, dessen Wort das Wesen eines Zeitalters ausmacht. Denn wir nennen nur menschliche Jahrhunderte, nur Zeitalter menschlichen Schaffens. Die Geschichtlichkeit des ganzen, umfassenden Weltvorüberganges kümmert uns kaum.

Damit haben wir die grundlegende Bestimmung: Das Prädikat eines Zeitalters wird am Menschen gemessen; es ist ein Prädikat menschlicher Bedrohtheit, menschlicher Sicherung oder menschlichen Glücks; es muß ein Geschehen oder einen Zustand ausdrücken, die uns in unmittelbarster Innerlichkeit berührten; es muß ein Schlag sein, der Rhythmen hinterläßt in Seele, Geist und Leib.

Erst dann also kann ein Zeitalter wesenhaft von einem bestimmten Wissens- oder Geistbereich aus gesehen und bestimmt werden, wenn seine Höhepunkte und Niederlagen, seine Kräfte und Schwächen tief in jenem Wissen verfangen sind. Bei diesem Verfangensein aber handelt es sich nicht um Äußerliches – wie es etwa bei der Wissenschaft, die wir im Auge haben, die Technik darstellt –, sondern um innerliches Geschehen, nämlich darum, daß diese Wissenschaft sich unmittelbar mit dem, was wesenhaft zur Idee der »menschlichen Existenz« gehört, auseinandersetzt.

Und hier fragen wir nach dem Begriff des naturwissenschaftlichen Zeitalters.

Wohl ist es uns dunkel schon ins Bewußtsein getreten und hat es sich niedergeschlagen in dieser und jener Literatur, daß es sich nicht mehr um das alte, gesicherte Jahrhundert der großen Tatsachen handelt, daß es nicht mehr Erschütterungen gibt, weil dieser oder jener physikalische Satz gefunden wurde oder weil diese oder jene Naturkraft entdeckt worden ist, aber wir empfinden es alle noch: das naturwissenschaftliche Zeitalter ist noch nicht zu Ende, irgendwie steht es groß und lauernd um uns.

Das naturwissenschaftliche Zeitalter ist noch da. Aber wir leben seine zweite Phase. Vielleicht sind wir schon über seinen Mittag hinausgetreten, vielleicht erleben wir ihn gerade. Wir sind zu tief darin gefangen, um das zu entscheiden. Deutlich aber ist uns geworden, daß diese Naturwissenschaftlichkeit des zwanzigsten Jahrhunderts eine andere ist als jene des neunzehnten Jahrhunderts. Konnte man damals sagen: täglich finden wir neue Dinge, so können wir heute sagen: täglich verfangen wir uns in neue Zusammenhänge.

Darum freilich sind wir zutiefst naturwissenschaftliches Zeitalter. Die Naturerkenntnis geht nicht mehr nur das Ding, das Objekt der Erkenntnis an, sondern berührt unsere Innerlichkeit, unsere Subjektivität. Nichts ist bezeichnender für diesen Tatbestand als die Entdeckung Heisenbergs, daß sich bei aller Erkenntnis, Beobachtung und Experimentiertätigkeit das störende Element des menschlichen Eingriffs in die Dinge und Ablaufweisen der Natur nicht unterdrücken läßt, kurz, daß das Subjekt nicht ganz von dem Objekt zu trennen ist. Je kleiner der Gegenstand, desto größer die Störung durch den Beobachter.

Wir sind also, um es noch einmal von einer anderen Seite her zu verdeutlichen, nicht darum naturwissenschaftliches Zeitalter, weil es Technik, weil es eine unerhörte Mechanik gibt, weil wir Atome zertrümmern können und beinah alle Strahlensorten kennen, sondern weil die Idee, der Begriff, der Inhalt der modernen Naturwissenschaften Bezug nimmt auf unser reines Dasein, auf unsere Seele und unseren Geist schlechthin. Wir sind naturwissenschaftliches Jahrhundert, weil heute die Erschütterung, aber auch die Sicherung der menschlichen Existenz, wenn sie überhaupt geistig geschehen kann, nur durch die Naturerkenntnis geschieht. Sofern demnach heute Naturphilosophie sich formt, bedeutet sie ein Nachdenken darüber, wie die Unruhe in der menschlichen Existenz durch Naturerkenntnis erzeugt wurde und wie die Unruhe wiederum durch Naturerkenntnis vernichtet werden kann. Die entstehende Naturphilosophie hätte also der Tatsache des menschlichen Geistes Haltung zu vermitteln, hätte

Sokrates zu verteidigen vor dem Forum derer, die nichtwissend sind.

Das Erbe Pascals[5] ist in uns. Wir sind verworfen zwischen der Mathematik und dem religiösen Phänomen. Es ist ein Zustand zwischen der Rechtfertigung und Zernichtung des menschlichen Geistes. Das ist die Erschütterung unseres Daseins, das ist unser Fertigsein zum Begrabenwerden, wie uns ein deutscher Philosoph einst begriff. Allein, wir glauben, daß es nur eine Unruhe, eine Erschütterung, nicht der absolute Schritt in den Zerfall bedeutet. Uns trifft nicht etwa der Vorwurf der Oberfläche, im Gegenteil, uns trifft der Vorwurf der Tiefe, der Vorwurf der Abgründigkeit. Unsere Naturerkenntnis, unsere Erkenntnis ganz allgemein ist so tief in die Schächte gestiegen, daß die Dinge beinah zum Zerfall gebracht worden sind, daß die scharfe Trennung zwischen Subjekt und Objekt, zwischen Innerlichkeit und Weltlichkeit verschwand, mindestens sich verschleierte. Das ist – schon seit der Renaissance – die Ursache, das Bild der Unruhe menschlicher Existenz. Rassische, völkische und personale Erschütterungen sind immer Ausdruck eines Überganges der Objektivität in die noch nicht ganz gesicherte, noch nicht ganz bereite Innerlichkeit.

Wir wiederholen es: wenn wir in diesem, so tief seelisch-geistigen, ja geradezu phänomenologisch verstandenen Sinne ein naturwissenschaftliches Zeitalter sind, dann muß die Naturerkenntnis alle geistigen Verhalte berühren, aufrütteln oder niederwerfen, gleichgültig, ob es sich dabei nun um Theologie oder Politik, Mathematik oder Philosophie handelt.

Die reine, mehr oder weniger wissenschaftliche Naturerkenntnis rührt das Problem des äußeren Seins, das Problem der äußeren Wirklichkeit auf und ist bemüht, es zu lösen. Es ist aber ein von Ursprung an mitgegebenes Gesetz, daß es auf die Dauer reine Erkenntnis im Sinne reiner Objektivierung nicht geben kann ohne ein Mächtigwerden der menschlichen Innerlichkeit. Die höchste Objektivität kann nur durch die höchste Subjektivität geschehen; letzte Objektivität kann nur durch letzte Subjektivität ertragen werden; die vollkommene Erkenntnis des Außermenschlichen wäre entweder die restlose Besiegung des Menschlichen oder aber die restlose Vertiefung der menschlichen Innerlichkeit. Hier liegen die Gründe dafür, daß mit der Erkenntnis auch die Einsamkeit kommt, die bei gesteigerter Innerlichkeit tragbar ist, aber bei nicht gesteigerter Innerlichkeit tödlich wirkt.

Je tiefer man also in die Problematik der äußeren Wirklichkeit eingedrungen und darin gefangen ist, desto größer wird auch die Problematik der inneren Wirklichkeit des Menschen. Es besteht also ein tiefer Zusammenhang zwischen der Unsicherheit des Denkens über die Materie und der inneren Unruhe menschlicher Existenz. Alle Naturphilosophie aber muß hiernach aus der Frage der äußeren Wirklichkeit zur Frage der inneren Wirklichkeit kommen, und sie muß notwendig gestaltet werden, um mit der Sicherung der Materie zur Ordnung – denn im Chaos kann menschliche Existenz zutiefst nicht bestehen – auch die Sicherung der Persönlichkeit, der Seele und des Geistes zu vollziehen.

Geistesgeschichtlich hat dieses so verstandene naturwissenschaftliche Zeitalter ein Vorbild, das der ionischen Naturphilosophen, und zwei philosophische Ursprünge: Nietzsche und Kierkegaard.

In den Sphären ist die Harmonie, sagten die Alten. Indem sie uns ganz gewiß ist, tritt sie auch in die Seele. Darum etwa geschah ihre Bemühung. Nietzsche und Kierkegaard aber zwingen die ganze Philosophie – von der Moral bis zur Metaphysik, von der Logik bis zur Erkenntnislehre – wieder auf den Menschen, das Urthema der Philosophie. Die innere Existenz, die innere Wirklichkeit ist ihnen noch einmal, spät, als Problem aufgegangen und Wissenschaft, Methode und Experiment geworden. Die Menschbezogenheit der Dinge, die »anthropologische Reduktion«, das ist ihr erster und letzter Gegenstand.

Der philosophische Ansatz beider liegt also im Menschen. Sie entdecken ihn als »Innere Existenz«. Sie verstehen die Dinge und Geschehnisse, die Werte und Dämonien des umgebenden Seins nicht mehr als reine Außermenschlichkeiten, die einsam für sich neben uns stehen, sondern als Mächte, die uns irgendwie angehen, uns bedrohen und erschüttern, uns beseligen und steigern. Etwas Seltsam-Mythisches liegt in ihrer Art, die Welt zu verstehen.

Der Däne und der Deutsche also waren es, die aus der Idee des Wissens oder der Wissenschaft, das heißt aus dem Problem der äußeren Wirklichkeit die Frage nach dem Sein und das heißt nach dem Gesichertsein oder Erschüttertsein der inneren Wirklichkeit stellten. Sie empfanden einen unaufhörlichen Übergang aus der in die Tiefe drängenden Innerlichkeit in die große und mächtige

Außenwelt. Sie empfanden, daß alles Drängen ins Außen, die Flucht in das Objektive eine Schwachheit in der personalen Existenz sei, wenn es auf der anderen Seite nicht eine Vertiefung in die innere Realität hervorriefe, und diese, ihre dunkle und vielleicht selbst kaum eingestandene Empfindung oder Erkenntnis offenbarte nichts anderes als das, was heute geschieht, wenn mit dem Anwachsen der Problematik der Materie auch der Zweifel gegen den Logos, der Zweifel gegen den Geist aufsteigt. Immer wieder fühlen sie es: der Mensch als eine innere Realität kann nicht im Chaos bestehen, kann nicht existieren, wenn die Materie in der Unordnung, in der Unreinheit, in der Unklarheit ist. Mit der Klärung dessen, was die Materie an Gestalt habe, was ihre Gesetze seien, zwischen Atomen und Gestirnen vollzieht sich die Sicherung der menschlichen Existenz. Das ist der tiefe Strom in jeder naturphilosophischen Bemühung, die allein imstande ist, die Brücke zu schlagen zwischen dem Ding der Naturerkenntnis und den Gründen und Abgründen unserer Seele.

Kierkegaard und Nietzsche! – Väter der abendländischen Krisis des Geistes und Verhöhnung des Geistes, aber auch Ursprünge der abendländischen Naturphilosophie dieser Gegenwart. Die Zusammenhänge lassen sich wie aus einem tiefen Grund verspüren, der unablässig sich bewegt.

Jener, der Däne, wird Ursprung der Naturphilosophie und des tiefer verstandenen naturwissenschaftlichen Zeitalters, indem er die menschliche Existenz zum ersten Male in ihrer Einzigkeit aufsucht, in ihrem tiefsten, vielleicht schon anarchischen Eigentum bestimmt und diese Position in der Isoliertheit und Angst mit der Grausamkeit eines grellsten Lichtes erhellt. Er hat gewissermaßen jene Methode Rembrandts[6], die Dinge durch das Licht zu verkünden, das Ding als absolute Einsamkeit als Licht-Ding in einem Raum und Abgrund voll Dunkel aufzuweisen. Der Einzige und der Absolute, die er auf Schritt und Tritt verfolgen kann, um achtzuhaben auf ihren Niedergang – denn sie werden einmal fallen –, das sind seine Bemühungen, das ist der Hintergrund dessen, was er, seine eigenste Erfindung, sein »Psychologisches Experiment« nennt. Und wie sieht er aus dieser Erkennungsgrausamkeit die naturkundliche Bemühung dieses Einzelnen, all dieser »Nullpunktsexistenzen«? – »Ein solches Talent«, er meint einen idealen Naturwissenschaftler, »ein solches eminentes Talent, einzigartig durch seine Begabung, *erklärt die ganze Natur, aber versteht nicht sich selbst.*« Hier erkennt er also das umgekehrte Verhältnis zwischen Existenz und Erkennen, hier erkennt er also an, daß alle Erkenntnis irgendwie Innermenschliches angehen müsse, weil sonst der Mensch in der Erkenntnis sein höchstes Eigentum verliert. Was müßte geschehen, wenn wir alles Außermenschliche erkennen würden, ohne Bezug auf den Menschen zu nehmen. Die Antwort ist von Kierkegaard gegeben: alles würde an der Subjektivität scheitern. »Wenn nämlich alles erklärt wird durch ein X, das nicht erklärt wird (der Mensch), so ist, total gesehen, gar nichts erklärt.«

Nur durch die Subjektivität vermag also die Objektivität gerettet zu werden. Der Weg der Physik in die Mikrophysik der Elektronen und Atome war dieser Weg zur Subjektivität um der Erkenntnis der Objekte willen. Heisenberg fand, daß in den Bezirken dieser Welten rein physisch eine Scheidung von Subjekt und Objekt – wie gesagt – nicht durchführbar ist. Damit sind wir eigentlich durch die Krisis gegangen, die der Däne prophezeite. Sie war da, wir überwanden sie. –

Und nun der Deutsche. Auch bei ihm geschieht die »anthropologische Reduktion«. Das kausale Denken und Sehen führe zuletzt auf das Subjekt. Daß ein Täter da sein müsse, das, als rein menschliches Verstehen und vor allem als ein Sichselbstverstehen, das beherrsche auch unsere Erkenntnis. Irgendwie sieht er in den Objekten also auch immer das Subjekt. Aber das bedeutet durchaus noch nicht die Vermenschlichung; nicht dies, daß alle Auslegung ein einfaches »Sichhineinlegen« ausmacht, sondern nur, daß es Bezirke des Seins gibt, wo Subjektivität und Objektivität aneinanderstoßen. Es ist einer der verhängnisvollsten Irrtümer der abendländischen Erkenntnistheorie, auch Kant und seine Nachfahren waren nicht frei davon, daß die menschliche Interpretation, als welche auch Nietzsche die Naturerkenntnis begreift, zugleich auch ein Vermenschlichen sei. Wenn das Objekt subjektiv verstanden wird, dann bedeutet das die Aufweisung der Berührung zwischen Objekt und Subjekt, nicht eine Zersprengung des Objektes durch das Subjekt, nicht ein Hineinpressen des Subjekts in das Objekt. Wo es aber geschieht, da ist es nicht Prinzip der reinen Erkenntnis, sondern werden Objekt und Erkennen schon ganz anders begriffen. Da sind die Dinge Mächte und die Erkenntnis ein Wille zur Macht. Macht des Subjekts über das Objekt, und da freilich ist die Subjektivität dann am vollendetsten, wenn sie in der Auslegung sich selbst hineinlegt. Nietzsche verwandelt die Erkenntnis. Er wertet sie um von dem Vorwurf der Wahrheitssuche nach dem anderen der Machtsuche. Denn nur so kann er dem Verfall der Innerlichkeit angesichts der umfänglicheren Erkenntnis entgehen. Denn mit dem Begriff der Macht, mit dieser neuen seelischen Möglichkeit kann das Subjekt bis zur letzten Reife gelangen. Denn im Grunde ist auch für ihn das Erkennen »der Weg, um es uns ins Gefühl zu bringen, daß wir bereits etwas wissen«, daß wir sind. Die Postulierung der Macht, die Herrschaft des Pathos der Einzigkeit ist immer eine Reaktion auf das Gefühl der Unruhe, der Schuld und des Verfalls. So antwortet Nietzsche mit dem Pathos der Macht und des Willens zur Macht dem unaufhörlichen »Entweder-Oder« Kierkegaards und den Abgründen der Existenz. Mit dem Willen zur Macht[7] wird die tiefste Innerlichkeit, die je ein Mensch erkannte, wird der Abgrund um die menschliche Existenz, den Kierkegaard aufwarf, in die größtmögliche Außermenschlichkeit verwandelt. So erscheint auch hier wieder (oder schon) jene mächtigste Erkenntnis dieser Zeit, die ewige Rechtfertigung aller Naturphilosophie, jenes Elementarphänomens unseres Geistes, daß die höchste Erkenntnis nur durch die letzte und höchste Einzigkeit geschehen kann und daß die vollendete Objektivität nur in der vollendeten Subjektivität ertragen werden kann. Daß sich die Philosophie dieser Zeit wieder ganz auf das Sein des Menschen besinnt, also Existentialphilosophie wird, das ist derselbe Akt der »anthropologischen Reduktion« wie das Verständnis der Wirklichkeit als Erfahrung der Wahrscheinlichkeit, wie es in der Physik geschieht. Es gibt etwas, was niemals Objekt werden kann, denn die Tatsache der Objektivierung gehört schon wieder zu dieser Subjektivität. So verstehen wir die Existenz. Und es gibt etwas, was nie vollendet rein beobachtet werden kann, denn durch den Prozeß der Beobachtung wird in den Vorgang eingegriffen, wird die absolute Reinheit des Vorgangs aufgehoben. So verstehen wir den Einbruch der Subjektivität in die unerhörte Formalistik und Symbolik der Mathematik. Diese beiden Tatsachen stehen in der Mitte des naturphilosophischen Denkens dieser späten Zeit, ob deutlich oder verschwommen. Es ist gleichgültig. Aber das, was allen erschienenen Äußerungen über die Geburt eines dritten Humanismus entging, daß es nämlich noch einmal um die Sicherung des Menschen geht, erscheint in neuer Ursächlichkeit. Der erste Humanismus sicherte den Menschen mit dem Pathos der Herrschaft aus dem Vergehen eines Zeitalters, dessen »Inneres Reich« ein Reich der Deutung des Irdischen aus der Transzendenz, ein »Religiöses Reich«, ein »Geistliches Reich« ohnegleichen war.

Sollte aber nunmehr, wie es heißt, ein wenig pathetisch und ein wenig modisch, so etwas wie ein »Dritter Humanismus« heraufkommen, dann müßte er jene Unsicherheit der menschlichen Existenz aufhellen können, die durch die Nietzsche und Kierkegaard zum ersten Male in voller Tiefe und Schwere empfunden und verstanden wurde und die sich im Augenblick noch so ganz irdisch darbietet in der Wendung gegen den Geist, im Verfall des Glaubens an eine Macht der einen »identischen Wahrheit« oder Wirklichkeit, in einer aus ihr selbst bereiteten Erschütterung der Logik und in jenen beinah wunderlich und wunderbar anmutenden Zusammenhängen unserer gegenwärtigen Naturerkenntnisse, die sich um die Sammelbegriffe der »berstenden Welt«, der Akausalität, der Relativität und der Wirklichkeit als Wahrscheinlichkeit lagern. Denn wer diese ungeheuren gedanklichen und existentiellen Schwierigkeiten, die in jenen Zusammenhängen liegen, einmal verspürt hat, der begreift, daß es dabei nicht um eine Erschütterung der Wahrheit, sondern der ganz alltäglichen Existenz geht, nämlich um die Herausforderung der Frage, ob wir in einer so gedeuteten Welt innerlich, als Existenz, noch bestehen können; – denn schließlich gibt es Zeitalter, da die Existenz als wesentlicher empfunden wird als die Wahrheit, da die »Innere Realität« wichtiger ist als die »Äußere Realität«.

Humanismus aber bedeutet, von hier aus gesehen, eine Vollendung des Seins zwischen den Realitäten, eine Vollendung der Existenz durch das Gleichgewicht des Außermenschlichen und Innermenschlichen, eine Unerschütterlichkeit in der Innerlichkeit und der Weltlichkeit.

Der dritte Humanismus, wenn es so etwas geben könnte und das Wort nicht falsch angewendet ist, müßte dieses leisten, und er müßte sich nicht zuletzt um die Idee der Naturerkenntnis – wohlverstanden nicht im technischen, sondern in beinah antikem

Sinne – bemühen. Denn wir erlebten zum ersten Male eine grundsätzliche Beunruhigung des abendländischen Geistes und daher auch der inneren Realität aus dem Elementarphänomen – wohlverstanden und tief, nur um ein solches handelt es sich hier –, der Naturerkenntnis, wie sie unseres, spezifisch unseres nachdiluvialen europäischen Geistes ist. Also muß die Sicherung – bei Humanismen aber handelt es sich um Sicherungen – der Existenz auch aus solchem Grund geschehen.

»Gründe« schaffen die Reiche. Denn erst die »Reiche« sind die Mächte, und was aus Schöpfung sich vollzieht, verlangt nach Mächten, bedeutet Macht im Sinne der Umfänglichkeit. Aus dem »vitalen Grund« wächst die politische Gemeinschaft. Aus dem »geistlichen Grund« wächst das »Geistliche Reich«. Und aus dem »geistigen Grund« formt sich das »Geistige Reich«.

Das innere Reich im tief irdischen Sinne ist ein geistiges Reich. Es ist ein Reich der inneren Existenz in vollendetem Begriff eines »Noch-in-der-Welt-Seins« und insofern also kein geistliches Reich, das eigentlich schon die Spitze der Welt erreicht und darüber hinaustritt in seiner Innerlichkeit. Was aber dieses Irdische des geistigen Grundes, des geistigen Reiches und der inneren Existenz ausmacht, ist eben die Idee des »In-der-Welt-Seins«, die Manifestierung der Existenz aus der Materie, aber aus der schon wieder hierarchischen Ordnung der Materie. Denn in jeder Naturerkenntnis, wenn sie reif und tief geistig ist, geschieht die *Entdeckung des sakralen Momentes aller Materie*, geschieht nämlich jene Einsicht, die man mehrfach zu sagen gezwungen ist, daß die innere Realität, die menschliche Existenz nur in der Ordnung der Materie, nicht in ihrem Chaos bestehen kann.

Die Formung der menschlichen Existenz, die Formung der inneren Realität aus der ewigen Aufgabe der Naturerkenntnis, die Ordnung der Materie zu setzen, das hätte also ein neuer Humanismus zu vollziehen. Hier also berührten sich die Ideen des dritten Humanismus und der neuen Deutung der Naturerkenntnis. So also stünde ein gewaltiges, ein mächtiges Zeitalter der Naturerkenntnis vor der Türe, so müßte man es verstehen, als ein inneres, ein geistiges Reich, dessen Inbegriff der Macht sich in der Reife der Naturerkenntnis sammelt.

# Die Verteidigung der Erkenntnis

Gelegentlich seiner Äußerungen über den Sinn der Naturerkenntnis deutet Edgar Dacqué die Möglichkeit einer neuen Erkenntniszeit an und fordert, alle Erscheinungen müßten als lebendige Äußerungen und in solchem Sinne als lebendiges Symbol einer inneren Wirklichkeit verstanden und erlebt werden. Seither nun hat man vieles gehört über die »Krisis der Wissenschaften«, den »Verfall des Intellekts«, das »Organische Weltbild« und den »Lebensfeindlichen Geist«. Allein, es kam niemals zu einer bewegenden Erkenntnis aus diesen Einstellungen heraus, und schuld daran war, daß es sich um Sehnsüchte, aber nicht um Erfüllungen handelte, darüber man sprach. Eine sonderbare Art von Skepsis war aufgetaucht, eine Skepsis romantischer Art, die nicht aus einem übersteigerten Verstand heraustrat, sondern aus Gefühlen. Eine Skepsis vom Blut her breitete sich aus, gänzlich verschieden von der bisherigen philosophischen Skepsis, gänzlich verschieden von hellenischer und cartesischer Ungläubigkeit und Zweifelei – denn diese waren im Grunde nur eine Bejahung des Denkens und geschahen nur, um die Ratio zu verschönern und zu verschärfen, sie war eine Skepsis vom Geist her, und wo sie sich gegen den Geist wandte, da war sie nur feinerer, ironischer, höher gearteter Geist. Dieser innere Widerspruch der ersten Skepsis wäre womöglich gänzlich überwunden worden, wäre nicht langsam ein schwerer Gefühlsstrom in sie eingebrochen und wäre der geistigen Skepsis nicht die Skepsis aus der unmittelbaren menschlichen Existenz, die Skepsis des Blutes, der Seele oder der Vitalität entgegengetreten. Denn nun wurde das Urphänomen des Zweifels umgewertet, gesteigert – es kam in den Rang einer Macht, nachdem es vorher nur den eines mehr oder weniger launischen Daseins geführt hatte.

Man hat verschiedentlich versucht, diese neue Skepsis des Abendlandes gegen alles, was Geist heißt, zu untersuchen und in ihrer Herkunft zu bestimmen, aber zumeist verlor man dabei jegliche Tiefe, verlor man dabei aus Geistfeindschaft die Erkenntnis. Denn jener große Satz vom »Geist als Widersacher der Seele« drückt zwar einen bestimmten und beobachtbaren Verhalt aus, bedeutet aber, indem er in den Rang einer Macht erhoben wurde, dennoch eine philosophische Banalität, eine Verflachung des Schicksals aller Denkenden und Erkennenden, darüber man zwar im Tone und nur im Tone der Tiefe ein System errichten kann, der aber niemals eine Erhellung oder Sicherung der menschlichen Existenz bedeutet.

Ganz gewiß gibt es Geist als Widersacher der Seele und Geist als Widersacher des Lebens – aber gibt es nicht auch Leben als Widersacher des Lebens, gibt es nicht auch Geist als Widersacher des Geistes? – Feindschaften besagen niemals etwas über die innerste Tatsächlichkeit der feindlichen Existenzen. Feindschaft zwischen zwei Mächten besagt nichts über die Mächtigkeit dieser Mächte.

Ganz hiervon abgesehen, bedeutet Klages etwas – bedeutet er einen Anfang und ein Problem. Übersieht man die Geschichte der Philosophie im großen, dann bemerkt man, daß das Ziel oder der Gegenstand der Erkenntnis innerhalb dieser Disziplin sich verändert, vor allem in der Weise, daß die Verwurzelung der Erkenntnis im Menschen wechselt. Es schwankt die Philosophie zwischen Ideen und Begriffen, zwischen Realitäten und Empfindungen, zwischen Werten und Monaden, zwischen Geltungen und Seinsweisen, zwischen Wesenheiten und Gegenständen. Das bedeutet jeweilig eine besondere Bejahung oder Verneinung der eigenen Existenz. Aber mit Klages – und er nimmt das Wort Nietzsches in erweiterter Bedeutung – gesellt sich dazu etwas ganz Neues, gleichsam etwas Archaisches. Denn nun werden die Werte und Gegenstände, die Seinsweisen und Kategorien recht eigentlich zu Mächten. Was Nietzsche vermutete, daß alle Erkenntnis ein Machtbedürfnis sei, beginnt bei Klages, sieht man seine tiefsten Schichten an, nun auch Mitte des »Was« der Erkenntnis zu werden. Mit der großen These des Züricher Philosophen, daß der Geist der Widersacher des Lebens sei, wird eine neue Umwertung des Erkenntnisgegenstandes vollzogen. Was erkannt werden soll, sind eigentlich Mächte. Alles, Werte und Begriffe, Wesen und Ideen, bedeutet Ausdruck von Mächten. Eine erkenntnistheoretische Philosophie, die hier ihren Ursprung nimmt, ist notwendig eine Mächtelehre... und ihre ersten Sätze würden etwa sein: Es gibt nur Mächte, und die Geschichte des Geistes oder der Völker ist der Widerstreit zwischen ihnen. –

Welches aber ist das Problem, das nach dieser Deutung des Züricher Philosophen aus ihm herausgestellt werden kann? –

Die Wirklichkeit ist ein Sein von Mächten, auch der Mensch ist eine Macht, genauer, die Scheide oder die Walstatt zweier Mächte, und sie heißen: Seele und Geist oder Leben und Geist. Und das Problem, das heißt die Feindschaft innerhalb der Mächte, liegt in der Frage beschlossen: Wie ist Geist im Leben und Leben im Geist möglich? Die Mächtelehre mündet im fundamentalen Problem der menschlichen Daseinsweise. Es gibt Geist und es gibt Leben, irgendwie sind beide geschieden, sind es Mächte; es gehört zum Sinn des menschlichen Seins, daß der Geist dem Leben und das Leben dem Geist begegne, daß die Macht des Geistes die Macht der Vitalität ertrage und diese wieder jene erträgt. Feindschaft wider den Geist ist der Verlust der halben Wirklichkeit, aber Feindschaft wider das Leben bedeutet das gleiche. Die »Versäumnis des Wirklichen«, die als tödlicher Schatten über der Geschichte der menschlichen Existenz schwebt, ist ein Ergebnis der Versäumnis des Elementarproblems menschlicher Existenz, jenes Problems eines Daseins zwischen den Mächten Geist und Leben. Unsere Frage zieht die »Urdualität« gewissermaßen in die Sphäre des Ethischen; denn nicht umsonst werden dunkel die Zusammenhänge von Geist und Leib mit den Normen Gut und Böse, Glück und Tragik bemerkt. Das Ethische wird freilich, wenn es von der Bestimmung der Möglichkeit des Geistes im Leben und umgekehrt handelt, umgewertet, neu verstanden, ins Ontische erweitert, und das heißt nichts anderes, als daß es aus den Prinzipien einer allgemeinen Mächtelehre entwickelt wird.

Denn sofern der Mensch – wie es heute geschieht – durch die Dinge erschüttert wird, versteht er die Dinge dieser Welt, Geist und Seele gehören dazu als Mächte, als Feindschaften gegen sich, als Wirkungen, denen unter allen Umständen zu begegnen ist.

Diese aus Nietzsche, dem zweiten Vater des Abendlandes, und Klages gewonnene Mächtelehre bildet den Urgrund der Bemühungen moderner Philosophie, den Menschen wieder in die Mitte alles geistigen Seins zu stellen. Es ist das Gefühl, daß es Mächte gibt, das Heidegger dazu führt, selbst die Fundamentalontologie, die reinste Seinslehre, in der menschlichen Daseinsweise zu begründen. Und dieses dunkle Gefühl, daß außermenschliche Mächte uns bedrängen, schimmert durch jede anthropologisch orientierte Philosophie oder Weltanschauung hindurch. Die moderne Wendung des Philosophierens zum Menschen, von Nicolai Hartmann bis zu Max Scheler, bestimmt in der Tiefe das Sein der Welt und die Dinge dieser Welt als Mächte, davor Menschliches irgendwie zu bestehen hat.

Aus der Idee, daß es Mächte gibt, dieser hintergründigsten Idee gegenwärtiger Philosophie, sind wir also gewissermaßen noch einmal zu einem oder dem Urproblem der menschlichen Seinsweise vorgestoßen, und die Schichten der Entwicklung müssen sorgsam abgeblättert werden, um das tiefe Faktum Kierkegaards, danach alle Welt in Unwahrheit sei, von innen zu sehen und als eine unendliche Versäumnis des Wirklichen zu begreifen. Wie sehr aber der Hintergrund des Mächte-Seins in die abendländische Philosophie dieser Zeit eingreift, erweist die Tatsache, daß ein gründlicher Klages unbedingt die Idee der husserlschen Philosophie voraussetzen muß. Denn schließlich bedarf die Grunderkenntnis von Klages von der akosmischen Macht des Geistes und seiner Züchtung durch den späten Menschen, den Großhirntypus, erst einer Untersuchung über die innere Selbständigkeit, Reinheit und Möglichkeit der Autonomie des Geistes. Erst mußte die Gewalt der Husserlschen Einklammerung aller Sinnesdaten der Dinge, die Ideen wie über einen Abgrund hinweg den Dingen gegenüberstellen. Erst mußte der seelische Unterstrom, der sinnliche Anteil, sich als vernichtbar erweisen, ehe Geist und Leben als reine Mächte, wie es bei Klages geschehen soll, gegeneinander gesetzt werden konnten. Das Wort, die Idee, das Wesen stehen jenseits alltäglicher menschlicher Seelenvorgänge. Die rein logischen Gesetze sind die Gesetze jedes, nicht bloß des menschlichen Verstandes. Ihr Reich ist, menschlich bezogen, ewig transzendent, eben daher Macht, denn im Grunde ist die Mitte der Macht ein Einbruch des Unmenschlichen, des Transzendenten.

Das alles bedeutet die Arbeit Husserls. Es ist das notwendige Vorspiel zu der These, daß der Geist Widersacher der Seele sei.

Das neue Reich der Wesenheiten! – Von nun an wird es aus der tiefen Perspektive Nietzsches gesehen, nämlich behaftet mit dem Willen zur Macht. Und so wird es aus der Macht des Menschlichen gesehen, wird es vermenschlicht. Denn nur als Macht haben die Dinge menschlichen Bezug und hat der Mensch Willen zur Erkenntnis. Macht schließt das Bezugnehmen auf die Dinge ein, nicht etwa die Ideen der Werte, Geltungen oder Sachverhalte. Nur weil sie mächtig sind, bedrängen uns die Dinge, nur weil sie Gewalt über uns haben können, treibt unsere Macht, die Macht in uns, zu einer Begegnung mit ihnen, treiben wir in Erkenntnis auf Erkenntnis.

Das neue Reich der Wesen! – Als er sie als Mächte gegen das Leben bestimmte, verlor er, Klages, die Gewalt über sie, verlor er die Tiefe in der Erkenntnis. Denn Klages gibt keine Erkenntnis der Macht. So behaftet er seinen Geist mit etwas, was eigentlich vital ist – er löst nicht den inneren Widerspruch seiner Idee von der akosmischen Macht, die bei ihm, soweit sie sichtbar wird, vitaler Art ist, weil sie Willen ist.

Allein, Macht ist mehr als Willen, Macht ist eine höhere Kategorie als Willen, Macht ist ein Phänomen der Wirklichkeit, als Macht bemächtigt sich das Ding oder die Welt unserer Existenz, und als Macht stehen wir dieser wiederum mitten inne.

Wäre Macht Willen, dann könnte der Geist in seiner Feindschaft gegen das Leben niemals absolut, wie es Klages fordern muß, gegen das Leben stehen. So aber sind die Mächte das Elementarwirkliche in menschlichem Bezug – und so erst können Geist und Vitalität als Mächte verstanden werden, die erst in der Idee der Erkenntnis sich aufheben zu einer höheren, stärkeren, umfassenderen, mächtigeren Macht. –

Einst führte man Geist auf Materie zurück, um die Einheit der Welt zu retten. Klages aber spricht von Feindschaft, wenn er zwei Mächte nicht mehr zu ertragen weiß. Das ist die sichtbar gewordene Dekadenz der Erkenntnis. Wenn es aber diese zwei Urreiche als Urmächte des Wirklichen gibt, dann reicht das Urproblem menschlicher Position vom Ontischen bis ins Ethische, und der Satz, der Maßstab der Mächte in uns lautet: *Das Leben muß dem Geist begegnen, und das Maß der Erkenntnis ist ein Maß der Sicherung der Existenz.* Alles andere bedeutet die Versäumnis des Wirklichen. Das Gesunde ist das Wirkliche. Schwach ist alles, was keine Kraft mehr hat, Geist und Erkenntnis zu ertragen. Das

Faktum des Lebens fordert ein Gewachsensein dem Geiste. Schwäche des Lebens vor dem Geist oder umgekehrt bedeutet die Versäumnis des Wirklichen, die Urtatsache aller Dekadenz.

Wer aber dem Geist nicht gewachsen ist, zahlt mit dem Leben. Das Ethos der Erkenntnis ist eine Aufgabe der Züchtung: die Aufbereitung des Lebens für den Geist, ohne Tragik, ohne Zerfall, ohne Wunderlichkeit, ohne Schmerz – mit der Geste des höheren Spiels.

Die Erkenntnis ist also eine Aufgabe. Dessen müssen wir uns erinnern, dessen müssen wir uns immer bewußt bleiben. Und wenn wir heute die Erkenntnis in Wesen und Ethos neu bestimmen wollen, dann geschieht es deshalb, um der Versäumnis des Wirklichen zu entgehen.

Ideen sind die Vitalitäten des Geistes – und sie kommen mit der Erkenntnis. Die Erkenntnis ist der große Urakt und ewige Akt des menschlichen Daseins. Was den Verfall des abendländischen Geistes ausmacht, von den Wissenschaften bis zur Kunst, von der Literatur bis zur Philosophie, ist der Mangel an Ideen, was einem Mangel an Erkenntnis, einem Mangel an wirklichem Geist und wirklichem Leben gleichkommt. Die Idee wird erkannt. Die Idee nährt das Leben. Aber sie vernichtet es nicht – es sei denn, daß dieses Leben der Idee nicht gewachsen ist oder nicht gewachsen sein kann aus soziologischen Gründen. Die Idee ist das Vitale. An der Idee wächst das Leben wie der Baum am Wetter. Und der Weg zur Idee ist der undurchdringliche Weg der Erkenntnis. Alle Erkenntnis ist nämlich in ihrem eigentlichen Wesen dunkel. Ein großer Vorläufer von Klages, der Darmstädter Philosoph Melchior Palágyi, hat die Intermedienz des Bewußtseins entdeckt, und mir scheint, daß an den dunklen, unterbrochenen Stellen des Bewußtseins die eigentliche, spontane Erkenntnis sich aufwirft. Der Augenblick der Erkenntnis, die Schöpfung der Idee aus dem Zerbruch des Bewußtseins – das zeigt die tiefe Herkunft, das läßt den Grund eines Geistes ahnen, den man verteidigen kann gegen Klages.

Wir erkennen nicht mehr – wir reflektieren. Aber in jeder Reflexion liegt etwas von der Tödlichkeit des Geistes. Die unendliche Reflexion, und im Grunde bedeutet das Phänomen der Reflexion ein Suchen des Unendlichen, ist das Eingeständnis des Fehlens der großen Idee. Wenn die Idee da ist, muß die Reflexion aufgehoben werden, wird sie aufgehoben durch die Spontaneität der Idee oder der Erkenntnis.

Tödlich ist also nicht die Erkenntnis, nicht die Entdeckung des neuen Kristalls, nicht die Entdeckung der neuen Idee – sondern tödlich ist nur die Reflexion, das unaufhörliche Nichtfindenkönnen der großen, beschwörenden Idee. Die Reflexion ist eine Form von Nihilismus, ein Wille ins Nichts, nicht vom Leben, sondern vom Geist her: das Prinzip Gotamas, unter dem Kalebbaum zu sitzen, versunken und sinnend ohne Unterlaß über den Eingang ins Nirwana. Allein die Erkenntnis rechtfertigt die Reflexion und die Idee den Geist. Und sei es auch, wie gesagt wird, nur eine Form von Mitleid und Neugier, wenn man sie äußerlich betrachtet, die Erkenntnis ist die Aufgabe des Geistes, der im Menschlichen wirklich werden will.

Wo man die Erkenntnis angreift, wo man vor der großen Idee in das tiefe Schweigen flieht oder ihr nicht mehr den kleinen Anstand des Verstehenwollens entgegenträgt, dort erst beginnt das gerechte Mißtrauen – das Mißtrauen gegen die Reflektierenden aus Mangel an Erkenntnis. Dort erst hat der Geist nicht mehr die Kraft, die ihm vom Leben gegeben wird.

Denn auch zur Idee gehört Kraft – und wo Menschliches wächst, da drängt es von Natur aus, aus Überfluß zur Idee, zur Erkenntnis, zum großen Immermehrwollen, zur eigentlichen Transzendenz – und wo das nicht geschieht, liegt die Entzweiung.

Das Leben erfordert Tiefe. Was aber heißt das? – Es will Idee haben. Denn nicht das Leben als solches ist tief. Tiefe haben kann nur die Idee. Tiefe ist die menschliche Behauptung der Idee aller Vitalität. Wir empfinden vieles der künstlerischen und philosophischen Literatur nur deshalb so analytisch, weil wir in dieser Analyse die unendliche Reflexion in Inhalt und Form entdecken. Das Unerträgliche in dieser Analyse ist nicht die Reduktion auf gewisse Urphänomene, sondern die Meditation als Variation desselben. Im Grunde gibt es keine Literatur ohne Analyse. Nicht gegen sie wendet sich der Geist – sondern gegen die Reflexion, der das Gestehen der umfassenden Idee, das Gewahrwerden eines Verhaltes, die Totalerkenntnis verlorengegangen ist. Man wirft der Physik und Mathematik in einem Atemzuge Krisis und Höhe vor. Aber die Physik und Mathematik der Heisenberg, Minkowski, Weyl und Bohr hatte doch noch Ideen und versank nicht in Reflexion. Beinah alles, was nach Nietzsche als Philosophie groß wurde oder groß gemacht wurde, wuchs doch in keinem Vergleich so stark durch Ideen und Erkenntnis wie die Naturwissenschaften, und keine philosophische Reflexion, keine unaufhörliche Meditation über dasselbe im Stile des angeblich größten katholischen Denkers, ist so viel Idee wie jene Gedanken, die durch die Experimente unserer Atom- und Kernphysiker rannen. Das Kriterium ist hier gar nicht die absolute Wahrheit, eher eine Ahnung der absoluten Schönheit, wenn es so etwas gibt; die Idee und Erkenntnis als Vorgang des Geistes, als Leben des Geistes entscheiden hier.

Die Idee soll angeschaut werden können. Sie dürfe nicht am Wort versagen, nicht am Verstand verzweifeln. Das wird den Physikern und Mathematikern vorgeworfen. Nun gut. An der vollendeten Idee muß nämlich die Reflexion scheitern. Es ist also gut, daß die Ideen und Erkenntnisse jener sogenannten exakten Doktrinen zum erstenmal in der Geschichte des abendländischen Geistes das Wort verzweifeln lassen. Denn die ewige, abgestandene Reflexion, die unaufhörliche Langeweile des Geistes, kann nur durch die große Idee, durch eine Erkenntnis getötet werden. Wir haben Anschauung und Reflexion verwechselt und darum auch Klarheit und Unklarheit. Eine Idee ist nämlich nicht dann unanschaulich, wenn das Wort daran versagt, auch dann nicht unanschaulich, wenn sie keine Reflexion mehr zuläßt – sondern gerade dadurch ist sie als Idee manifestiert, daß sie sich unter Umständen nicht weiter verifizieren läßt, daß das Wort an ihr versagt, daß die Reflexion an ihr endet. Denn klar ist, was nicht weiter reduziert werden kann. Klarheit ist ein Zu-Ende-Gedachtes.

Freilich, wer wie jener Unvergängliche, jener ewig Reflektierende um brillante Sätze in die ewige Gemütlichkeit der Gnade und Barmherzigkeit flüchtet und aus dieser Geborgenheit, Verborgenheit und Langweile spricht, wie Augustinus und Thomas schon sprachen, der kann nicht Ideen heben. Denn Ideen findet man nur in einer Tiefe, in einer Art Abgrund denkender und ahnender Existenzen, und, um dort hinabzukommen, gehört Mut, denkerische Barbarei, aber nicht die billige Einfachheit des bloßen Dogmas in die Seele.

Also, daß wir vor den großen Ideen erschrocken sind, daß wir trotz ihrer tiefen Tatsächlichkeit, mit der sie in den geistigen Raum des Abendlandes traten, den Schrei der Feindschaft gegen den Geist nicht zu zerstören vermochten, das beweist nichts gegen den Geist, aber alles gegen die Menschen, denen er beschert werden sollte.

Es gab immer eine Kluft zwischen Wissenden und Nichtwissenden – auch die Heraklit und Platon haben sie verspürt –, aber heute ist aus dieser Kluft ein Kampf geworden, denn die Wissenden sind noch weniger als einst. Und diese Kluft allein erklärt die Geistfeindschaft, erklärt die Zunahme der Reflexion auf Kosten der tief bewegenden Idee. Verteidige ich mit dem Lob der physikalischen Erkenntnisse den Gelehrten, den Fachmann, den professoralen Handlanger der starken Wirkungen des Geistes? – Wer könnte mich mißverstehen? Ich rede nicht für den Vielwisser, nicht für den, der alles in seinem Gehirn bereithält, um bei Gelegenheit eine Tatsache zwischen Zahlen und Literaturangabe auszusenden. Ich verteidige mit dem Lob der Erkenntnis den Schöpfer als jenen großen Einsiedler, der dem Geist seines Volkes und seiner Zeit die Gesetze gibt. Denn jede Idee ist ein Gesetz, gegeben aus einer Erkenntnis. Und sie ist ein Gesetz, weil die Welt der Tatsachen daran gemessen werden kann, wie der Richter an seiner Tafel den Wert oder Unwert einer Handlung mißt. Ich spreche auch nicht als Physiker für die Physik und Mathematik, um die Geisteswissenschaft zu verdammen. Ich stelle lediglich fest, daß die moderne exakte Naturwissenschaft tatsächlich die unendliche Reflexion, die ich für die innere Tödlichkeit des Geistes halte, durch gewisse Ideen überwunden hat, während die gesamte Geisteswissenschaft noch niemals den Mut gefunden hat, sich auf den Kopf zu stellen. Und sie hätte es tun können, vielleicht noch stärker als die Physik es getan hat, als sie Atomphysik, Quantenphysik oder Kernphysik wurde. Beinah das meiste, was die Philosophie nach Nietzsche hervorbrachte – Husserl, Klages, Scheler und Spengler vielleicht ausgenommen –, sagen wir also, was der Erkenntnislehre und Erkenntniskritik und der Logik an großen Ausstrahlungen gelang, wurde doch durch die Umwertungen innerhalb der Physik und Mathematik, Geologie und Biologie erregt. Das hängt nicht damit zusammen, daß diese Wissenschaften von Natur aus stärkere Wirkung haben, sondern daß in ihnen einige Denker groß wurden, die auch den Weg nach Sils Maria gingen – aber niemals zu erkennen aufhörten. Es ist ganz erstaunlich, daß nicht die Geisteswissenschaften, nicht die reine Philosophie – deren Natur es doch näher läge als etwa der Mathematik und Physik – es unternommen haben, aus dem großen Apriori Kants die reine Erkenntnis als Intuition und Schau, als plötzliche, sozusagen geoffenbarte Idee zu entdecken, sondern gerade die reinsten rationalen Wissenschaften, die Mathematik, die reine Logik und die theoretische Physik – bezüglich dieser Taten gebunden an die Namen der Brouwer[8], Husserl und Heisenberg etwa – es waren, die das Irrationale, das Ungesetz, das Akausale, die Schöpfung in den Bereich der Erkenntnis und des gegenwärtigen menschlichen Geistes zogen.

Mit Brouwer erreicht die moderne Mathematik wieder ihre höchste intuitive – in einem gewissen Sinne sogar antike – Klarheit. Hilbert[9] weiß um die geheime Mitte der Mathematik und stellt die gesamte mathematische Methodik und Axiomatik in den Dienst der Aufgabe, das Unendliche in seiner Transzendenz zu erfassen. Er gießt das Unendliche gewissermaßen in Zeichen, um seiner habhaft zu werden, und schafft so die »Symbolische Mathematik«. Husserl und vor ihm Bergson glauben an die dämonische Welt der Ideen und Phänomene und lassen sie in die Seele einbrechen mit der Geste geheimer, spontaner Herkunft. Heisenberg, Dirac, Schrödinger und Bohr aber vollenden eine Physik, darin auch das Ungesetz Platz hat, Dacqué erkennt das Uralter der Arten und sieht im Leben die eigentliche Absicht des Kosmos, ein ungeheures Symbol und führt so das Geheimnis des Symbols in die Paläontologie ein. Aber der Geologe Haarmann folgert aus gewissen Anschauungen und Beobachtungen über die Krustenbewegungen von Erde und Mond, daß die mechanischen Gesetze nicht ohne starke Einschränkung auf die Erdkruste angewendet werden dürfen. Daß die reine Rationalität zu mächtigen Ideen kommt, zu spontanen Erkenntnissen, daß die Idee aber wieder zum Symbol und dieses endlich zum Wirklichen kommt, das ist das völlig Rätselhafte in diesen Bewegungen und Umstürzen innerhalb der modernen Naturerkenntnis. Der Vorwurf der Unanschaulichkeit trifft nicht die Erkenntnis, nicht die Ideen, höchstens die Interpretationen – das heißt aber die Reflexion.

In der Reflexion werden die Dinge in ihrem »Sein als Mächte«

zerstört. Die Reflexion weiß nichts mehr davon, daß die Dinge Mächte verschiedener Mächtigkeit sind – daher ist die reine Reflexion ein nivellierendes Prinzip, und um sie aufzuheben, bedarf es der neuen Manifestation der Erkenntnis.

Die Krisis der exakten Wissenschaften, die Krisis der Naturerkenntnis ist für den Erkennenden keine Krisis, nur für den Interpreten, nur für den, der nicht begreift, daß die Erschütterung des Logos und der menschlichen Existenz durch gewisse Vorgänge und Tatsachen der Naturerkenntnis eben mit zur Idee und Gestalt des gegenwärtigen Weltbildes gehört.

Weltbild bedeutet nämlich niemals starres Weltsystem. Zur Idee des Weltbildes gehört die Bezugnahme auf die Idee der innersten menschlichen Existenz. Die moderne Naturerkenntnis kann und muß so gesehen werden. Daher ist sie Weltbild.

Was bedeutet nun – um abschließend noch einmal darauf einzugehen –, von hier aus gesehen, das neue Lob der Ideen und des Geistes? –

Es bedeutet die Entdeckung der Wirklichkeit des Geistes als einer Macht, einer Wirklichkeit, die bis in den tiefsten Grund hinein die »Innere Realität« des Menschen angeht, einer Wirklichkeit, die alles berührt, was menschlichen Ursprungs und menschlichen Seins ist. Es ist hier ein Geist gemeint, der in seinem Sein als Macht jenseits aller Feindschaft, Seelenangst und bloßen Reflexion steht und dessen Leibhaftigkeit in nichts so ungestüm emporwächst als in dem Trieb zur Schöpfung der Welt im Bildnis, der Verzauberung des Seins durch den menschlichen Geist. So nur wird die Seinsgestalt aus den kleinen Dingen dieser Welt gehoben. Der Wille zur Naturphilosophie aber, der dunkel in allen gegenwärtigen, umfassenden und teilhabenden Theorien und Ideen treibt, ist nur der Wille, ewig und tief die Idee der menschlichen Existenz mit den Dingen oder Mächten, die außerhalb unserer Innerlichkeit liegen, auseinanderzusetzen.

Daß es Dinge gibt, ist für die Metaphysik ebenso seltsam, wie daß es eine Ganzheit gibt. Und beginnt die Wissenschaft eigentlich mit der Entdeckung der Dinge, so flammt schon alles Metaphysische auf, wo durch die Dinge auf das Gesamtsein gestoßen wird. Freilich liegt, da wir ja Ding sind, uns das Ding näher, beschwert es uns weniger, als die Idee der Ganzheit. Doch wir sind nicht nur Ding – wir sind Ding und mehr als Ding, dies ist unsere ontische Paradoxie, und was uns in diesem Zwiespalt erhält, ist das Urphänomen der Erkenntnis. Wo die Erkenntnis verletzt wird, entsteht die Dekadenz des Geistes – und sie wird Totaldekadenz darin, daß die Erkenntnis unsere Idee erst sichert, und zwar dadurch, daß die Erkenntnis jene ontische Paradoxie für große und seltene Augenblicke in uns aufhebt.

Physik und Mathematik drängen zur Weltform, zum Weltbild – aber der philosophische Geist drängt angesichts der Naturdinge und ihrem Verständnis als Mächte zur Naturphilosophie. Das bedeutet die Kristallisation der Weltgestalt, der Summe aller Ordnungen und Zusammenhänge, zum Weltwesen. Naturwissenschaft und Naturerkenntnis, an deren Ursprüngen wir hier stehen, gleichgültig nun, ob ein Fossil, ein Kristall oder ein Spektrum die Erkenntnis fordert, verhalten sich immer wie die großen Mächte: Form und Wesen. Jedes Zurückweichen davor bedeutet die Bereitschaft zum Untergang in unserer ontischen Paradoxie, daß wir Ding und mehr als Ding, das heißt, daß wir Form und Wesen sind. Wohl ist auch das eine Erkenntnis, wohl wird das erst über die Tatsache der Erkenntnis – ob sie nun mythisch oder rational ist – uns unmittelbar bewußt, aber wir sind »Mensch« in der Erkenntnis. Indem die Erkenntnis unsere Idee, unser »Sein als Mensch« erfüllt, gibt sie Kraft zu jener Paradoxie, läßt sie uns in der Paradoxie bestehen.

So hat also der Geist doch eine Aufgabe, eine unaufhörliche Erfüllung: *Sicherung der Idee der menschlichen Existenz, Sicherung unserer inneren Realität.* Er vollzieht die Transzendenz des Lebens zum Wirklichen. Freilich liegt darin die Gefahr des Geistes für schwaches Leben. Wer in seinem Geist oder mit seinem Geist dem Leben nicht gewachsen ist, den tötet diese Transzendenz.

Es bedeutet also doch etwas, wenn einer sich niedersetzt, darüber nachzudenken, ob man zweimal in denselben Fluß steigen kann. Hier geschieht nicht völliges Entwöhntsein vom Leben, vom Dasein, halb in Traum und halb in Wirklichkeit, sondern in all diesen Äußerungen treibt das Leben selbst zur Transzendenz, treibt das Schicksalslied des Wirklichen.

Denn der Geist hat nicht die Aufgabe zwischen Himmel und Erde, zwischen Diesseits und Jenseits zu vermitteln. Seine Aufgabe schreitet nicht und niemals über die Bezirke des Irdischen hinaus. Die Aufgabe des Geistes ist irdischer Art. Und das eben beweist das Irdische in ihm, daß er mit dem Leben im Kampf liegt, nicht um die Macht, nicht um die Herrschaft, sondern um die menschliche Existenz mit Wirklichkeit zu erfüllen, die, wie die Wahrheit Husserls, ewig »identisch Eine« ist, ungeachtet ob wir von Menschen und Unmenschen, Göttern oder Dämonen sprechen.

# Der Raum und die Idee der Existenz

Die Krisis der abendländischen Wissenschaften wird fälschlich als eine Krisis der Erkenntnis bezeichnet, und soweit ich sehe, ist es nur der spanische Philosoph Ortega y Gasset, der unserer Naturerkenntnis und Weltbildschöpfung ein Lob spendet. Er vermutet mit Recht hinter einem Zeitalter, das solche umwälzenden Ideen, wie sie heute in den großen Namen der Mathematik, Physik, Biologie und Geologie aufflammen konnten, eine ungeheure Vitalität des Geistes.

Die Umfassenheit und Tiefe, die Ideengewalt der Naturwissenschaft und Mathematik steht außer Zweifel, und daß die Philosophen es immer noch nicht oder nur kaum zu einer Naturphilosophie gebracht haben, liegt durchaus nur an ihnen. Denn sie haben seit Nietzsche – der ihre unablässige Reflexion und historisierende Vergleichsmethode ermöglichte – ihre Erschrokkenheit vor dem Zwang der Umwertungen immer noch nicht verwunden und auch nicht Kraft genug gefunden, neue Ideen zu umreißen.

Nicht die Naturwissenschaft und Mathematik versagten vor dem Elementarphänomen der Erkenntnis – wohl aber die historisierende Philosophie. Nicht die Naturerkenntnis erlebte ein Versagen des anschauenden und schöpferischen Geistes vor dem Kosmos der Dinge, wohl aber die Philosophie. Ihre Art war das Eingeständnis der Schwäche aller vitalen, seelischen und geistigen Mächte. Ihre Erschrockenheit vor der Gewalt der Erkenntnisse ließ sie höchstens zu einer Reflexion, aber nicht zu einer Deutung oder Zusammenschau kommen. Freilich erlebte sie seit Nietzsche, Kierkegaard und Spengler eine Erschütterung ihrer innersten Existenz, die geradezu zerstörend anmutet. Sie fand sich seit den Tagen von Sils Maria und Kopenhagen in eine fürchterliche Unsicherheit geworfen, die nur durch die Elementargewalt neuer Erkenntnisse und Ideen hätte ertragen werden können. Einzig und allein Husserl stand bereit. Sonst kaum einem ward die Kraft gegeben, in dieser Unsicherheit und Unwahrhaftigkeit oder Undurchdringlichkeit die neuen Sichten in den Raum und die daran entspringenden Ideen zu verstehen und zu ertragen. Es erhellt deutlich die innere Unsicherheit menschlicher Existenz, daß das erste Problem des modernen, erkennenden Geistes im »Raum« gegeben ist. Es geschah und geschieht vielleicht immer noch eine allgemeine Erschrockenheit im »Raum«. Freilich muß hier »Raum« in erweitertem physikalisch-mathematischem, in phänomenologisch-metaphysischem Sinne verstanden werden. Die hintergründige, aber umfassende, über das Sinnliche und Kategoriale hinausgehende Wirklichkeit ist noch kaum begriffen worden. Und doch kommt keine naturwissenschaftlich oder mathematisch orientierte Erkenntnis und Theorie ohne das Eingeständnis aus, daß in der Tiefe »Raum« und »Sein« eines sind. Die Raumproblematik dieser Zeit gibt die Gewißheit: der Raum hat eine metaphysische Bedeutung. Und das Gefühl oder Bewußtsein, daß es etwas Seiendes mit dem Zeichen der umfassenden Allheit, Ganzheit von Ursprung an, Durchdrungenheit oder des ewigen Auseinander gibt, das wir Welt nennen, liegt unentrinnbar in uns. Der Raum hat etwas mit unserer Seele zu tun. Indem diese Einsicht aus den Bezirken der Wissenschaft gedrängt wurde – höchstens ein Philosoph vom Range Karl Groos' wußte noch darum –, verlor die Naturerkenntnis den Raum.

Aber es gibt einen Raum der reinen Wirklichkeit, einen Raum jenseits von uns; das Sein der Seele kündet davon. Es ist der ewige »offene Horizont« Husserls; er zieht sich vom Physischen ins Metaphysische, von der Innerlichkeit bis ins unendliche außermenschliche Sein; es ist eine ungeheure Komplexität, umfaßt alle Sinnesräume wie etwa Tastraum, Hörraum und Sehraum. Es ist die Urwirklichkeit, die sich in jenem Raum offenbart, jene Urwirklichkeit, die irgendwie identisch ist mit dem, was wir so einfach »Sein« nennen. Die Sinnesräume, der physikalische oder kategoriale Raum, sind nur auf Umwegen aus dem reinen Urraum der Wirklichkeit herausdifferenziert, den unsere Seele einmal mit dem Zeichen des Abgrunds, also als zu hassenden, und dann aber mit dem Zeichen des Urgrunds, also als zu liebenden Raum unaufhörlicher Geborgenheit empfand. Der Urraum der Wirklichkeit, der »identisch einen Wirklichkeit« ist gleichermaßen Geometrie und Metageometrie, ist Erfahrung und Sinnlichkeit, ist erstes fundamental-ontisches Objekt, ist Wahrheit und Wirklichkeit in herrlicher Einheit.

Und mit dieser tiefgründigen Wirklichkeit, wie sie bis in alle Enden der menschlichen Seele ausgebreitet ist, tritt der Raum als Urgefühl und Urerlebnis in unsere Existenz. Und wie es in dem Buch über *Raum und Ich* von mir dargelegt worden ist, muß dieser Raum unter allen Umständen unsere innerliche und äußerliche Existenz angehen. Dieser Raum erfüllt uns, dieser Raum erschüttert uns, aber beruhigt uns auch in der Sorge um die Zeitlichkeit, die seit langem in uns wohnt.

Die Geschichte der Raumlehren, Raumtheorien und Raumdeutungen verbirgt die Tiefe des Raumerlebnisses und die Raumproblematik, wie sie die späte, sonderlich abendländische Existenz befallen hat, ist ein Verlust des Gefühls für den urwirklichen Raum, ist eigentlich die unerhörte Geschichte eines Ringens um den Raum aus der Idee der Sicherung aller menschlichen Innerlichkeit.

Der Raum ist das große Thema der letzten Phase der abendländischen Naturerkenntnis, und was dunkel damit noch einmal heraufgekommen ist, das ist eine Urangst, die Urangst vor der Bedrohung durch den Raum. Freilich ist man noch immer nicht bis zu einer großen Realontologie oder gar einer Metaphysik des Raumes gekommen, obwohl gerade die gegenwärtigen Forschungen ausnahmslos darauf hindeuten.

Das bewußte, selbstbewußte, denkende, der Abstraktion befähigte Wesen hat im Grunde den Raum als zu liebendes Ding verloren. Am weitesten darin, daß es den Raum aus dem Begriff der Leere und die Leere wieder aus dem Begriff des Nichts begreift. Und es ist ein und dasselbe urtümliche, kaum eingestandene Angstgefühl, oder es ist ein und dasselbe Eingeständnis der Unruhe im Raum, wenn Hegel etwa die Gleichsetzung von Sein und Nichtsein erdenkt, wenn Kierkegaard seine Existenz als ein Schweben über dem bedrohlichen Abgrund empfindet, wenn die Kantianer den Raum von der Realität abziehen und ins Ich verlegen, oder wenn moderne Kosmologen sich in der Tiefe gegen die Beobachtung und Mutmaßung sträuben, daß der Raum ein ewiger, unendlicher Bereich sei, daß die Welt wie eine Insel darin liege und unaufhörlich vor der erschrockenen Existenz auseinanderblähe.

Denn in der Tiefe wendet die Seele sich gegen die Fortnahme des Raumes aus der Wirklichkeit. Es ist die Schuld der Philosophen, das Bild der Wirklichkeit ohne Raum zu zeichnen. Sie gestanden damit am tiefsten den Verlust des Raumes ein. Aber es ist die Reife der Naturerkenntnis, daß sie sich unablässig um den Raum bemühte.

Denn das Ich hat den Raum verloren; schon darin, daß es das Urphänomen des Seins rein begrifflich verstand, rein begrifflich in die verschiedensten Formen zerlegte, kein umfassendes »Dahinter« eingestand. Es geschah dadurch, daß eine Differentiation der Sinnesempfindung eintrat, die die komplexe Ursinnlichkeit zerlegte und damit den beseligenden Urraum auch in einzelne Sinnesräume umdeutete.

Damit im Zusammenhang bildete sich nicht nur eine Verschiebung des Seinsverständnisses, sondern eine Umwandlung des Daseinsgefühles selbst. Ist es nicht auffällig, daß die modernen Strömungen in der Philosophie die Idee des menschlichen Daseins auf die Zeit gründen? – Das Sein des Menschen sei Zeitlichkeit oder Geschichtlichkeit, so etwa sagt Heidegger, und schon Kierkegaard wußte tief darum. Und in dieser Zeitlichkeit oder Endlichkeit ruhe, so heißt es bei beiden, die Besorgnis der menschlichen Existenz.

Freilich, dieses Selbstgefühl und Selbstverständnis ist uralter Abkunft, und die Schuld der Existenz besteht vielleicht nur darin, daß sie so lange ihre Unsicherheit verschwieg. Eins jedenfalls ist ganz gewiß, *daß der mächtigste Vorgang, den das Wesen Mensch im Verlauf seines Daseins erfuhr, darin besteht, daß es aus der Räumlichkeit in die Zeitlichkeit, aus dem Sein in das Werden trat.* Mag Heidegger die Bestimmung des Menschen als Zeitwesen geben und damit recht haben, von der Innerwirklichkeit des Menschen aus gesehen ist das keine Beruhigung, sondern Bedrohung; denn er verkündet darin den endgültigen Verlust des Raumes. Denn wie das Wesen der Zeitlichkeit selbst in der Wirklichkeit eines Raumes steht – so ruhte alle Zeit erst im Raum. Der Raum ist das Ursprüngliche. *Je ursprünglicher der Mensch, desto tiefer das Raumgefühl.* Heidegger hätte das Sein als Raum deuten müssen – wenn er in seiner »Innerlichkeit«, in seiner »inneren Realität«, in seiner »elementaren Existenz« ursprünglich gewesen wäre.

Welche Verwandlung des Raums! – Welcher Aufschrei der Kreatur vor dem ewigen Geöffnetsein, das vor uns und hinter uns liegt, vor dem Unendlichen nach allen Seiten, nach allen Oben und Unten! –

Für die abendländische Mentalität zerstörten Giordano und Cusanus ein für allemal die primitivste der entarteten Raumideen. Denn sie zerschlugen den Raum als irdischen Körper und entdeckten angesichts eines Himmels die Welt, das Gesamtsein des Physischen und der Leere als einen unendlichen Körper. Als einen Körper – man muß es wiederholen. Denn es war noch lange nicht die Vorstellung und das Bewußtsein eines reinen, beinahe übersinnlichen Raumes, die sie schufen. Es war immer noch die Vorstellung und die Lehre, daß die Welt zwar eine Unendlichkeit der Wiederholung, aber doch noch eine Körperlichkeit im irdischen dreidimensionalen-substantiellen Sinne sei.

Aber im vorigen Jahrhundert trat die Idee des reinen, höheren Raumes wieder in das menschliche Bewußtsein. Zuerst bei den Mathematikern[10], als nämlich die Gauß und Bolyai, die Lobatschewski und Riemann die Möglichkeit der verschiedenen Räume einsahen; als sie im Bereich des Unendlichkleinen die »Geometrie der Geradheit« nicht mehr so ohne weiteres zulassen wollten. Sie haben so die Idee des unkörperlichen, des asubstantiellen Raumes erschlossen, die Metageometrie, wie David Hilbert sagen würde. Schließlich aber kamen am Jahrhundertausgang und in den ersten Jahrzehnten dieses Jahrhunderts die Einstein, Weyl und de Sitter und vermuteten die Realität jener zuerst von den Mathematikern ersonnenen Räume. Ganz neue Rechensysteme entstanden, ganz neue Experimente konnten gewagt werden. Man fühlte dunkel, daß es einen irgendwie metaphysischen, übersinnlichen Raum geben müsse, und aus allen Formen und Kalkülen brach er als restlos unirdisches, unkörperliches Phänomen heraus. Zum zweiten Male wurde so das Unendliche entdeckt; es wurde tiefer angeschaut, es wurde entirdischt. Auch hier entflammte die Tat Giordanos, die für die Schöpfung und Verwandlung der menschlichen Innerlichkeit so Ungeheures verrät. Und sie entflammte tiefer, umfassender.

Ich kann verstehen – und man könnte es aus dieser Perspektive gewissermaßen entschuldigen –, daß Giordano und Galilei verbrannt oder verachtet wurden. Und stünde dahinter nicht die

Oberflächlichkeit und Billigkeit einer angeblich geheiligten Macht – man müßte die Verdammer Giordanos bewundern. Sollten sie die Heraufkunft der Bangnis im Raum so früh erkannt haben? – Sollten sie schon eine Erschütterung der Existenz verspürt haben? – Damals erzitterte die gesamte abendländische Existenz vor der Idee – und wurde schöpfungsfähig. Denn schöpfungsfähig wird man nur durch Ideen.

Das Ringen um die Dimension, die Vervielfachung der Dimension, das ist das spezielle Thema jener Untersuchungen, die sich der berühmten Arbeit zur »Elektrodynamik bewegter Körper« anschließen.

Das dreidimensionale System des Descartes, die Erfassung der geometrischen Orte durch drei Meßzahlen mit der allgemeinen Bedeutung Länge, Breite und Höhe war immer die Erschließung der Dinglage aus der Körperlichkeit der Welt. Der dreidimensionale Raum ist nicht Raum im reinen Sinne, sondern Körper. Nichts von Transzendenz, nichts von Außermenschlichkeit, völliges Verschweigen der Metaphysik.

Aber die Einbeziehung der Zeit in die physikalische Weltanschauung und Weltdeutung bedeutet das Ungeheuerliche. Die Verwandlung des Raums aus der Körperlichkeit in die Unkörperlichkeit der Nicht-Euklidizität, das war die erste Anthropomorphisierung der Welt, eine Vermenschlichung der Welt, davon der Philosoph, der Theologe und dann und wann der Wissenschaftler nicht loskommen. Denn die Zeitlichkeit als das eigentliche Phänomen des Bewußtseins bedeutet Bewußtmachung der Welt, Ordnung ins Bewußtsein. Wo die Zeitlichkeit in die Weltbeschreibung so tief eintritt wie bei der vierdimensionalen Weltbeschreibung, da fügt sich der Mensch ohne weiteres in die Welt ein. Von hier aus ist es nur ein kurzer Schritt zu jener weiteren Vermenschlichung, die mit neueren Arbeiten vollzogen wurde, darin das erkennende Wesen seine Verzweiflung vor der Unbeobachtbarkeit der letzten Dinge der Physik eingesteht, weil es dort keine Grenzen der Störungsfreiheit mehr gibt. Denn jedes kleinste Teilchen, zum Beispiel das Elektron oder ein Quant, wird bei exakter Beobachtung notwendig durch die Apparatur, den Vertreter des Menschen, gestört.

Ein wenig später erfährt die Raumidee eine weitere Prägung durch die Auffassung noch anderer Größen als Dimension und die Deutung der Welt als mehrdimensionales Kontinuum. Die letzte Steigerung der Raumidee aus dem Gedachten aber geschah wohl mit dem Einbruch der Mengenlehre in die Mathematik oder wenigstens durch Inspiration der Mengenlehre. Denn nun redete man ohne Schwierigkeit von mehrdimensionalen Räumen und übertrug den Raumbegriff ohne weiteres auf Mannigfaltigkeiten. Durch die moderne, beinah ganz ins Mathematische gezogene Ausprägung der theoretischen Physik erhält die Interpretation des physikalischen Weltgeschehens weitgehende Freiheit und orientiert sich – zunächst freilich rein formal – ganz an einem Größenschema, das sie ohne Zögern in seinem Mannigfaltigkeitscharakter als Raum erfaßt. Heisenberg benötigt, um die Strahlungserscheinungen bis ins kleinste zu erklären und einheitlich zu errechnen, einen unendlich-dimensionalen Mannigfaltigkeitsraum. Und selbst Schrödinger spricht in seiner umfassenden Wellenmechanik von einem Konfigurationsraum, der im Grunde beliebig dimensioniert werden kann.

Aber, so wird man einwenden, hier handelt es sich doch gar nicht um Räume, hier handelt es sich doch um Schemata, um Mannigfaltigkeiten, die rein formal als Räume bezeichnet werden? –

Gewiß, der formale Charakter dieser Aussagen und Anwendungen des Raumbegriffs steht außer Zweifel – aber diese Formalitäten wollen doch etwas Physikalisch-Existentes erklären und, wenigstens mathematisch, ist es ihnen gelungen. Die Beschreibungen sind mindestens wahr.

Diese Formalitäten beweisen dennoch etwas für den Raum:

Reichenbach[11] hat einmal gesagt, die Relativitätstheorie habe ergeben, daß der Raum keinerlei bestimmte mathematische Eigenschaften habe. Das ist eine Fehldeutung – denn ebenso gut kann man sagen, der Raum hat alle physikalischen Eigenschaften. Und das ist das eigentliche Raumgeheimnis. Im Raum sind alle Geometrien, alle Mannigfaltigkeiten möglich. Gerade die Möglichkeit der Variation des Mannigfaltigkeitsschemas zur Erklärung gewisser physikalischer Vorgänge, also gerade der Formalcharakter des modernen, in der physikalischen Theorie verwendeten Raumbegriffs beweisen das.

Damit also hat sich die Raumtheorie, wie sie die moderne Naturerkenntnis voraussetzt, zum Urraum zurückgewendet, hat sie selbst den Zugang, ohne es vielleicht klar zu wissen oder einzugestehen, zum übersinnlichen Raum gefunden und die Naturphilosophie mit der Erkenntnis eines im weiteren Sinne metaphysischen Raumes begründet. Ich sage übersinnlich und will damit zum Ausdruck bringen, daß an diesem völlig, besonders in sinnlicher Hinsicht, komplexen Raum das Anschauliche fehlt. Damit fällt der Vorwurf der Unanschaulichkeit der sogenannten mehrdimensionalen, nichteuklidischen oder gekrümmten Räume. Denn der reine Raum ist schon daher nicht anschaubar, weil er als metaphysisches Phänomen jenseits sinnlicher Anschauung steht – vor allem, da uns die Komplexität der Sinne verlorengegangen ist, aber darüber hinaus ist Raum überhaupt nicht anschaubar – nur Körperlichkeit ist anschaubar. –

Die Diskrepanz zwischen Form und Wesen versagt also bei einem Urphänomen der Wirklichkeit, wie es der Raum darstellt. Der reine Raum, wie er durch die moderne Naturerkenntnis begründet wurde, ist Form und Wesen in der Einheit. Cusanus würde sagen: Ist Vielheit und Einheit zugleich. Beide Aussagen meinen dasselbe. Vielheit bedeutet die Form – um mit Leibniz zu reden: Das Phänomen der Ordnung – aber Einheit bedeutet »Wesen«. Die physikalische Erkenntnis dieser Zeit hat den urphänomenalen Raum der Wirklichkeit wieder gefunden, den Raum der Einheit von Form und Wesen. Das ist die große Idee, die große Mitte moderner Physik, das ist die eigentliche weltbild-schöpfende Erkenntnis gewesen. Sie bedurfte nur der Interpretation.

Denn die Einsetzung der Idee der Ordnung bedeutet den Versuch der Begründung menschlicher Existenz innerhalb der Materie. Im Chaos kann die menschliche Daseinsweise nicht bestehen. Welt als Raum und Raum als Ordnung haben nur in bezug auf den Menschen existentialen Sinn, und wenn Heisenberg oder Schrödinger die Welt in scheinbar bloß formalen Raumheiten begründen und beschreiben und so den Raum aus der Idee der Ordnung heben, sich mit Leibniz also berührend, dann geschieht das, um der Verworfenheit oder Angst, in der schon Pascal und später Kierkegaard die menschliche Existenz empfanden, zu entgehen.

Immer wieder stößt also die Naturerkenntnis und die schöpferische Idee vor, um die Wirklichkeit unseres Daseins zu begründen – freilich nur aus der Materie zu begründen.

Mit der Raumidee und Ordnungsidee erhöht sich die Stellung des Menschen innerhalb des Kosmos. Durch sie wird der Materie das Prinzip des Bösen und des Unreinen, der Sünde oder Schuld genommen, und es verrät tief symbolisch die Auflösung jener These Kierkegaards von der Unwahrheit des menschlichen Seins, wenn Heisenberg mit den Materiephysikern, Mineralogen und Kristallographen die unaufhörliche Ordnung aller Materie im kristallischen Zustand verkündet. Es verrät den Trieb nach Hierarchie, die Materie, Metalle und Nichtmetalle, gleichgültig ob flüssig oder fest – und das ist schließlich nur eine relative Aussage –, im ganzen und allgemeinen kristallisch aufzufassen.

Den Weltkristall zu erschließen mit dem goethischen, dem älteren noch, dem antiken und pythagoreischen Blick – das alles muß der Naturphilosophie heute gelingen, wenn sie von den gegenwärtigen mathematischen und physikalischen Beobachtungen und Ideen ausgeht.

Wo es aber um die sichtbarliche Ordnung geht – um den Weltkristall in einem überkristallographischen Sinne –, da wird noch einmal die tiefe Bedeutung der Zahl, der reinen Zahl, die nicht Bruch, nicht imaginär oder irrational ist, der ganzen Zahl, der eigentlichen Zahl eingestanden. Das Antike in der modernen Naturerkenntnis liegt nicht zuletzt in der Verwendung einer symbolischen Mathematik – mit Weyl, mit Hilbert – und liegt auch nicht zuletzt wieder in der großen Bedeutung der ganzen Zahl, die ewig die eigentliche, die reine Zahl ist. –

Insgeheim weiß es der Erkennende wieder: die Zahl ist eine treibende Idee, eine Kraft, ein Wille zur Macht sozusagen. Der Zahl muß wieder Wesen zugeordnet werden. Wir haben noch nicht – vielleicht noch niemals – den metaphysischen Ursinn der Dinge verloren. Wir kreisen noch immer oder zum zweitenmal um die merkwürdige, geheimnisvolle, pythagoreisch-platonische Zahlenidee und haben der ganzen Zahl eine Weltbedeutung eingestanden wie vor zweitausend Jahren. –

So bedeutete es also doch etwas, als die Planck, Bohr und Pauli die Ein- und Ausstrahlung des Atoms als ganzzahlige Vielfache einer gewissen Elementargröße empfanden: das Schicksal ist die ganze Zahl. Und dieses Schicksal ist rätselhaft, delphisch-zweideutig, denn kein Physiker weiß, wann das Elektron von einer inneren auf eine äußere Bahn oder umgekehrt überspringt. Die

Tatsache regelt sich im Zusammenhang mit ganzen Zahlen. Energien sind immer ganzzahlige Vielfache einer unreduzierbaren Grundeinheit. Das war die erste Einsicht, die Wiedereinsetzung pythagoreischer Anschauungen in den Mikrokosmos.

Und wie sehr fühlte sich dieser neue, anschauende und suchende Geist wieder geschlagen, als eines Tages der große Schrödinger erklärte, die Energie am Nullpunkt, am absoluten Nullpunkt, sei größenhaft gegeben, sei die Hälfte jener Grundgröße. Er räumte damit wieder der gebrochenen Zahl Rechte, das heißt Gesetz ein, und wer vor Schrödingers neuer Berechnung und Feststellung erschrak, als er die halbe Quantenzahl in die physikalische Wirklichkeit einfügte, der erschrak davor, weil er das natürliche, das uralte, das antike, das pythagoreische Zahlengefühl, das einfach abzählte, zu verlieren glaubte.

»Die ganzen Zahlen, die hat der liebe Gott gemacht – das andere ist Menschenwerk.« Man erinnert sich des Wortes eines bedeutenden Mathematikers[12] und ermißt, wie sehr auch die neuere Mathematik wieder um die Urzahl, die ganze, natürliche, »Zähl-Zahl« kreist. Und wenn der Mathematiker Weyl, jener, der die Schönheit am meisten liebt, auf Grund mengentheoretischer und allgemein philosophischer Erwägungen zu dem Schluß gelangt, daß nicht die einfache Kardinalzahl, also jene, die, kurz gesagt, einfach eine Menge, noch nicht eine Ordnung, eine Stelle in dem Hintereinander der natürlichen Zahlreihe 1, 2, 3 … angibt, den Vorrang habe, sondern gerade die Ordnungszahl, also jene, die mit sich einen Stellenwert in der Zahlenreihe angibt, das Primäre sei, dann gesteht er ein, daß es über allem nur die Fülle aller Zahlen gibt, daß zuerst der Raum, der Umfang aller Zahlen, die Zahlenreihe da sei und dann erst das einzelne, einsame Zahlending. Denn die Kardinalzahl ist nackt, einsam, ist kalt, vielleicht darum klarer. Aber die Ordnungszahl ist nicht nackt, nicht einsam, denn wenn ich »drei« als Ordnungszahl sage, dann erscheint nicht nur das Bild dreier Dinge, sondern die Stelle Drei im großen Zahlenumfang. Die Kardinalzahl induziert ein Individuum. Die Ordnungszahl induziert den Zahlenkosmos, den Zahlenraum.

Also auch hier wieder der Wille zur Ganzheit, der Wille zur Anschauung, der Wille zum umfassenden Raum, zur kosmischen Weite, wie er heute alles durchzieht, was Naturerkenntnis heißt.

Erkenntnis ist heute Naturerkenntnis, und wie es scheint, geht es weniger um die Auffindung reiner Tatsachen oder Gegebenheiten, wie neuer Kräfte, Elemente oder Fossilien, sondern um die Entdeckung neuer Zusammenhänge, wie sie zum Beispiel in der Quantenmechanik, Relativitätstheorie oder Wellenmechanik vorliegen oder wie sie sich, philosophisch durchdrungen und auf die anthropologisch-medizinischen Wissenschaften aufbauend, bei Gottfried Benn[13] niederschlugen. Wir sind in dieser Naturerkenntnis zwar viel theoretischer darum geworden, aber auch dem mythisch schon geahnten Urgrund näher gekommen und innerhalb der Physik so weit in die Mikrowelt der Ungesetzlichkeit im strengen Sinne vorgestoßen, daß ein Übergang von der Materie zum Lebendigen möglich wird, wie dieses der berühmte Aufsatz Jordans über »Biologie und Quantenmechanik« beweist, darin aus der Ungesetzlichkeit kleinster Teilchen, aus ihrem statistischen mehr oder weniger akausalen Verhalten auf die gleiche Art des Lebendigen geschlossen wird.

Wir erkennen dies alles aber seit Jahrzehnten durch die Zahlen, seien sie nun reell oder imaginär, und wir erkennen ein wesenhaft Wirkliches, wie gewisse Nachprüfungen der Formeln durch das Experiment ergaben. Es ist für den tieferen Kenner kein unüberbrückbarer Gegensatz mehr, wenn die Pythagoreer oder Platoniker gewissen Zahlen menschliche, sogar ethische Bedeutungen beimaßen oder wenn wir die Lichtemission oder den Bau des Atoms – man denke an die Quantenzahlen in der Spektroskopie oder an das Pauli-Verbot[14] – von ganzen Zahlen abhängen lassen.

Das ist ja das Fundamentale, das Rätselhafte, die Schöpfung des Geistes aus der Beobachtung, der Aufstieg der Idee aus der Erkenntnis eines Steins oder eines Spektrums, daß wir die nackte Zahl Idee werden lassen und dieser Idee Wirklichkeit geben.

Die ganzen Zahlen! Die natürlichen Zahlen – des Kindes oder des Greises! Die ungebrochenen Zahlen! In einem mathematischen Zeitalter vollendeter mathematischer Spekulation und Theorie, seltener Tiefe und seltener Schönheit, voller Kalküle aller Sorten komplexer und symbolischer Zahlen, da erscheint auf einmal wieder, wie eine Wiedergeburt der Ideen von Samos, die ganze Zahl als wesentliche Idee. Immer aber finden wir zwischen den ganzen Zahlen die irrationalen Größen – wie das

Geheimnis, das Unverständliche oder Ungewisse auch zwischen den Quanten und zwischen den Elektronen oder ihren Bahnen liegt.

Die Elektronen sind Tatsachen, fixierte Gegebenheiten, unabhängig davon jetzt, ob das Experiment oder gar die wellenmechanische Theorie ein Elektron als Teilchen fixieren kann oder nicht. Der Sprung dazwischen ist das Geheimnis, das Unbegreifliche, das Unmathematische, das Ungesetzliche, sei es nun die ganze Bahn oder der Sprung zwischen den Bahnen.

Nicht die unmittelbare Gegebenheit, das Fixierbare, ist die Materie unserer Ideen, sondern gerade das Verschwommene, der Sprung zwischen den Gegebenheiten. Daher ist nicht die Mengenlehre als Operation mit den unendlichen Kardinalzahlen das Schwierige, sondern der Vollzug des Übergangs zwischen endlichen und unendlichen Zahlen oder Mengen. Hier liegt die menschliche Bezugnahme vor, hier bricht der Mensch ein. Und er bricht niemals in die Dinge, sondern nur in die Ordnung, das »Zwischen-den-Dingen« ein. So hat das Irrationale gar keine außermenschliche Realität. Irrational wird etwas, wenn es sich in Beziehung zum Menschen setzt. Denn das bedeutet ja Übergang. Und das Irrationale sitzt stets in den Übergängen. Es besteht also der merkwürdige Satz: Irrational wird etwas, wenn es erkannt wird. Erkenntnis irrationalisiert, weil sie Übergänge fordert.

Auf jene bekannte mengentheoretische Einsicht Weyls, daß nicht die Kardinalzahl, sondern die Ordnungszahl das Primäre sei, angewandt, besagt dieser Satz: Nicht die Menge der Dinge ist das Rätsel, nicht die nackte, einsame, bloße Zahl, sondern ihre Ordnung, die Tatsache ihrer Angeordnetheit zur Zahlenreihe. Denn wir empfinden uns nicht als Ding, als einsames dahingegebenes, dahinverschwendetes Leben, sondern als Stellenwert, als Ordnungszahl im Seinsganzen. Daß die Ordnungszahl für unsere Einsicht vor der Kardinalzahl kommt, bedeutet eine Einfügung des Menschlichen in das Seinsganze, ein Verständnis des Seinsganzen aus dem Menschlichen, und darin spiegelt sich das gleiche wie in der Beobachtung der quantenmechanischen Physiker, wenn sie sagen, im Mikrokosmos sei das Objekt nicht mehr im strengen Sinne möglich, gebe es keine absolut reine Beobachtung des Objekts durch das Subjekt, den Beobachter: Anthropomorphisierung des Kosmos – und es ist in all diesen Untersuchungen das uralte Bemühen der Vorsokratiker, der ionischen Naturphilosophen wieder erstanden, die Harmonie der Seele durch die Harmonie des Kosmos herzustellen.

Unser Gefühl, unsere Erkenntnis arbeiten hierarchisch. Der Vollzug der Erkenntnis als Setzung der Übergänge bedeutet die hierarchische Ordnung. Wir sehen keine Mengen, wir sehen nur Ordnungen, und auch darin spiegelt sich wieder der große Trieb zum Räumlichen. Die Idee Leibniz'[15] ist unvergänglich: die Ordnung ist der Raum, der Raum ist die Ordnung; denn er empfand die Welt als die unvergängliche »prästabilierte Harmonie«.

Auch hier wird es also offenbar: nicht Kant, sondern Leibniz war der erste, der dem Phänomen des Raumes das Zeichen des bloß »Irdisch-Körperlichen« nahm. Denn daß der Raum die unendliche Ordnung des Sichtbarlichen ausmache, das bedeutet insgeheim das Eingeständnis, daß er überdimensional, überkörperlich sei und die Fülle der Dinge hierarchisch enthalte. Und damit ist Einsteins Entdeckung des Zusammenhangs zwischen Geometrie und Materie oder Raum und Gravitation im metaphysischen Sinne vorgedacht worden. Und in der Tatsache, daß durch die Entwicklung der Atom- und Strahlungsphysik die drei Welten: Mikrokosmos, Makrokosmos und Hypomakrokosmos geschieden, und zwar hierarchisch geschieden werden, ist der Wille zur Ordnung durch den Raum nur bestätigt. Der Mikrokosmos enthält die unterste Schwelle der Partikelbildung und enthält das Akausale, das unmittelbar Schöpferische, das Bildlose, das Innerwirkliche. Der Makrokosmos, der daraus wächst, enthält das Gesetz oder legt sich um die Idee des Gesetzes und der Existenz. Und endlich der Hypomakrokosmos: in der Physik gegeben durch die höchste Geschwindigkeit, das heißt damit abgegrenzt vom Makrokosmos der Unterlichtgeschwindigkeiten. In ihm verfällt die Masse, in ihm wird der Körper Energie, Äther, Raum oder wie man es nennen will. In ihm gelten alle Geometrien oder er hat keine geometrischen Eigenschaften mehr. Er kündet von dem, was zwischen den Quanten ist, was die Überlichtwelle bedeutet oder, uns fremd, bedeuten kann. Dieser Hypomakrokosmos, darin eine Geschwindigkeit nicht mehr wachsen kann, hat ein mathematisch Entsprechendes in der Mengenlehre der »Unendlichen Mengen«, die als Mengen definiert sind, deren Teile dem Ganzen gleich sind, weil, einfach gesagt, das Unendliche keine Teilbarkeit und keine Vermehrung im alltäglichen Sinne mehr kennt. –

Im Mikrokosmos entdeckt sich der Mensch immerzu, er wird sich niemals darin los. Im Makrokosmos steht er fixiert, aber in den Hypomakrokosmos kann er nicht gelangen, davor schaudert ihm, dort scheitert die menschliche Existenz.

Es ist die gleiche Tatsache, die sich auch darin offenbart, daß der Raum als Abgrund, als das Beängstigende verstanden wird, und es ist dies wieder die Einsicht des Dänen, daß der Mensch in Unwahrheit sei, daß er scheitere in dieser Existenz, wie es moderne Existentialphilosophen nennen. Und endlich spiegelt sich darin auch wieder der lutherische Theologieansatz, den Seeberg als Einsicht in die Paradoxie des Lebens auslegt.

Die moderne Naturerkenntnis mit ihren beinah unheimlichen inneren und tieferen Zusammenhängen bedeutet also eine Reaktion der menschlichen Existenz auf die These und das Gefühl, das für die Weltunruhe oder Weltunsicherheit eingestanden wird. Freilich, diese Existenz gewinnt vielleicht noch keine Ruhe – sie gewinnt wahrscheinlich niemals wieder die erste mythische Ruhe – aus dieser Erkenntnis, aber sie fügt sich mit dieser Erkenntnis tiefer in die geordnete Fülle des Sichtbarlichen ein und lebt das Gesetz, daß der Geist unaufhörlich zur Wirklichkeit treibt, gleichgültig ob nun das Leben von Individuum zu Individuum ihm immer gewachsen ist oder nicht. Vielleicht, daß einmal so die Ungewißheit vom menschlichen Dasein fortgenommen wird und der Mantel der Angst vom Geist abfällt – denn nur der Geist hat Angst, nicht die Vitalität. Alle Erkenntnis aus der Idee der Ordnung, wie sie heute geschieht, aus der Idee des reinen Raumes und der Existenz, bewirkt ein Schönheits- und Schöpfungsgefühl, das den Demiurgen zwar erschlagen, aber auch zur Wirklichkeit verführen kann. Und warum will er das? – Um ohne Übergang zu sein, ohne Schweben, um der unaufhörlichen Paradoxie zu entgehen, daß wir als Ich im Raume sind und doch mit der Erkenntnis uns auflösen – schemenhaft, imaginär, ohne jemals nämlich Raum zu sein. Immer stärker und tiefer gräbt sich also die Naturerkenntnis, die scheinbar nur um Zahlen, Sterne und Atome kreist, in die Idee der Existenz.

Denn dunkel schwingt hinter der Idee vom Raum die uralte mathematische Idee vom Unendlichen, die man auch heute noch als Wesensmitte der mathematischen Forschung und mathematischen Unruhe begreift, und diese Unruhe aus dem Unendlichen deutet die Bangnis der menschlichen Existenz an. Im Mikrokosmos stört der Mensch ewiglich die Materie, aber im Hypomakrokosmos der Überlichtgeschwindigkeiten, des reinen, geometrielosen oder alle Geometrien enthaltenden Raumes und der unendlichen Mengen wird die menschliche Existenz ewiglich verletzt. Und diesem Dasein als Schwelle zu entgehen, das bedeutet, der kierkegaardschen unendlich-unerlösbaren Dialektik auszuweichen und auch jenem Grenzzustand zwischen Mikrowelt und Hypomakrowelt zu entfliehen. –

Freilich ist mit diesen umfassenden Unterscheidungen eine Bewegung in den Kosmos gekommen, die gewissermaßen die menschliche Existenz unaufhörlich anstürmt. Denn jede Zerteilung der Welt vor der menschlichen Einsicht wird von dieser als Zerfall verstanden. Und wird nun dieser, schon durch die Tatsache ihres Seins als Weltscheide beunruhigten Existenz noch die Erkenntnis gegeben, daß die Welt eine Blähwelt, ein Auseinanderstürmen der großen Gestirnmassive ist, dann muß sie sich ernstlich fragen, ob sie in diesem scheinbaren Zerfall tief innerlich noch bestehen kann.

Wir sehen also immer das gleiche: nur in der Ordnung kann die Existenz bestehen. Nur in einer unermeßlichen Übersicht fühlt sie sich gesichert, geborgen und befähigt zum großen, schönen Ausruhen. Und wo immer das Bild der Welt als gestört empfunden wird, da handelt es sich um die Erkenntnis, daß der Mensch eine Ausnahmeposition innehat – eine Position auf der Grenze von Mikrokosmos und Makrokosmos, wie wir es eben dargestellt haben. Hier aber tritt die Notwendigkeit zutage, daß es Innerlichkeit geben muß, die tief genug ist, diesen seltsamen Bestand des Außenseins zu ertragen. Sofern also die Erkenntnis wächst, muß auch die Innerlichkeit wachsen, das Eigentum, das Einzige, das Absolute, das die durch das Erkennen beunruhigte Position mit Sicherung umgibt.

Damit haben wir den eigentlichen Zustand der »Dekadenz aus Geist« bloßgelegt. Es handelt sich dabei um die Gewinnung der Außenwirklichkeit durch einen Verlust der inneren Realität.

Wie viele wissen heute noch, was innere Realität ist? – Es ist durchaus ein Zustand jenseits des Tragischen, durchaus ein Zustand jenseits des bloßen Protestes gegen die Wirklichkeit, wie es vielleicht Max Scheler verstehen würde. Es gibt eine innere Realität – und es ist zunächst das Gefühl der Einzigkeit, der Ursprünglichkeit, aber auch der unsagbaren Macht der absolut eigenen und eigentümlichen menschlichen Existenz, und es ist schließlich gerade das Bewußtsein der Unterscheidung von den Dingen, von allem anderen, was sie ausmacht.

An dieser inneren Existenz endet alle Erkenntnis – freilich ist diese daher am ärgsten auch von ihr bedroht. Denn es ist der Ort der Begegnung, der tiefe Ort der Mischung der geistigen und sinnlichen Welten, der geringe Ort, wo der Augenblick verweilt, wo das Werdende und der ewige Zerfall der Welt stillstehen, das irgendwie gesicherte »Eine Identische« im Vorübergang des Einzelnen in der werdenden Wirklichkeit, jene Sphäre, wo die Unschuld des Seins sich ausdrückt. Unschuld des Seins – das ist die tiefste Bestimmung aller Innerlichkeit, das Bei-sich-selbst-Sein; der Bezirk, wo die Paradoxie und Dialektik des Daseins sich aufheben. –

Es ist gleichsam ein Beweis für das Sein und die Mächtigkeit der inneren Realität, daß das tiefe Denken und die letzten Konsequenzen der Erkenntnis auf ihr ausruhen, zuletzt auf sie stoßen und unmittelbar darin verfangen bleiben. Da wird es offensichtlich, daß der Akt des Erkennens zuweilen schon wieder wie ein unmenschliches Geschehen ist, unablässig darum bemüht, die Existenz in ihrem höchsten Eigentum zu sichern. –

Es ist aber durchaus nicht zufällig, daß die Naturerkenntnis die tieferen Zusammenhänge zwischen menschlichem Dasein und Raumzeitlichkeit aufdeckt, während gleichzeitig das Raum-Zeit-Problem von den verschiedensten philosophischen Strömungen als das eigentliche ontische Problem menschlicher Existenz erkannt wird.

Man kann somit zwei Linien der Herkunft für die – schon physikalisch sich darbietende – raumzeitliche Bedrohtheit des späten Europäers herausheben: die Linie der naturwissenschaftlichen Herkunft, verknüpft mit den Namen der Giordano, Gauß und Einstein, und die Linie der rein philosophisch-ontologischen Herkunft, verknüpft mit den Namen der Heraklit, Parmenides, Kant, Hegel, Heidegger und einigen modernen Kulturphilosophen.

Die physikalische Linie mit ihren seltsamen Ergebnissen haben wir bereits herausgestellt. Überblicken wir nun die ersten Strömungen der gegenwärtigen philosophischen Anthropologie.

Ich habe mehrfach hervorgehoben, daß man aus der – etwa parmenideischen – Idee des Seins in die – etwa heraklitische – Idee des Werdens getreten ist. Das bedeutet in der Tiefe nichts Geringeres, als daß man den Raum verloren und die Zeit gewonnen hat. Die Ergebnisse gipfelten in einer einseitigen Preisung der Zeit, obwohl man genau spürte und es schließlich auch herausstellte, daß damit die Welt zu einem unaufhörlichen Verlieren ein und desselben umgedeutet wurde und die innere Realität nur noch als Sorge, als unendlich tiefe und ewige Bekümmernis zu verstehen war.

Daher empfand sich Kierkegaard in einem dauernden Entweder-Oder der Schwermut und Verzweiflung, daher bestimmte Heidegger Sein und Sinn des menschlichen Daseins als eine Sorge um dieses Dasein und stehen bei dem italienischen Kulturphilosophen Evola[16] Sätze, darin als einziges kräftiges Faktum der Kultur und des Lebens die zeitgebundene Tradition genannt wird.

Es ist ganz ausgeschlossen, in dieser Parallelität der Problematik der philosophischen Anthropologie und der Physik etwas Zufälliges, nicht tiefer Herleitbares erblicken zu wollen. Es liegt offenbar: das urtümliche Weltgefühl als das räumliche Weltgefühl ist umgedeutet und übergegangen in ein zweites – vielleicht dekadentes – Weltgefühl, nämlich in das Weltgefühl der Zeitlichkeit.

In diesem Zusammenhang erscheint auch das geistesgeschichtliche Schicksal der Dialektikidee gar nicht verwunderlich. –

Hegel bestimmte als erster die Universalität des Dialektischen und erhob die Tatsache, daß man zu jeder Bestimmung auch die gegenteilige finden könne, zu einer Methode. Aber Hegel erkannte die Dialektik zum schöpferischen Prozeß, zur Erfüllung, indem er aus These und Antithese zur Synthese gelangen läßt. Aber im Jahre 1843 erscheint das merkwürdige Buch des Dänen *Entweder-Oder*. Darin erscheint das Entweder-Oder als Weltprozeß und das menschliche Dasein als jene Position auf der Spitze der Welt, wo es nur die Alternative, aber niemals die Möglichkeit reueloser Entscheidung gibt.

»Heirate, du wirst es bereuen, heirate nicht, du wirst es auch bereuen, heirate oder heirate nicht, bereuen wirst du beides...« Das ist der Aufgang der Dialektik ohne Ende, der Dialektik ohne Erfüllung, der ganzen protestantischen Theologie Barths[17] von einer ewigen Dialektik zwischen Gott und Mensch, der Abgrundsdialektik ohne Übersprung, der »abgehackten Dialektik«, wie Leisegang sie nennt. Diese Dialektik bereitet der Hegels den Untergang und erklärt die menschliche Verzweiflung.

Aber was zerstört nun diese Dialektik ewiger Verzweiflung? – Gibt es denn da noch Einwände, wenn der Philosoph aus seiner Dialektik heraus erklärt: »So hat meine Philosophie die vortreffliche Eigenschaft, daß sie kurz ist und keinen Widerspruch mehr zuläßt!«

Die Philosophie vermag also gegen das ewige Entweder-Oder nichts auszurichten. Es wurde gleichsam verboten, gegen die »Alternative ohne Ende« zu kämpfen. Und da geschieht heute das Merkwürdige:

Es wächst eine Mathematik heran, die dieser Dialektik des Dänen und der Theologie antwortet, eine Mathematik, die so beschaffen ist, daß sie die Paradoxie des Unendlichen, den Sprung zwischen Endlichem und Unendlichem nicht kennt, weil sie diesen Sprung aus guten Gründen nicht vollzieht. Es ist die intuitive Mathematik – und Brouwer, der Holländer, ist der große Name.

Am Anfang ist der Widerspruch, sagt Kierkegaard. Aber dieser Widerspruch ist nicht endgültig, sagt Brouwer, der sich anschickt, die Mathematik bis in alle Fundamente zu erschüttern.

Durch die Mengenlehre war die Mathematik dazu geführt worden, ihre logischen Grundlagen zu überprüfen. Es erwies sich, daß nicht alles widerspruchsfrei war. Was aber war zu tun? Da trat die neue Idee an die Mathematiker heran, einmal an dem Phänomen des Widerspruchs zu zweifeln. Was ist der Widerspruch? – Was ist ein Problem? – Welches ist das Problem des Problems? – Hier setzten die Untersuchungen an.

Eine Behauptung ist entweder wahr oder nicht wahr. Mit diesem Satz wurden bisher die Fundamente der Mathematik gesichert. Aber gewisse Mengenlehrprobleme und Sätze standen dazu im Widerspruch. Das Ende war, daß man eine Mathematik, das heißt die Mathematik neu aufbaute, ohne jenen »Satz vom ausgeschlossenen Dritten« zu benutzen. Man unterscheidet nicht mehr zwischen wahr und falsch, sondern zwischen wahr und absurd, und dazu gesellte sich als drittes, als das, was die Alternative überwand, die »Absurdität der Absurdität«.

»Was ist Wahrheit?« – fragte Pilatus – und nicht nur Pilatus, sondern der Mensch im Entweder-Oder. Brouwer überwindet die Frage des Pilatus: denn er zweifelt am Falschen. Er fragt, was ist falsch? – Und es braucht nicht falsch zu sein, wenn es nicht wahr ist – es kann absurd sein. Wie nach Kierkegaard Augenblick und Ewigkeit tief, paradox verwandt sind, so sind auch Alternative und Paradoxon verwandt. Die Erkenntnis des Paradoxons als Wirkliches, die Zerstörung des Widerspruchs als gesetz- und wahrheitsspendendes Phänomen – das tötet die Alternative, das tötet die unaufhörliche Dialektik, das tötet die Unheimlichkeit des Paradoxons. Und das bedeutet keine Anarchie des Logos – sondern die Setzung eines neuen Logos, die Sicherung der menschlichen Existenz aus der Idee der Mathematik.

Wir erkennen... Wir erkennen wirklich! Das muß wieder bewußt und gefühlt werden. Und der Geist, der diese Erkenntnis trägt und entwickelt, muß verteidigt werden gegen Ungeist und Unleben. Und was man, wie alle schweren Dinge, dreimal sagen muß, ist dies: daß es einen Geist gibt, der lebensnotwendig ist – und daß die Bilder, die darin zerrinnen und aufgehen, irgendwie die menschliche Existenz angehen.

# Die Materie und das Wort

Nachdem heute durch die berühmten Arbeiten der Planck, Bohr, Born, Schrödinger, Broglie, Heisenberg und Dirac in der theoretischen Physik ein gewisser Abschluß erreicht worden ist und Begriffe wie Raum, Zeit, Materie, Bewegung und Kausalität aus Alltäglichkeiten zu Problemen geworden sind, und jener Geist, der diese Dinge zum erstenmal als Mysterium erkannte, sich selbst ein wenig oder gar sehr problematisch geworden ist, dürfen wir ausruhen, nicht auf Lorbeeren unerschütterlicher Erkenntnisse, sondern auf dem großen Begreifen einer unübersehbaren Verwandlung der Begriffe und Interpretationen.

Wir erinnern uns des berühmten Satzes von Nietzsche, der erstmalig die Hinfälligkeit der gefügten, alten Moral vom starren Gut und Böse aussprach, jenes Satzes, der die Werte zur allgemeinen Überraschung der Geister nicht mehr als Fakta, sondern als Interpretationen aussprach. Die Interpretation ist unbeständiger als die Tatsache – aber auch freier, lebensfähiger, denn sie schließt das Urgesetz der Verwandlung ein.

Die theoretische Physik und innerhalb dieser Doktrin wieder vor allem die Atomphysik, Strahlungsphysik und Kernphysik steht heute da, wo Nietzsche in bezug auf die Moral bei der Konzeption seiner »Hammerphilosophie« stand. Die Interpretation hat über die reine Erkenntnis gesiegt, und das bedeutet, kantisch gesagt, die Unterwerfung des Objektes unter die Formen des menschlichen Verstandes – aber auch das Eingeständnis einer allgemeinen menschlichen Ohnmacht, wenn die Sphäre unseres sinnlichen Spürsinns und des hieran gebildeten Begriffsnetzes zu weit gespannt ist, verlassen wird und sich selbst vor den Dingen nicht mehr zu fühlen vermag.

Die Erkenntnis scheitert am Wort. Das ist der erste Eindruck bei einem genaueren Studium dieser grundlegenden Werke über *Die Prinzipien der Quantenmechanik*[18] und *Die Struktur der Materie.* –

Daß die Materie den Raum erfülle, ist eine uralte Wahrheit, aber wie sie den Raum erfüllt, ist eine Frage, daran sich die tiefsten Erörterungen der theoretischen Physik anschließen und darum die ausgeklügeltsten Experimente sich bemühen. Die Materie ist stärker als das Wort. Wir scheitern an der Materie, deren Sosein, wie der Leipziger Philosoph Hans Driesch sich ausdrückt, jenseits unseres Erkennens liegt. Aber dennoch erfahren wir gerade durch diese allgemeine Unzulänglichkeit unserer Mittel etwas von der Materie – erfahren wir gerade dadurch, daß das Wort an der Materie versagt, etwas über die Materie, etwas, was das Tiefste ist, was über sie ausgesagt werden kann – nämlich dies: daß es Materie gibt.

Denn noch immer steht die Erkenntnis im Dienste des Lebens, im Dienste der Existenz, und ihre Aufgabe der Sicherung ist nicht, Maschinen zu bauen, sondern mit der Vollendung der Gewißheiten, die sie erreichen kann, vor dem Geist die Seele oder die Vitalität zu sichern. Man kann nicht dabei stehenbleiben, daß der Geist der Widersacher der Seele ist. Erst danach beginnt das Problem, und es lautet: Das Leben muß dem Geist begegnen. – Aber wie kann das Leben dem Geist begegnen, ohne in die Traurigkeit der Kreatur zu verfallen? – Hinter dem Erkennen schimmert die zarte, große Kontur des Wirklichen, und dies könnte vielleicht ein Hauptsatz einer neuen Erkenntnislehre werden, daß erst da die Kontur der Wirklichkeit zu einem Bild der Wirklichkeit sich gestaltet, wo die Kontur berührt wird, und das Erkennen, auf dem glühenden Rand des Wirklichen stehend, aus der Kontur das Bild nicht mehr erblickt oder noch nicht erfassen kann. Es ist ein unerhörter Weg des Erkennens bis zu jenem Ort, wo mit einem Scheitern auch die Wirklichkeit berührt wird. Die Gewißheit ist das Ende des Erkennens. Das Seltsame ist eingetreten, daß wir am Ende des Erkennens stehen, ohne uns in dieser Position zu begreifen. Wir könnten vielleicht bei einem letzten fanatischen Durchdenken unserer naturwissenschaftlichen Erkenntnisse endlich einmal eine ganze Wahrheit, die vielleicht das Wirkliche schon unerhört deutlich abbildet, gewinnen – aber vorher muß die Seele dem Geist in der Mitte, und sei es auch in der Mitte der Feindschaft, begegnet sein. Abwendung ist Flucht. Die Erblindung des Geistes besteht nicht darin, daß das Wort an einem Ding der Wirklichkeit versagt, wie es vor dem Doppelphänomen der Partikelwelle geschehen ist, die Erblindung des Geistes besteht in seinem Schwächerwerden, in seiner Angst vor der Erkenntnis, in seiner Kapitulation vor der Seele. Es gibt eine *Dekadenz des Leibes*, und jedermann weiß heute, was darunter zu verstehen ist – es gibt auch eine *Dekadenz des Geistes*, und man weiß, daß es sich dabei um den seelenabgewandten, ewig reflektierenden oder einfach dogmatischen Intellekt handelt, den spielerischen, raffinierten, nihilistischen Trieb des Gehirns – aber, und das sei hier betont herausgestellt, es gibt auch eine *Dekadenz der gesamten menschlichen Existenz* mit allen physischen und metaphysischen Hintergründen, und diese Dekadenz innerhalb des menschlichen Totaldaseins besteht in der nachlassenden Spannung zum Geist, im Verlust des »Willens zum Geist« durch einen rohen Willen zur Macht oder in einem Mangel an Kraft für und gegen den Geist.

Wir greifen das Motiv wieder auf: Die Physiker stehen heute ringender und erkennender wie je zuvor vor der Materie. Aber sie können sie, obwohl sie Ungeheures wissen, nicht anschaulich beschreiben. Das macht man ihnen zum Vorwurf – denn man hat sich immer noch nicht genug um Sprachkritik[19] bemüht, denkt noch immer zuviel an Hegel und gewisse Nachfahren, die Sein und Vernunft, ja sogar Sein und Sprache gleichzusetzen beabsichtigten. Niemals ist die Sprache das Naturgesetz, und auch Vernunft und Schrift werden nicht einerlei sein und die Sprache Gottes ausmachen, wie der Magus des Nordens es meinte. Die Materie widerlegt diese Ansichten. Das Wort versagt vor der Materie. Es gibt Gewißheit, daß Materie ist, es gibt Analogien zum Dasein der Materie, aber die Sprache wird sie nicht beschreiben können. Es sei denn, Herder behielte recht mit seiner idealen Sprache, die allen Menschen gemeinsam ist, und ihre Form, das könnten wir hier vermuten, wäre die »Symbolische Mathematik«, wie sie in ihren Anfängen bei Weyl, Heisenberg, Born, Jordan und Hilbert vorliegt. Aber dann müßte noch gezeigt werden, wie auch die Seele teil hat an dieser Mathematik und sie nicht nur eine reine Form des Verstandes ist.

Indem so die heutige Naturerkenntnis zum ersten Male in ihrer Sprache an der Natur, nämlich an der Materie, scheitert, bewahrheitet sie den seltsamen Satz Nietzsches, daß die Welt der Sprache nicht die Erkenntnis sei. Die Erkenntnis ist nicht die Sprache. Das heißt zuletzt, wenn die Erkenntnis irgendwann einmal nichts mehr mit der Sprache, wie im Falle der modernen Materiewellenphysik, gemein hat, dann weitet sich die Erkenntnis über eine Wahrheit hinaus bis zumindest an den Rand des Wirklichen. Es gibt etwas, das wir Materie nennen können. Wir erkennen das, und wir erkennen darin nicht etwas bloß Wahres, nicht eine Wahrheit – für uns oder für ein Volk –, sondern damit ist uns etwas Wirkliches aufgetan. Die Sprache versagt, aber die Erkenntnis ist da. Und der Abglanz oder der Glanz des Wirklichen ist gegeben, wenn mit der Erkenntnis die Ohnmacht der Sprache eingestanden werden muß. Hier liegen die naturphilosophischen Perspektiven der modernen Physik für Sprachkritik und Sprachphilosophie.

Ewig und mit letzter Gewißheit besteht zwischen Gott und Mensch eine unverwindbare Kluft. Diese Seelenahnung Kierkegaards, dieses nicht nennbare und in Formen gießbare Gesetz unserer sorgenden Innerlichkeit, entspricht der Position der Bohr und Heisenberg vor der Materie. Man kann die Dinge des Kosmos in hierarchischer Ordnung sehen und in dieser den Menschen als Wesen der Mitte bestimmen. Dann ist über ihm der Geist als Schwelle gegen Göttliches und Unendliches und unter ihm das unbekannte Bild der Photonen, Elektronen und Atome als Schwelle gegen die Materie. Aber die oberen und unteren Abgründe schimmern immer durch die Erkenntnis hindurch, und die Schwermut angesichts dieser Abgründe kann nur durch die Tatsache der Erkenntnis ertragen werden.

Säen wir Mißtrauen gegen das Wort, wenn wir sagen, die Erkenntnis scheitere heute an der Materie, weil das Wort davor versagt? – Nein – denn wir deuten ja dieses Scheitern des Wortes an der Materie selbst wieder als eine Erkenntnis, nämlich als diese, daß es nun nämlich mit Gewißheit Materie gibt. Denn die Erfahrung der Welt ist gewiß, weil es den Widerstand gegen die Welt gibt.

Und was wäre denn, wenn wir das Wort angreifen müßten, wenn wir den Dichtern zu sagen hätten, wir, als Physiker, daß ihr Wort erst dann die rechtmäßige Erkenntnis verbirgt, wenn es mehr als Wort ist, wenn es Signatur oder sonst etwas Polymeres bedeutet? – Wären wir nicht im Bunde mit dem alten Naturdeuter aus Weimar, der auch empfand, daß das Wort, für eine

Sache gesetzt, von der Sache trennt? – Das Wort trennt. Wo das Wort als Wort versagt, dort ist die letzte, die tiefste Erkenntnis. Oder aber das Wort für die letzten Dinge, seien sie nun philosophisch, theologisch oder substantiell gemeint, das ist gleichgültig, ist mehr als Wort, ist »Geheimnissinnbild«, ist unausdeutbares Zeichen – ist somit Klarheit. Denn klar ist, was nicht weiter gedeutet werden kann, dessen müssen wir uns immer wieder erinnern, und nur das kann nicht mehr weiter ausgedeutet werden, was keinen Grund mehr hat.

Das reine Wort also trennt uns von der Materie, und solange wir noch Worte ohne Widerspruch wußten für das, was wir als Materie empfanden und was wir materiell daraus entformten, Moleküle, Atome, Ionen oder Elektronen, solange erfuhren wir auch die Materie der Welt noch nicht als etwas Elementares, Letztes, Eindeutiges.

Nun aber, wo die Materie als ein zweideutiges Phänomen, als Materiewelle empfunden wird, können wir goethisch sehen, können wir erkennen, daß es eine Grenze des Sagbaren gibt, können wir weiter bemerken, daß es eine Wirklichkeit des Paradoxen gibt – und deren Paradoxie einfach darin besteht, daß das Wort davor versagt.

Alle letzten Dinge stehen gegen die Sprache. Man darf die Sprache nicht überschätzen, wie man den Verstand nicht überschätzen darf. Aber es ist beinah schon wieder seinsgesetzlich, daß das, was trennt, auch entdecken läßt, daß das Wort, wenn es zum Schweigen gemahnt wird, an etwas anstößt, was schwerer wiegt als ein Wort, schwerer wiegt als die Sprache, schwerer wiegt als Menschliches.

Die christliche Dogmatik kennt Vermittler zu Gott – weil Gott so fern ist. Und wir haben das Wort wegen der Furchtbarkeit der Materie zwischen uns und die Dinge gestellt, damit durch die Trennung die Gewalt gemindert würde… einst, als wir angesichts des Raumes verzweifelten. Aber vielleicht ist es ein Zeichen menschlicher Reife, daß nun das letzte Wort an die Materie stößt, daß es schweigen, daß es enden muß. – Und so stehen wir wieder bei unserem Motiv:

Im Scheitern erfahren oder erleiden wir Dasein. Dieser Satz steht irgendwo im Werk des Philosophen Jaspers; Kierkegaard hätte es sagen können und Heideggers phänomenologische Auslegung des »Daseins als Sorge« ist ihm verwandt, dieser Satz einer allgemeinen Existentialphilosophie spielt heute sozusagen eine physikalische Rolle. Das Wort versagt an der Materie, das heißt am innersten Wesen der Materie, und eben dadurch geschieht die untrügliche Entdeckung der Materie. In den *Prinzipien der Quantenmechanik* von Heisenberg ist noch zu lesen, daß für die Materie sowohl das Wellenbild als auch das Partikelbild in Betracht käme, daß beide Deutungen dasselbe meinten, daß Licht und Materie einheitliche Phänomene seien, deren »scheinbare Doppelnatur« nur an der »wesentlichen Unzulänglichkeit« unserer Sprache liege, und Schrödinger spricht es in seinem ungemein klaren Nobelpreisvortrag offen aus, daß das Atom auf Grund der Experimente nur ein »Störungsgebiet bestimmter Ablaufweisen« sei, daß das Atom in Wirklichkeit vielleicht nichts anderes darstelle als das Beugungsphänomen einer vom Atomkern gewissermaßen eingefangenen Elektronenwelle. Aber heute schon kann das innere Auge über diese Schwierigkeiten hinwegblicken und gerade hinter dem Eingeständnis dieser Ohnmacht des menschlichen Wesens, wenn es aus den schönen und übersehbaren Bezirken seiner Sinnlichkeit heraustreten soll, die »Wirklichkeit der Materie« mit einer unüberwindlichen Gewißheit ahnen und spüren.

Die Materie als das erste Ding, das jedes Wesen im ersten Augenblick seines bewußten oder unbewußten Lebens, im Tageleben wie im Nachtleben antrifft, ist durch die Physik zum letzten Ding geworden. Das erste Ding ist auch das letzte Ding. Wir haben die Masse in Moleküle, diese in Atome und Ionen, diese aber endlich in Positronen, Neutronen und Elektronen zerlegt. Es war der analytische Weg der Abscheidung und Unterscheidung, das unerhört deutliche Abbild des gesamten Bewußtseins, dessen Werden nur als unaufhörliche Steigerung der Abscheidung aller Dinge voneinander aufzufassen ist, ein Abbild der unendlichen Entzweiung desselben, als solche Friedmann den Weltprozeß verstand. Und das Ergebnis war etwas höchst Merkwürdiges, nämlich die Entdeckung der Materiewelle, gerade an der Stelle des sanften Übergangs von Licht und Materie, eines Überstiegs der kleinsten Partikelchen in das Verschwommene, in das Quantengas, in die Unbestimmtheit der Energiepakete.

Wenn es einmal eine wirkliche Phänomenologie der Physik gibt

– sie ist, genau wie eine umfassende Metaphysik und Philosophie der Naturwissenschaften, noch nicht geschrieben –, dann wird sie herausarbeiten müssen, daß es zu einer einheitlichen Lichttheorie, wie sie quantenmechanisch in wunderbarer Form zum Beispiel von Dirac abgeleitet wurde, oder zu einer einheitlichen Theorie mathematischer Form für Licht und Materie durchaus ein phänomenologisches Korrelat gibt. Die phänomenale Einheit von Licht und Materie offenbart sich dunkel schon in der Tatsache, daß erst, als über das kleinste Partikel hinausgeschritten wurde, an der Stelle des Überganges von Licht und Materie, an der Grenze des Dunklen und Klaren, das Doppelphänomen der Materiewelle entdeckt wurde.

Hier tritt es mit einer Deutlichkeit ohnegleichen in die Erkenntnis und in das Wort: *Das Letzte ist nicht das Einfache, das Letzte ist das Duale, das Synthetische.* Denn schließlich umfaßt ja die Materiewelle gleichzeitig das Ur-Teil des Lichtes, die Welle und das Ur-Teil der Materie, das Partikel.

Gegen diese Materiewelle, so scheint mir, wendet sich nun die Kritik aller derer, die der Physik vorwerfen, sie habe das Anschauliche verloren, sie habe das Dingliche zerstört, Fiktionen erzeugt, Unklarheiten, Unreinheiten und Leerheiten. Manchmal spricht Mangel an Kenntnissen, Mangel an der Fähigkeit, mathematische Ableitungen zu verstehen, aus dieser Kritik. Manchmal versagen aber tatsächlich die reinsten und tiefsten Geister, die Mathematiker und Physiker selbst vor diesem seltsamen Gebilde, das man Materiewelle geheißen hat. Und warum? – Weil diese reinen und tiefen Geister nicht die letzten sind, weil ihr Bewußtsein noch nicht diesen Grad der inneren Entzweiung und ewigen Abscheidung mitgemacht hat. Und tatsächlich steht die Physik heute an einem Punkt, wo es sich entscheidet, wessen Bewußtseinsentwicklung oder Denkform da steht, wo die Ergebnisse der Theorie sie hinzwingen.

Auch die Materiewelle scheitert am Wort, und darum ist sie um so gewisser. Denn hier zeigt sich die Wahrheit des Satzes, daß das Letzte wahrscheinlich nicht mehr im begrifflichen Sinne erklärt, sondern nur noch einfach verstanden werden kann. Hier erreicht die Physik den Ort, wo sie auf das Sein trifft, wo sie die »urphänomenale Ganzheit des Seienden« berührt.

Die modernen Phänomenologen der Freiburger Schule haben

unumstößlich den Weg für die Einsicht bereitet, daß das Sein nur hingenommen, nur verstanden werden kann, ohne daß uns weiterhin die Möglichkeit gegeben wäre, es begrifflich zu erklären. »Sein« wird nicht gedacht, sondern hingenommen – so lautet die Sprechweise Heideggers. Aber eben dieser Philosoph zerstört seine eigenen Ansätze über die Seinslehre, widerspricht diesem Satz, wenn er sagt, das Sein sei der dunkelste aller Begriffe. Damit ist jeglicher Erkenntnislehre, jeglicher Seinslehre das Fundament genommen, denn der Vorgang des Klärens, die »Hermeneutik der Faktizität« kann nicht auf die größte Dunkelheit aufgebaut werden.

Es muß heißen: Das Sein ist der klarste aller Begriffe. Es ist nichts mehr über ihn auszusagen, er muß hingenommen werden wie Schicksal, wie eine Tatsache, wie wir selbst unsere Einfügung in die Existenz hinnehmen müssen. Denn das ist das Wesen der Klarheit, daß das Wort daran scheitert, daß das Wort von ihr aus keine Entwicklung mehr nehmen kann, keinen Impuls, daß das Wort an ihr wird wie zu einer einmaligen, mächtigen Schöpfung, groß, unabänderlich und unumstößlich. Die Analyse der Materie und des Lichtes kam über Molekül, Atome, Quanten und Elektronen zu einem gemeinsamen Urphänomen, an dem weitere Aussagen endigen müssen, kam zur »Materiewelle«. Und diese »Materiewelle« grenzt an das reine, mannigfaltige Sein, kann nicht weiter geklärt, nicht weiter begrifflich zerlegt, sondern nur noch einfach hingenommen werden wie jedes »Letzte«, das nur noch an das Metaphysische grenzt. Die Bedeutung des »physikalischen Scheiterns«, des Versagens der Anschauung und der genaueren Bestimmung wird nun ganz offenbar: die Materie ist nicht transzendent, ist nahe, ist wirklich, ist vor uns gelegt wie ein sinnlich-diesseitig Letztes, dessen Sphäre man nicht entrinnen kann ohne zu verzweifeln in Anschauung, Dasein und Wort. Das irdische Zeichen dieses Letzten ist die Materiewelle. Es ist das Zeichen für etwas »Urparadoxes«, etwas mit dem alltäglichen Verstand nicht mehr Faßbares, ist die unendliche Verschlungenheit der Zeichen »Welle« und »Punkt«, der Seinsweisen Licht und Materie. In der Materiewelle erscheint das Sein der Welt in seiner letzten, aber auch ersten Gestalt, erscheint das »Raumlicht«.

Denn das Licht tritt mit dem Zeichen des Raums in die Bedeutung, in das innere Erfassen oder in den phänomenologischexistentiellen Bereich. Es werde Licht, heißt nicht zuletzt auch – es werde der Raum. Und es liegt eine große Einheit in den Sätzen der Philosophen und Physiker Wasmuth und Heisenberg, wenn der eine, der tiefere sagt, Licht sei etwas, was über allem Geschehen als Zeitlosigkeit ruhe, und der andere, der kristallklare und am Sichtbarlichen Forschende, fortfährt: Licht und Materie sind einheitliche Phänomene; ihre scheinbare Doppelnatur liegt nur an der wesentlichen Unzulänglichkeit unserer Sprache. –

So zerbricht also der Einwand der Anschauung gegen die Materiewelle an dem Gesetz, daß das Letzte nicht weiter begrifflich erläutert werden kann, daß das Letzte nicht das Dunkelste, sondern das Klarste ist, dessen Dasein wir aber unter allen Umständen weiterdenken, zurückdenken wollen, weil unser Schicksal eben Denken, unaufhörlich Denken heißt.

Es ist in Ordnung, wenn die Physik heute an diesem merkwürdigen Ding, das noch nie ein menschliches Auge sah, haltmachen muß, wenn hier die klassische Physik der unbedingten Ordnung, der Reduktion auf das Einfache, des Übersehbaren in einem einfachen, eindeutigen Raum der Kindheit und Alltäglichkeit, des Endlichen und Gesicherten, wenn hier die klassische Physik der Newton, der Galilei, aber auch der Griechen aufgegeben werden muß. Denn wo das Sinnliche mit der unaufhörlichen Zerteilung oder – metaphysisch gesprochen – mit der unaufhörlichen Entzweiung des Gleichen an das Metaphysische herankommt, da muß die Mathematik des strengen Maßes, die Mathematik der klaren, einfachen Formen und Verwicklungen einer anderen weichen und die Mathematik des beinahe Unsinnlichen, des beinah Unkörperlichen – das heißt des Nicht-Hellenischen – an ihre Stelle lassen. Die Gesetze des menschlich »Nichtmehrgesetzlichen«, das heißt die Statistik, die Wahrscheinlichkeit, tritt hier in ihr Recht. Die Zahl bestimmt das wahrscheinliche Geschehen. Das statistische Maß gibt Möglichkeiten für einen Wert oder die Schärfe eines Wertes.

Aber was zwischen oder hinter den Wahrscheinlichkeiten steht, was zwischen den Zahlen eines diskontinuierlichen Zahlenbereichs heute das Mathematisch-Physikalische bestimmt, das heißt Schicksal, Metaphysik und schöpferische Transzendenz.

Damit ist das Wort gefallen, das ein ganzes Sein umschreibt, das die klarste, schärfste und rationalste aller Wissenschaften wieder als Wirkliches entdeckt hat: Schöpfung.[20] Es wird immer eine der merkwürdigsten Tatsachen der Geistesgeschichte bleiben, daß eine reine Wissenschaft des Rationalen auf die Mitte des Irrationalen trifft. Denn die Schöpfung ist das Irrationale, so umschreibt es ein tiefer Kenner dieser Dinge, Gottfried Benn, und was auf Schöpfung stößt, muß die reinen Rationalitäten aufgeben. Je näher etwas an die Wirklichkeit herankommt – und dieses ist der Weg der Physik, auch wenn viele Geisteswissenschaftler es nicht sehen wollen –, desto weniger systematische Wahrheit muß es befolgen. Denn die Wahrheit ist sozusagen nur die Projektion der Wirklichkeit in das menschliche Bewußtsein. Wie es viele Projektionsstandpunkte gibt, so gibt es darum viele Wahrheiten einer Wirklichkeit, die sich im Augenblick der Annäherung an das Wirkliche verwickeln. Diese Tatsache wird durch nichts besser verifiziert als dadurch, daß nämlich mehrere Bilder für ein Atom möglich sind: Die durch mikrokosmische Beobachtungen erhaltenen Werte lassen die beiden Auffassungen zu, daß es sich bei einem Atom sowohl um ein kleines Planetensystem als auch um eine Ladungswolke handeln kann.

Es ist notwendig, sich der berühmten Sätze Diracs aus seiner Nobelpreisrede noch einmal zu erinnern. Dieser Physiker sagt im Anschluß an seine Sätze über die theoretische Voraussage der Positronen, jener kleinsten positiv geladenen Elementarbestandteile der Materie und der Elektrizität, aus auftretenden Zweideutigkeiten innerhalb gewisser Energiegleichungen folgendes über Vorgänge, die an eben diesen Partikelchen beobachtet wurden: Der Vorgang würde darin bestehen, daß ein Elektron und ein Positron sich gegenseitig vernichten. Ebenso müßte aber auch der entgegengesetzte Vorgang möglich sein, nämlich die Erschaffung eines Elektrons und eines Positrons aus elektromagnetischer Strahlung. Es scheint, daß solche Vorgänge bereits in den Versuchen aufgetreten sind, und die Experimentalphysiker sind gerade dabei, diese Vorgänge genauer zu untersuchen. (Ich möchte hier anschließend darauf hinweisen, daß Materievernichtung heute bereits mit dem Begriff der Zerstrahlung, der aus gewissen Beobachtungen an den Ultrastrahlen des Weltenraums abgeleitet wurde und worunter eben ein Übergehen der Materie in Energie, deren Gründe gänzlich unbekannt sind, zu verstehen ist, in der physikalischen Diskussion sehr aktuell geworden ist.) Damit ist unumwunden zugegeben, daß die physikalische Forschung, sonderlich natürlich wiederum die Kernphysik, an den Gründen oder an den Ursachen versagt. Sie ist in ein Gebiet des sinnlichen Seins vorgestoßen, wo die Ursachen nur noch als unmittelbare Schöpfungsimpulse zu verstehen sind.

Die Schöpfung ist das Akausale, das Unübersehbare in Raum und Zeit. Es ist daher, entgegen aller Kritik der theoretischen Physik, in der Ordnung, daß die Unbestimmtheit die Gesetze einschränkt. Vor der Schöpfung versagt also das vielleicht bisher größte Produkt der Schöpfung, versagt der menschliche Verstand mit seinen Kategorien, wird Kant erstmalig hinfällig in seinem beinah überspannten Wollen, der Natur die Gesetze vorzuschreiben.

Mit der Entdeckung der Unbestimmtheitsrelationen, jener quantenmechanischen Prinzipien, die es nicht zulassen, gleichzeitig Ort und Geschwindigkeit eines Elektrons zu messen, die es nicht zulassen, eine genaue Wertbestimmung für die Energie in einer geringen Zeit durchzuführen, die es weiterhin nicht zulassen, die Worte Ort und Geschwindigkeit unterhalb einer bestimmten Dimension, das heißt innerhalb kleinster atomarer Wirkungsverhältnisse noch zu gebrauchen, und die schließlich auch unser Bemühen, im mikrokosmischen Bezirk eine einwandfreie, will sagen objektive und störungsfreie Beobachtung zu machen, nicht nur unmöglich machen in der Praxis, sondern auch gedanklich schon ad absurdum führen; diese Unbestimmtheitsrelationen, in deren Aufstellung eine der glänzendsten Leistungen der physikalischen Forschung zu sehen ist, bedeuten also die Einführung des Prinzips der Schöpfung in die rationalste, verfeinertste und späteste aller Wissenschaften. Es ist das Prinzip Cuviers, der das katastrophenlose, unaufhörliche, stetige Ausfällen der Schichten aus den Gewässern und Meeren schon Jahrzehnte vor Lyell, der nur kontinuierlich sehen konnte, widerlegt. Es ist das gleiche Prinzip, das heute mit der verhaßten und doch so anregenden und erregenden Mondniederbruchslehre Hörbigers in das wissenschaftliche Denken wieder eingeführt worden ist – es ist das Prinzip Benns, der alles mit dem Maßstab des Schöpferischen, des Elementaren mißt, philosophisch vorbereitet durch die Schriften der Lebensphilosophen.

Der Wille zur Schöpfung, Schöpfungsnähe bedeutet diese Orientierung der quantenmechanischen Prinzipien, deren Resultate mit Schrödingers Wellenmechanik übereinstimmen und deren innere Einheitlichkeit durch eine rein mathematische Annäherungslehre, durch die sogenannte Transformationstheorie, die wohl im wesentlichen von Dirac und Jordan stammt, dargelegt werden kann; also Schöpfungsnähe, man muß es dreimal sagen, bedeutete diese Orientierung an Begriffen wie »Diskontinuität« und »Term«. Denn die Terme der Quantentheorie sind Differenzen für stationäre Zustände, das eigentliche Geschehen liegt dunkel dazwischen; es ist da sozusagen ein Sprung, erinnert an die biologische Mutation, und aus diesem Sprung, der für uns wie aus einem »transzendenten Müssen« heraus geschieht, offenbart sich das »Schöpferische«, offenbart sich das Unbegründete, und alle Schöpfung ist doch akausal und darum transzendent. – Wo aber die Schöpfung herrscht, werden Raum und Zeit unterjocht, werden Raum und Zeit von einem Höheren gesetzt.

Man hat der Physik vorgeworfen – und mit Recht auch der modernen –, ihre Bemühung ginge auf Zweck, sie sei ungoethisch, sie habe, wie ein Angreifer sich ausdrückt, nur Prophezeiungen zu ermöglichen, also Erfolge zu berechnen, Chancen auszukalkulieren. – Das galt bis jetzt ohne Ausnahme. Heute wird Dirac, der zum Beispiel gemäß seiner Einleitung in die quantenmechanischen Prinzipien Physik als Prophezeiung treiben will, schon von Heisenberg widerlegt. Man lese die Rede, die dieser Physiker bei der Nobelpreisverleihung des Jahres 1933 gesprochen hat und vernehme: »... schon der Umstand, daß der Formalismus der Quantenmechanik nicht als anschauliche Beschreibung eines in Raum und Zeit ablaufenden Vorgangs aufgefaßt werden kann, zeigt, daß die Quantenmechanik gar nicht von der Festlegung raumzeitlicher Vorgänge handelt...« Damit ist die Einordnung in die Zeit zwar nicht aufgegeben. Aber jenes alte Ziel der Physik, die unbedingte Einordnung der Formel in den Zweck der Voraussage, ist doch im wesentlichen aufgegeben. Es kommt jetzt stärker darauf an, von dem Ausgang eines Experiments auf den wahrscheinlichen eines anderen, im wesentlichen gleichen, zu schließen.

Aber ist das denn nicht dasselbe alte Schema? – Nein, zum mindesten darf man heute anders interpretieren. Daß in unseren Formeln und Beschreibungen die Zeit enthalten ist, bedeutet noch nicht den Willen zur Prophezeiung, sondern den goethischen Willen, in allem das »Eine« zu sehen, *bedeutet die Verknüpfung aller Phänomene dieser Welt mit den Urphänomenen Raum und Zeit, bedeutet also die Wiederentdeckung dieser Urphänomene*, die zugleich die Urdualität in den atomaren und superatomaren Erscheinungen und Vorgängen bedeutet. Es ist das Suchen des Urbildes in den Dingen des physikalischen Seins. Denn tatsächlich ist doch das Urobjekt des Physikers die Geschiedenheit von Raum und Zeit, sein erster Gegenstand, sein erstes Problem – aber auch sein letztes, tiefstes und schwierigstes. Die Raum-Zeitlehre ist daher das Problem ersten Ranges der modernen Physik. Jede große, fundamentale Umwälzung rührte daran. Jede große Konzeption innerhalb der Physik liebt es, das Raum-Zeitproblem zu lösen, zumindest anzugreifen. Es gibt eine Raum-Zeitlehre der Relativitätstheorie. Sie wurde wohl im wesentlichen von Reichenbach formuliert. Kant wurde mit ihr weniger widerlegt als verwandelt. Raum und Zeit wurden verschmolzen, obwohl sie schon gefühlsmäßig einen Urgegensatz bilden. Die Zeit wurde relativiert. Das war die tiefere Einsicht, der große Gedanke Einsteins. – Aber die eigentliche Raum-Zeitlehre der modernen Quantenmechanik ist noch nicht zusammengefaßt, wahrscheinlich noch nicht einmal erkannt. Und doch gibt es eine solche, und doch rührt sie, wie mir scheint, noch tiefer an das uralte Rätsel. Es wird sich nämlich herausstellen, daß Kant nur in bezug auf die Zeit recht hatte.

Der Raum ist das umfassende ontische Objekt. Die Zeit ist nur in uns, das heißt nur die Zeit ist die Anschauungsform, nämlich die Anschauungsform des Raumes, der einzig wirklich ist. Denn jede Anschauungsform setzt den Anschauenden und das Anschaubare voraus, die Urdualität also. Der Raum ist das Uranschaubare und die Zeit ist die Anschauungsform des Raumes mit dem Bewußtsein. Raum und Zeit schließen sich also in einem gewissen Sinne aus, bilden eine Diskrepanz. Es läßt sich tatsächlich zeigen, daß aus einer mathematischen Formulierung dieser aus den Prinzipien der Quantenmechanik gewonnenen Raum-Zeitlehre diese Prinzipien und vor allem die Formeln der Unbestimmtheitsrelationen ableitbar sind. Damit wäre eigentlich die ganze Physik, die gesamte sinnliche Welterfahrung und Weltdeutung auf die Urphänomene des Raumes, der Materie und der Zeit zurückgeführt. Je mehr sich die theoretische Physik, das heißt die deutende und ableitende Physik unserer Zeit, dieser Reduktion bewußt wird, desto eher hat sie den realen, phänomenologischen Standort im Sinne Goethes, hat sie den Blick Goethes wiedergewonnen, und die große Einheit zwischen Goethe und Newton, das Ende einer mächtigen Feindschaft, die den Geist Europas tatsächlich zu zerspalten drohte, wäre erreicht. Man muß das Ungeheuerliche der Perspektive erkennen, um den Fluchtpunkt immer schärfer ins Auge zu fassen.

Man wird einwenden, diese Konfigurationsräume der Schrödinger, Heisenberg und Hilbert seien nur formalistisch zu verstehen. – Aber im Grunde gibt es nichts Formalistisches an sich – wie die Kritiker der neuen Methoden meinen. Die Anschauung versagte. Da wurden Zeichen gegeben zu einer Anschauung. *Es war der uralte, vorzeitliche Vorgang der Wort- und Signaturbildung, der sich hier in der späten Phase einer jahrtausendalten Geisteskultur wiederholte.* Also – der Typus des Zeichenmachers[21], des Wortbildners, des Geheimnislehrenden ist heute wieder da, der Typus des alten Kosmologen, der anders als in dunklen Zeichen seine eingefangene Weisheit nicht sagen kann. Es war immer so und muß immer so sein: Das Naturgesetz wird nicht von der Sprache gemacht; die Sprache ist nicht das Naturgesetz; das Wort ist die gesagte Anschauung, die akustische Optik, und die Erkenntnis liegt immer vor dem Wort. So ist die moderne Physik in ihrem erkenntnistheoretischen Standort unkantisch in dem Sinne, daß sie mit dem Wort an der Materie scheitert, also zum ersten Male die Gewißheit erlangt, daß so ohne weiteres der Natur nicht das Wort vorzuschreiben ist, wie die große These des Königsbergers es verlangte, also unkantisch in dem Sinne, daß sie die Anschauung verläßt – aber letzten Endes doch wieder kantisch im tieferen, im eigentlichen Sinne darin, daß sie Anschauungsformen schafft, ohne das Ding schon klar zu besitzen.

Ein Vorgang der Vorzeit wiederholt sich. Die alten Zeichenmacher sind wieder da. Sie schaffen kaum begreifliche, geheime, aber scharfe Kalküle, schöpfen Operatoren und Matrizen, q-Zahlen und Fourierglieder – damit das ewige Wort nicht scheitere an der Materie, damit also der Mensch nicht im Unendlichen verloren und verworfen wäre. Es ist ein Zeitalter, das seine höchste Erfüllung in der bedeutungsvollen Wahl der Ursymbole spürt für etwas, was aufsteigt und was vorher nie gesehen wurde.

Nicht das Musikalische allein ist etwas, das, wie Lipps sagt, sein eigenes Werden habe, auch das Mathematische offenbart diese Erscheinung. Es wird. Es entfaltet sich in die geheimsten Dinge. Denn es gibt kein absolutes Chaos. Das steht heute vielleicht erstmalig unumstößlich fest, heute, wo die Physik zeigen kann, daß der Zustand der Ordnung, der Zustand des Kristalls wahrscheinlicher ist als der Zustand des Ungeordneten, der Zustand der Ungestalt, in der keine Schöpfung mehr treibt.

Auch wir haben die Skepsis der Nietzsche und Kierkegaard in uns, wenden mit Glut uns zu den Mythen; auch wir haben den Einwand gegen die Erkenntnis der Klages und George. Aber wir sehen in der Erkenntnis etwas, das selbst ein Werdendes ist, nicht unbedingt etwas absolut Reines im überplatonischen Sinne, wie es zum Beispiel bei Husserl oder Schmalenbach[22] genommen wird. Wir sehen ein vitalisiertes Erkennen und in ihm eine mythische Herkunft. Denn wir sehen noch einen Geist, der unaufhörlich zum Leben drängt, und ein Leben, das gleichermaßen zu einem Geist will, der vielleicht nicht mehr Urgeist ist, aber doch diesen Ursprungs. Das Problem dieses Geistes lautet für uns nur so: ist dieses Leben oder dieses Dasein schon dem Geist, und sei es selbst eine akosmische Macht, gewachsen? –

Aber das ist eine neue Perspektive.

# Ur und die Farben

Seit Goethe ist in dem entsprechenden Schrifttum viel von Urphänomen[23] die Rede. Zuweilen verwendet man dafür auch die Bezeichnungsweisen: Urbild, Urform oder Urgestalt. Es gibt ungemein viele Beiträge zu einer Lehre von den Urformen, oder welchen Ausdruck man gerade gebrauchen möchte. Aber eine einheitliche Zusammenschau oder eine systematische Konzeption der Urformenlehre ist noch nicht gegeben, noch nicht umrissen, viel weniger ausgestaltet. – Es fragt sich sogar, ob das sinnvoll und möglich sein wird. Dessen ungeachtet ergibt sich mit der Frage, was denn ein Urphänomen sei, zugleich schon die andere, ob Urform und Urbild dasselbe besagen.

Die europäische Wissenschaft zeigte bisher einen ausgezeichneten Trieb zur Rationalität, und wo das Wort »Ur« fiel, da zögerte sie und ging nur selten dem Gemeinten nach. Denn »Ur« blieb ihr mythisch-irrational.

»Ur« bedeutet nicht den unmittelbaren zeitlichen Anfang, bedeutet auch noch mehr als das Unwandelbare in der Zeit. »Ur« taucht aus dem Weltgrund, aus der eigentlichen Urwelt der Wirklichkeit herauf, von der wir kaum wissen, ob und wann wir ihrer inne werden können. Denn sicher ist doch dies, daß die Wirklichkeit der Pflanze anders ist als die Wirklichkeit des Tieres, und diese wieder anders als die des Menschen. Vermuten dürfen wir vielleicht nur, daß der Mensch der tieferen, unverletzbaren Wirklichkeit, wo das Unaufhörliche der Schöpfung in das Sein fließt, am nächsten kommt – und daß vielleicht der merkwürdige Satz besteht: der Mensch ist wirklicher als das Tier.

Aber die Wirklichkeit ist das Unverletzbare, das Unangreifbare und Unverwandelbare durch den Menschen, ist der ewige Grund, daran Menschliches zerbrechen kann! –

Vor dem Menschen ist das »Ur« gespalten. Er kennt Urform und Urwesen. Alles, was ist, hat vor ihm ein Zwiegesicht: Form und Wesen. »Ur« oder die Wirklichkeit ist dort, wo beide in der Einheit stehen, wo die Form das Wesen und das Wesen die Form ausdrückt. Erst der Mensch scheidet Form und Wesen. Nur im Augenblick der leiblichen und geistigen Schöpfung erlebt er die Urwelt der Einheit.

Die Farbe ist ein Urphänomen. Jedoch nicht Weiß oder Schwarz bedeuten ein Urphänomen, wie der Weise aus Weimar sagt, sondern mit der Farbe erscheint ein flüchtiger Schimmer aus der Wirklichkeit des »Ur« vor dem äußeren und inneren Auge des Menschen. Denn die Farbe ist ein geeintes Sein. Farbe ist Form und Wesen in der Einheit, Leib und Seele kündend im Ansturm von Licht, das daraufstürzt, und im Blick, der sich entgegenträgt.

Farbe ist also Dasein, wie ein Mensch, ein Stein oder ein Baum Dasein ist. Dasein ist aber Schöpfung und Empfängnis, Tat und Leiden. Darum ist Farbe, wenn sie geeintes Urphänomen ist, Lichtstrahl und Blick.

Das Urphänomen ist nicht geteilt zu verstehen. Urform ist Urwesen und Urwesen ist Urform.

Farbe ist immer Urphänomen, nicht nur das Weiß. Farbe hat keine Urfarbe, keinen Ursprung, keine Begründung, die selbst ein Seiendes wäre. Farbe ist nur unmittelbar von sich aus, das heißt aus der Farbe zu verstehen; Farbe ist Wirklichkeit! –

Man kann aus der Pyramide einen bestimmten geometrischen Körper durch Anschauung herauskristallisieren und Flächen oder Linien, kleine elementare Bausteinchen, Mikrokuben, herauslesen als Urteile. Aber die Farbe kann man nicht zerlegen. Weder Newton noch Goethe. Das Spektrum zerlegt – aber zerstört das, was war, ein einheitliches Farbphänomen, und entdeckt Grundfarben, also wieder Farben. Das Auge stuft Weiß ab zu den Farben, sagt Goethe. Aber damit wird nichts gewonnen, was nicht auch Farbe wäre, nichts, was hinter den Farben, als Urfarben, als begründendes Urphänomen läge. Alle Bemühungen, die Farben auf ein elementares Etwas zurückzuführen, entdecken nur Erscheinungen, die mit dem unmittelbaren Farbphänomen, so wie es sich von ihm aus zeigt, nichts mehr zu tun haben.

Farbe besagt Unmittelbarkeit. Sie ist Urphänomen und also sinnlich und geistig in der Einheit. Das Sinnliche, die physikalische Existenz zeigt das Prisma. Das Geistige, Wesenhafte oder

Seelische zeigt Goethe, zeigt das Erlebnis. Das Sinnliche zwischen Korpuskel und Welle, Ziel der Newton, Ostwald und Heisenberg, offenbart sich als höchste Form und wird darum eingegossen in die Form: in Zahlen. Aber das Wesen oder Seelische, die geistige Existenz – wenn man Geist als umfassenden Oberbegriff versteht, wohlgeschieden vom Intellekt – wird eingegossen in Symbole. Das Symbol ist eine Erscheinungsweise des Urphänomens. Es kann vom erkennenden Intellekt aufgespalten werden in Form und Wesen.

Eine Farbe ist jedoch nur soweit Urphänomen, wie sie rein ist. Gleichgültig zunächst, ob in ihrer physischen oder metaphysischen Existenz. –

Aber was ist Reinheit? – Warum ist Reinheit ein Wert? – Warum ist Unreinheit Schuld oder Sünde? –

Das Reine ist das Unberührte, das Einsame. Und das Urphänomen ist immer einsam, geradezu anarchisch in dieser Einsamkeit, eigengesetzlich und abgeschlossen. Lust vermag Unreinheit zu werden, weil das Wesen aller Lust in der Berührung besteht. Die vollkommene Farbe wäre die jenseits aller Materie. Wohl müßte sie Leib, Stoff oder Materie sein, aber nicht dürfte sie an der Materie haften. Kein Auge wird die ganze, tiefe Flut der reinen Farbe durchdringen. Ein Strahl von Licht müßte es sein, reiner Farbstrom, Schwingung einer unbekannten Welle oder jähe Erregung des Raums. Jede Farbe will die Materie, an der sie haftet, überwinden. Sie erwehrt sich des Stoffs. Sie erwehrt sich des Körpers wie der Ton und will als Strahl in die Reinheit des entkörperten Raumes tauchen.

Von hier aus stößt man auf eine neue Frage, die nach dem physikalischen und metaphysikalischen Zusammenhang von Licht und Farben; metaphysikalisch – denn das Licht und die Farben greifen tief in die Sphäre der Metaphysik, dringen tief in eine Phänomenologie, wo man von der Transzendenz des Lichtes und der Transzendenz der Farben sprechen darf.

Jede Farbe hat eine Transzendenz. Sie sagt immer mehr aus als eine physikalische Tatsache, beschlossen in Schwingungszahlen und Wellenlängen. Die Transzendenz der Farbe ist das Problem ihres Seins, von dem wir nicht aussagen können, ob sie unser Formempfinden oder unsere Wesensschau berührt.

Das Licht und die Farben! So nennt der Physiker ein Kapitel. Aber im Grunde beginnt hier ein Problem.

Aus dem Spektrum, nebensächlich ob Newton oder Heisenberg, wird immer nur auf eine Tatsache geschlossen: Das Licht ist der Einklang aller Farben; das Licht ist der Einstrahl aller Strahlensorten. Die entsprechenden Experimente sind ja bekannt. Goethe aber entgegnet: Das Licht als reines Weiß ist der Farbenursprung; das Auge trübt das Weiß oder hellt das Schwarz zu allen Farbtönen.

Hier beginnt der unverwindliche Streit – aber ist es ein Streit? – Das Prisma zerlegt das Licht in die Skala des Regenbogens. Das Auge stuft das Licht zu den Farben ab. Ist das ein Gegensatz? – Das Spektrum ist die Tat des Prismas, sagt der Physiker. Die Farben sind die Taten des Lichtes, das heißt die Taten des Auges, meint der Dichter. Prisma und Auge werden von Newton und Goethe gleichartig erfaßt. Der eine wendet sich – o größere Menschlichkeit – an das Auge, der andere – die größere Einfalt – spielt mit den Dingen und wendet sich an das Prisma.

Allein, ist das Licht der Grund der Farben? Entläßt das Licht die Farbe? Ist es mehr als eine physikalische Verwandtschaft? – Goethe setzt sie wertend untereinander. Newton oder die Physik sieht sie als Wellenlänge und Schwingungszahlen und eben darin unterschieden, durchaus nebeneinander. Das Licht ist die Vielfalt eines Phänomens. Alle Daseinsweisen erleben ihre höchste Integration. Das Licht ist die höchste Integration der Farben sowohl für Newton als auch für Goethe.

Aber wie kann die Seele meinen, das Auge erschaffe die Farbe? –

Das Licht ist die eigentliche, unmittelbare Sinnlichkeit der Welt, die tiefste, die inbrünstigste und schöpferischste, die alle Formen bildet. Die Farben sind ihre Grade. Die höchste Integration der Farbe ist das Licht, und die höchste Integration der Form ist der Raum. Darum ist das reine Licht die Farbe des reinen Raums. Ja, das Licht ist der Raum selbst. »Im Licht ist die änderungslose Welt verkörpert«, wie Wasmuth sagt. Das Licht ist der unaufhörliche Wille zum Durchbruch. Licht verhält sich zu den Farben wie der Raum zu seinen Dimensionen. Licht bedeutet Durchsicht. Der Raum schließt mit der Ferne die Durchsicht ein. So ist alles Licht das eigentliche Wesen der Ferne, physikalisch gedeutet als Strahl.

Im Licht und in den Farben erscheint das Unwandelbare; denn, wie Klages, wohl der einzige Philosoph, der heute etwas über Urbilder zu sagen weiß, gezeigt hat, spiegelt sich im Urphänomen das Unwandelbare. Und so verstehen wir Wasmuths Lichtmetaphysik, wenn sie um den Satz kreist, daß Licht etwas sei, das über allem Geschehen als Zeitlosigkeit ruhe. Es ist tief symbolisch, daß die Geschwindigkeit des Lichtstrahls, gleichgültig welcher Farbe, die höchst erreichbare Geschwindigkeit darstellt. Diese Grenzgeschwindigkeit spricht vor der Physik die Zeitlosigkeit oder die Unendlichkeitsnähe unseres Phänomens aus.

Die Schöpfung der Farbe – als Erkenntnis oder Nachahmung – war, wie die Schöpfung einer geometrischen Grundform, eine Tat ohnegleichen. Göttlich in ihrem Geschehnis, aber teuflisch vielleicht schon in ihrer Vermessenheit. Denn in dieser Seinsschöpfung vollzog sich der Ursprung aller Sinnlichkeit. Was muß Rembrandt sinnlich erlitten haben, als er den Kopf mit dem Helm, die Speerspitze oder irgendein Gesicht aus dem Dunkel des Brauns, seines Brauns, erschuf, als er dieses Braun geradezu entdeckte, wie man einen neuen Stein oder eine neue Substanz entdeckt – wenigstens entdeckte, denn Schöpfung konnte und durfte es nicht sein, diese Vermessenheit wäre unmenschlich. Eine Farbe ersinnen kann niemand. Aber wie Rembrandt oder Tizian eine neue Farbe entdecken und sie zum Symbol eines Weltgefühls, bei Rembrandt ist es die Angst vor dem Raum, erheben – das ist höchste Tat. Rembrandt oder Tizian erschaffen Farben, ein Braun und ein Rot, indem sie sie erfüllen mit Wesen – oder besser, indem sie diese Wesen entdecken, nachdem seit Jahrtausenden die Form bereits aus der Umwelt, die alle Farbskalen enthält, bekannt war. Es war der gleiche, große, weltenschauende Augenblick, den auch alle jene Mathematiker verspürten, als sie die Dreizahl der Dimensionen überschritten und in gewissen Größen neue Dimensionen des einen letzten Raumes erkannten. Man wird die Dialektik des Lichtes und der Farben niemals besser begreifen als im Anblick eines Rembrandt. Wird das Licht, die Helle getötet durch so viel Dunkel? – Was malt der Niederländer eigentlich? – Licht oder Dunkel? – Es ist einfach zu sagen: er malt beides! Das Dunkel des Brauns wird erschaffen durch irgendeinen Lichtfleck, und das Licht wird erschaffen durch die Flut des Brauns.

Ist das die Urdualität? – Licht und Finsternis, Klarheit und

Verschwommenheit im Innern des Menschen, Ratio und Gefühl, Werte aller menschlichen Existenz. Noch so weit schimmert jene Urdualität hindurch.

Diese Urdualität zwischen Licht und Finsternis ist überhaupt das seelenanlegende Geschehen am Ursprung unseres Wesens. Aus ihr entspringen überhaupt erst einmal die Begriffe Form und Wesen, wobei die Form dem Licht und das Wesen zunächst der Finsternis entspricht; denn Form ist Übersehbarkeit und Wesen ist Mysterium.

Diesen Gegensatz heißt es auch physikalisch zu erfassen, wenn die Physik der Farben und des Lichts durchdrungen werden soll bis zu jenen Zonen, wo die Metaphysik oder die Phänomenologie der Farben beginnt und wo der Weg sich bildet, der von Goethe zu Newton und Heisenberg führt.

Wir erinnern uns eines Begriffs aus der Thermodynamik: des absolut schwarzen Körpers, der nichts mehr reflektiert oder durchläßt, sondern jeden Strahl absorbiert. Andere Vorgänge spielen ja, allgemein gesagt, in die einfache Optik des reinen Strahls gar nicht hinein. Schwarz ist ein Ende. Im Schwarz hört alles Licht auf, indem alles Licht aufgenommen wird. Fülle – aber Untergang zugleich. Der Gegensatz dazu wäre – physikalisch gesprochen – zwiefach: ein Körper, der alles reflektiert, und ein Körper, der alles durchläßt, Spiegel und vollkommenes, absolutes, ideales Glas. Wir sehen den Gegensatz jetzt deutlich: Dunkel und Helle bedeuten eigentlich Absorption und Durchlaß. Es kann nicht heißen: Schwarz und Weiß, sondern Schwarz und absolute Durchsicht. Das heißt Entkörperung und Verkörperung. Denn Körper entstehen erst dadurch im Raum, daß das Licht ihn durchstrahlt. Wo aber Raum ist, muß auch Licht sein. Das ist ein Urgesetz, eine phänomenologische Wahrheit. Das Licht schafft den Raum und aus dem Raum schafft das Licht wieder die Verkörperungen, die Körper. Schwarz tötet alles Körperliche – und doch wächst dieses Schwarz mit dem Körper erst in den Raum.

Wo also der Mathematiker von Raum und Körper spricht, meint der Optiker Licht und Farben. Die Farben sind die Körper des Lichts. Wenn der Raum sich verkörpert, entsteht Substanz. Wenn das Licht sich verkörpert, entsteht Farbe.

Im Dasein unseres Blicks gibt es überhaupt kein Licht im

höchsten Sinne, sondern nur Farben, genau wie es auch keinen Raum in letzter Reinheit gibt, sondern nur das Körperliche. Der Raum ist der Tiefengrund der Körper, der Materie und der Bewegung. Das Licht ist der Tiefengrund der Farben, der Strahlen und des Sehens. Alle Bewegung ist genauso irrational wie das Sehen jenes Vorgangs zwischen Sendung und Empfang, den wir immer erdulden und erwarten und der unserer Rationalität fremd bleibt.

Das Körperliche bedeutet wie die Farbe einen Sammelbegriff. Ein urphänomenales Erlebnis. Die verschiedenen Formen der Körper im geometrischen Sinne, erfühlt oder entdeckt aus dem höchsten Raumgefühl, bedeuten das gleiche wie die verschiedenen Farben, die aus dem Licht erlebt werden. Raumgefühl ist Lichtgefühl. Raum nennen wir den erlebbaren Zusammenhang und die Allheit des Seins, aber Licht nennen wir diesen Raum, wenn er noch weniger substantiell ist als das, was wir Raum nennen. In gewissem Sinne ist das Licht noch eine Steigerung des Raums, noch metaphysischer, noch reiner. Den reinen Raum – das meinen wir mit dem vollkommenen Licht.

Licht ist im Grunde ohne Substanz, körperlos wie eine Musik. Aber wie das musikalische Phänomen Körper wird, wenn es sich zur Melodie zwingt, so geschieht in der Farbe die Körperwerdung des Lichts.

Das Licht ist die Farbe des Raums. Mit den Farben wird das Licht substantieller. Farben sind Körper des Lichts.

Der Kampf zwischen Weiß und Schwarz, als solche Goethe die Farben erkannte, ist nur ein Kampf der Urdualität; ja, diese Urdualität zwischen vollendeter Klarheit der Durchsicht und dem Dunkel ist dieser Kampf selbst. Und darin spiegelt sich der Abglanz jenes Widerstreites zwischen dem Körper und seinem Raumbett. Denn alle Materie tritt mit dem Zeichen des Dunkels, der Unreinheit in das Bewußtsein oder wird Sünde im mythischen Gefühl religiöser Inbrunst. Aber der Raum oder das Licht ist das Sinnbild des Reinen, des Unberührten, des Absoluten, Göttlichen, dem Ur aller Dinge, Geschehen und Handlungen. Der Raum ist das eigentliche Jenseits, das Jenseits der Materie, und in ihm endet alle Ekstase und also alles Außersichsein der Materie; in ihm endet alle Magie und ruht selbst der schöne und häßliche Körper noch aus, weil in ihm keine Unterscheidung mehr sinnvoll ist. Noch einmal: dieser Raum ist das Licht. Der Raum wird Körper – dann wandelt sich das Licht in die Farben. Die Farbe ist sinnlich, nicht das reinste Licht. Und der Körper ist sinnlich, nicht der reinste Raum, alles Licht und aller Raum sind nur die ewigen Sehnsüchte aller Sinnlichkeit. Die Philosophin der Schule Husserls[24] spricht einmal davon, daß das Licht »die Ekstase des Stoffes« sei, das heißt auch die Ekstase der Farben, wie der Raum die Ekstase der Körper ist. Ekstase genommen im reinsten Sinne, als Außersichsein, als Aufgang und Austritt aus der Zeitlichkeit.

Der Raum ist in seiner Reinheit ohne Zeit, und »Licht ist etwas, das über allem Geschehen als Zeitlosigkeit ruht«. Wie aber verhält sich die Zeitlosigkeit zur Farbe? –

Der Körper veranlaßt die Endlichkeit und damit das Erlebnis der Zeit. Die Farbe schafft aus dem Urerlebnis des Lichtes alle Unterscheidungen, alle Seinsweisen und alles Treiben zwischen Auf und Ab. Damit enthält die Farbe die Wandlung und damit die Zeit. Innerhalb dessen, was Licht ist, gibt es keine Wandlung und keine Zeit. Nur innerhalb der Farben liegt die Möglichkeit des Übergangs.

Das Weiß Goethes ist also selbst schon Ergebnis. Es ist die erste Trübung der Durchsicht. Es ist die erste Körperlichkeit des Lichts. Im Verspüren dessen, was wir reines Licht nennen, liegt, wie in der Entdeckung des reinen Raums, eine Urleistung des bewußten Erlebens. Am Anfang empfängt das Wesen nur Körper und Farben. Das Weiß hat keine Grade und kann sich nicht trüben. Grade gibt es nur mit der Durchsicht. Hinter dem Weiß steht das Licht, das heißt die Durchsicht als Ideal. Denn Licht ist Durchsicht. Und der Raum wird erst mit der Durchsicht als Licht verstanden.

Wenn der Raum mittels des Lichtes, indem es Farben entläßt, erst die Körper im Raum erschafft, so folgt nicht, daß Körper aus dem Raum entstehen oder daß Farben ohne weiteres aus dem Licht sich bilden. Wir dürfen wahrscheinlich die Dinge überhaupt nicht vom Aspekt des Zeitlichen, des kausalen Geschehens sehen, sondern nur aus dem Sein, das vorüberfließt, das sich wandeln kann, aber nicht beginnt.

Raum und Körper bestehen seinsnotwendig oder wandlungsnotwendig nebeneinander. Alle Wandlung, aller Übergang aber ist irrational.

So gibt es auch Licht *und* Farben. Das eigentliche Wesen eines Überganges dazwischen ist uns fremd; anfanglos steht es vor uns. Alles müssen wir aus ihrem zusammengehörigen, geteilten Dasein begreifen.

Aus dem Raum erschauen wir die Körper. Das heißt – realontologisch – im Raum sind Körper, mehr noch, im Raum sind immer Körper. Oder:

Aus dem Licht schauen wir die Farben. Das heißt – realontologisch – das Licht hat Farben, mehr noch, mit dem Licht sind die Farben, wo Licht ist, da sind auch Farben.

Aus dem Erlebnis des Raumes und der reinen Körper entsteht die Geometrie. Wir übernehmen die Ahnung, daß es einen reinen Raum gibt, mit in die sinnliche Welt des Körperlichen und betrachten alles Körperliche aus dem Standort im reinen Raum, sehen sie selbst rein und gelangen so zu den reinen Körpern, das heißt zu den mathematisch vollendeten Körpern. In der Geometrie schlug sich die Ahnung vom reinen Raum versinnlicht, das heißt selbst wieder verkörpert, nieder. Die reine Farbe ist wie ein reiner, geometrischer Körper, und ein Zusammenhang zwischen den Farben und den geometrischen Körpern muß sich irgendwie vordrängen.

Ich erinnere mich hier zunächst eines kubistischen und an der neuen Sachlichkeit orientierten Malers, der es unternahm, Perspektive allein durch Farben, weniger durch die Fluchtpunktzeichnung anzudeuten. Der Raum wird hier durch Licht wiedergegeben, Körperlichkeit also durch Farben. Da haben wir die Ahnung des geforderten Zusammenhangs.

Aber dieser beinah mythische Übergang von der Geometrie zur Optik in der Sphäre des rein Sinnlichen wird noch deutlicher durch ein einfaches Experiment: zeichnet man geometrische Grundfiguren, etwa einen Kreis und ein Quadrat und ein Dreieck hin, so wird, läßt man wählen, beinah jedermann den Kreis rot, das Quadrat grün und das Dreieck vielleicht blau anmalen. Warum diese Gesetzlichkeit in der Farbengebung? – Es zeigt sich hier sicherlich mehr als eine gefühlsmäßige Abbildung der Sonne im Kreis und der Wiese im Quadrat. Im Gefühl liegt ein Zusammenhang von Geometrie und Farbe.

Wie weit allerdings die sogenannten Grundfarben, auf deren, von den einzelnen Forschern verschieden bestimmter Anzahl die

Theorien der Newton, Goethe, Helmholtz, Hering oder Mach und Ostwald sich immer wieder aufbauen, den einzelnen geometrischen Figuren entsprechen, das läßt sich wohl nicht angeben. Tatsache ist lediglich, daß eine Farbe nicht einem platonischen regulären Körper, sondern immer einer einfachen geometrischen Figur entspricht. Farbe fordert Fläche. Das ist wohl die primitivste Beziehung zwischen Geometrie und Optik.

Aber zugleich beginnt hier ein neues Problem: zwischen Farbe und Linie, und das bedeutet einen Zustand der Spannung zwischen Licht und Raum, ob man sich also für das Licht oder den Raum als Urerlebnis entscheidet; denn es gehört zur Seele dieses Wesens, daß es sich immer wieder Entscheidungen aufbaut – und nur die eine Seite, anstatt die Synthese betrachtet.

Ist die Farbe im Bereich der menschlichen Empfindung Wesen oder Linie, das heißt jetzt, sagt die Linie immer mehr als die Farbe, oder muß Farbe sein, damit die Linie alles aussprechen kann – alles, nur darauf kommt es an. Es ist ein Gegensatz zwischen Lessing und Goethe – und sagt für beide sehr viel.

Der Kritiker schreibt gelegentlich seiner berühmten Betrachtung über *Die Grenzen der Malerei und Poesie*[25], daß die Ölmalerei gar nicht erfunden zu werden brauchte, weil eine einfache Linie alles deutlich sagen könne.

Aber Goethe antwortet am Schluß seiner *Farbenlehre:* »Wenn sich ein Künstler seinem Gefühl überläßt, so meldet sich ein Farbiges an... Überhaupt strebten die Menschen in der Kunst instinktmäßig jederzeit nach Farbe...«

Es ist immer die Frage nach der Intensität des sinnlichen Erlebnisses, der Nähe am Urphänomen oder der Verwurzelung in der einen Wirklichkeit – ob alles schwerer wiegt, was Farbe ist, ob alles tiefer sehen läßt und mehr, was Licht ersehnt.

Das reine Licht ist das wunschlose – aber die Farben sind ein Spiel im Glück; das Wirkliche dämmert nur in ihnen; denn Licht ist etwas Imaginäres. Was aus der Linie wird, bezieht alles auf den Raum, was aus der Farbe wächst, bezieht alles auf das Licht. Lessing läßt sich durch die Umkehrung täuschen, wenn er die Linie vorzieht: Die Farbe kann niemals die Linie, und sei sie noch so aufgelöst, verleugnen – aber die Linie ist mager in ihrer Farbe: denn sie ist Ergebnis dessen, was den Farben widerspricht, Ergebnis aus Schwarz und Weiß. – Und das ist der Irrtum. Jede Linie ist ein dialektisches Ergebnis. Aber es ist gleichgültig, ob die Glieder schwarz und weiß, rot und grün, blau und gelb oder sonstwie heißen. Auch die Linie wächst aus der Vielfalt. Und Vielfalt ist der Grund der Farbe.

Es gibt also gar keine Linie ohne Farbigkeit, nur das Licht kann das geometrische Zeichen schaffen. Die Linie kann höchstens aus Weiß und Schwarz geboren werden. Denn die Linie ist schon körperlich und das Weiß oder Schwarz sind schon Körper des Lichtes.

Wo die Kontur stirbt – da ist Licht. Die Kontur schwindet aus der Farbe erst bei den Monets und Corinths, den Impressionisten und Pointillisten. Hier soll das Weiß der Leinwand oder des Holzes noch die Kontur, die Linie also zum Zerfall bringen und den Stoff noch überwinden. Man spürt die Wahrheit der feinen Einsicht Gides, alles »Weiße sei lichtgewordener Stoff«. Denn tatsächlich ist das Weiß noch Stoff. Er zerfällt erst, wenn er Licht geworden ist. Das Licht ist entkörperter Raum.

Die Wahrheit ist also: wo etwas ins Auge dringt, da ist auch Farbe. Aber auch Licht. Das Licht ist das Ins-Auge-dringen selbst. Die Farbe ist das Was dieses Vorgangs. Das Licht schenkt den Raum. Die Farben schenken die Körper, die Linien und den Stoff. Aber »Dasein« ist die unendliche Verschlungenheit all dieser Phänomene, und wer Seiendes malt, kann nur dann die reine Linie gestalten, wenn er das Bild des Raumes wiedergeben will, und muß dann die reinen Farben sprechen lassen, wenn er die Dinge und Körper im Raum erstehen lassen will.

Das Problem der Plastik taucht hier auf. Frühe Völker bemalen die gehauenen oder geschnitzten Körper. Das Körperliche ist farbig, so schaut jener junge Blick, der noch nicht um Abstraktion bekümmert ist. Aber sofern die Plastik in ihrer Dreidimensionalität dem Raum nahekommt, jedenfalls als räumlich empfunden wird, muß sie Licht zeigen, das heißt das Jenseits der Farben. Die einfarbige Plastik, die farblose Plastik ist das Höhere, ist wahrer als die bunte. Denn der Raum hat Licht, aber keine Farbe. Die Plastik ist kein Bild. Die Plastik ist Raumgestaltung. Die bemalte Plastik ist das Primitive, die farblose – klarer durchsichtiger Marmor, parischer Marmor, aus dem die Griechen ihre Jünglinge schufen und darin das Licht verschmelzend spielte – und ihnen Leben verlieh –, diese farblose Plastik ist das Höchste.

Und der Stoff des Meisters? – Es muß Weiß sein, Marmor oder Ton, einfacher Kalk oder Gips; denn das Weiß kommt dem Licht am nächsten und darum näher dem Raum.

Und durch diesen Raum fließt unser Dasein wie ein unsäglicher Strom zwischen Labsal und Verzweiflung, Licht und Finsternis. Dieses Dasein im Raum, wir wissen es heute, ist das eigentlich Zeitliche im Raum, und sein Ziel ist das Einmal-Verharren-Wollen, weil auch die Zeit ängstigt. Die Ratio vergißt den Wandel. Nur aus der Magie heraus sieht der Blick noch einmal die Wandlung als Gesetz – als Sein der Dinge, ohne Widerspruch und ohne Schwere. Die reine Vernunft fordert die Farben als Festes. Erst Goethe sah die innere Dynamik der Farben.

Hier erinnern wir uns einer Eigentümlichkeit, die noch nicht deutlich genug herausgestellt wurde, wie sehr wir nämlich der urphänomenalen Welt entwöhnt sind, erhellt daraus, daß wir Stil gemeinhin nach der Form und nicht nach der Farbe beurteilen. Und dennoch läßt sich recht gut, natürlich vor allem für die Geschichte der Malerei, eine Entwicklung der Stile nach der Farbe begründen.

Das magische Wesen, so scheint mir, empfindet Farbe immer als Raumelement, wie wir es eben zu zeigen versucht haben. Hierhin gehört auch die merkwürdige Tatsache, daß die Araber, das für Mathematik, sonderlich für Algebra, so begabte Volk, ihre Himmelsrichtungen nicht durch bestimmte Worte dafür kennzeichnen, sondern durch Farben. Das Irrationale ist das Urphänomen. Der Geist spaltet das Urphänomen in »Form« und »Wesen«. Aber wie urphänomenal der Geist selbst noch ist, erkennt man daraus, daß er sowohl Form als auch Wesen noch setzt, gleichgültig, ob sie a priori in ihm sind, im Denken also, oder ob er sie sensuell empfängt. Hätte Kant sich im Verlauf seiner Kritik mit den Farben auseinandergesetzt, dann hätte die letzte Zuspitzung seines Problems, das überdies in höchster Klarheit erst von Ortega y Gasset begriffen wurde (Problem: wie ist das Problem der Umwelt, des Mitseienden zu lösen) – also dann hätte Kant gefragt: entsteht im Denken nur die Form und ist das Wesen das »absolut Seiende« oder ist bereits Form und Wesen, das heißt ist das Urwirkliche im Denken? Vielleicht wäre er dann vom transzendentalen Idealismus, der höchsten Subjektivität losgekommen und hätte das Urphänomenale, wie wir, mit dem Sein gleichgesetzt und dem Denken lediglich die gespaltete Urphänomenalität zugeordnet, mit der Aufgabe, sie zusammenzufügen.

Jedenfalls die Frage, die uns hier beschäftigt, besagt Farbe nun lediglich etwas Formales oder etwas Wesenhaftes, löst sich für uns zunächst damit, daß wir in den Farben die Erscheinung eines Urphänomens sehen. Der Geist kann recht eigentlich keine Farbe setzen. Daher kann man eine Farbe nicht beschreiben, es sei denn, daß man in die höchste Metapher flüchtet und, wie Benn, »im Garten von Arles« alles Seiende zum Goghschen Gelb verzaubert. Vor dem Geist besteht Form und Wesen. Die Sinnlichkeit entdeckt, wenn sie groß ist, das Urphänomen in der Farbe. Diese Farbe wird vom Geist als das Bewegteste verstanden, das er bemerkt, nämlich als den Übergang von der Form zum Wesen. Und wo der Geist die Farbe in dieser Weise als Übergang erfaßt, da kommt er von unten, noch einmal kärglich von unten, lebendig genährt, lebendiger Geist Gundolfs, vitales Denken Ortegas oder Seele Klages'.

Die Farbe fließt, indem sie übergeht, indem sie tönt. Die Mischung entsteht aus der Bewegung. Wo etwas sich mischt, bewegt sich etwas.

Aber, so wird man nun einwerfen, die moderne Physik, Heisenberg ist hier der große Name, hat doch die Stetigkeit des Lichtes und der Farben unterbrochen, hat den Fluß der Farbe zerrissen, hat den Fluß durch Sprünge ersetzt. Jawohl, wenn man alles vom Standort der reinen, sagen wir Heisenbergschen Quantenmechanik sieht. Die Farbe wird an die ganze Zahl gebunden. Es sind nur bestimmte Farben möglich, nur bestimmte Töne in dieser Mischung. Das vollkommen kontinuierliche Spektrum ist eine Illusion. Das Quant beherrscht alles, und dazwischen liegt das Dunkel, das Nichts, das Seinslose, als wenn es nur die Reihe der natürlichen Zahlen, 1, 2, 3 usw. gäbe, und alle Brücken dazwischen nur ein Spiel launischer, mathematischer Operation wären.

Aber gibt es ein reines Quant? Die Wellenmechanik schafft ein vollkommen imaginäres Phänomen: die Korpuskelwelle. Damit sind die Übergänge zwischen den Quanten gleichsam wieder da. Allerdings nur vor dem Denken. Wir geben der idealistischen Philosophie nicht soweit recht, daß wir sagen: Denken ist das Sein. Wir machen uns die Übergänge zwischen allen Zahlen und zwischen den Quanten, weil wir einen Urzusammenhang ahnen. Dieser Urzusammenhang wird das Thema der Metaphysik und darüber hinaus das eigentliche Thema unserer eingeleiteten Urformenlehre.

Die Bewegung liegt in den Farben. Wir sehen sie als Wesen der Mischung, und mit der Mischung kommen wir von der Physik zur Metaphysik und zum Ethos der Farben.

Es ist merkwürdig: Jene Norm, die in der Geschichte der Ethik, das heißt in allen europäischen, afrikanischen und asiatischen Systemen immer wieder eine Rolle spielt, gehört zutiefst auch in die Farbenlehre. Gut und Böse – Schwarz und Weiß. Das Ethos ist den Farbbegriffen tief verwandt. Gut und Böse – sind sie ideal wirklich oder nur in Übergängen, in Mischungen vorhanden? – Sind sie überhaupt definiert? – Sie sind subjektiv, aber nur in ihrer Intensität. In Wahrheit können sie groß und schwer existieren – nicht als Werte, sondern als Mächte. Denn alles, was wirklich ist, tritt mit dem Zeichen des »Mächtigen« in unsere Erkenntnis, aber nicht als »Wert«, nicht als »Geltung« oder »Schein«. –

Die Farbe will rein sein. Darin besteht gleichsam ihr ethischer Wille. – Hier stoßen wir auf ein neues Phänomen: Die Farbe gibt der Form Tiefe. Tatsächlich wirkt die Fläche erst dann tief, wenn sie farbig ist, obwohl das eigentliche mathematische Bild der Fläche etwas Farbloses sein müßte. Damit wird also die Farbe zu einem Phänomen des Ausdrucks, und bekanntlich lehrte uns Klages, daß Ausdruck nur aus der Seele, nicht etwa aus dem Geist kommen kann. Die Farbe spricht nicht den Geist an, sondern die Seele. Wenn man die reine Form, das heißt also die mathematisch reine Form dem Geist zuordnet, dann gehört das Farbige der Seele an. Form und Farbe verhalten sich wie Geist und Seele. Die Form ist das vergeistigte Farbphänomen und die Farbe ist das verseelischte Formphänomen.

Ausdruck kann nur etwas haben, was urphänomenal ist in dem Sinne, daß es sowohl Form als auch Wesen enthält. Die »Farbe« tritt stärker in die Seele und spielt darin eine viel größere Rolle als etwa die »Form«. Es gibt folgerichtig einen Mythos der Farben oder gar eine Farbsymbolik, aber kaum einen Mythos der Form. Man sehe sich darauf einmal afrikanische und polynesische Märchen und Überlieferungen an.

So ist die Farbe jenes bedeutende Phänomen, das uns das Urphänomen in umfassendem Sinne spiegelt. Sie ist Urphänomen wie die menschliche Kreatur. Menschliches bedeutet immer Zwiespalt aus Geist und Seele. Und die Farbe ist Einheit aus Form und Wesen. Die Spannung zwischen beiden wird an jedem Farbensein offenbar. Die Form ist das Wandellose, aber Wesen ist die Wandlung selbst. Jede Farbe zeigt Form in ihrer Bestimmtheit, aber zugleich auch ihre Unbestimmtheit, dauernde Bereitschaft zur Mischung, dauernd sich trübend oder erhellend, wie Goethe sich ausdrückt.

Vielleicht ist »Wesen« nur bewegte »Form« – und dann ist uns das beinah transzendente Urphänomen verständlich, und alles ist rational auf das eine irrationale Phänomen der Bewegung aufgebaut, jener letzten Irrationalität, die wir kennen.

Die Farben sind eine Flut aus dem Ursprung, eine Flut aus dem Irrationalen, ein Anschwellen und, mehr als ein Anschwellen, ewige Begeisterung des Sinnlichen, der Materie und der Seele, mit dem Blick nach Licht. Denn das Licht ist das höchste sinnliche Glück.

Was sind die Farben und der Strahl, wenn wir das Auge schließen? – Wo Grosseteste in mystischer Vermutung das Licht als eine Funktion des Raumes entwickelte, entdecken wir deren letzte Einheit. Das Raumlicht ist die Transzendenz aller Dinge, und der Geist, das große unbewegte oder die Seele, das große bewegte Zeichen dieses urphänomenalen Raumlichts geschieht, wenn wir das Auge schließen.

Jedes Urphänomen offenbart sich als Schöpfung – schöpferisch oder schöpfungsfähig. Schöpfung aber geschieht immer aus der Zweiheit von Tat und Empfang. Farbe und Licht sind ewig unmittelbar schöpferisch, Einheit von Auge und Welt, Einheit von Goethe und Newton.

# Philosophie und Züchtung

Man kann einem Volk ohne philosophische Begabung nicht viel glauben. Ihm fehlt die Leidenschaft des Daseins, jener tiefe Trieb, sich als Ganzes in der Ganzheit zu offenbaren. Und das bedeutet schon Philosophie. Zu jeder völkischen Wirklichkeit gehört die Philosophie als eine besonders feingeartete Unterströmung, die den Kristall der Nation aus dem Gewässer des menschlichen Gesamtseins hebt und Ecken und Flächen schafft, die es zeichnen.

Denn zur vollkommenen Philosophie, deren wesentlichste Substanz ja so unsichtbar, so transzendent ist, bedarf es der Leidenschaft. Wie jede wahre Schöpfung, kann auch sie nur aus einer tieferen Inbrunst geschehen – und Inbrunst ist doch ein Zustand der Leidenschaft. Aber damit hat es den Anschein, als ob Schöpfung nur aus dem Leiden möglich wäre. Und das ist die Stimmung, mit der man seit langem den Schaffenden, den Werken gegenübertritt. Allein, das Höhere ist das, was aus Überfluß geschieht, aus Glück, aus Kraft. Es gibt eine Rangordnung der Werke, und vermutlich enthält die Skala die großen Unterschiede zwischen dem »Werk aus Leiden« und dem »Werk aus Überfluß«, aus einem Prachtgefühl. Freilich hat sich das tragische Europa von diesen Unterscheidungen abgewandt, aber eine Zeit, die die Steigerung der Vitalität notwendig aus dem Geist rechtfertigen muß, wird sich vielleicht wieder darauf besinnen und der Schöpfung die tiefe innere Kraft, den Überfluß und das Glück abgewinnen. Mag es auch immer tragisches Weltgefühl geben, der Zerfall der Tragik oder des tragischen Gefühls ist zuweilen die einzige Rechtfertigung des Daseins, das einzige Glück des Geistes, auch noch des späten. »Nicht immer die tragischen Gestalten voran«, wir spüren die Erkenntnis und die Mahnung des Nietzsche-Wortes. Aber wir müssen lernen, aus seiner Mitte das Sein des Werkes zu bestimmen.

Leidenschaft will Glück werden. Not möchte Überfluß sein. Es ist ein besonderes Gefühl, in seiner Existenz auch reich zu sein. Wir können letzten Endes zutiefst um unseres eigenen Daseins willen die Existenz, das Sein gar nicht anders verstehen, als aus einer reichen Schöpfung heraus entstanden zu sein.

Und etwas ist in uns, das sich immer darum bemüht, den ersten Tag zu schauen. Etwas ist in uns, das uns die Daseinslust noch stark erhält. Daraus geschieht die Philosophie. Daraus sollte sie immer geschehen. *Philosophie ist weniger ein Verzweifeltsein über die Welt als ein Sichverwurzeln in der Welt.* Das Werk hat nicht die Aufgabe, gegen die Welt zu stehen, sondern in die Welt hinein zu ziehen. Es ist die große, ewige und unverwundbare Brücke zwischen der eigenen und der nicht eigenen Existenz, der Bogen zwischen Innerlichkeit und Außermenschlichkeit. Der Gesang, den es vermittelt, ist das Zeichen davon, daß man nun nicht mehr über der Welt oder unter der Welt ist, daß es nun keine Feindschaft mehr gibt zwischen dem Diesseitigen und Jenseitigen, sondern daß die Innerlichkeit nun mitten in der Wirklichkeit der Schöpfung steht. –

Der Schöpfungsbegriff ist – ich habe schon mehrfach in diesem Buch darauf hingewiesen – mit dem Begriff der Wiederholung verknüpft. Schöpfung ist Wiederholung. Es liegt in unserem Wesen ein ausgezeichneter Trieb zur Schöpfung. Alles Leben läßt sich als Trieb zur Schöpfung – als Sein der Schöpfung erfassen. Ich möchte nicht Wille sagen. Denn nur ein kleiner Bruchteil in uns ist Wille. Und damit hängt es zusammen, daß zuweilen diese Macht der Schöpfung über uns hereinbricht wie eine zeugende Flut in kaltes, kahles Gestein.

Die Seele kennt Zeiten intensivster Schöpfung, und darüber hinaus erfährt auch die gesamte menschliche Daseinsgeschichte, erfährt das vitale oder geistige Werden solche besonderen Zeitalter des Schöpferischen.

Es ist nun in dieser Zeit ein Wort im Schrifttum, vor allem der germanischen Völkerschaften erschienen, das – vielleicht von Nietzsche herkommend und heute aktiv werdend – den Durchbruch der schöpferischen Abgründe des allgemeinen, sonderlich aber des vitalen Daseins des Menschen mit einer Deutlichkeit ohnegleichen offenbart. Dieses Wort heißt: Züchtung. Es ist physisch und biologisch, metabiologisch und metaphysisch mit dem

Elementarphänomen der Schöpfung tiefer verwandt, als es uns bisher bewußt geworden ist.

Wo gezüchtet wird, da herrscht die Schöpfung. Wo gezüchtet wird, da verehrt das bewußte Wesen die Ganzheit, da spricht die Seele die Seinslust der Welt lauter und mächtiger als je zuvor aus.

Denn Züchtung bedeutet nicht etwa eine Mechanisierung der Natur, nicht eine Regulierung der Dinge und der Handlungen des Seins. Züchtung bedeutet nicht etwa, daß nun der Einzelne sich völlig aufgeben müsse, damit ein Ganzes lebt. Wir wollen züchten, weil wir immer noch und unaufhörlich aus der Mitte unseres Wesens schöpferisch sein wollen, weil alles Wirkliche ja selbst wieder im Werden das Phänomen der Schöpfung ausdrückt, und weil das Wesen Mensch das wirklichste aller Wesen ist.

Schöpfung ist Seinswerdung. Aber Züchtung ist die Ordnung des Seins.

Diese Macht der Züchtung ist nicht nur in biologischer Hinsicht eine Auslese, nicht nur für das physische Leben ein Prinzip der Schöpfung, sondern Züchtung ist auch in den tiefen Bezirken der Seele und des Geistes vorhanden. Dort entfaltet sie sich notwendig, weil hier auch der Durchbruch des Schöpferischen aus der menschlichen Existenz geschieht.

Es ist gleichsam ein ontisches Gesetz, daß da wo Schöpfung ist, zugleich auch Züchtung einsetzt, etwa so, wie alles Sein auch Werden einschließt. Schöpfung ist Sein. Züchten ist Werden. Werden ist freies Werden, sofern es stets über sich hinaus will, und Züchten ist freies Züchten, weil es zutiefst kein Ende will. Und hier besinnen wir uns endlich wieder auf die Aufgabe der Philosophie. Ihre Äußerungen im Schrifttum und Feuilleton, in Dichtung und Haltung ist überschattet – denn sie kannte die Idee, ihre Idee des Züchtens nicht mehr.

Was soll denn Philosophie noch leisten, wenn ein Volk sich anschickt, sich eine Moral und eine Religion aufzuerlegen, die als Ergebnis einiger weniger, seiner vielleicht größten Philosophen zu sehen ist? – Was soll hier eine Philosophie, eine philosophische Gestalt oder ein philosophisches Buch noch bedeuten, wenn die Nation sich formt unter dem Gesetz einer einheitlichen Weltanschauung, wie man sagt? –

Freilich, es kann immer ein Nietzsche noch aufstehen und Umwertungen andeuten, setzen oder vollbringen – und doch braucht bis dahin diese nationale Philosophie kein Schattendasein, verborgen in den Vorlesungen über die vergangenen Philosophen und ihr System, zu führen.

Denn Philosophie hat nicht die Aufgabe, Geschichte zu sein, über die man in Hörsälen spricht. Philosophie hat die Aufgabe, Züchtung zu bewirken.

Philosophie und Züchtung, das heißt hier Philosophie als Züchtung. Wie aber kann man Philosophie in dieser Weise verstehen? –

Zum Züchten gehört ein »Was« und ein »Zu was« oder ein »Wohin«.

Philosophie ist die Fähigkeit des denkenden Wesens, seine Seele und seinen Geist so zu bereiten, daß sich darin in jedem Augenblick das Wesen des Wirklichen, der Wille der Welt oder Schöpfung und das Gesicht des Seins offenbaren kann. Philosophie ist der Ausdruck jener Vision, deren das bewußte Wesen in seinem Weltsein von diesem Weltsein innewerden kann. Darum kennt die reine Geschichte der Philosophie eigentlich keinen Aufstieg, keinen Fortschritt, wie man wohl vor Jahrzehnten so gerne sagte, kein Ende und keinen Anfang, sondern nur das Bildnis, wie es wechselt von Zeit zu Zeit oder Denker zu Denker. Zugleich liegt hier die Wurzel der Berechtigung einer Philosophiegeschichte – wir bewahren darin einige Augenblicke der Welt auf, Einfänge des Seins, wie sie diesen oder jenen mehr oder weniger schwer gelangen.

Philosophie steht immer am Anfang, weil sie die Wiederholung im Seienden am sichtbarlichsten als Geist zum Ausdruck bringt. Und diese Philosophie ist Züchtung, weil sie immer wieder ausliest, weil sie immer wieder das Dasein des Menschen mit jenem Ernst und jener Lust beschreibt und deutet, die den Geist des Ursprünglichen ziert. Diese Philosophie ist Züchtung, weil sie das geistige Dasein des Menschen immer wieder aus dem Gesamtseienden bestimmt, weil sie die Kreaturen voneinander abhebt, weil sie das Höhere ist, das wir selbst schufen und darauf wir uns berufen können.

Das philosophische Prinzip ist ein Züchtungsprinzip. Leopold Ziegler gab einmal auf die Frage, was denn Philosophie sei, die merkwürdige Antwort: Philosophie sei Weltverwurzelung; das heißt für mich, Weltverwurzelung des Geistes, und eben sie hat die Philosophie zu besorgen, und eben darin ist ihre Tendenz eine Züchtung. Sie züchtet den Geist, der als solcher wuchert wie das Leben, wie ein Eigenleben. Es ist das Verdienst der Nietzsche und Klages, daß wir dieses so sehen können. Aber wir schreiten doch über die scharfe Trennung von Leben und Intellekt hinweg und setzen aus dem Geist etwas an, das den Geist verwurzeln will: die schöpferische Philosophie.

Philosophie sei Weltverwurzelung, sagt Leopold Ziegler. Von da aus begreifen wir Philosophie als Züchtung; denn Weltverwurzelung ist ein langer Weg, ein Weg großer Abscheidung, Auslese, Zucht zur Tiefe und Seele, Gewöhnung an Innerlichkeit und ein beinahe letztes Nachsinnen mit der Gebärde des Fühlens und Ahnens über die Dinge des Seins. Damit tritt ein neues Problem in den Aspekt dieser Arbeit: Schöpfung heißt der eigentliche Wille und Ausdruck dieser Welt – wie aber ist diese Schöpfung gerichtet, auf die Form oder auf das Wesen? Zeitalter der »Form« werden abgelöst vom Zeitalter des »Wesens«. Selten treffen sich beide Tendenzen. Und doch ist die Einheit beider erst das wirkliche Sein, die Urgestalt, die Urwelt, wie wir es einmal genannt haben, und wie wir den Ausdruck »Ur« als solchen verstehen.

Das Ur ist die Einheit von Form und Wesen. Wir pflegen vom Denken aus immer beide zu scheiden. Für die Form wird dann das Wesen und für das Wesen die Form immer das Mysterium. Das Ur der Einheit erleben wir nur in besonderen, gesteigerten und gelösteren Augenblicken. Es braucht nicht notwendig Ekstase zu sein, ein Außersichsein, wie Klages sagen würde, sondern jede Tiefe, ob Außersichsein oder Innerlichkeit – denn beides sind Arten der Tiefe –, schafft die Urwelt des reinen Wirklichen. Einmal ist zuviel Herz, dann wendet sich das äußere und innere Auge auf das Wesen zu; das andere Mal ist zuviel Gedanke, dann spricht unser Suchen immer die Form an. Mystik und Scholastik, Gedicht und Logos, Musik und Mathematik, Benn und George sind Sinnbilder dieser einen Spannung, darin das Schicksal unserer eigenen Sinngebung und Geschichte beschlossen liegt. Welches Urerlebnis dahinterliegt, ob das Früherlebnis zwischen Raum und Ich, Nähe und Ferne, oder die Urerfahrung von Hell und Dunkel, wir wissen es nicht zu sagen, aber daß Urerlebnisse hier entscheidend und richtend gewesen waren, ist ohne Zweifel.

Man hat Geist und Leben gegeneinandergesetzt und so das Sein gespalten. Das Wesen der Erkenntnis weiß nicht mehr aus noch ein und fragt voll Angst, was denn nun eigentlich die Natur, das Wirkliche um uns sei: Geist oder Leben?

Es ist die Aufgabe der Philosophie, den eigentlichen Geist des Lebens zu finden oder zu bereiten. Du sollst Philosoph werden, das heißt du sollst deinen Geist verlebendigen. Du sollst Philosoph sein, das heißt du sollst immer aus der Tiefe, nie aus der Oberfläche des Seins leben. Es gibt einen Geist, der zurück ins unmittelbar Lebendige drängt. Es ist so, als ob der Geist sich selbst seiner Lebensferne und Tragik bewußt sei und zuweilen zum Leben hinabsteigen möchte, als Bittender, als Besorgter und Geängstigter.

Über das Wesen des Schöpferischen sind dieser lebendige Geist, Seele nennt ihn Klages, und das unmittelbar Lebendige verbunden. Die Philosophie züchtet das Leben zum Geist, indem sie den Geist, der hinab will zum Leben, hinabführt, sie züchtet den Geist zum Leben, indem sie das Leben im Geist spiegelt.

So ist Philosophie ein Akt der Vitalität selbst. Darum liegt auch in ihrer Gestalt und Äußerung der Wille beschlossen, das System zu überwinden. Nicht das System ist ein Kind der Philosophie, sondern die Meditation.

In der Meditation gelangt die Philosophie letzthin zum Leben, weil reine Meditation leidenschaftlich ist. Aber die Leidenschaft der Buddha, Platon und Nietzsche etwa ist philosophische Vitalität – ist Schöpfung. Denn Schöpfung kann nur da sein, wo Lebendigkeit ist.

Philosophie als schöpferische Vitalität ist die Brücke zwischen Geist und Leben, schöpferischer Ausdruck der Daseinslust wie die Kunst, aber nicht wie diese ohne Tendenz, sondern mit der Aufgabe, den Verband zwischen den großen Mächten Geist und Natur zu züchten. Züchten, weil es dabei um die »Auslese« geht. Denn alles muß aus dem Geistigen und Seelischen abgeschieden werden, was dem Leben und seiner Schöpfungsfähigkeit fremd und feindlich gegenübersteht.

Wo aber ist die europäische Philosophie sich dieser Aufgabe bewußt geworden? – Und ist sie es überhaupt? –

Man kann feststellen, daß die großen Namen, sonderlich in der neueren, nachkantischen Philosophie, noch mehr in der neuesten, nach Schopenhauer das System wenigstens formal schon auflösen. Mit Nietzsche hat ein philosophischer Impressionismus begonnen, eine Verfeinerung des philosophischen Stils auf Kosten der starren Systematik.

Man kann weiterhin feststellen, daß den Professoren dieser Stil der Philosophie, diese Erlöstheit und Aufgelöstheit ihres Umfangs, nicht recht in die Schule paßt.

Die Philosophen dieser Zeit, vor allem soweit sie aus einer Schule, einem Ismus, einem System kommen, haben keine Form mehr, und wo sie zur Form kommen aus einem Übermaß von Ideen, da treibt der Weg nach Sils Maria.

Daß aber der modernen Philosophie die Form verlorengegangen ist, offenbart dahinter den Vorübergang der Ideen und der Erkenntnis. Denn zutiefst muß jede Idee oder jede Erkenntnis zur Form kommen. Erkenntnisse, Ideen erzeugen mit ihrer Schwere von selbst die Form. Nicht umgekehrt, wie die Bewahrer der Reflexion es meinen.

Wo eine Philosophie nicht mehr zur Form, zu einem Stil zwingt – und wo sie, um zu wachsen, die Literatur, den Roman, das Gedicht zu Hilfe nehmen muß, oder wo sie, wie heute, eben jedem Literaten, Traktator und Redner die Möglichkeit verschafft, im Tone und Zauber der Weisheit zu sprechen, da hat sie, die Philosophie, die Erkenntnis, die Idee und den Stil verloren. Dort flüchtet sie, wie der katholische Philosoph, in die Gnade und Barmherzigkeit des Dogmas – vom Lehrstuhl in die »Geschichte«, in ihre Gnade, ihre einzige Insel, ihren einzigen Himmel.

Der philosophische Impressionismus schuf auch Weltbilder und Weltwesen – und eben dazu tendiert ja die eigentliche Philosophie –, aber niemals aus dem reinen Bewußtsein, der Konstruktion und der reinen Systematik, sondern immer aus einem Erlebnis, und verwertete die Dinge wie jene ersten Seher und Dichter, die die Mythen schufen.

Mit dem Einbruch der Leidenschaft in die europäische Philosophie verschiebt sich das philosophische Pathos in Richtung des Irrationalen, des Mythischen, der Kosmogonie. Es entsteht eine tiefere Konzeption, ein Drang ins Innere der Dinge, jenseits des reinen Begriffs. Sie, die uralte Philosophie, wendet sich auf einmal ab von Aristoteles und erkennt Platon, und wo sie methodisch den Sokrates verachtet, liebt sie doch seine Ironie und seine Vorbildschaft. Damit findet sie das, was nun ihre Aufgabe wird: *den Geist an das Leben zu binden*, den Geist an das Leben zu züchten – und sei es mit Geistverachtung, Hochmut und Macht.

Allein die vom System erlöste meditative, impressionistische Philosophie kann züchten; denn sie faßt den Menschen da, wo er, wenn es die Verwandlung geben soll, zu fassen ist: an der philosophischen Stimmung, die so tief aus dem Urmund des Bewußtseins, des Seinsgefühls und des Todesgefühls kommt, daß sie die wirklichen Zonen jenseits der Begriffe berührt. Und nur wo die Philosophie in ihren Mittelpunkt Leben und Züchtung setzt, da kann sie sich auch rassischer Elemente bewußt werden. Rasse drückt sich nicht in den philosophischen Begriffen, sondern nur in den philosophischen Stimmungen aus.

Benn hat einmal die Geschehnisse dieser Zeit, jene Geschehnisse, die vor allem Deutschland berührten, mittels einer »spontanen Geschichtsauffassung« gedeutet, worunter eine Geschichtsauffassung zu verstehen ist, die das Phänomen der Geschichte nur und unmittelbar vom Auf und Ab des Lebens getragen sein läßt. Man sah es niemals nach Platon deutlicher als hier: Alles Politische will Philosophie werden. Das heißt alles Politische will sich, wenn es so spät noch einmal aus der Tiefe des Lebendigen aufsteigt, vor einem Geistigen rechtfertigen. Warum geschieht das? – Philosophie will züchten. Die Politik der Philosophie heißt Züchtung, und das Ergebnis ist die Bindung des Geistes und der Seele an das ganz unmittelbare Leben. Philosophie ist reinste Politik, wenn sie eine Tendenz hat; Nachwort zu Nietzsche, der einmal sagt: Philosophie sei Bekenntnis und Gesetzgebung. Hier liegt der erste und geheimste Sinn von Platons Wort vor, danach die Philosophen Könige und die Könige Philosophen sein sollten.

Es ist gewiß ein Paradoxon, daß etwas, was der Geist entließ, die Philosophie, zugleich auch die Not des Geistes erkennen und langsam überwinden helfen soll. Aber Philosophie ist eben niemals reiner Geist, sondern auch Leben; denn sie ist höchster Ausdruck des Schöpferischen darin, daß sie Geist und Natur wieder eint.

# Fazit

Wir sind wieder in einer Hinwendung zu Sokrates begriffen, auch in diesem Entwurf einer auf der unmittelbaren, philosophisch gesehenen menschlichen Existenz gegründeten Philosophie über die Dinge der Natur. Wir verteidigen mit der Erkenntnis allerdings jenen Athener nicht wegen seines Satzes, danach zur Tugend das Wissen gehöre, aber wir halten es für unerläßlich, daß das Urphänomen der Erkenntnis wieder irgendwie als ein Ethos, als eine Form völlig gebändigter oder geordneter Innerlichkeit verstanden wird. Denn in jedem anderen Falle müßte unsere Einsicht in die Metaphysik der Dummheit aus der Paradoxie, daß Dummheit zwar eine Halbwirklichkeit, aber dennoch Glück bedeutet, zu einem Lob des Nichtwissens führen.

So aber vollziehen wir unter der Einsicht, daß die Erkenntnis verteidigt werden muß, die Setzung eines Ethos zwischen Geist und Leben, eines Ethos, welches fordert, daß erst Geist und Leben zusammen das Wirkliche ergeben, und daß der Vollzug der Innerlichkeit als ein Akt der Verwirklichung in der Begegnung von Geist und Leben bestehen muß.

Wir gewannen eine Auslegung des Daseins aus der Auslegung der Naturerkenntnis. Das war unser Motiv. Die Ergebnisse offenbaren den Zusammenhang von Ideen und menschlicher Existenz. Und dadurch, daß wir die scheinbar groben Dinge wie Steine und Atome, Zahlen und Gestirne irgendwie in die Nähe der tieferen Innerlichkeit rückten, offenbarten wir noch einmal die Hoheit, ich möchte fast sagen, das Sakrale, die Unbedingtheit aller Gesetze und aller Materie. Wir entdeckten im Gestaltlichen, in der Ordnung, in der Unbegründetheit der Substanz deren Innerlichkeit, deren Geist gleichsam. Damit wurde unser Standort zu einem metaphysischen, aber nicht mystischen. Denn was die unmittelbare Existenz so angeht, daß sie erschüttert oder gesichert werden kann, daß aus ihrer Auslegung die Auslegung des

Daseins unternommen werden kann – das ist keine Theologie, keine Flüchtigkeit, das ist zumindest etwas Gesetzliches, etwas Ethisches, etwas Unbeeinflußbares, etwas Geschöpftes – und wäre es selbst nur die einfache Materie.

Damit haben wir die Naturerkenntnis nicht nur verteidigt um dieser oder jener schönen Entdeckungen willen – damit gewannen wir die Erkenntnis als ein Prinzip der Unterscheidung, als ein aristokratisches Prinzip wieder. Es war verlorengegangen die Tatsache, daß Geist, daß Erkenntnis unterscheidet. Man könnte aus mythischen Zeiten das aristokratische Verhältnis zwischen Wissenden und Nichtwissenden herleiten.

*Es ist nicht wahr, daß jeder die Erkenntnis haben kann. Es ist nicht wahr, daß jeden der Geist überkommt.* Und wenn es noch Einzige und ihr Eigentum[26] gibt, dann besteht es nicht nur in der Urkraft ihres Blutes, sondern in der Urkraft ihres Geistes oder in der Ursprünglichkeit ihrer Erkenntnis. Sicher, *Geist allein adelt nicht, aber Blut allein auch nicht.* Blut allein rechtfertigt keine Kultur, aber Geist allein auch nicht. Größe im vollkommenen, im idealen Sinne ist vielleicht erst dort, wo der Geist in erster Ursprünglichkeit die Kraft besitzt, dem Leben in gleicher Ursprünglichkeit zu begegnen.

*Die Erkenntnis ist ein aristokratisches Prinzip – das ist die alte, die elementare Idee von der Erkenntnis.* Und das Maß für die Reife und Größe einer Macht ist das Maß des Geistes, der aus ihrer vitalen Fülle bricht. Und wie die Dummheit den Verlust der Innerlichkeit bedeutet, so stellt die Macht, wenn sie die Erkenntnis verloren hat, sich nicht mehr als das Maß eines Abstandes, sondern als das Maß einer Breite dar. Das aber bedeutet in der Tiefe den Verlust der Macht, weil es den Verlust der Wirklichkeit ausdrückt. Wirklichkeit haben, heißt aber, in der Existenz sein zwischen Innerlichkeit und Außermenschlichkeit und als vitale Macht in der Macht des Geistes oder als geistige Macht in der Vitalität bestehen.

# Über Leibniz

## Leibniz und seine Ideologie
## Der geistige Mensch und die Technik

# Leibniz und seine Ideologie

Im Jahre 1926 sprach Paul Valéry[1] in seiner Berliner Rede über die Leibnization Europas. Er hatte diesen Ausdruck nicht nur philosophisch, sondern wohl auch politisch gemeint, und zwar, wenn ich ihn recht verstanden habe, im Hinblick auf eine prästabilierte Harmonie der Geistigen, die noch nicht als gescheite Spätlinge verächtlich gemacht wurden. Das waren keine geringen Erinnerungen aus Leibniz; deuteten sie doch mit Recht an, daß es eine mehr oder weniger geheime Ideologie der europäischen Intellektuellen gebe, die bis auf Leibniz – dies zumindest – zurückgeführt werden kann, bei ihm erstmalig im großen Stile ausgebildet wurde, derart, daß zukünftig sein unantastbarer wissenschaftlicher Ruhm wie ein Sammelbecken geistiger Tendenzen erscheint, in dem jene Ideologie, die wir mit seinem Namen heute im Sinne haben müssen, aus ihren Quellen gekeltert wurde: es ist die Ideologie der Mathematik, genauer die Ideologie einer generalisierten Mathematik nichtmathematischer Gegenstände, die wir mit Leibniz »Mathesis universalis« und mit Descartes »sapientia universalis« zu nennen gewohnt sind.

Was ist das? –

Wir können den Zeitraum von rund 1630–1750 das klassische Zeitalter der Mathematik und der Philosophie der Mathematik nennen: der Mathematik, weil mit den Namen Descartes, Pascal und Leibniz die alte Disziplin eine grundlegende Bereicherung um Methoden und mathematische Gebiete erfährt, deren Ausschöpfung in unseren Tagen noch nicht beendet ist; der Philosophie der Mathematik, weil nun die einst in der neuplatonischen Schule mit dem großartigen Euklidkommentar des Proklos Diadochos[2] hervorgerufene Philosophie über die Mathematik mit einer Präzision ohnegleichen wieder einsetzt und das, was nachweislich für die antike Mathematik charakteristisch war, nämlich die Tatsache der Subordinierung des Mathema unter die Philosophie, umwendet in eine Unterwerfung des philosophischen Denkens unter mathematische Prinzipien... und das alles ebenfalls unter diesem hervorragenden schöpferischen Dreigestirn der Descartes, Pascal und Leibniz.

Wodurch hatte Descartes fruchtbringend auf die Mathematik seiner und der folgenden Zeit gewirkt? Ganz ohne Zweifel durch die »Analytische Geometrie«[3] von 1637, die zusammen mit der Dioptrik und der Meteorologie erschienen war. Welches war der Beitrag Pascals zur Mathematik? – Es waren seine früheren Untersuchungen zur Theorie der Kegelschnitte, die Arbeiten zur Zahlentheorie und dann vor allem die Konzeptionen zur Wahrscheinlichkeitsrechnung, die er in seiner bekannten Zuschrift an die Akademie mit dem so bezeichnenden Wort von der »Geometrie des Zufalls«[4] einleitet.

Und schließlich Leibniz, der mit seiner Differential- und Integralrechnung, vor allem in den Arbeiten aus den *Acta Eruditorum* von 1684, 1691, 1693, 1694 und 1702 über die Maxima und Minima, Konstruktionen von Linien aus gegebenen Tangentenbedingungen usf. nicht nur eine ganze mathematische Schule, der auch die Bernoullis angehörten, sondern die Analysis bis zur modernsten Ausbildung, die Variationsrechnung und die mathematische Physik hervorruft. Drei Namen, drei mathematische Methoden und drei kaum ausschöpfbare mathematische Disziplinen sind also die ersten tragenden, rein fachlichen, ich möchte beinahe sagen: handwerklichen Säulen der heraufkommenden mathematischen Ideologie.

Diese drei großen rein mathematischen Ergebnisse, die Analytische Geometrie, die Wahrscheinlichkeitsrechnung und Zahlentheorie Pascals und endlich die Infinitesimalrechnung Leibniz' bestimmen also den Zeitraum von 1630–1750 zu einem klassischen, d. h. fundierenden Zeitalter der Mathematik. Denn das Klassische ist stets das, was die Fundamente legt. –

Aber diese drei speziellen mathematischen Schöpfungen ruhen in Gedanken, die die Mathematik in eine allgemeinere Bedeutung heben, die sie generalisieren und die im wesentlichen auch wieder von Descartes, Pascal und Leibniz gedacht werden: in den Gedanken über die Mathesis universalis[5] und ihre Methode.

Was haben wir unter dieser Mathesis universalis zu verstehen? – Es ist die generalisierte Mathematik, die nicht nur wie die spezifizierte Mathematik auf Raum- und Zahlengrößen angewendet werden kann, sondern auch auf nichtmathematische Gegenstände. Es ist die generalisierte mathematische Methode, die es gestattet, über die Arithmetik und Geometrie hinaus auch andere Wissenschaften zu mathematisieren, und das bedeutet, auch andere Wissenschaften in zwei Klassen von Sätzen, nämlich Axiome und Theoreme, zu zerlegen und Verfahren anzugeben, mit Hilfe deren aus den Axiomen die Theoreme gefolgert werden können.

Unter der Mathesis universalis ist also im Ganzen genommen der Inbegriff aller mathematisierbaren Wissenschaften zu verstehen.

Was hat Descartes zu ihr beigetragen? –

Descartes war nicht von der Meinung, daß der Fortschritt wissenschaftlicher Erkenntnis von einer besonderen Logik abhänge. Was er verlangt, ist eine Orientierung aller Wissenschaften an der Mathematik, die für ihn die Spitzenwissenschaft bedeutet. Wie sieht diese Orientierung an der Mathematik aus? – Für Descartes ist eine Wissenschaft dann und nur dann eine Wissenschaft nach dem Vorbild der Mathematik, wenn sie sich als eine Folge von axiomatisch-deduktiv geordneten Sätzen darstellen läßt. Das heißt also, wenn die Folge von Sätzen in zwei Klassen von Sätzen, nämlich in Grundsätze oder Axiome und Lehrsätze oder Theoreme zerfällt, und zwar derart, daß sich jeder Lehrsatz aus den Grundsätzen mit Hilfe wohldefinierter Regeln ableiten läßt. Damit tritt bei dem Franzosen eine Methodologie der Wissenschaft an die Stelle einer spezifizierten, neuen Logik, aber diese Methodologie ist an der Mathematik ausgerichtet. Man kann diese Methodologie wissenschaftlicher Erkenntnis am reinsten aus jenen vier Regeln herauslesen, die Descartes in seinem *Discours de la méthode (II)* präzisiert hat:

1. die Evidenzregel, nach der nur das als evident vorangestellt werden soll, was effektiv außer Zweifel für die vernünftige Einsicht ist,
2. die Aufteilungsregel, die eine Zerlegung der vorliegenden Probleme, um sie übersichtlicher zu machen, anstrebt,
3. die Regel der wohlgeordneten Satzverkettung, nach der von den einfachsten zu den verwickelten, d. h. zusammengesetzten Gedanken fortgeschritten wird,
4. die Regel der Diskussion aller möglichen Fälle.

Mit diesen Regeln hat Descartes die Grundlagen seiner eine Mathematik und Logik gleichermaßen umgreifenden Methodenlehre gegeben. Wir erinnern uns hier daran, daß auch Hilbert[6] nicht der Meinung gewesen ist, daß die moderne Wissenschaftstheorie bzw. Grundlagenforschung unbedingt den Weg der Logistiker einschlagen und jeden Satz der Mathematik auf einen solchen der Logik und jeden Begriff der Mathematik auf einen solchen der Logik zurückführen müsse. Auch Hilbert setzte sich für die gleichzeitige Begründung von Mathematik und Logik ein. Wir möchten darin ein cartesisches Erbe sehen. Die in der ganzen modernen mathematischen Logik so wichtigen beiden Regeln des Beweises, die Abtrennungsregel und die Einsetzungsregel, bedeuten hier das, was bei Descartes die genannten vier Methoden-Regeln beabsichtigen.

Was hat Pascal zur Herausbildung der Mathesis universalis beigetragen? – Grundlegend ist für ihn das berühmte *Fragment de l'esprit géométrique*. Ich füge an, daß Pascal, wenn er von Geometrie spricht, ähnlich wie Spinoza, in der Erinnerung an die Tatsache, daß Euklid die mathematische Methode an der Geometrie demonstriert hat, die Mathematik meint. Auch Pascal hat seine drei Regeln:

»On peut avoir trois principaux objets dans l'étude de la verité: l'un, de la découvrir quand on la cherche; l'autre, de la démontrer quand on la possède; le dernier, de la discerner d'avec le faux quand on l'examine.«

So unterscheidet Pascal sehr genau die Regeln des Definierens von den Regeln für die Bildung der Axiome und den Regeln für die Bildung der Beweise, eine Methodik, die also die Forderungen des Descartes bemerkenswert verfeinert und übrigens durchaus noch für die moderne mathematische Logik gültig ist.

Es ist nicht nebensächlich zu wissen, daß Pascal von der Meinung gewesen ist, daß eine Wissenschaft von der Präzision, wie sie die durch jene Regeln geforderte Wissenschaftsidee verlangt, nicht realisiert werden kann: »ce qui surpasse la géométrie, nous surpasse«. Er berührt damit die heutige Situation, in der die Dinge so liegen, daß der Nachweis der Widerspruchsfreiheit, also der durchführbaren mathematischen Präzisierung selbst der mathematischen Disziplin noch längst nicht geglückt ist.

Und nun zu Leibniz. Er hat ein schönes Wort gesagt, auf das

ich zuerst den Blick lenken möchte: »Zu sagen, die Gerechtigkeit Gottes sei eine andere als die der Menschen, ist gerade so, als ob man behaupten wolle, die Arithmetik oder Geometrie der Menschen sei im Himmel falsch.« Das ist in erster Näherung eine Kennzeichnung seines universalmathematischen Standpunktes. Es wird in ihr zugegeben, daß mathematische Wahrheiten in jeder möglichen Welt richtig sind. Das heißt, wann sind sie richtig in der Weise, daß sie in jeder möglichen Welt richtig sind? – Dann und nur dann, wenn sie – so sagt Leibniz – auf eine tautologische Grundwahrheit zurückgeführt werden können. Alle in Aussagen darstellbaren Prozesse unseres Denkens müssen sich prinzipiell – also wenigstens für Gott – auf diese tautologische Grundwahrheit reduzieren lassen, oder sie sind falsch. Und warum? – Hier nun gibt Leibniz wieder eine großartige Theorie von sich: weil für ihn das Dasein Gottes die letzte tautologische Existenzbehauptung darstellt. Mit dieser beinah phantastischen Reduktion aller richtigen Aussagen auf eine Tautologie und der Tautologie auf die Existenzbehauptung Gottes ist die Menge der mathematischen und logischen Sätze auf eine Metaphysik zurückgeführt, die aus den Sätzen besteht, die in jeder Welt richtig sind und diese Metaphysik auf die tautologische Existenzbehauptung Gottes, also auf einen theologischen Satz – denn ein Satz über Gott ist ein theologischer Satz – reduziert. So führt also Leibniz den Gedanken der Universalmathematik in einer Spannweite ein, die Mathematik, Logik, Metaphysik und Theologie wieder verbindet. Darin setzt er sich wesentlich von Descartes ab oder greift weit über ihn hinaus, denn Descartes hielt die Theologie und eigentlich auch die Philosophie von seiner Methode getrennt.

Wie wird von Leibniz nun genauer diese so eingeführte Mathesis universalis konstruiert? –

Zunächst aus der lingua characteristica, der Zeichensprache, und auf diese Zeichensprache wird ein calculus ratiocinator angewendet, ein Verfahren, ein Regelspiel, das aus den Schlüssen, die zu neuen Sätzen führen, ein Rechnen macht, bei dem man nicht an die Bedeutung der Zeichen zu denken braucht. Gerade dies ist das einfache Geheimnis, das jedes Rechnen in einen Kalkül verwandelt, wie es Leibniz zum ersten Male völlig durchschaut hat, und dieser Kalkül ist es dann auch, der die spezifizierte Mathematik der Raum- und Zahlengrößen in die generalisierte Mathematik nichtmathematischer Objekte der Mathesis universalis überführt, die sich als Inbegriff aller mathematisierbaren Wissenschaften darstellt; denn vom Rechnen spricht man in jener spezifizierten Mathematik der Arithmetik und Geometrie, aber vom Kalkül spricht man in der generalisierten Mathematik, in der an die Bedeutung der Elemente nicht gedacht zu werden braucht.

Ich sage nicht, daß Leibniz das Programm dieser Mathesis universalis ausgeführt habe. Er hat es jedoch am präzisesten entworfen. Leibniz war in seinem Universalismus ein ungeheurer Fragmentariker, darin auf eine sehr sichtbare Weise nur verwandt seinem Verwandten aus einem anderen Bereich und einer anderen Zeit, nämlich Leonardo da Vinci. Leibniz hat weder jene Metaphysik der in jeder möglichen Welt wahren Aussagen systematisch entwickelt, auf die er seine Theorie der richtigen Aussagen zurückführt, noch den calculus ratiocinator. Letzterer ist erst in der modernen Gestalt der Logik, in der mathematischen, symbolischen oder theoretischen Logik der Boole[7] und Peirce[8], der Russell[9] und Hilbert[10], der Schröder[11] und Frege[12] entwickelt worden, und erstere hat erst Heinrich Scholz[13] in seinen beiden Probestücken zu einer exakten Theorie der metaphysischen Sätze als Sätze, die in jeder möglichen Welt wahr sind, dargestellt.

Zurück zur lingua characteristica. Wir nennen heute mathematisierte oder formalisierte Sprachen, also Zeichensprachen mit genau überblickbaren, durchrationalisierten Ausdrucksmitteln Leibnizsprachen. In diesen Leibnizsprachen ist stets eine Symbolik vorgegeben und es liegen genaue Vorschriften vor, aus dieser Symbolik endliche, lineare Zeichenreihen, die wir Ausdrücke nennen, zu erzeugen. Wir sprechen von Leibnizsprachen, weil Leibniz der erste gewesen ist, der – wie die *Opuscules et fragments inédits* es beweisen – die Konstruktion solcher künstlichen oder idealen Sprachen für eine unwiderlegliche Wissenschaft gefordert hat. Wenn nun mit Heinrich Scholz die Bedingung an eine Leibnizsprache herangebracht wird, aus ihren Ausdrucksmitteln solche Redeweisen zu erzeugen, für die der Begriff der Allgemeingültigkeit in jeder möglichen Welt so erklärt werden kann, daß es sinnvoll ist zu fragen, ob das, was durch eine solche Redeweise ausgedrückt ist, allgemeingültig ist in jeder möglichen Welt oder nicht, dann nennen wir eine solche Leibnizsprache eine universelle Leibnizsprache und die in ihr erzeugten, in jeder möglichen Welt allgemeingültigen, fundamentalen Ausdrücke Leibnizsätze. Alle in einer Leibnizsprache formulierten Leibnizsätze, die allgemeingültig sind in jeder Welt, bilden das, was wir einen Logikkalkül nennen. Und Scholz hat nun die Theorie aufgestellt, daß wir diesen allgemeingültigen Leibnizsätzen in jeder Welt eben darum, weil sie in jeder Welt allgemeingültig sind, metaphysischen Gehalt zuschreiben müssen. Er ist bereit, einem Satz stets dann einen metaphysischen Gehalt zuzuerkennen, wenn er etwas ausspricht, was über die Welt, der wir angehören, also über die wirkliche Welt, so weit hinausreicht wie die Gesamtheit der möglichen Welten des Leibniz.

Ich möchte einen solchen Logikkalkül, der aus den in jeder möglichen Welt wahren Leibnizsätzen einer universellen Leibnizsprache besteht und der als Metaphysik angesprochen werden kann, eine Leibnizsche Metaphysik nennen: es ist eine Mathematik von einem metaphysischen Gehalt und es ist eine Metaphysik von einer mathematischen Struktur, wie Scholz gesagt hat.

Dieser Logiker hat in seiner exakten Metaphysik als Probestücke, als Bestandteile einer Leibnizschen Metaphysik die Theorie der Identität und Verschiedenheit abgeleitet. Das heißt, er hat für die Theorie der Identität und Verschiedenheit Theoreme entwickelt, die gültig sind in jeder möglichen, nicht leeren Welt.

Es ist deutlich, daß diese Leibnizsche Metaphysik nichts aussagt über die menschliche Seele oder die Existenz Gottes. – Was würde sie also als Metaphysik charakterisieren? – Die Tatsache, daß sie sich reduziert auf die Existenzbehauptung mehrerer möglichen Welten, d. h. Individuenbereiche, für die Wahrheiten allgemeingültig sind, und zwar Wahrheiten, die in einer Zeichensprache, die genau beherrscht ist, ausgedrückt werden. Also eine merkwürdige ontologische Reduktion, die in dieser Leibnizschen Metaphysik vorgenannt wird: nämlich die Reduktion einer wissenschaftlichen Sprache auf eine mathematische Sprache, die Reduktion ontologischer Welten auf abzählbare Individuenbereiche. Ich nenne das eine spezielle Leibnizsche Reduktion und spreche von einem Leibniz-System spezieller Art, wenn eine Menge von Aussagen, zerlegbar in eine Folge von Disziplinen bzw. Wissenschaften bzw. Theorien existiert, die in einer Leibnizsprache entwickelt werden können, die also die spezielle Leibnizsche Reduktion durchführen und deren Metaphysik, d. h. deren metaphysische Axiome bzw. Elementarsätze selbst wieder in der Leibnizsprache, also in einer mathematisierten axiomatisch-deduktiven Satzfolge ausgedrückt ist. Ein Leibniz-System spezieller Art zerfällt also in eine Folge von Disziplinen, deren Metaphysik selbst wieder eine Disziplin, also eine echte Theorie, dargestellt in einer Leibnizsprache repräsentiert. Das heißt aber nichts anderes, als daß ein Leibniz-System spezieller Art als Folge echter Disziplinen bzw. Theorien selbst wieder als eine Folge axiomatisch-deduktiv geordneter Sätze dargestellt werden kann. Im Falle des Leibniz-Systems spezieller Art fällt wissenschaftliche Theorie und philosophisches System zusammen. Offenbar ist die Leibnizsche Metaphysik nur eine echte Metaphysik, d. h. eine verbindliche Axiomatik für eine Folge von Theorien, die zugleich als Folge von Sätzen darstellbar ist, in einem Leibnizschen System spezieller Art. Es folgt nun aus der Tatsache, daß die Leibnizsche Metaphysik als eine Theorie von Aussageformen, die allgemeingültig sind in jeder möglichen Welt, aus der leere Bereiche, denen kein Individuum angehört, ausgeschlossen sind, die Tatsache, daß auch das Leibniz-System spezieller Art allgemeingültig ist für jede mögliche Welt, aus der leere Bereiche, denen kein Individuum angehört, ausgeschlossen sind. Das heißt, das Leibniz-System spezieller Art, entwickelt auf einer Leibnizschen Metaphysik, ist die für jede mögliche Welt gültige Systemform. Erinnert man sich, daß der Sinn der philosophischen Systeme darin besteht, den Zusammenhang des Seienden, also das Sein des Seienden, nicht das Seiende jeweils selbst, zur Darstellung zu bringen, wobei zu berücksichtigen ist, daß zu dieser Darstellung (Abbildung) des Zusammenhangs des Seienden die Erkenntnis des Seienden völlig gleichgültig ist, dann folgt, daß das Leibniz-System spezieller Art mit seiner Leibnizschen Metaphysik den Zusammenhang von Individuen, d. h. das Sein des Seienden entwirft, das allgemeingültig ist für jede mögliche, d. h. zur »Konkurrenz« zugelassene Welt, in der leere Bereiche, denen kein Individuum angehört, ausgeschlossen sind. Scholz hat gezeigt, daß der Begriff »transcendentalphilosophisch« nur signifikant ist in dem Sinne, daß darunter »über jede wirkliche Welt hinausgehend«, d. h. aber für »jede mögliche Welt gültige Aussageform« verstanden wird. Das Leibniz-System spezieller Art auf der Basis einer Leibnizschen Metaphysik darf also als transzendentalphilosophisches System bezeichnet werden. Es wäre danach also ein Leibniz-System spezieller Art, entwickelt auf einer durch die spezielle Leibnizsche Reduktion zur Darstellung gebrachten Leibnizschen Metaphysik, das den *Zusammenhang der Individuen* jeder nicht leeren, möglichen Welt, und das heißt, das Sein des Seienden jedes nicht leeren Seins zur Darstellung bringt. Jedes andere philosophische System, entwickelt auf einer Metaphysik, die keine Leibnizsche Metaphysik ist, aber als metaphysische Axiomatik bzw. als metaphysische Elementarsatzmenge eine metaphysische Figur invariant läßt, bringt den Zusammenhang, d. h. das Sein des Seienden einer wirklichen Welt allgemeingültig für diese wirkliche Welt zur Darstellung. Wir sprechen hierbei von realphilosophischen Systemen. *Wir erkaufen den absoluten Charakter des transzendentalphilosophischen Systems eben durch die Transzendentalität, und die Realität der realphilosophischen Systeme scheint nur ermöglicht durch das Eingehen der Relativität in die Systemkonstruktionen.* Gestehen wir auch zu, daß infolge einer weitreichenden totalen oder partiellen Isomorphie zwischen realphilosophischen Systemen die Relativität der Systeme bedeutungslos wird, stehen wir hier doch vor einem für das Systemdenken wesentlichen Prinzip der Komplementarität der Darstellung im absoluten System und der Darstellung einer wirklichen Welt.

Eine besondere Folge des Prinzips der Komplementarität zwischen der Darstellung im absoluten System und der Darstellung einer wirklichen Welt, derart, daß nur für die Transzendentalität möglicher Welten ein absolutes System möglich ist, eben das Leibniz-System spezieller Art, ist die Tatsache, daß das Sein des Seienden, gültig für jede mögliche Welt, also auch das Sein des Seienden einer wirklichen Welt nur in der speziellen Leibnizschen Reduktion, also nur in einer formalisierten bzw. mathematisierten Leibnizsprache faßbar, darstellbar wird. Anders ausgedrückt: das Sein des Seienden transzendiert. Oder: das Sein des Seienden ist für jede mögliche Welt nicht leerer Individuenbereiche das identisch-eine, aber formale. Das ist der Sinn der Tatsache, daß die Leibnizsche Metaphysik eine ontologische Interpretation besitzt. Wir stehen, das sei hier abschließend gesagt, bei dem Komplementaritätsprinzip[14] der abstrakten Systeme wieder bei jenem berühmten Gleichnis des Leibniz vom Wanderer, der sich von verschiedenen Seiten einer Stadt nähert und jedesmal ein anderes

Bild der identisch einen Stadt vor sich sieht, d. h. wir stehen hier vor dem grundsätzlichen Perspektivismus, der das leibnizische Denken auszeichnet und der für den in speziellen Räumen forschenden Gelehrten nichts anderes bedeutet, als dies, daß nämlich eine abstrakte Theorie nicht weiter reicht, als sie angewendet werden kann. Und das ist der Punkt, der uns denn sogleich aus dem dürren abstrakten Denken, das uns aber ohne Zweifel in alter leibnizischer Gesinnung ein Fest des Intellekts bedeutet, in das konkrete Denken hinüberführt. Wir brechen diese Entwicklung jetzt also ab. Wir machen einen Einschnitt der Besinnung. Ist das nicht alles eitle Konstruktion? – Eine Gedankenschöpfung, die süß ist für den abstrakten Denker, der keine Heimat hat in Raum und Zeit und der in Wahrheit ein agnostizistisches System vertritt? –

Wir glauben es nicht; denn wir sind von der Meinung, daß der abstrakte Denker, sofern er dies ausdrücklich ist, nur dann unsere einmalige Bewunderung verdient, wenn er die mögliche, abstrakte Welt beherrscht, um sich in der konkreten zurechtzufinden. Und genauso liegen die Dinge bei Leibniz und müssen sie liegen bei denen, die in ihm und in der großartigen Ideologie der Mathesis universalis ihre Wissenschaft gründen lassen. Denn mit einer Deutlichkeit ohnegleichen hat Leibniz von den abstrakten, möglichen Welten die bewohnte, konkrete wirkliche Welt abgesetzt. Er hat es zuerst getan, als er in seiner unvergleichlichen Realitätsgesinnung zum ersten Male auf eine eindeutige und nachprüfbare Art gesagt hat, was neben dieser schönen und tiefen, wahren und möglichen Welt, die sich auf ein tautologisches Zeichenspiel zurückführen läßt, die harte, wirkliche Welt bedeutet.

Der klassische Satz, mit dem Leibniz seine Theorie der Physik einleitet – denn von vornherein ist für Leibniz die Physik die Lehre von der Wirklichkeit, der klassische Satz dieser Theorie der Physik lautet also: Omne possibile exigit existere; d. h. alles Mögliche, was überhaupt verwirklicht werden kann, weil es keinen Widerspruch einschließt, fordert die Verwirklichung. Also nach welchem Prinzip wird nun aus dem möglichen, widerspruchsfreien Zeichenspiel das ausgewählt, was faktisch verwirklicht wird? – Es muß ein Auswahlprinzip existieren, gemäß dem aus der Vielfalt des Möglichen das Wirkliche herausdestilliert wird und dieses Auswahlprinzip ist ein Prinzip, das die Wirklichkeit hinreichend begründet. Und dieses Auswahlprinzip einer hinreichenden Begründung der wirklichen Welt hat eine theologische und eine mathematische Fassung. Die theologische Fassung lautet: es ist nur die beste der möglichen Welten verwirklicht.

Die mathematische Fassung lautet: es ist nur die Welt verwirklicht, die aus einem Extremalprinzip entwickelt werden kann und das heißt, daß in dieser Welt, die durch Beobachtungen hinreichend bestätigt werden kann, alle Erscheinungen auf eine einzige reduziert werden können. Damit hatte Leibniz das große Thema seiner Theodizee gefunden, daß die wirkliche Welt deshalb von Gott geschaffen worden ist, weil sie die beste der möglichen Welten ist, und damit hatte Leibniz die Theoretische Physik als die großartige Wirklichkeitslehre eingeführt, einer Wirklichkeit, in der die Schöpfung des Ganzen auf ein Minimum zurückgeführt werden kann. Das aber ist das Thema der ganzen theoretischen Physik bis zur letzten Fassung der einheitlichen Feldtheorie[15] und des Aufbaues der Verbindungen aus der endlichen Zahl von Elementen und dieser wieder aus den wenigen Elementarteilchen, in deren Daten Masse und Energie nicht eindeutig gegeneinander abgegrenzt werden können.

So wie die Sätze der Mathematik und der speziellen Leibnizschen Metaphysik erst dann hinreichend begründet sind, wenn sie auf ein widerspruchsfreies, tautologisches Zeichenspiel zurückgeführt werden können, vermag die Physik und die Wirklichkeit, die sie darstellt, schon dann als begründet angesehen zu werden, wenn sie auf die mathematische Fassung des theologischen Prinzips der besten der möglichen Welten, nämlich auf ein Extremalprinzip der Variationsrechnung reduziert werden kann. Das ist eine scharfe Kontur zwischen dem Möglichen der Mathesis universalis und dem Wirklichen der Physik. Aber die scharfe Kontur ist nur eine scheinbare. Leibniz hat es mit Goethe gemein, daß er die Vulkane nicht liebt, er ist ein Geist der Stetigkeit, eine unablässig deduzierende Intelligenz. Daher führt er das Auswahlprinzip, das aus der möglichen die wirkliche Welt erzeugt, als ein physikalisches Prinzip ein, das als solches die eindeutige, konkrete, objektive wirkliche Welt mit Hilfe des mehrdeutigen, abstrakten, tautologischen Zeichenspiels beherrscht, d. h. vorausberechnen kann. Die Welt, in der wir leben, ist eine Welt der objektiven Materie und Energie. Wir haben keine andere Möglichkeit, sie zu beherrschen, als die der Vorausberechnung und diese gelingt nur dadurch, daß dieser objektiven Welt der Materie und Energie, dieser physikalischen Welt tatsächlich Extremalprinzipien zugrunde liegen, die mathematisch formuliert werden können und damit sinnvoll in der Mathesis universalis oder in der speziellen Leibnizschen Metaphysik fungieren. Es gibt Stufen eines erkenntnistheoretischen Materialismus im Sinne des unbedingten Vertrauens auf die Objektivität der Welt; keine Forschung, keine Wissenschaft kann dieses Materialismus entraten. Aber die reinste und höchste Stufe des Materialismus ist eben die, die auf dem Extremalprinzip begründet wird. Daran kann niemand etwas ändern; es sei denn, er höbe die rationalen Bedingungen unserer Intelligenz auf. Man kann auch andere metaphysische Prinzipien benutzen, um den Zusammenhang der wirklichen Welt zu erklären. Aber es werden dann Prinzipien sein, die nicht aus der Methode unserer Intelligenz entwickelbar sind und die damit aus dem, was wir nachprüfbare Erkenntnis und positive Forschung nennen, herausfallen.

Es ist an der Zeit, das Integral dieser Ausführungen zu bilden. Wir haben begonnen mit dem, was Leibniz für den großen Gedanken einer Erweiterung der spezifizierten Mathematik der Raum- und Zahlengrößen zu einer generalisierten Mathematik nichtmathematischer Objekte geleistet hat. Wir haben gezeigt, wie aus dieser generalisierten Mathematik, die wir Mathesis universalis nennen, die spezielle Leibnizsche Metaphysik hervorgeht, eine Metaphysik, die jeden Satz über die Welt auf einen Satz zurückführt, der in jeder möglichen Welt, die nicht leer ist, wahr ist. Diese Zurückführung eines Satzes auf einen Satz, der in jeder möglichen Welt allgemeingültig ist, bedeutet die Zurückführung jenes Satzes auf ein tautologisches Zeichenspiel. Und das ist dann das Leibnizsche System spezieller Art, erreicht durch die spezielle Leibnizsche Reduktion der wissenschaftlichen Sprache auf eine Präzisionssprache.

Im Hintergrund dieser Leibnizsprache und speziellen Leibnizschen Metaphysik, die den Leibnizschen Idealismus erster Stufe als Mathesis universalis begründen, taucht nun das Problem des erweiterten Leibnizschen Systems, des Leibnizschen Systems allgemeiner Art auf.

Unter einer allgemeinen Leibnizschen Reduktion verstehe ich jede Zurückführung von Aussagen über die Welt auf Aussagen, die äquivalent sind der Aussage, daß Geist wesentlich Form ist. Und ich spreche von einem Leibniz-System allgemeiner Art, wenn eine Menge von Aussagen, zerlegbar in eine Folge von Disziplinen bzw. Theorien, existiert, die im Sinne der allgemeinen Leibnizschen Reduktion auf Aussagen zurückgeführt werden kann, die äquivalent der Aussage sind, daß Geist wesentlich Form ist. Es ist evident, daß hierin die spezielle Leibnizsche Reduktion der Wissenschaft auf eine Leibnizsprache enthalten ist. Die Mathesis universalis, die als Inbegriff mathematisierbarer Wissenschaften, aus der spezifizierten Mathematik von Zahlen und Räumen dadurch entsteht, daß man den calculus ratiocinator und die characteristica universalis auf nichtmathematische Objekte überträgt, ist ein spezielles Leibniz-System. Dieses spezielle Leibniz-System der Zurückführung der Wissenschaften auf eine formale, mathematisierte Sprache bedeutet die Reduktion des Geistes auf eine eingeschränkte Form. Aber aus diesem speziellen Leibniz-System der Zurückführung der Wissenschaft auf die Mathematik geht sogleich das allgemeine Leibniz-System hervor, wenn man die Wissenschaften um die Kunst und die Geisteswissenschaften erweitert und die Kunst auf eine Erzeugung von Formen und die Geisteswissenschaften auf die Untersuchung künstlerischer Formen reduziert. In seinen tiefen Ausführungen über Musik, die auf wenige Sätze eingeschränkt sind, hat Leibniz das Paradigma zu diesem Leibnizschen System allgemeiner Art selbst angedeutet: sie sei ein »exercitium arithmeticae occultum nescientis se sumerare animi«, hat er (in den *Leibnitii epistolae*, collectio Kortolti ep. 154) gesagt und damit Zuspruch und Absage hervorgerufen.

Ich breche hier ab und mache jetzt den Schluß vom Leibnizschen System allgemeiner Art auf die Ideologie. Jede Ideologie setzt ein System allgemeiner Art voraus. Die Ideologie, die Leibniz vertritt, liegt im Leibniz-System allgemeiner Art begründet. Das ist selbstverständlich. Aber wie geht ein System allgemeiner Art in eine Ideologie über? – Eine Ideologie geht aus einem System allgemeiner Art dadurch hervor, daß dieses System eine Interpretation in der Soziologie des Wissens zuläßt. Und das tut die Mathesis universalis, der heute die entscheidenden Spitzenwissenschaften der reinen Mathematik, der theoretischen Physik und Logik angehören, wenn man daran denkt, daß auf deren Fortschritt der Fortschritt unserer Welt überhaupt beruht, und das tut auch das allgemeine Leibnizsche System des Universalismus, wenn man bedenkt, was es in der sichtbarsten soziologischen Verkörperung des Gedankens der Mathesis universalis, in der Universitas literarum, ausmacht und was sie für die Herausbildung des homo universalis als eines erstrebenswerten Menschenbildes, das den Gebildeten und Spezialisten, die Universität und die Fachschule vereint, an Förderungen enthält. Ich habe hier einzufügen, daß die Vorherrschaft der Leibnizschen Ideologie der Wissenschaft durch die Epoche Kants unterbrochen wird. Kant sah in jener Auffassung nur einen philosophisch-mathematischen Dogmatismus, gegen den sich seine Vernunftkritik richtete. So ist das Jahr 1781 zugleich das Jahr der Erscheinung der Vernunftkritik wie auch das erste Jahr des Kampfes gegen die Leibnizsche Ideologie. Die Unterbrechung dauerte an. Hegels[16] System tritt seine Vorherrschaft an. Es bezieht Kunst, Geschichte und Religion in seinen Geist ein und wird so zur Quelle einer neuen wissenschaftlichen Ideologie, der historisch-geistesgeschichtlichen. Sie war vorherrschend bis ins 20. Jahrhundert, gelegentlich überboten durch eine soziologische Auffassung des Wissens als einer dritten Ideologie. Ich spreche hier nicht über diese Dinge. Aber ich wage zu behaupten, daß, seit Bolzano[17] die logischen Einsichten des Leibniz wiederaufnahm, der Faden jener Ideologie der Mathesis universalis nie ganz abriß. Mit Frege, Schröder, Russell, Hilbert und Scholz vollzieht sich vor unseren Augen eine Rezeption des Leibniz. Ich behaupte, daß die Einheit unserer technisch-sozialen-kulturellen Zivilisation nur als Nachwirkung der Leibnizschen Ideologie, populär geworden und auf uns gekommen durch die Enzyklopädisten des 18. Jahrhunderts, bestehen kann. Sie geht in dem Augenblick zugrunde, wenn wir jene Ideologie nicht mehr überzeugend vertreten. – So begegnen sich in dieser Ideologie der pater logisticus und der pater aestheticus zu einem homo universalis, der unserer unglücklichen Welt sehr nottut. Niemand kann gezwungen werden, sich zu der Welt, in der dieses möglich geworden ist, zu bekennen, aber niemand kann uns auch zwingen, jeden Gedanken der Einheit, auf welcher Ebene der Welt er uns auch immer begegnen mag, an dieser ersten und letzten Ideologie Europas zu spiegeln. Wir gehen immer nach Hause, das heißt für den Intellektuellen, der verteidigungswürdig ist, nichts anderes als: wir suchen unseren Ort in jener Ideologie.

# Der geistige Mensch und die Technik

Ich verstehe im folgenden unter dem geistigen Menschen einen Menschen, der alles wesentlich vom Standpunkt der Intelligenz aus betrachtet. Und ich verstehe im folgenden unter Technik in erster Näherung alles das, was diese Intelligenz aus der Materie hervorruft zu einem bestimmten Zweck, den ausschließlich sie, die Intelligenz bestimmt, und mit der allgemeinen Wirkung, daß neben die natürliche Welt eine neue tritt, welche die natürliche Welt als eine apparative Welt überlagert, beeinflußt und verändert, und in der zu wohnen wir alle nun gezwungen sind. Wir werden im folgenden weiterhin darum von einer technischen Welt sprechen, weil eine Welt immer definiert ist durch eine Menge von Individuen, auf die bestimmte Regeln, Gesetze Anwendung finden, und die Regel, das Gesetz, das wir insbesondere auf die Menge von Individuen, die wir eine technische Welt nennen, anwenden, ist das Gesetz der Perfektion, der Abgeschlossenheit – denn eine Menge von Individuen wird geradezu erst durch die Forderung der Perfektion zu einer Welt.

Diese der stetigen Perfektion unterliegende Menge von Individuen, die aus Apparaten, Maschinen, Instrumenten und technischen Intelligenzen besteht, und die wir technische Welt nennen, zeichnet sich seinsmäßig dadurch aus, daß sie aus konkreten, realen Individuen besteht. Das heißt, die technische Welt ist eine reale Welt mit allen Prädikaten, die der Realität beigelegt werden können.

Diejenige Intelligenz, die speziell mit der Hervorbringung technischer Individuen und dazu mit der fortlaufenden Anwendung der Gesetze bzw. Regeln dieser Welt, insbesondere aber mit ihrer Vervollkommnung und Abschließung beschäftigt ist, nennen wir technische Intelligenz, und wir zählen Erfinder, Ingenieure, Mechaniker, Handwerker ebenso dazu wie Physiker, Chemiker und Mathematiker. Sie alle haben ihre genauen Funktionen in dieser

Welt; sie alle haben auch ihre existentiellen Schwierigkeiten angesichts der Welt, die sie realisieren und in der zu existieren sie gezwungen sind. Ich spreche hier von Existieren in dem bestimmten Sinne Kierkegaards[18], der das Existieren wesentlich dialektisch verstand, etwas erweitert, interpretiert zu einem Zustand zwischen Sein und Nichtsein, zwischen Zeit und Ewigkeit, zwischen Leben und Geist, zwischen Materie und Denken, zwischen Gesellschaft und Individuen.

Damit wissen wir, von was wir sprechen, wenn wir von der technischen Intelligenz, von der technischen Welt und ihrer möglichen Perfektion sprechen.

In der endlichen Anzahl von Ingredienzien, die das geschaffen haben, was wir den abendländischen Geist nennen und wozu

die Erinnerung an die Antike,
die platonische und die christliche Metaphysik der Liebe,
der Rittergedanke der Troubadours, des Honnête homme und des Gentleman,
das rationale Wissenschaftsideal, verkörpert in den Gestalten Pascal, Descartes und Leibniz und
der theologische Protestantismus von Luther bis Kierkegaard gehören;

in dieser Reihe darf auch die geheime Metaphysik des Laplaceschen Dämons[19] nicht fehlen, der sich schließlich seiner Verwandtschaft zum rationalen Wissenschaftsideal voll bewußt geworden ist.

Was ist unter diesem Laplaceschen Dämon zu verstehen? – Wir verstehen darunter eine Intelligenz, die imstande ist, eine geschlossene Menge von Individuen und Vorgängen, die wir eine perfekte Welt nennen, im Sinne der Vorausberechnung der Ereignisse rational zu beherrschen und durch die Tatsache einer solchen rationalen Beherrschung jene Welt zu perfektionieren, abzuschließen. Es ist bekannt genug, daß Laplace von der Meinung gewesen ist, die theoretische Physik mit ihrem Programm einer mathematischen Naturbetrachtung verwirklicht ein für allemal einen solchen Laplaceschen Dämon. Die sogenannte klassische Physik hat sich seiner Meinung angeschlossen. Wir wissen aber heute, daß eine nichtklassische Physik existiert, die zeigt, daß eine perfekte Welt mit lückenlos geschlossener Kausalität nur approximativ, nur angenähert gegeben ist und der Laplacesche

Dämon nur eine partielle Welt beherrscht. Insofern findet er also nicht in der physikalischen Theorie seine Verwirklichung, sondern vermag nur in der perfekten technischen Welt seine reale Sichtbarkeit zu gewinnen, in der alle seine tastenden Versuche sich wie ein konkretes historisches Ergebnis niedergeschlagen haben.

Platon hat ihn aus dem Gebiet der Mathematik gehoben; in Calvin[20] gewinnt er seine theologische Gestalt. Bei Leibniz erhebt er sich zu einem calculus ratiocinator, und seinen Namen erhält er durch die theoretische Physik des Laplace. Die Kontur, die Platon ihm verleiht, drückt sich in einem Satz des *Phaidros* aus: »Das farblose und gestaltlose und unberührbare wesenhaft seiende Wesen nämlich ist nur für den Lenker der Seele, den Geist schaubar, jenes Wesen, in Beziehung auf das die Gattung der wahren Wissenschaft diesen Ort inne hat.« In diesem Sinne wird ein Geist eingeführt, der die Welt sub specie aeternitatis betrachtet. Dieser Großmütigkeit der Abstraktion entspricht der theologische Ernst der Prädestination Calvins: »Lernen wir also, die ganze Naturordnung zu beziehen auf die spezielle Vorsehung Gottes.« Das ist der erste, gleichsam der prinzipielle Satz der Calvinschen Naturtheorie. Zur genaueren Analyse bringt er folgende Sätze: »Es bedarf natürlich der Wissenschaft und genauen Arbeit, um die Bewegungen, Stellungen, Entfernungen und Eigenschaften der Gestirne festzustellen; und wie bei solcher Forschung Gottes Vorsehung klarer hervortritt, so ist es dabei auch angemessen, den Geist emporzurichten, um solche Herrlichkeit zu schauen, denn die Natur ist doch vielmehr die von Gott gesetzte Ordnung.« Bei der Naturforschung tritt also über den Umweg der Theologie die Methode der Vorhersage in die Physik. Oder die mathematische Methode der Vorausberechnung hat bei Calvin deutlich den theologischen Akzent, d. h. die Vorausberechnung des Physikers ist nichts anderes als die Erkenntnis der Vorsehung Gottes. Da es ausdrücklich in der *Institutio* keinen Zufall gibt (S. 190), gibt es auch keine unbekannten Parameter. Die Natur muß daher stetig sein. Ausdrücklich spricht deshalb Calvin vom »stetigen Gesetz der Natur« (naturae lex, S. 192), dem alles Walten unterliegt. Im übrigen geschieht dieses Walten Gottes so, daß er alle einzelnen Geschehnisse lenkt, aber es kommt alles aus seinem bestimmten Ratschluß, der gewissermaßen in dieser theologischen Naturtheorie an die Stelle des physikalischen Extremalprinzips tritt. Vergessen wir Newtons[21] Ansicht nicht aus dem Vorwort seines die klassische Physik begründenden Werkes, daß das Wesen des Naturgesetzes der Ausdruck des Willens Gottes sei, wie er die Welt erschaffen und zukünftig gestalte, so ist Leibniz[22] bereits gegenwärtig mit der universalmathematischen Theorie unseres Dämons, die zugleich eine theologische und physikalische Interpretation zuläßt... und zwar zuläßt in den drei Fassungen, die ihr Leibniz gegeben hat. Die erste lautet: »Cum deus caculat, fit mundus.«

Die andere stammt aus der 1697 geschriebenen Abhandlung *De rerum originatione radicali* und wird folgendermaßen charakterisiert: »Alles mögliche, oder was ein Sein oder mögliche Wirklichkeit ausdrückt, strebt mit gleichem Recht zum Dasein nach dem Maße des Seins oder der Wirklichkeit oder nach dem Grade der Vollkommenheit, den es bei sich führt; Vollkommenheit ist nämlich nichts anderes als das Maß des Seins. Hieraus ist ersichtlich, daß unter unendlich vielen Zusammenstellungen und möglichen Reihen diejenige existiert, durch welche das meiste Sein zum Dasein gebracht wird. Immer nämlich gibt es in den Dingen ein Prinzip der Bestimmung, welches vom Maximum oder Minimum hergenommen ist, daß nämlich die größte Wirkung hervorgebracht werde mit dem kleinsten Aufwande so zu sagen.« Und schließlich die dritte Fassung dieser dämonischen Idee, die aus der berühmten Schrift *Initia et Specimina Scientiae Novae Generalis* stammt: »Hieraus sieht man nun, daß alles mathematisch, das heißt unfehlbar zugehe in der ganzen weiten Welt, sogar daß, wenn einer eine genugsame Einsicht in die inneren Teile der Dinge haben könnte und dabei Gedächtnis und Verstand genug hätte, um alle Umstände vorzunehmen und in Rechnung zu bringen, würde er ein Prophet sein und in dem Gegenwärtigen das Zukünftige sehen, gleichsam als in einem Spiegel. Denn gleichwie sich findet, daß die Blumen, ja die Tiere selbst schon in dem Samen eine Bildung haben, so sich zwar durch andere Zufälle etwas verändern, so kann man sagen, daß die ganze künftige Welt in der gegenwärtigen stecke und vollkommen vorgebildet sei, weil kein Zufall von außen weiter dazu kommen kann, denn ja nichts außer ihr.«

Durch Laplace hat dieser Dämon zugleich seinen Namen und

seine präzise mathematische Bestimmung erhalten. »Ein Geist, der für einen gegebenen Augenblick alle Kräfte kennt, welche die Natur beleben, und der diese Angaben der mathematischen Analyse unterwirft, könnte in derselben Formel in die Bewegung des größten Himmelskörpers und des leichtesten Atoms eingreifen. Zukunft und Vergangenheit wären seinem Blick gegenwärtig.« Die Großmütigkeit der mathematischen Abstraktion, die in dieser dämonischen Formel, in dieser Weltgleichung noch vorhanden ist, hält dem tiefen Ernst einer Prädestinationslehre das Gleichgewicht, die von Calvin stammt.

Tatsächlich ist der innere Zusammenhang zwischen Laplace und Calvin unverborgen. Man kann z. B. daran denken, daß sich die Calvinisierung Genfs in der dort 1587 eingeführten Uhrenindustrie spiegelt, daß diese Industrie wiederum die Entstehung der Meßmethoden der mathematischen, »vorausberechnenden« Naturbeschreibung begünstigt, daß das Uhrengleichnis überhaupt das klassische Gleichnis Leibniz' und der späteren Deisten darstellt. Und ebenso unverborgen ist die Tatsache, daß er über Leibniz und Pascal läuft. Leibniz diskutiert recht lebhaft die Prädestination, und er hat sich ihr nicht verschlossen. Und Pascal[23] hat in dem ergreifenden Brief an einen Freund in Clermont vom Jahre 1661 ausdrücklich davon gesprochen, »daß die gleiche Vorsehung, die dem einen ihr Licht spendet, es den anderen verweigert...« und auch dieser Satz ist nur zu verstehen, wenn man die geheimen Wirkungen Calvins auf Pascal voraussetzt. – Verzeihen Sie diese kleine Abwechslung; sie sollte nur den geistesgeschichtlichen Zusammenhang zwischen Calvin und Laplace herstellen helfen, der für die Geschichte des Laplaceschen Dämons wichtig ist.

Es ist wichtig darauf hinzuweisen, daß aus dem klassischen Zeitalter der Mathesis universalis, als dem Zeitalter der Pascal, Descartes und Leibniz, das etwa von 1630 bis 1750 bemessen ist, die Aufklärung hervorgeht. Geistesgeschichtlich bereitet dieser historische Gang keinerlei Schwierigkeit, aber man kann behaupten, daß in dem Maße, wie in der Aufklärung das klassische Zeitalter der Mathematik und der Mathesis universalis zu Ende geht, das Interesse für Technik wächst. Natürlich besaß auch das Zeitalter der Mathesis universalis sein technisches Verständnis. Erhard Weigel,[24] bei dem Leibniz gehört hatte, versuchte eine

Mechanikerschule zu gründen; und Leibnizens Akademieplan sah ebenfalls eine Art von technischen Werkstätten und Laboratorien vor. Doch hat uns das Zeitalter der Mathesis universalis vor allem das erhellendste Dokument über den innigen Zusammenhang zwischen dem Geist der Mathematik und dem Geist der Technik, als den beiden Interpretationen des Laplaceschen Dämons, geschenkt, nämlich den berühmten Brief Pascals[25] an den Kanzler Séguier über die Erfindung der Rechenmaschine. Ich möchte hinzufügen dürfen, daß dieses Dokument auch über die qualitative Differenz zwischen einem platonischen Geist des Schöpferischen und einem Laplaceschen Dämon der Vorsehung Auskunft gibt: (1645) »Mein Herr, wenn die Öffentlichkeit einigen Nutzen von meiner Erfindung haben wird, durch welche auf eine ebenso neue wie bequeme Weise alle arithmetischen Aufgaben zu lösen sind, so wird sie dafür viel mehr Ihrer Hoheit, als meinen geringen Anstrengungen verpflichtet sein, da ich mich nur rühmen kann, sie der Idee nach erfunden zu haben, während sie allein Ihren ehrenvollen Aufträgen ihre Verwirklichung verdankt. Die Methoden, deren man sich bisher bediente, waren so zeitraubend und schwierig, daß ich auf den Gedanken kam, ein geeigneteres und leichteres Mittel zu erfinden, das mir bei den großen Berechnungen helfen könne, die mich seit einigen Jahren beschäftigen; diese Berechnungen hängen mit den Ämtern zusammen, mit denen Sie meinen Vater für die Dienste zu ehren beliebten, die er Seiner Majestät in der hohen Normandie erwiesen hat; so verwandte ich auf diese Untersuchungen das ganze Wissen, das ich mir durch meine Neigungen und durch die Arbeit meiner ersten Studien in der Mathematik erworben hatte. Nach tiefem Nachdenken erkannte ich, daß es nicht unmöglich sei, ein solches Hilfsmittel zu finden. Die Erkenntnisse der Geometrie, Physik und Mechanik lieferten mir den Plan und überzeugten mich, daß der Gebrauch einer solchen Maschine unfehlbar wäre, falls ein Handwerker imstande wäre, das Instrument herzustellen, dessen Modell ich ausgedacht hatte. Aber in diesem Punkte begegnete ich neuen Schwierigkeiten, die ebenso groß waren wie die, welche ich vermeiden wollte und für die ich eine Abhilfe suchte. Da ich nicht geschickt genug war, mit dem Metall und dem Hammer so umzugehen wie mit der Feder und dem Kompaß, und da die Handwerker von der Ausübung ihrer Kunst mehr verstanden als von den Wissenschaften, auf welche diese gegründet ist, sah ich mich gezwungen, mein ganzes Unternehmen aufzugeben, von dem ich nur viel Mühe und keinerlei Erfolg hatte. Aber Ihre Hoheit, mein Herr, hat meinen Mut wieder aufgerichtet, der schon zu schwinden begann, und Sie haben mir die Gnade erwiesen, von der einfachen Zeichnung, die meine Freunde Ihnen vorgelegt hatten, in einer Weise zu sprechen, die mir die Angelegenheit in einem ganz anderen Licht erscheinen ließ als vorher; so machte ich neue Anstrengungen mit den neuen Kräften, die Ihre Anerkennung mir geschenkt hatte; ich schob jede andere Arbeit auf und dachte nur an die Konstruktion dieser kleinen Maschine, die ich Ihnen vorzulegen wagte, mein Herr, nachdem ich sie in einen Zustand gebracht hatte, in dem sie aus sich allein, ohne jede geistige Arbeit, imstande war, Aufgaben aus allen Bereichen der Arithmetik zu lösen, so wie ich es mir vorgenommen hatte.

Ihnen also, mein Herr, verdanke ich diesen kleinen Versuch, denn Sie haben es mir möglich gemacht, ihn auszuführen; und von Ihnen erwarte ich auch ehrenvollen Schutz. Erfindungen, die nicht bekannt sind, finden stets mehr Tadel als Beifall: man tadelt die Erfinder, weil man ihre Erfindung nicht völlig versteht, und durch ein ungerechtes Vorurteil überschätzt man die Schwierigkeit des Außerordentlichen: man beschuldigt es der Unbrauchbarkeit und weist es schließlich als eine Anmaßung zurück, anstatt es gerade der Schwierigkeit wegen zu achten. Im übrigen erwarte ich, mein Herr, daß sich unter so viel Gelehrten, die bis zu den letzten Geheimnissen der Mathematik vorgedrungen sind, einige finden werden, die zunächst mein tollkühnes Unternehmen billigen, weil ich noch so jung bin und mit so wenig Mitteln und ohne einen Führer, mir den Weg zu bahnen, auf einem ganz mit Dornen bewachsenen Felde einen neuen Pfad einzuschlagen gewagt habe. Aber ich will, daß man mich anklage und verurteile, wenn man beweisen kann, daß ich nicht genau eingehalten habe, was ich versprach; ich bitte nur um die Gunst, mein Werk zu prüfen, und nicht um die, es zu billigen, bevor man es kennt. Auch kann ich Ihrer Hoheit mitteilen, daß mir bereits die Genugtuung widerfahren ist, mein kleines Werk durch die Billigung eines der vorzüglichsten Geister dieser außerordentlichen Wissenschaft autorisiert zu sehen – einer Wissenschaft, die durch einen nur ihr eigenen Vorzug fähig ist, nichts zu lehren, was sie nicht auch beweist.«

Mit dem Jahre 1750 geht das Zeitalter der Mathesis universalis zu Ende. Ein neues mathematisches Zeitalter erscheint, das sich am besten als Zeitalter der angewandten Mathematik, der mathematischen oder theoretischen Naturbeherrschung beschreiben läßt. Jedenfalls ist das Jahr 1750 kennzeichnend. Jean Jacques Rousseau[26] schreibt seine Abhandlung über das Thema, daß die Künste und Wissenschaften die Sitten verdorben hätten, und darin erhält nicht nur die Mathematik, sondern jede Art von Wissenschaft eine Abfuhr. D'Alembert und Diderot bringen 1751 die Enzyklopädie[27] heraus. D'Alembert erteilt darin der Axiomatik eine Absage und bewertet die Mathematik als Erfahrungswissenschaft, von der Logik ganz zu schweigen. Gewiß ist d'Alembert ein großer Mathematiker, aber er ist ein ebenso großer Deist, ein jansenistischer Geist, ein Mann des Uhrengleichnisses. So existieren für ihn vor allem mathematische Anwendungen in Hinblick auf die mathematische Naturordnung Gottes, kaum reine Mathematik. D'Alembert ist daher typisch für dieses Zeitalter der Dynamik und Himmelsmechanik. Im ganzen trennt das Jahr 1750 aber nicht nur geistesgeschichtlich zwei Welten. Auch politisch. Der geistige Mensch beginnt gegen den feudalistischen und klerikalen Menschen zu schreiben. So trennt er das revolutionäre vom konservativen Zeitalter.

Und genau im Denken des Mannes, der in seinen *Gedanken über die Interpretation der Natur*[28] von 1753, nämlich Diderots, zum ersten Male darauf hinweist, daß die mathematische Produktion einen gewissen Abschluß erreicht habe, gewinnt dann die Erkenntnis Raum, daß unsere Kultur eine technische Grundlage besitzt. Diderots Anteil an der Enzyklopädie erstreckt sich vor allem auf eine tausendfache Artikelserie über Technik. Mit Recht bemerkt Diderots Biograph Rosenkranz: »Bis auf Diderot hatte noch niemand die Technik in ihrem inneren Zusammenhang mit der Kulturarbeit des Menschen überhaupt aufgefaßt und hatte niemand den technischen Arbeiter selbst in seiner Bedeutung gewürdigt.«[29] Wie gesagt, Pascal bemerkt zum ersten Male die existentiellen Schwierigkeiten des Erfinders, aber das Thema Kultur und Technik rückt erst Diderot in unser abendländisches Bewußtsein. Er empfindet auch die ungeheure Diskrepanz zwischen Wissenschaft und Technik. Er erkennt, daß es etwas anderes ist, die Funktion einer Maschine durch ihre physikalischen Prinzipien darzustellen, oder aber diese Maschine in ihrem technischen Funktionieren anschaulich im Rahmen der Enzyklopädie zu beschreiben. Er bemerkt also zum erstenmal den Unterschied zwischen dem Physiker und dem Ingenieur, den man heute gelegentlich auf die Phrase bringt, der Physiker wisse, wie es geht, aber der Ingenieur wisse, wie man es macht. Von den Maschinen zur Strumpfwirkerei und zur ziselierten Sammeterzeugung ließ sich Diderot die schönsten Modelle anfertigen, um sie zu Hause studieren zu können; und erst auf der Grundlage eines solchen Studiums verfertigte dieser große Schriftsteller die Beschreibung. Auf diese Weise lernt Diderot, der mit dem Blick des Arztes das klassische Zeitalter der Mathematik und der Philosophie der Mathematik studiert hatte, die Heraufkunft des neuen Zeitalters, die Heraufkunft einer sich immer mehr perfektionierenden Welt der Maschinen kennen, d. h. als Enzyklopädist und Aufklärer schlägt er die Brücke von der Theorie des Laplaceschen Dämons, wie sie die Mathesis universalis darstellt, zur Praxis des Laplaceschen Dämons, wie sie die von ihm zum ersten Male enzyklopädisch erfaßte Welt der Apparate und Maschinen und ökonomischen Funktionen bedeutet.

Die Tatsache der Gründung der École polytechnique in den Tagen der Revolution beweist 1. wie sehr die Mathematik Gegenstand eines anwendenden Interesses wird, und beweist 2. wie sehr, wohl unter Diderots Einwirkung, die Beziehung zur Technik in den Vordergrund rückt. Legten die Enzyklopädisten Wert darauf, das Wissensprivileg des Adels und des Klerus zu zerstören, begann die École polytechnique Mathematiker, Physiker und Ingenieure geradezu zu züchten. Monge, Poisson, Lagrange, Fourier und Cauchy haben diese Schule verwaltet oder berührt. Sie ist die Blütestätte der angewandten Mathematik. Keiner der Genannten ist wegzudenken aus der modernen mathematischen bzw. theoretischen Physik. Mit Recht sagt Felix Klein: »Tatsächlich ist fast alles, was in den ersten Jahrzehnten des 19. Jahrhunderts in Mathematik, Physik und Chemie in Frankreich geleistet wurde, aus der École polytechnique, dem Vorbild der Technischen Hochschulen hervorgegangen.«[30] Laplaces fiktiver Geist, der im Besitz der Weltgleichung sich anschickte, nicht nur die natürliche, sondern auch die technische Welt zu beherrschen, besaß in dieser Schule gleichsam ihren Quellpunkt.

Das klassische Zeitalter der Mathesis universalis war nicht in diesem Sinne zu einer solchen Pflanzstätte seines Geistes gekommen. Port Royal, woran man denken könnte, war zwar als jansenistisches Kloster, dem auch Pascal angehörte, ein Hort der Vorsehung und einer berühmten Logik[31], aber es hat das Programm der neuen Logik nicht durchgeführt und auch keine geschichtliche Schule gebildet. Erst das Zeitalter der Aufklärung, das auch ein Zeitalter der Anwendungen ist, wendet die großartige universale Gesinnung ins Praktische und verwirklicht eine solche Schule, die das neue Zeitalter geistig produziert. Aber man darf doch sagen: von Port Royal bis zur École polytechnique besteht eine wundervolle Kontinuität zwischen der theoretischen und praktischen Gesinnung in der Mathematik, die für die moderne Welt typisch ist.

Mit dem Laplaceschen Begriff unseres Dämons erreicht er den höchsten Grad der Präzision. Die Welt dieses Dämons ist notwendig perfekt, denn sonst kann sie nicht in einer Weltgleichung gespiegelt werden. Und diese perfekte Welt eines Laplaceschen Dämons, der genau das enthält, was die theoretische oder auch mathematische Physik, zu deren Schöpfer Laplace unbedingt gehört, erforscht, verhält sich unmittelbar zur technischen Welt; die Kategorie der Perfektion, die als Prinzip einer geschlossenen Naturkausalität für die mathematische Weltbetrachtung eine sinnvolle Kategorie ist, ist es auch für die Lehre von der fortschreitenden Perfektion der technischen Welt. Beide, die Perfektion des mathematischen Weltbildes und die Realisierung einer perfekten technischen Welt gehen auf den Laplaceschen Dämon zurück, der alles präzis vorherbestimmt. –

»Und Flügel werden kommen«, hat Leonardo gesagt, und er hat damit im Vertrauen auf eine Perfektionierung der technischen Welt, deren erstem Stadium er schon angehörte, ein Beispiel für die Wirksamkeit des Laplaceschen Dämons, wenigstens für seine Prophetien gegeben.

Dieses »Und Flügel werden kommen« ist eine technische Prophezeiung; sie ist möglich, weil er insgeheim weiß, daß auch die technische Welt unter der Kategorie der Prophetie, unter der Macht des Laplaceschen Dämons steht, der ein wesentlicher

Bestandteil unseres schaffenden, erkennenden Geistes ist, gleichgültig, ob wir ihn ethisch mit den Prädikaten Gut oder Böse belegen. –

Jene Philosophie des Unterschiedes zwischen Haben und Sein, darauf Charles du Bos[32] seine Anschauung von den Dingen und Zeiten aufgebaut hat, kommt in der Geschichte der fortschreitenden Perfektion der Technik sehr schön zum Ausdruck. Es gibt ohne Zweifel Erscheinungen, die »Technik haben«, und es gibt Erscheinungen, die »Technik sind«. Der Flügelschlag der Libelle wird ewig seine Technik »haben«, ohne Technik zu »sein«, aber eine Turbine »hat« nicht Technik, sondern »ist« ganz und gar Technik. So gibt es in der fortschreitenden Perfektion der Technik den revolutionierenden Umbruch vom »Haben« der Technik zum »Sein« der Technik, und ich meine, daß die zivilisatorische Welt, die wir bewohnen, in diesem Sinne immer stärker vom Haben der Technik zum Sein der Technik fortschreitet. In den Beiträgen Diderots zur Enzyklopädie findet dieser Fortschritt seinen ersten bewußten Ausdruck. Schließlich werden wir in einem Lebensraum existieren, der perfektes technisches Sein ist, und es ist freilich selbstverständlich, daß diese Existenz genauso ihre Aporien hat wie das Sein in der Natur oder das Sein in der Kultur.

Die perfekte technische Welt ist eine apparative Welt, sie tritt, wie gesagt, als selbständige Welt neben die der Natur und der Kultur, und es wird der Augenblick eintreten, wo unser Erbe nicht nur ein naturgeschichtliches und kulturgeschichtliches sein wird, sondern auch das Erbe eines technischen Fortschritts, d. h. Erbe einer fortschreitenden technischen Perfektion. Denn auch die Technik gehört zu den nicht umkehrbaren, den irreversiblen Prozessen.

Diese apparative Welt der technischen Physik, sagte ich, ist nur real, nur objektiv, nur konkret. Sie bezeugt eine zweite, selbständige Möglichkeit der Imagination des Laplaceschen Dämons – neben der Natur. Sie ist wie ein harter, kalter Traum der Materie; sie entleibt sich zu ihrer wahren Gestalt, sie entäußert sich jedoch nicht ihrer Gesetze. Sie verliert ihren Duft, ihre Wärme, ihr Leben und ihren Tod – und ist doch nicht so abstrakt wie eine platonische Welt; sie bringt selbst keine fühlenden, denkenden, erkennenden und verstehenden Wesen hervor, aber sie wird selbst von solchen Wesen hervorgebracht, und sie hat das stille natürliche Werden ersetzt durch eine einsame dürre Phantasie des Fortschritts.

Die technische Perfektion realisiert also den gewaltigen Prozeß der Denaturierung unseres geistigen Seins, einen Prozeß, der zumindest mit Newton anhebt und den Goethe in seiner großartigen natürlichen Gesinnung mit der Farbenlehre und der Morphologie noch einmal zu verhindern gedachte. Die tiefe Angst unserer Intelligenz vor der technischen Perfektion ist die gleiche wie die vor der ideenbildenden Abstraktion; es ist die Angst, die das natürliche Denken, das noch an den Bildern haftet, auszeichnet: es ist die Angst vor dem Laplaceschen Dämon der gnadenlosen Perfektion und Prädestination.

Wie jede echte Welt hat auch die Welt des Laplaceschen Dämons ihre Seinsschichten. Die Hierarchie ist ein Merkmal echten Seins. Es ist etwas anderes, ob man die technische Welt auf der Grundlage der Mechanik oder der Optik, der Thermodynamik oder der Elektrodynamik entwickelt. Allenthalben gibt es die Extremalprinzipien, daraus das Sein einer in sich abgeschlossenen technischen Welt abgeleitet werden kann. Zu jeder Grundlage kann man sich eine abgeschlossene technische Welt denken und sie apparativ abschließen, ohne aus den Grundlagen herauszutreten. Und die Selbständigkeit der jeweils hervorgebrachten Welt kann man sich dadurch erhellt denken, daß für sie ein platonischer Geist existiert, der in einer mathematischen Theorie die Gesetze, die jene Welt platonisch spiegeln, ausspricht. Zu jedem Laplaceschen Dämon gibt es einen platonischen Geist als Korrektiv. Die Maxwellschen Gleichungen der theoretischen Physik bilden das Paradigma hierzu. Mathematisch betrachtet, sind sie das Eingeständnis eines platonischen Geistes. Technisch betrachtet, beherrschen sie die Apparate der elektrotechnischen Welt. So hat in der Gestalt der Maxwellschen Gleichungen die Elektrodynamik eine Interpretation in der Mathematik und eine Interpretation in der Technik, oder die Physik hat einen Sinn für den platonischen Geist und einen Sinn für den Laplaceschen Dämon.

Auch in den Stufen der technischen Welt gilt das ontologische Gesetz, daß die höheren Seinsweisen zugleich auch in irgendeiner deutbaren Weise die schwächeren sind. Mechanische Maschinen sind seinsmäßig stärker als die hochentwickelten Oszillatoren oder Zyklotrone der Elektrodynamik und Kernphysik. Die Elektronenfahrpläne der Laufzeitengeräte arbeiten auf einer höheren Stufe seinsmäßiger Empfindlichkeit und Abhängigkeit als Pendelschwingungen.

Es gibt eine Dekadenz der technischen Geräte, die sich als Übermaß der Empfindlichkeit sicheren Seins darstellt und durch die Zahl bekannter und die Unzahl unbekannter Parameter, von denen ihr Sein, also ihre Funktion, abhängt, ausgedrückt ist. In der höheren technischen Welt spielen nicht nur die Empfindlichkeitsgrenzen und Belastungsgrenzen eine entscheidende Rolle – es wird eine genaue Erforschung der Funktionsparameter dieser Welt geben müssen. Und wir erkennen auch hier das alte Gesetz: je höher die Perfektion, desto gefährdeter die Funktion. In der Sprache natürlichen Seins: je vollendeter die Existenz, desto sichtbarer das »Sein zum Tode«.

Da die Technik relativ zu einem Laplaceschen Dämon ist, wird sie erst dann perfekt sein, wenn sie selbst Darstellung des Dämons geworden ist. Es ist eine tiefe Angst unserer Intelligenz, die aus der Differenz des platonischen Geistes gegen den Laplaceschen Dämon stammt. Man bemerkt, daß für den platonischen Geist die »Freiheit«, vor allem die Freiheit des Schöpferischen noch ein sinnvoller Begriff ist, während für den Laplaceschen Dämon der Begriff der Freiheit keinen Rang mehr hat. Und nur in diesem Sinne, daß die platonische Welt noch Raum für die Freiheit läßt, während sie in einer Laplaceschen Welt der unwiderruflichen Prädestination verlorengegangen ist, sprechen wir dort vom Geist, hier vom Dämon, ohne damit schon sogleich eine ethische Bestimmung zu sehen. Die Perfektion des Dämons bedeutet also zugleich die Perfektion eines Niederen – und das darf uns nicht wundern, denn daß auch das Niedere sich perfektioniert, ist eine Erfahrung, die jede Generation macht.

Der geistige Mensch, sofern er heute das ausdrückt, was wir den platonischen Geist nennen, bedeutet also ein unvermeidliches Korrektiv für die Welt des Laplaceschen Dämons. Daß er ein solches Korrektiv ist, das kennzeichnet ihn heute, das ist seine existentielle Lage, seine geistige Situation in der Zeit. Selbstverständlich entspringen hier seine inneren und äußeren Konflikte. Niemand kann ihn daran hindern, hier ein Entweder–Oder zu sehen, und die Wahl zwischen dem platonischen Geist und dem Laplaceschen Dämon bleibt ihm überlassen.

Es gehört zu den Voraussetzungen des Intellektuellen, daß er die Welt, in der er existiert, auch beherrscht, d. h. er will sie verändern, er will in ihr aktiv sein. Es ist die Frage des Augenblicks, ob er als platonischer Geist oder als Laplacescher Dämon wirksam sein muß. Aber es zeigt sich, daß die höhere technische Welt, d. h. die technische Welt auf einer höheren Stufe der Perfektion, schwieriger zu beherrschen ist als die niedere technische Welt. Es ist etwas anderes, ob man dem Mikrokosmos mit den Prinzipien der Mechanik und den Hauptsätzen der Wärmetheorie zu Leibe rückt, oder ob man in einem Mikrokosmos der elektromagnetischen Welten und der Elementarteilchen und Quanten arbeitet. Es erfordert Übung, auf einer Präzisionswaage $\frac{1}{10}$ Milligramm Substanz abzuwiegen. Es erfordert Erfahrung, ein Fernrohr auf einen Jupitermond einzujustieren, aber um einen Generator für Zentimeterwellen genau auf einen Empfänger abzustimmen, dazu gehört neben der wissenschaftlichen Geduld, der wissenschaftlichen Erfahrung und der wissenschaftlichen Begabung eine hohe Art von wissenschaftlicher Arbeit, und diese Arbeit ist eben nicht nur ein geduldiges Beobachten, sondern sie ist selbst ein wissenschaftlicher Vorgang. Es stellt sich heraus, daß ein Physiker, der jahrelang etwa Spektren beobachtet hat oder Molekulargewichte bestimmte, sich nur schwer an hochfrequenztechnische Arbeiten gewöhnen kann, selbst wenn er die Theorie der Schaltung und Röhren völlig beherrscht. Also die höhere technische Welt ist schwieriger zu beherrschen, das ist ihr Signum, das ist der Widerstand des platonischen Geistes gegen den Laplaceschen Dämon. Mit der Herausbildung der höheren technischen Welt muß der Wissenschaftler in einem neuen Maße zum Wissenschaftler werden, so daß sich hier tatsächlich ein neuer Typus, nämlich der Typus des wissenschaftlichen Arbeiters par excellence herausbildet, der zugleich Sklave und Herr des Laplaceschen Dämons ist. Und wenn die Technik zugrunde geht, sie wird am Aussterben dieses Typus zugrunde gehen. Mit Recht hat der spanische Philosoph Ortega y Gasset bemerkt, daß der Ausfall der mathematischen Begabung in einer Generation größere Katastrophen nach sich ziehen würde als ein Erdbeben, d. h. der Geistige, der sich in der technischen Welt bedroht sieht, geht in

Wahrheit nur durch einen Mangel an Geist in dieser Welt zugrunde.

Zur Perfektion der technischen Welt gehört natürlich auch jene Praxis der ökonomischen und sozialen Prozesse, die ihre Entstehung einer Theorie verdanken. Tatsächlich geht der Herausbildung der modernen sozialistischen Gesellschaft eine genaue Theorie der Geschichte, der Gesellschaft und der Produktionsprozesse voraus. Und nicht umsonst wurzelt diese Theorie, die zwar ihre Varianten besitzt, genau in der Epoche, in der zum erstenmal, wie gesagt, die Technik in den Bereich des geistigen Menschen tritt, nämlich in der Epoche der Aufklärer, der Enzyklopädisten, in der Epoche Diderots. Und es ist nun so, daß die Perfektion dieser Welt, die Technik und Gesellschaft zusammenschließt, in der jeder seine Funktionen hat und in der die Produktionsverhältnisse rationell genau festgelegt sind, in derselben Differenz zum platonischen Geist steht, wie es das Verhältnis des geistigen Menschen zur Technik zumeist ausdrückt. Es zeigt sich nämlich in dieser perfekten Welt, die immer deutlicher heraufkommt, daß gar nicht der Arbeiter, d. h. der Prolet das Problem ist, sondern der Intellektuelle, der sich nämlich kraft seines platonischen Geistes immer wieder der Laplaceschen Dämonie in dieser perfekten Welt entzieht. Theoretisch bedeutet der Arbeiter, d. h. das soziale Problem, keine Schwierigkeit mehr. Wir kennen die Theorie der Welt, die perfektioniert werden muß, damit er die sinnvolle, säkulare Zeitgestalt ist. Nur ist eben jener Grad der Perfektion nicht erreicht, nur ist jene notwendige Veränderung der Welt noch nicht durchgeführt. Aber eine Theorie, wie der Intellektuelle in dieser für den Arbeiter perfektionierten technischen Welt existieren soll – eine solche Theorie haben wir nicht. Wie könnten wir verlangen, daß der Intellektuelle eine in dieser Welt verstandene Gestalt sei – wo wir doch in unveränderter platonischer Gesinnung an den Primat der reinen Theorie glauben. – Sofern der Intellektuelle, der geistige, der schöpferische Mensch hinsichtlich seiner ökonomischen Lage durchaus der klassenlosen Gesellschaft angehört, durchbricht er doch noch durch sein pures Dasein jene Perfektion, die wir den Fortschritt nennen. Warum? – weil immer eine existentielle Differenz zwischen dem Laplaceschen Dämon und dem platonischen Geist besteht. Aber ich bin davon überzeugt, daß diese existentielle

Dialektik nur der schärferen Herausarbeitung dessen dient, was ein wirklicher Mensch ist, der immer wieder als Korrektiv zur Geschichte und als Korrektiv jeder Art von Gesellschaft auftritt.

Sofern wir immer tiefer der Welt des Laplaceschen Dämons angehören – und das Gesetz der fortschreitenden Perfektion der technischen Welt zwingt uns in diese Perfektion hinein –, sofern wir also immer tiefer dieser Welt angehören, wird es unerläßlich sein für den Geistigen, die rationalen Waffen auszubilden. Einer neuen Stufe der Abstraktion, einer neuen Stufe des abendländischen Rationalismus wird zuletzt kein Geistiger entsagen können, und es ist eine Stufe, eine Niveaufläche, die uns distanziert von der Welt, die zu bewohnen wir gezwungen sind. Man entgeht nicht der Technik, indem man die Physik verlernt. Der Laplacesche Dämon bedeutet also ein außerordentliches Kriterium für die aufblühende oder absterbende Fähigkeit unserer Existenz. Es ist ein Kriterium für den Geistigen, indem er entweder eine höhere beherrschende Stufe der Rationalität gewinnt oder in der Wildnis der Mystik und Irrationalität die Distanz verliert. Und der Geistige lebt doch aus der Distanz von den Dingen, die Ausbildung der Distanz gehört zu den metaphysischen Kräften der geistigen Existenz. Geistiger ist, wer die Kraft der Distanz von der bewohnten Welt noch besitzt. Modern ist, wer seinem Zeitalter gewachsen ist. Und diese Kraft der metaphysischen Distanz ist sowohl platonischer wie auch dämonischer Herkunft.

# Umgang mit Philosophen

## Essays

Alles was da ist, ist ferne
und ist sehr tief.

Meiner Frau und meinen Kindern

# Inhalt

# Vorwort

Diese Versuche über den Umgang mit Philosophen, diese Aufzeichnungen über den geistigen Menschen sind einer leichteren Feder entsprungen. Sie haben die Absicht, am Rande mitzuphilosophieren, wo eine tiefere philosophische Bewegung mit Schwere und Fülle schon eingesetzt hat. Sie begleiten den Blick, wenn er tief in die Deduktionen der Meister hineinsieht. Sie reden vom konkreten Philosophen, wenn der abstrakte Geist den gestaltenden Atem nicht mehr beherrscht. Sie reden vom konkreten Philosophen, bei dem der Ton der Sichel mitschwingt.

Was wollen wir Philosophen? – Zu einem Leben zwingen, das in der Nachbarschaft des Geistes ist. Wir sagen das mit dem Ernst, mit dem scheinbar leichte Wahrheiten gesagt werden müssen. Wir sagen das nachdrücklich, dreimal, wie alle schweren Dinge. Wir wollen durch das Ärgernis der Philosophie unter den Zuhörenden und Gebildeten jenes leise Feuer für das Unwägbare dieser Welt wachhalten. Dieses Feuer nennen wir meist Begeisterung. Und Begeisterung kommt von Geist.

Das Ganze ist ohne Plan und Absicht entstanden. Die Gelegenheit nährte die Schöpfung. Später ergab sich die innere Einheit der Aussagen. Darum entschlossen wir uns, sie festzuhalten.

# Aufzeichnungen über den Geistigen

Der Geistige hat heute eine außerordentliche Aufgabe. Aber hat er die außerordentliche Kraft? – Wird er nicht in der Entfaltung des Zeitalters abgelenkt? – Wird er nicht von den brausenden Mächten des Lebens beherrscht? – Die Aufgabe des Geistigen besteht immer darin, das mit einem höchsten Grad von Endgültigkeit darzustellen, was wir, in der Abgrenzung zum Leben, Geist nennen. Im Augenblick des Schöpferischen, gleichgültig, um welche Art von Schöpfung es sich dabei handelt, wird das Leben vor den Geist gebracht, tritt das Leben in ein unmittelbares Verhältnis zum Geist. Und der Geistige ist nun der, dessen Leben keine Macht, keinen Rang, keine Zukunft, keinen Atem mehr hat, wenn es nicht in einem Verhältnis zum Geist steht.

Die Philosophie ist die immanente Lust, zu denken. Und man pflegt ja nicht immer bei der Lust danach zu fragen, was dabei herauskomme. Der Geistige bedarf also beständig der Philosophie, um die Lust zu denken, niemals zu verlieren. Sie ist sein Stachel, sein Ärgernis, seine unaufhörliche Unruhe, und gerade die gewisse stille Koketterie mit dem Logos, der reinen Vernunft, die das Philosophieren auszeichnet, ist es, die dem Geistigen das Vergnügen am Geiste wachhält.

Wir müssen erkennen, daß es nicht genügt, zu leben. Aber wozu nicht genügt? – Doch nur, um ein wirklicher Mensch zu sein. Daraus kommt der Entschluß, zu denken. Aber wir werden erkennen müssen, daß es gefährlich ist, zu denken. Das Fleisch fürchtet den Gedanken. Es will wuchern. Und jede Art von Gesetz, die dieses Ungenügen des Menschen am Leben eingesteht, ist ein geistiges Gesetz. Der Geistige ist der Richter.

Die außergewöhnliche Kraft im Geiste ist zugleich eine Kraft der Erkenntnis und der Darstellung. Erkenntnis, die nicht darstellbar, die unaussprechlich ist, darf keine Erkenntnis heißen. Es wird aber vieles erkannt, was nicht ausgesprochen werden kann, wenigstens nicht so unmittelbar, wie es notwendig wäre. Es entsteht auf diese Weise der verdunkelte Stil, der sich vom verbergenden Stil merklich unterscheidet. Am verdunkelten Stil erkennt man, daß der Geistige nicht die außergewöhnliche Kraft besitzt.

Man sagt, der Geist wolle nicht herrschen. Das ist ein Irrtum. Nur der Geist will herrschen, aber er vermag keine Gewalt anzuwenden, und nur selten ist ein gesammeltes Leben so groß, so empfindsam, daß es vom Geist verwandelt wird. Und zuletzt vermag ja auch nur der Geist zu verwandeln. Das Leben kann nur wachsen lassen.

Was aus Geist geschieht, steht jenseits von Gut und Böse. Auch jenseits von Stark und Schwach. Aber nicht jenseits jener Moral, die von Wahrheit und Unwahrheit oder Wahrhaftigkeit und Unwahrhaftigkeit spricht. Der Geistige kann böse und schwach sein, aber er kann nicht unwahrhaftig sein. Das ist wider seine Natur, wider seine Bestimmung; denn Wahrheit ist die Form des Geistes, in der er uns einsichtig und darstellbar ist.

Es gibt Gedanken, die durch ihre Einmaligkeit wirken, und es gibt Gedanken, die dadurch groß und bedeutsam sind, daß, werden sie vergessen, sie immer wieder gedacht werden müssen und können. Denn nicht alle Gedanken sind so beschaffen, daß sie wiederholt werden können; manche Gedanken widerstreiten der Wiederholung, andere gewinnen erst ihre Kraft daraus, daß sie wiederholt werden. Das hängt davon ab, ob ein Gedanke ein größeres Verhältnis zum Augenblick oder zur Ewigkeit habe.

Der Geistige ist verantwortlich, weil er voraussichtig ist. Denn Geist ist ja nicht nur Einsicht in den Raum, auch Einsicht in die Zeit. Verantwortlichkeit ist aber nichts anderes als Bestand der Wahrhaftigkeit in der Zeit.

# Umgang mit Philosophen

Es gibt verschiedene Arten von Philosophen, wie es verschiedene Arten von Menschen gibt. Zu jeder Art von Menschen gehört die entsprechende Art von Philosophen, ernste, lächerliche, weinerliche, herbe, gesunde und kranke. Ja es kennzeichnet geradezu die platonische Idee des Philosophen, daß er vielfältig möglich ist. Merkwürdigerweise belehrt darüber keine Theorie, sondern das Leben selbst schwemmt in Gestalt der verschiedenen Menschen zugleich auch die verschiedenen Arten von Philosophen heran, so wie ein Strom bestimmte, seltsame Steine gelegentlich und absichtslos an das Ufer wirft.

Natürlich muß man Geist haben, um Philosophen zu erkennen. Nur der Geist, *das Übergeordnete der Vernunft*, kann den Philosophen fühlen, sehen, riechen und betasten. Denn auch der Geist ist ein Auge, ein gewaltiges, ein Auge unendlicher Absicht und Geduld, gleichsam ein universales Auge, das imstande ist, auf allem Endlichen mit unendlicher Zeit zu verweilen, weil der Fluchtpunkt des Geistes in der Ewigkeit liegt. Sofern es also ein philosophisches Fluidum gibt, in dem alle menschlichen und unmenschlichen Ingredienzien sich ein Stelldichein geben, darf man auch von einer philosophischen Witterung sprechen, deren Hauptgegenstand selbstverständlich der Philosoph ist.

Es gibt echte und unechte Philosophen. Den echten Philosophen stimmt die Welt heiter; der unechte ist von ihr enttäuscht. Der echte Philosoph ist immer ein wenig herb, der unechte neigt zur Rührseligkeit. Der echte Philosoph ist großmütig; der Geist ist ihm so viel wert wie das Leben, der Wein so viel wie die Wahrheit. Er will sehen; das Auge ist bei ihm ein Organ der Lust geworden, obwohl er längst in die heimlichen und altbekannten Fragwürdigkeiten der Welt hineingeschaut hat. Das Gedeihliche indessen nimmt er behutsam aus den Zeiten und fügt es seinem Bauwerk ein, und wenn die Menschheit darüber lacht, lächelt er auch, spielt weiter, aber ist ohne Zorn; packt ihn aber der Zorn, dann wirft er nicht sein Tintenfaß nach dem Teufel, dann lädt er ihn ein zum Gastmahl und versucht im Umtrunk über ihn zu siegen. Das Einverständnis mit der Unzulänglichkeit der Wesen nimmt ihm die Biederkeit, er wird nie den Weg zur Kanzel nehmen, die Unterhaltung wiegt ihm schwerer als die Predigt, aber die Erde selbst ist ihm doch nicht mehr einladend genug, um hier in aller Ewigkeit zu verweilen. Der unechte Philosoph hingegen will auch sehen, aber er hält seine Erfahrungen für seine Beweise und seine Leiden – niemals seine Genüsse – für seine Erfahrungen. Er will immer aus der Welt hinaus, aber er fürchtet den Tod. Seine Systeme sind seine geheimen Gedichte, aber er ist ein schlechter Dichter wie alle gehinderten Dichter. Sein Gemüt ist ihm die Wurzel seiner Kraft, und seine Gespenster nennt er seine Schicksale, und er pocht unablässig an dieses Schicksal, als ob ihm die Hand Gottes entweder das ganze Leid oder das ganze Glück der Menschen wöge. Man soll aber seine Philosophie nicht dichten, sondern denken, und Denken ist eines der schwersten aller Begängnisse. Hier, wo gedacht wird, ist die Philosophie eine Hoffnung, ein Ausweg, eine Schwinge der Zukunft; wie leicht jedoch ist anderswo der Weg zum Markt, wie unbeschwerlich gelingen dort die Rechtfertigungen, wie hüpfend ist der Weg zum verkannten Leben. Und das verkannte Leben ist nur sehr selten ein verkanntes Werk. Keine mächtige Hand spricht hier die Worte und wirft sie in den Raum, einfach und unbekümmert in den Raum. An der Scheide zwischen dem echten und unechten Philosophen spürt man, wie sehr Philosophie als Beruf und berufener Philosoph zwei verschiedene Dinge sind und der tiefgründigen Mehrdeutigkeit nicht entraten.

Junge Philosophen sind stürmisch, man soll sie reden und fluchen lassen. Alte Philosophen sind langweilig, man soll sie denken und ausruhen lassen. Aber wie ein Sturm oft abbricht und dann in einer gläsernen Ruhe sich alle Halme wieder aufrichten, die Blüte offen wird und der Zweig mit seinen Früchten wieder ohne Angst, so geschieht es doch oft, daß hinter der Langweile ein respektables Universum sich ausbreitet.

Die Liebe zur Weisheit gehört zum Manne wie die Weissagung zur Frau. Wo der Mann Philosoph, dort ist die Frau Sibylle. Das Genie der Klarheit ist nie ein Genie des Orakels gewesen, und die geheime Lust an der zweideutigen Anspielung war von jeher beim Manne das Eingeständnis eines Unvermögens. Denn die Philosophie ist angreifend, aber die Weissagung ist duldsam. Man vermöchte daher kein amüsanteres und zugleich tieferes Gespräch sich vorstellen als die Unterhaltung zwischen einem Philosophen und einer Sibylle. Es würde ein recht schwieriges Gespräch sein. Erkenntnis würde gegen Weissagung gesetzt, und der Philosoph hätte insofern einen recht schweren Stand, ja einen doppelten Kampf durchzuführen, als er einerseits beständig seine Einsicht verteidigen und belegen muß, andererseits aber auf der Hut zu sein hat, daß er Vordersinn und Hintersinn seiner sich vielleicht mehr und mehr verhüllenden Partnerin nicht verwechselt. Allerdings wäre die Philosophie in solcher Geselligkeit davor bewahrt, daß sie, wie so oft, das Selbstgespräch eines gerührten Herzens darstellt. Die sibyllinischen Sätze sind es also, die letztlich den gewissenhaften Philosophen vor einem *Übermut im Tiefsinn* bewahren, und angesichts des Bestehens solcher sibyllinischen Gefahren kann man den Freunden der Weisheit nur anraten, auf der Hut zu sein.

Jeder Philosoph hält natürlich seine Überlegungen für seine Wahrheiten, und darin wurzelt seine lauteste und allgemeinste Forderung, nämlich die: ernst genommen zu werden. Das ist insofern eine Anmaßung, als sie gleichbedeutend ist mit der Forderung: befragt zu werden. Darin liegt eine Unhöflichkeit; auch die Philosophen sitzen an einem Tische, an dem ihnen gegeben wird; sie sollten galant genug sein und warten, bis sie gefragt werden. Die Einmischung in alle möglichen Dinge des Lebens macht die Philosophie allzu leicht zu einem nachbarlichen Geschwätz. Der abwartende Philosoph ist der große Philosoph. Wie abwartend ist Kant gewesen, und Leibniz war lange vor ihm sogar so höflich gewesen, seine Überlegungen, seine Wahrheiten zunächst nur einem Partner im Brief mitzuteilen. Philosophie in Briefen ist nicht nur intime, sondern auch galante, höfliche Philosophie.

Es darf uns auch nicht wundern, daß es eine Art frivoles philosophisches Spiel, einen gewissen metaphysischen Leichtsinn gibt, der gewöhnlich in einer Spekulation sich ausdrückt, die so tut, als ob es weit und breit keine Menschen und keine Welt gebe. Hegel verstand sich gelegentlich vortrefflich darauf. Das wird gewöhnlich als eine Unhöflichkeit gegenüber unserer Existenz empfunden. Wir gestatten auch dem freiesten und kühnsten Gedanken nicht, daß er den Kopf verleugnet, der ihn denkt. Indessen dürfen wir nicht vergessen, daß alle Spekulationen einer vorschöpferischen Umnachtung entspringen, deren Finsternis sich nach und nach klärt, und diese Klärung wird als der sich rätselvoll abspielende Prozeß des Denkens verstanden, in dem sich nach und nach die ersten Formen und Wesen bilden. Man muß diese Dinge wissen, um zu begreifen, daß der Philosoph nicht einer hüpfenden geistigen Entführung wie der Dichter unterliegt, sondern geradezu einer strengen, einer systematischen Entführung verfällt. Das unterscheidet überhaupt die philosophische von der dichterischen Phantasie, daß jene fixiert, diese aber suchend ist.

Noch eins ist hier vermerkbar: Man darf den philosophischen Leichtsinn als charmant empfinden, aber man darf seine Worte nicht in die Hand nehmen wie schweres Gold. Es sind keine Urworte, auch wenn sie dunkel sind; der Kenner weiß, wie oft sie *vor Dunkelheit schweigen*. Es ist aber festzuhalten, daß nicht nur im Raume unserer Empfindungen, unserer Liebe und unseres Glückes das Charmante seinen Rang besitzt, auch im weiten Wasser des Geistes sollte es gelegentlich ein Scherzo geben, das über den *Unbill des Logos* hinwegbringt. Natürlich ist der Philosoph ein Tropf, der glaubt, jenseits der philosophischen Leiden zu stehen. Jeglicher Mangel an Leichtsinn ist sicherlich ein Mangel leichten Sinnes, der auf eine bezaubernde Art und Weise über die Fragwürdigkeiten des Seins hinwegbringt. Da nun der Philosoph ein Mensch ist, der mehr Fragwürdigkeiten als andere sieht – vor allem mehr als der Dichter, dessen Bestimmung geradezu im Übersehen von Fragwürdigkeiten zu bestehen scheint –, müßte er sich außerordentlich auf den leichten Sinn verstehen. Man beobachtet jedoch den philosophischen Tiefsinn viel öfter als die philosophische Leichtigkeit. Wer für diese philosophische Leichtigkeit eine bündige Erklärung fordert, mag sich damit zufriedengeben, daß sein Wesen in einer *geistigen Großmütigkeit* besteht. Und in dieser *Großmütigkeit des reinen Verstandes* mischen sich Ernst und Scherz; mit ihr steigt der Denkende in die Leiden der Welt und hüpft er über das Gebrechliche und gelangt triumphierend in die Enge eines gewissen Hauses.

Wie lange schon schützt man Beruf und Arbeit. Es wäre jedoch bald an der Zeit, zum allgemeinen Schutz des Philosophen aufzurufen. Er ist nicht wie der Dichter, der Wissenschaftler oder der Schauspieler in einem bestimmten, wohlgeordneten und anerkannten geistigen Gehege. Er ist in freier Wildbahn. Jeder kann ihn angreifen und zu Fall bringen, falls dies bei der außerordentlichen begrifflichen Wendigkeit so ohne weiteres möglich ist. Immerhin ist alles auf der Jagd nach dem Philosophen, gleichgültig nun, ob er der philosophierende Laie, der philosophierende Wunderliche, der Professor, der Literat oder der Jüngling ist. Der Politiker konstatiert im Philosophen den Warner vor der Gewalt, der Lehrer sieht in ihm den Verführer der Jugend, der Bürger den Gefährder eines ordentlichen Berufes, der Wissenschaftler den Verdunkler seiner vermeintlich klaren Ergebnisse und den Bezweifler seiner Methoden, der Künstler den Kritiker seiner Idee und seines Stils und der Klerikale den widerlegten Gottesbeweis. Wer ist eigentlich verdächtiger als ein Philosoph? Wer ist schädlicher? Wessen Ruf ist schlechter? Pfui, alles, nur keinen Umgang mit Philosophen. Aber es sollte doch zu denken geben, mit welcher unermüdlichen Wiederkehr der Philosoph durch die Geschichte geht. Es verschwindet viel eher ein Laster aus der Welt als der philosophische Sinn. Er ist die Würze des Geistes; aus der Philosophie stammen nicht nur Fundamente, auch Dächer. Sie ist das große Symposion des Geistes, zu dem alle Wissenschaften und Künste sich niedersetzen dürfen. Wie könnte es bei einem solchen Gastmahl ohne Laster und Launen, ohne Trunkenheit und ohne Verstand, ohne Lachen und ohne Weinen hergehen.

Wir haben schon davon gesprochen, daß der Philosoph vielerlei Gestalt annehmen kann. Es gibt gewissermaßen ein philosophisches Urwesen, und das kann sich im Professor, im Politiker, im Banausen, im Jüngling, im Dichter, im Schuhmacher und im Wahnsinnigen verschwenden. (Daß es einen philosophischen Wahnsinn gibt, dürfte ja zur Genüge bekannt sein.) Besonders anziehend für den philosophischen Beobachter ist naturgemäß der Professor, weil er zugleich Philosoph ist und nicht ist. Als Professor kennt er zunächst seine Kollegen, das heißt die Philosophen der Geschichte. Wie nun die Geschichte einübt, was das Leben, das Dasein, die Politik, Sittlichkeit usw. ist, so kann der Kenner der Systeme die Philosophie einüben, d. h. er kann die

Systeme so lange im Kopfe seines Hörers hin und her bewegen, bis das Denken derart in Schwung kommt, daß gelegentlich eigene Gedanken entstehen. Also treibt der Historiker der Philosophie, sofern er lehrt, zwar nicht die sokratische – die treibt er nur, sofern er wirklich philosophiert –, aber doch eine Hebammenkunst, die wenigstens in die vorschöpferischen Augenblicke einführt. Da nun Philosoph ist, wer aus der Allgemeinheit des Geistes zu einem allgemeinen Verhältnis zum Geist zwingt, kann auch der Historiker der Philosophie, wenigstens mittelbar, tatsächlich Philosoph sein. Unmittelbar Philosoph wird er durch das System oder durch den Aphorismus. Im System vollzieht er die Epik des Denkens, im Aphorismus die Schöpfung des Gedankens. Über die Genialität des Denkens, dieser Voraussetzung des Philosophierens, hinaus ist nun aber auch noch das, was am Charakter geistig ist, ein philosophisches Substrat. Philosoph ist also einer, in dessen Verhältnis zum Geist nicht nur Wissen liegt, sondern auch Charakter. Es ist demnach immer etwas ganz Bestimmtes gemeint, wenn nach dem Charakter des Philosophen gefragt wird, und da zeigt sich nun, daß er in den Ausdrucksformen des philosophischen Daseins, die wir nannten, höchst schwankend in seiner Größe geprägt ist. Man hat immer etwas von großen Philosophen und von großen Gelehrten gehört. Den großen Professor gibt es nicht. Im allgemeinen ist in diesen Dingen der bürgerliche Instinkt, daß man immer noch mehr Mensch als Philosoph oder Professor sein muß, um verstanden zu werden und wirken zu können, ein wertvoller Maßstab, sowenig man sonst natürlich in geistigen Bezirken dem allgemeinen Urteil trauen darf.

Das Verhältnis des Philosophen zur Sprache steht ungefähr in der Mitte zwischen dem Verhältnis des Dichters und dem des Wissenschaftlers zur Sprache. Man kann immer wieder beobachten, daß der Wissenschaftler der bessere Schriftsteller im Vergleich zum Philosophen ist. Das liegt daran, daß die Entsinnlichung des Denkens beim Wissenschaftler nie ganz so weit gelangt wie beim Philosophen; gelangt sie aber einmal weiter, wie in der Mathematik etwa, dann erschafft diese Wissenschaft auch gleich ihre neue Sprache, die nicht mehr den Ansprüchen der Sinnlichkeit verfallen ist. Spricht demnach ein Philosoph über sehr weltliche Dinge, dann muß man zum Verständnis der allgemeingültigen Thesen, die er vertritt, durch die sinnliche Sprache hindurchsehen und in einen gewissen für alles Irdische leeren Raum blicken. Insofern geht der Blick des Philosophen tatsächlich in die gleiche Richtung wie der Blick des Klerikalen, der für seine Bauwerke ja ebenfalls einen leeren Raum beanspruchen muß. Es braucht nicht hervorgehoben zu werden, daß die Freiheit in einem leeren Raum, sofern man das Element der Atmung besitzt, unendlich größer ist, wenn auch einschränkend hinzugefügt werden könnte, daß dies über das Maß der Genüsse nicht das Geringste aussagt. Denn die Freiheit in leeren Räumen ist eine recht ungenießbare Freiheit, obwohl sie des Reizes der Ironie durchaus nicht entbehrt. Eins jedoch wird der Umgang mit Philosophen immer wieder erfahren lassen: auch die Satzzeichen sind Worte und Gedanken, vor allem beim Philosophen. Der Philosoph muß sich hüten, zu viel Punkte zu machen. Er braucht Übergänge, in denen die Einschränkungen stehen; er braucht die dauernde Korrektur der vermeintlichen ersten Wahrheiten durch den Relativsatz. Erst dadurch kann er der gesagten Wahrheit den Glanz der wirklichen Wahrheit verleihen. Denn im Kopfe des Philosophen ist nur das Eingeschränkte die absolute Wahrheit. Komma und Semikolon sind daher die philosophischen Interpunktionen ersten Grades.

Es ist stets interessant, zu sehen, wie der Philosoph mit dem Menschen fertig wird – und zu sehen, wie der Mensch mit ihm fertig wird. Es gibt hier allem voran die bekannten Stadien: zuerst spricht er in den Wind, dann wird er als Ärgernis, dann als Störenfried empfunden – diese beiden Stationen sind sorgsam zu unterscheiden – und zuletzt wird er entweder selbst Professor oder es werden Professoren daraus gemacht. Gewöhnlich ist es ja so: ein Philosoph schreibt seine Gedanken auf, und was er erntet, sind nicht nur Schüler und Enthusiasten, sondern auch Professoren. Kierkegaard hat über diesen Tatbestand so außerordentlich kluge und vortreffliche Bemerkungen gemacht, daß darüber jetzt kaum noch etwas zu sagen bleibt. Es beweist nun etwas für die innere Stärke der Philosophen, zu sehen, wie sie mit der Art ihrer Aufnahme von seiten der Menschen fertig werden, das heißt, es ist kennzeichnend für sie, wie ihr Selbstverständnis mit dem Verständnis von seiten der Allgemeinheit fertig wird. Sosehr es anzuerkennen ist, daß der Philosoph immer seiner menschlichen Züge nicht entrate – und dies bedeutet, daß er seine Unvollkommenheiten nicht verschleiert –, sosehr ist es doch auch wieder notwendig, daß der Philosoph auf der Höhe des Augenblicks, in dem alles sich über sein Erscheinen ärgert, ein Beispiel dafür gebe, in welcher Weise der Geist Macht gewinnen kann über Erfahrungen und Gefühle. An dieser Stelle können ein paar Worte eingefügt werden über das Verhältnis des Philosophen zur Frau, zur Frau im Sinne des Geschlechtlichen. Der verheiratete Philosoph, sagt Nietzsche, gehöre in die Komödie. Das mag stimmen; aber er vergaß hinzuzufügen, daß der unverheiratete Philosoph in die Tragödie zu setzen ist, und ich bin davon überzeugt, daß jedermann eine Rolle in der Komödie für das Dasein auf Erden als vorteilhafter ansehen wird als eine Rolle in der Tragödie. Sofern nur der Philosoph sich entschließt, der Komödie anzugehören, ist alles in der Ordnung; beginnt er aber, sich merklich für die Tragödie zu interessieren, darf man immer darauf gefaßt sein, ihn eines Tages scheitern zu sehen. Es gibt eine Klugheit der Frau; sie heißt Heirat. Und es gibt eine Klugheit des Philosophen; auch sie heißt Heirat. Ich weiß heute, daß die Frau im Manne zu wirken beginnt, wenn in ihm der leichtsinnige Hang zur Askese und Weltfremdheit besiegt ist, wenn der Nomade überwunden wurde und auf diese Weise jener gesunde Friede mit der Materie hergestellt worden ist, der für ein Dasein auf der Erde das Unerläßliche ist. Denn zur Erde gehört die Materie. Das dürfen wir nicht vergessen.

Unbekümmert um das unendliche Experiment der Geschichte gehen die Philosophen durch die Jahrhunderte und durch die Völker, schwingen das Wort und die Regel für die wenigen, die zu verehren nicht verlernt haben, und für die vielen, die Beifall klatschen. Wie andere fallen sie auf den Schlachtfeldern und sterben sie im Dienst, heute in der Fabrik, morgen auf dem Katheder. Wie Tausende haben sie ihre unvernichtbaren Gewohnheiten und Bekümmernisse, hängen sie an den Sonnenuntergängen und Rosengehegen des Lebens, sind sie hart wie Krieger in ihren letzten Gedanken und weich in ihren Idealen, selten geliebt und selten gehört im Rausche des Werdens. Und doch bedeutet ihr Erscheinen nichts Geringeres als das ewige Wachhalten einer größeren, reicheren Natur und verraten sie etwas von einer vielfältigen menschlichen Dimensionalität. Das bloße

Leben genügt ihnen nicht. Ihre unermüdliche Reflexion über die Dinge ist Zeuge einer irdischen Transzendenz des Lebens, die erste Geister auszeichnet. Und doch wollen sie zunächst nichts mehr als ein wirkliches Leben, und stellen sie alles in den Dienst dieses Wollens: Liebe, Umgang, Genuß, Trauer, Arbeit und Kampf. Denn die Leidenschaften, die den Philosophen zukünftig und sinnlich stimmen, sind leiblich nicht mehr und nicht weniger sichtbar und hintergründig als die Leidenschaften aller, aber die Gründe und Abgründe, aus denen diese Leidenschaften entspringen und in denen sie endigen, haben hier nicht nur das Gewicht von Tränen und Genüssen, sondern von Beispielen und sind daher erfüllt mit Gedanken. Und alles Gedankliche – dies muß man dreimal sagen – ist stets um einen Grad tiefer in der Welt als die Träne oder der Genuß. Nicht nach oben wächst der Denkende in die Welt, er wächst nach unten hinein, und die abyssische Tiefe glänzt dem Seefahrer genauso mild oder bewegt entgegen wie das flache Wasser der behäbigen Küste.

Was haben die Philosophen nötig, um zu gedeihen? Eine Welt, die noch nicht die beste aller möglichen Welten ist; eine Welt, die wenigstens den Schimmer möglicher Vollendbarkeit enthält; eine Welt, in der es die Täuschung gibt. Sie mögen zunächst aus einer großen Ruhe und Einfachheit herauswachsen, bald werden sie in einen Sturm geraten, der sie nicht umwirft und der sie jener Materie, jener Alltäglichkeit zuweht, die sie konkret, die sie irdisch macht. Denn nur der wird ein Nachdenklicher werden können, der eine hinabziehende Kraft verspürt, eine Kraft, die zu den Tatsachen zwingt. Denn in den Tatsachen sitzt das Furchtbare, das zerstörerische Element, dem entweder die Phantasie oder der Mut verfällt und aus denen jene Sehnsüchte nach Glück und Begeisterung entspringen, die zum Gehalt philosophischer Hoffnungen gehören. Früher waren es vielleicht eine Kirche, ein Fürstenhof, die den Philosophen an die allgemeine Materie banden und ihn den schöpferischen Zug nach unten verspüren ließen. Heute ist es am wenigsten die Hochschule, die zu dieser Kraft der Konkretisierung des Philosophen berufen ist, und wahrscheinlich haben gegenwärtig und zukünftig die Philosophen – sofern das Paradies nicht wiederkehrt, und es gehört zu seiner Bestimmung, ewig dahin zu sein – ein Laboratorium, eine Industrie, einen großen Handel, einen Krieg nötig, um die Elemente in einer existentiellen Härte gesammelt zu halten. Denn hier liegen die antithetischen Möglichkeiten des Philosophen, der Gegensatz, der sich materialisiert hat. Und wir dürfen nicht vergessen, daß der Philosoph *ein Bewahrer alter Gegensätze ist, ein Gegenwert zu Werten*, um den Alltag gesund zu halten. Er ist gewissermaßen der *Verantwortliche* und der geschickte *Techniker der Gegensätze*, und er muß sich stündlich selbst in den Gegensätzen tummeln, um sich wie der leichte Vogel Phönix daraus erheben zu können: mitreißend und verlassend. Aber freilich ist es notwendig, daß der aus Zweifeln Fordernde seine Polemik niemals über seine Hoffnungen siegen läßt, daß in seiner Logik so viel Schauspielkunst liegt, um das Spiel der Täuschung mit Begriffen zu handhaben, welches die Lächelnden verfinstert und die Finstern erheitert. Denn die Fehler der Völker und Jahrhunderte liegen immer dort, wo der Geist und das Leben verächtlich über die Heiterkeit gedacht haben.

Ich habe oft darüber nachgedacht, wie es der Philosoph, der Freund der Weisheit, mit der Wahrheit halten soll. Die Frage ist keineswegs so einfach zu beantworten, wie es scheint. Denn es heißt ja ausdrücklich vom Philosophen, daß er der Freund der Weisheit sei – niemals hört man von ihm als einem Freund der Wahrheit. Ja es kann eine außerordentliche Weisheit sein, die Wahrheit einmal und mehr als einmal zu verschweigen. Und böse Zungen könnten den Einfall verallgemeinern und es rund heraussagen, daß Philosophie im Grunde nichts anderes als eine einzige Notlüge über das gute, alte Weltgesicht bedeute. Aber wir denken nicht so gerade heraus. Philosophie hat auch die Aufgabe, die Aussagen über die Welt, die Erfahrungen verbindlich zu gestalten, und so wollen wir die Form sittlich möglicher Verbindlichkeit einhalten. Wir beginnen also noch einmal mit der Einsicht, daß zunächst der Philosoph Jagd auf Wahrheiten mache. Es sei auch hinzugesetzt, daß er die Wahrheiten nicht töten will, sondern daß er sie lebend heimzubringen gedenkt. In dieser Jagd auf Wahrheiten ist der Philosoph sehr weiträumig, um nicht zu sagen universal gestimmt. Er birgt die schrecklichen Wahrheiten, an denen ganze Völker zugrunde gehen können, ebenso selbstverständlich wie die segnenden Wahrheiten, die eine menschliche Aufrichtung zur Folge haben. Wir werden hier schon gewahr, daß die Bergung der Wahrheiten für den Philosophen nicht vor dem

Forum logischer Instanz geschieht – das gibt es eigentlich nur für den Gelehrten –, sondern die Wägung der Wahrheit, also der Entschluß, ob sie verkündet oder verschwiegen werden muß, vollzieht sich für den Philosophen, wenn er nicht nur die Grausamkeit, sondern auch die Höflichkeit des Jägers besitzt, vor der menschlichen Existenz. Der Philosoph sagt die Wahrheit, aber verschweigt auch die Wahrheit, das Verschweigen erhält hier seinen humanen, geistigen Sinn. Denn er kann mit Wahrheiten strafen und züchten, beseligen und verdammen. Der alte Zweifel an der Wahrhaftigkeit der Philosophen offenbart mit diesen Zusammenhängen eine gewisse Berechtigung. Und was über die damit scheinbar offenbar werdende Macht des philosophischen Geistes beruhigt und was versöhnlich stimmt, ist die Tatsache, daß es auch ein bewußtes oder unbewußtes Philosophenlatein gibt.

# Über die Phantasie

Wenn das Denken Gesetz würde, wie anders könnte es sich durchsetzen als mit verführerischen Mitteln! Welches aber ist das verführerische Mittel unseres Geistes? Die Phantasie, diese Freiheit, in Begriffen und Gedanken zu träumen, in erdachten Bildern und Schlüssen aus einer Fülle des Unwägbaren heraus zu denken und zu ahnen, zu hoffen und zu trauern, zu lieben und zu beweinen. Verführerischer Geist ist phantastischer Geist, ist ein Geist, der ausholt zu einer neuen Art von Realität, zu einer merkwürdigen Art von Verzauberung. Nicht nur eines Reichtums an Ideen, Bildern und Begriffen bedarf es dazu, sondern vor allem auch einer gewissen leichten, geradezu eleganten und einfangenden Art von Sprachsubstanz, die wie ein weicher Ton geknetet werden kann zu allen Formen und doch die Durchsicht und Härte des Kristalls zu gewinnen vermag. Es gibt ohne Zweifel einnehmende und abstoßende Phantasie. Jene muß mit einer Art von logischer und spiritueller Galanterie geübt werden, diese aber gebärdet sich immer ein wenig rüpelhaft, rücksichtslos und unbekümmert um die Sorge und das bescheidene Glück des Menschen. Es gibt Schriftsteller und Philosophen, deren Ruhm daran leidet, daß ihre Phantasie zu abstoßend war, und es gibt andere, die mehr scheinen, als sie in Wirklichkeit sind, weil ihr Stil von einer bezaubernden Phantasie ist.

Die Phantasie bevölkert den Geist, sie füllt die Dunkelheit der Vernunft und der Anschauung auf mit Ideen, sie flicht wie beiläufig Erinnerungen ein, die sich plötzlich wie Erkenntnisse ausnehmen; sie streift die ersten und die letzten Dinge und nimmt die schönsten Gewänder der Wahrheit an; denn sie will erstrahlen. Sie sinkt tief ein in die Wirklichkeit, erfährt ihre Macht und ihre Ohnmacht und schreitet doch schnell über alles Wirkliche in ihren großen Stiefeln hinweg; sie hebt die Schwere der Erde und der Gedanken auf, wird Fuge oder Lied der Sprache in kaum begreiflicher Ordnung; denn ihre Bilder und Begriffe, Worte und Gedanken, Gebärden und Taten fliegen auf den Schwingen des Schicksals. Und auf den Schwingen des heiteren Geistes fliegen sie am vollendetsten.

Die Phantasie hat die Möglichkeit der Freiheit. Sie ist ein Modus unserer Freiheit. Wahrscheinlich der seltenste, aber dafür der sicherste. Indem sie Freiheit ist, wird die Phantasie eine Kategorie des Schöpferischen. Es gibt keine Schöpfung ohne einen kleinsten Grad von Freiheit. In jedem schöpferischen Geist muß das Moment der gedanklichen Freiheit aufweisbar sein. Es ist nur so viel Freiheit im Geist, als Phantasie darin ist. Es ist nur so viel Schöpfung im Geist, in der Dichtung, in der Philosophie, in der Musik, in der Malerei und in der Mathematik, als freie Phantasie darin auftritt. Über die Freiheit der Phantasie hinaus ist weder eine andere Freiheit noch eine andere Schöpfung möglich. Die Nacht des Geistes bricht herein, wenn die Phantasie dahin ist. Und die Phantasie ist dahin, wenn die Erde zu schwer geworden ist für den Geist und seinen notwendigen Bestand nicht mehr fordert.

Spekulation ist die heitere, Schwermut aber die düstere Form der Phantasie. Jene fliegt, diese sinkt ein; jene reist, diese quält; jene beschwingt, diese bohrt; jene singt, diese seufzt.

Eine wirklich verführerische, und zwar zur Lust des Geistes und der Erschaffung verführende Phantasie kommt ohne Bildung von Analogien, jener besonderen Art von Vergleichen, nicht aus. Analogie läßt die geheime Methode, die Algebra der Phantasie erkennen. Durch die Analogie kann die Phantasie die Kraft eines Beweises gewinnen, durch die Analogie kann also die Phantasie die Möglichkeit der Erkenntnis gewinnen. Wir nennen solche Erkenntnis gewöhnlich Erklärung oder Interpretation. Sie ist das Element des zwei Dinge auf einmal einfangenden Blicks, der geschickte, schöpferische Bezug von Deutbarem auf das Deutende, dahinter der phantastische Geist wie ein kleiner Gott der Welt steht und das Auge lenkt. Es gibt, hier sehen wir es, zweifachen Geist, der erkennt: den Geist, der überzeugt, und den Geist, der bezwingt; den Geist des einfachen und den Geist des zweifachen Blickes; den Beweis und die Analogie. Der freie Geist der Phantasie aber, aus der beide hervorbrechen, offenbart so seine tiefe Vielfältigkeit. Es ist immer ein Schlangengeist mit vielen Gewändern. Unablässig zieht solcher Geist die Welt und ihre Dinge an mit Kleidern, die vielleicht nur ihm gefallen, und ein wenig lüstern treibt er das große Spiel der Maskerade aus Furcht, das Seiende könne in einer einzigen neidischen Sekunde einmal von ihm abfallen und einmal mehr sein wollen als er und könne dann jene Macht zurücknehmen, die wir ihm, dem Geist, zusprechen, und die wir, auf der Höhe des Göttlichen, Schöpfung nennen und die sie uns in einem gefälligen Augenblick einstmals entlieh.

In der Phantasie spielt also der Geist, trunken vor Freiheit, sich viele Welten vor. Sie spielt nicht die Flöte Pans; diese ist nur eine Stimme in dem großen Konzert, das sie orgelt. Jedes Gleichnis, jede Analogie verdoppelt in Wahrheit die Welt, wo der Logiker, der Geist des einfachen Blicks, sie vereinfacht. Wie ein Umherschwimmen in den weiten Gewässern des Geistes, aber ewig vor den Ufern der Realität, so mutet die Phantasie in ihren höchsten Augenblicken an. Allein in ihr wird der Geist eine Lust, allein in ihr eine Gefahr. Heimwehlos ist in der Phantasie der Geist bei sich selbst zu Hause, achtet nicht mehr der Erde, über die er weht, achtet nicht mehr dessen, der ihn denkt. Hier liegt das große Spiel des Geistes, aber auch seine Möglichkeit der Verdammung. Denn man muß die Zeit des Widerstandes gegen die Phantasie kennen, man muß auch diese Zeit des Widerstandes geduldig erwarten und dann sich vollziehen lassen, damit der Mensch nicht verlorengehe in der Unsichtbarkeit der Phantasie.

Die Phantasie ist vielleicht nicht das tiefste Gewässer des Geistes, wohl aber das lebendigste. Und gewiß ist doch, daß der Geist nicht nur durch die Wahrheit wesentlich wird, sondern auch dadurch, daß er Leben bewegt. Nicht Gewißheit allein ist der große Glanz des Geistes, sondern das Gefühl des Sieges, der Tapferkeit gehört dazu. Er, der Phantasierende, hat es mit Leidenschaft erfahren, daß die Welt noch zu vermehren ist, im Guten wie im Bösen. Selbst der Gedanke der Vernichtung der Welt durch den Zweifel an der Welt – daß sie also im Grunde schlecht, verloren, in Unwirklichkeit und nur im Schein sei –, dieser Gedanke also ist ja selbst in der Wahrheit des Wortes ein phantastischer Gedanke. Denn jeder Zweifel ist negative Phantasie.

Man muß grundsätzlich zwei Formen der Phantasie unterscheiden. Es gibt die Phantasie der wundervollen Umwege, der

Hecken, wo die lauernden Schatten stehn, der Steine und Gräser, wo die Geheimnisse träumen, gleichsam die Phantasie der krummen Linie, die mehr in Bildern als in Syllogismen spricht. Aber dann gibt es die Phantasie der unbedingten Strenge, die logische, die syllogistische Phantasie, die Phantasie der geraden Linie, die schnell und jäh die Dinge aus dem Weg räumt und deren Ehrgeiz nicht in einem sprachlichen und bildlichen Reichtum besteht, sondern gerade in einem Hang zur Stringenz. Jenes ist die literarische und dichterische, dieses die logische und mathematische Phantasie. Die Literatur ohne Phantasie wird zuletzt zu einem Geschwätz, das die Armut des menschlichen Geistes eingesteht, die Mathematik ohne Phantasie wird schließlich zu einem Beweis der Leere. So bedeutet also durchaus die Phantasie jene Freiheit im Geist, die sowohl die Literatur als auch die Mathematik, ein sinnliches und ein entsinnlichtes Element unseres unkörperlichen Daseins, befruchtet.

Phantasie ist kriegerisch in den Begriffen, sie macht überhaupt den Geist kriegerisch und man darf versichert sein, daß nur dort eine gewisse Aussöhnung mit der Furchtbarkeit des Krieges zustande kommt, wo die Phantasie noch Gewalt über uns hat. Denn es ist ein Vorgang der Phantasie, nicht der Logik, eine Rechtfertigung der Unbill und der Grausamkeit der reinen Macht innerhalb der Ordnung des Sichtbarlichen zu versuchen und zu gewinnen. So wird der Krieg durch die Phantasie ein Medium der Vereinbarung von Gegensätzen, die in gewöhnlichen Zeiten unendlich auseinandertreiben: Genuß und Verzweiflung, Mord und Liebe, Treue und Verrat, Tapferkeit und Hinterlist, Demut und Größenwahn, Jugend und Alter, Vernunft und Albernheit. Innerhalb des verwirrten Systems menschlicher Begriffe vermag sich daher ein Krieg wie eine Notwendigkeit, eine Wohltat auswirken, aber wie gesagt, man muß die Phantasie wachhalten.

Die Phantasie ist eine zitternde Bewegung zwischen Tiefe und Klarheit; ein Südwind, der die Dinge zuweht, wie ein Lachen kommen kann, ein Nordwind, der die weichen Böden der Seele und die härteren des Geistes aufreißt wie Hufschläge ungezügelter Pferde. Da aber die Phantasie eine gewisse Trägheit besitzt, einen Trieb der Selbsterhaltung, der Kontinuität, muß sie sich dauernd dem Sturz in die letzte Tiefe und dem Flug auf die erkaltende Klarheit widersetzen. Tiefe und Klarheit sind zwar

Kinder der Phantasie, aber doch undankbare Kinder, die den Alten entsagen wollen. Die Tiefe will die Phantasie so sehr beschweren, daß sie wollüstig in den Armen der Erde stirbt und die alte Leichtfüßigkeit verliert, und die Klarheit will die Phantasie so sehr beschwingen, daß sie der Erde und ihrem Angesicht davonfliegt und irgendwo verweht. Denn nur durch die Tiefe wird die Klarheit zu einem Zuchtmeister des Denkens, der begrenzt. Und wir wissen es ja: nur dort ist ein Gefühl für wirkliche Disziplin, für Endlichkeit und Beschränkung auf der Grundlage der Freiheit und Überzeugung, nicht des Zwanges und der Gewalt vorhanden, wo das Denken die Grenze nicht außer acht läßt. Die Phantasie ist ein Prüfstein des Geistes; sie lädt ein und verpflichtet zugleich zu jenem logischen Anstand, zu wissen, wann es Zeit ist, heimzukehren. Die Grenze im Denken, auf die man hier stößt, bedeutet eines der wesentlichsten existentiellen Probleme des Denkens überhaupt. Manche Denker, manche Epochen wissen nicht, wo sie ihre Gedanken endigen lassen sollen, und mag das auch noch angehen, so wird dieser Hang zur Dauer doch gefährlich, wenn Schlüsse aus ihm entspringen, die sich in furchtbare oder unwahrhaftige oder verdunkelte Taten umsetzen, in denen die Zeit sich schließlich nicht mehr zurechtfindet. Der Philosophie über die Phantasie kommt hier ein ordnender Rang zu.

Zeitalter ohne Phantasie sind Zeitalter ohne Geist. Es gibt keine außergewöhnliche Tat, die nicht aus einer Phantasie entspränge, und so kann es zuletzt keine außergewöhnliche Tat geben, die nicht unmittelbar wäre zur Anerkennung und Kraft des Geistes. In Zeitaltern ohne Phantasie fallen die Unterschiede zusammen, hat man das Gefühl und die Einsicht verloren für den Abstand unter dem Seienden. In Wahrheit gelten hier Worte, Gedanken und Geschöpfe nichts mehr. Es gibt hier Wissen, aber keine Leidenschaft in diesem Wissen, es gibt hier Gelehrsamkeit, aber keine Kraft in dieser Gelehrsamkeit, die über die Studierstube hinausdränge und das Institut unter sich ließe. Zeitalter ohne Phantasie fassen vielleicht die Wirklichkeit, aber sie werden nicht verzaubert in ihrem Anblick. Sie gelangen zu dieser oder jener Wahrheit, aber nicht hinter die Wahrheit, wo der Wahrhaftige, also das Wesentliche, steht. Sie sind nicht begnadet, sondern beherrscht.

Im Zeitalter der Phantasie spricht der uralte Dialog zwischen

Geist und Leben lauter zu uns. Er rührt an Philosophen und Dichter, Gelehrte und Herrscher und erfüllt sie mit Gleichnissen und Schöpfungen, damit die Welt und ihr Geist nicht verarme und genug Widerstand finde gegen die Traurigkeit und den Verfall. Nur wer Phantasie genug hat, kann die Welt auslegen, und schließlich können die furchtbaren Züge des Seienden nur durch menschliche Auslegung ertragen werden. Wie ein Wind, ein seltsamer Wind aus der Dunkelheit des Logos streicht die Phantasie über die alte Welt und durch den Geist, damit wir immer wieder jene innere Ordnung gewinnen, außerhalb deren eine andere Ordnung keinen Rang mehr besitzt und vollendet erscheint, was uns zerfallen verläßt.

# Über den Stil

Stil ist immer die Form einer Deduktion, wenn man hier unter Deduktion weniger die Ableitung des Besonderen aus dem Allgemeinen als vielmehr Ableitung überhaupt und Aufeinanderfolge von Begriffen, Bildern, Stimmungen, Gefühlen und Sätzen versteht. Im Raume des Sprachlichen hat die Deduktion zwei Phasen: Deduktion des Denkens und Deduktion des Ausdrucks. Das Verhältnis beider hat ebenso viel Einfluß auf die Vollkommenheit des Stils als Klarheit und Leichtigkeit innerhalb der einzelnen Deduktionen. Selbstverständlich dominiert bei den Schriftstellern die Vollkommenheit zumeist in einer Hinsicht. Es gibt Meister der gedanklichen Deduktion, wie es Meister der Deduktion des Ausdrucks gibt. Aber die Meisterschaft ist das Gleichgewicht bei den Deduktionen.

Man muß also darauf achten, daß die Deduktion des Gedankens, die das Denken eben dieses Gedankens erkenntlich, spürbar macht, nicht der Deduktion des Ausdrucks davonläuft oder hinter ihr zurückbleibt. Im guten, gediegenen Stil vollendet sich das Gleichgewicht beider Deduktionen, aber es muß deutlich bleiben, daß die Deduktion des Ausdrucks die Ufer bildet, zwischen denen das Denken dahinfließt. Wie aber die Ufer sich nach der Art des Flusses richten, wie sie dem Gefälle, der Tiefe, der Breite und dem Mitgeführten entsprechen, so muß im vollendeten Stil schon die Weise der Deduktion des Ausdrucks die Weise, die Fracht des Denkens offenbaren, mindestens andeuten.

Indessen ist zwar nicht die Vollkommenheit, wohl aber die Eigenart eines Stils so vielfältig, daß schon eine gewisse Diskordanz zwischen den beiden Deduktionen kennzeichnend sein kann. Auch am Stil lieben wir gelegentlich gewisse Fehler, Kaprizen, die wir beim Lesen wiederfinden wollen, weil der Wille zur Wiederholung der Natur unseres Geistes gehört. Ein Stil, dessen Deduktion durchsichtig ist, kann uns dabei genauso entzücken wie ein Stil, dessen Launen uns an die Launen eines sehr bekannten Wesens erinnern. Wie alle Launen, bringt natürlich auch diese der stilistischen Unbeherrschtheit ihr Ärgernis mit.

Der Stil ist immer der Charakter der Sprache. Denn es gibt auch eine Sprache ohne Charakter, und nicht selten verrät sie ein Denken ohne Charakter. Wie es die Wahrheit ist, die das Denken treibt, so ist es die Wahrhaftigkeit, die den Stil voranschreiten läßt.

Stil ist Materialisation des Unwägbaren, das den Denkstrom begleitet; freilich ist es notwendig, dem Denken so viel Leichtigkeit und Freiheit zu belassen, daß der Stil noch Kraft und Zeit genug hat, das Unwägbare, gleichsam die Hintergedanken der Gedanken, zu materialisieren. Damit hängt es zusammen, daß im vollendeten Stil, das heißt in der richtigen Deduktion, ein Wort von selbst zu denken vermag, aber der Schriftsteller muß die Fähigkeit besitzen, das Wort denken zu lassen; er muß also das Wort nicht werfen, er muß es – das alte Wort ist tatsächlich hier der rechte Ausdruck – beflügeln.

Nichts kann ohne Kategorien sein. Die Grammatik gibt der Sprache die Kategorien. Die Logik gibt dem Denken die Kategorien. Der Stil ist nun keine Synthese aus der Logik und Grammatik, sondern die Kategorien des Stils entstehen aus der Geselligkeit von Ethischem und Ästhetischem. Sofern es im Stil ein objektives Moment gibt, handelt es sich um seinen ästhetischen Bestandteil; sofern es darin ein subjektives Moment gibt, wird man hier den ethischen Anteil gewahr. Kurz gesagt: Hinter jedem Stil steht sowohl eine ästhetische Regel als auch ein ethisches Dasein. Daher ist ein Stil, sofern er vollendet, wesenhaft nicht schön, nicht richtig, nicht Wahrheit, sondern Wahrhaftigkeit. Schließlich hängt dies alles damit zusammen, daß es viel leichter ist, einen Gedanken richtig zu denken, als einen guten Stil zu schreiben. Der Genuß eines guten Stils wirkt daher genauso erzieherisch wie das Denken einer richtigen Deduktion, aber in der Gestaltung eines Stils vollendet sich das Niveau leichter als im Deduzieren einer Wahrheit, obwohl das Gefühl für den Ernst einer logischen Wahrheit unbedingt zu den Voraussetzungen stilistischer Möglichkeiten gehört.

Der Stil bedeutet zwar keine Erkenntnis, aber er genügt doch dem Kriterium der Erkenntnis, nämlich der Evidenz. Durch den Stil muß also ein Gegenstand, ein Sachverhalt, ein Gedanke, eine Stimmung unmittelbar gegenwärtig werden. Und der Grad der Unmittelbarkeit, mit dem durch den Stil ein Sachverhalt, ein Gegenstand, ein Gedanke, eine Stimmung konstruiert wird, ist zugleich der Grad der Vollkommenheit dieses Stils. Dabei ist zu unterscheiden, ob der Stil analytisch oder synthetisch vorgeht. Die Deduktion kann nämlich so beschaffen sein, daß sie unablässig das, was sie geben will, von dem, der es gibt, unendlich distanziert. Diese Auseinanderflucht von Subjekt und Objekt im Stil bestimmt das analytische Vermögen dieses Stils. Alsdann kann die Deduktion so geartet sein, daß es durch sie fortwährend zu einer Annäherung, zu einer Verbindung von Objekt und Subjekt kommt, auf diese Weise kommt es zu einem synthetischen Vermögen des Stils. Beide Möglichkeiten haben natürlich ihre Reize, ihre Besonderheiten, ihre Fälle, für die sie unerläßlich sind. Der Stilist hat ein Empfinden für den Einsatz der einen oder anderen Art.

In der Mathematik gilt unter gewissen Bedingungen der Satz, daß die kürzeste Verbindung zweier Punkte die Gerade sei. Indem wir nun den kürzesten, schnellsten Gedankengang zwischen zwei Aussagen als einen *geraden Stil* bezeichnen, kann man leicht eine gewisse Mathematik des Stils einführen, die sich mit den mathematisch-ästhetischen Bedingungen des Stils beschäftigt. Wie sie den geraden Stil kennt, so bezeichnet sie auch durch den Terminus *krummer Stil* etwas ganz Besonderes. Ein Stil kann den Gang der Deduktion insofern von den Syllogismen wegführen, als er durch reine Stilmittel die Strenge, die Zielrichtung der Satzfolge stört. Der Stil der mathematischen Sprache bzw. der Stil des Logischen ist durchweg geradlinig, aber der Stil im schriftstellerischen Sinne liebt durchaus die Umwege, die Verführungen, die bewußten Abirrungen, die Seitenpfade, die gelegentlich auch Seitensprünge sind. Man darf allerdings nicht übersehen, daß gerade durch solche leichten Abwege häufig die Substanz des Stils verlorengeht, obwohl es jedoch auch feststeht, daß ein guter Stil zum Wagen grammatischer und logischer Verstöße werden kann. Es gibt eine Stille des Denkens. Der Stil darf sie nicht aufheben. In ihr schleicht die Deduktion dahin wie ein unendlicher Rapport. Und es gibt ein Pathos des Denkens. Der Stil darf nicht in ihm untergehen; es muß zwischen diesem Pathos und dem Stil das Verhältnis der Resonanz bestehen. Endlich gibt es das launische Denken, das zwischen aphoristischer und systematischer Deduktion hin und her springt. Der Stil soll hier, wo die Deduktion einherhüpft wie das Geplauder zweier Liebenden, nicht zu sehr besänftigen, nicht zu sehr die Gebärde des Ausgleichs üben. Denn manchmal mißt sich an dieser unermüdlichen Verwirrung in der Deduktion eine Kraft des Stils, die verschwenden muß, um maßvoll zu werden.

Jeder Stil hat eine Substanz. Die Substanz kann den Stil, und der Stil kann die Substanz bestimmen. Wenn der Stil die Substanz bestimmt, also klärt, dann hat er eine erkenntnistheoretische Aufgabe. Wenn die Substanz den Stil bestimmt, dann hat er eine ästhetische Aufgabe. Das eine Mal entsteht der Feingeist, das andere Mal aber der Schöngeist. Für den Feingeist ist der Stil eine Kategorie der Erkenntnis, bei ihm kommt es durch den Stil zu einer Verfeinerung der Begriffe, zu einer Filigranie der Gedanken. Für den Schöngeist ist der Stil eine Kategorie des Ästhetischen, bei ihm kommt es durch den Stil zur Verführung, zur Sinnlichkeit, zur Erfüllung der Gesetze des Schönen.

Nicht durch das Denken, aber durch den Stil kann man lügen. Der Stil kann immer der Sitz der Lüge sein, daher ist durch ihn Verzauberung, Magie, Blendung, Überführung möglich. Denn der Stil kann durch Masken leben. Es gibt grausame Gedanken, die durch den Stil liebenswürdig, geradezu charmant werden. Es gibt tödliche Gedanken, die durch den Stil zum Leben verführen. Und es gibt blutvolle, glückliche Gedanken, voller Zukunft und voller Saft, die durch den Stil dürr werden wie altes Laub. Aber es gehört zu den Geheimnissen des Schriftstellers und des Denkers, daß er manchmal seine Gedanken durch die Lüge des Stils nach vorne bringen muß, um gewisse relative Wahrheiten zu gewinnen, ohne die wir nicht leben können.

# Denken und Dichten

Es ist etwas sehr Verschiedenes, ob man die Sprache in den Dienst des Denkens oder in den Dienst des Dichtens stellt, und die Unterschiede in der Erfüllung des Auftrags, bei denen zu verweilen wäre, machen vielleicht sogar sichtbar, was Denken im Gegensatz zum Dichten bedeutet. Eine jede Sprache dichtet ebenso viel wie sie denkt, und nirgendwo mehr kommen Dichten und Denken zu einer solchen verträglichen Nachbarschaft wie hier. Daher ist die Sprache jenes merkwürdige Element der Welt, darin Natur und Geist, Leben und Logos zu einer tieferen Geselligkeit gelangen, und wie ein erleuchtetes Beispiel deutet sie auf diese Weise den inneren Zustand unseres eigenen Daseins an, das ja auch, brückenhaft, über den beiden Mächten Sinnlichkeit und Vernunft emporwächst. Wir begreifen daher leicht, warum die Sprache das vorzüglichste Gleichnis unseres Wesens bedeutet. Wo wir das Dichterische in der Sprache erkennen, finden wir die Natur, das unmittelbare Leben, und wo wir das Denken seinen leisen Gang vollenden sehen, dort begegnen wir dem Geist, und wir wissen, daß es Augenblicke der Sprache gibt, während denen die Vertraulichkeiten zwischen Leben und Denken jenen Grad der Vergnüglichkeit erreichen, daß wir vom wahrhaft Geistreichen sprechen dürfen. Und insofern wir nun davon überzeugt sind, daß in der echten Sprache des Denkens einfach und klar der Gedanke, und in der echten Sprache der Dichtung warm und schön das Leibhaftige einer Phantasie Ausdruck gewinnt, haben wir schon zugegeben, daß die Sprache ihrer Idee nach die Kraft besitzt, sowohl Gedachtes als auch Gedichtetes zu entlassen. Keiner, der die Sprache beherrscht, beherrscht sie als Dichter, und keiner auch beherrscht sie als Denker; die Herrschaft über die Sprache kann zuletzt nur der ausüben, der zugleich die Geheimnisse und Gesetze des Dichterischen und des Denkerischen kennt. Was immer der Sprache verfällt, verfällt auch dem Dichten und

Denken, wird also sowohl Quelle des Dichterischen als auch Quelle der Gedanken, aber sofern wir uns entschließen, denken zu wollen, müssen wir stetig und behutsam das Dichten der Sprache zurückdrängen, wie wir das Denken nicht zu laut werden lassen dürfen, wenn es sich darum handelt, jene kleinen lebenden Wesen der Sprache zu schöpfen, die wir Gedichte nennen. Es gehört zur Meisterschaft dessen, der schreibt, wie sehr er hier zurückdrängt und welche Kategorie der Sprache er wählt. Freilich wird sie vom Gegenstand bestimmt, und so wird es offenbar, daß Dichter und Denker darin übereinstimmen, ihren Gegenstand genau zu kennen; man muß sehen, um die Sprache zu gewinnen, derer man bedarf.

Denn die Sprache des Denkens ist sachte, sie zieht dahin wie ein Sommerabend an gelinden Hügeln; sie fällt nicht und steigt nicht, sie singt nicht und fühlt nicht; sie tanzt nicht und weint nicht, aber sie will doch nichts verschweigen. Sie denkt nur und ist scheinbar träg und stumm wie ein breiter Strom in der Ebene, ebenso ohne Unterlaß und unwiderruflich. Aber die Sprache des Dichtens ist munter und springend, selbst dort, wo sie die Trauer aussagt. Einmal leise und einmal laut, verliebt in die Musik und feindschaftlich der Form gesonnen, die sie führt; jedes Wort öffnet eine Tür, bereit, Vorhergehendes oder Nachfolgendes zu verschlingen und auf der Stelle das Neue zu gebären, und ihre liebste Geste ist: etwas aus dem Wege zu räumen.

Denn die Sprache des Denkens entspringt der Idee, bedeutet die Auseinanderfaltung der Idee, die von sich aus stets die Kraft der Entsinnlichung besitzt. Aber die Sprache des Dichtens entspringt dem Bild und offenbart stets die Kraft, Leibhaftiges zu geben, Leben lebend darzustellen. Wenn die Sprache des Denkens zu etwas verführen soll – denn jede Sprache, sofern ja immer jemand angesprochen wird, will zu etwas verführen, und selbst Beweis und Überredung bedeuten hier eine Art der Verführung –, so ist es eben zum Geschäft des Denkens, und wenn die Sprache des Dichtens zu etwas verführen soll, so wird es nichts anderes sein als zur Lust zu leben, zu lieben und zu hassen, heiter zu sein und gut zu sterben. Was aber der Idee entspringt, ist ein Strom von Begriffen, und was dem Bild entspringt, ist der springende Bach der Worte. Der Begriff ist ganz Geist, und das Wort ist ganz Natur, und die Wärme des Wortes ist sein verborgenes Leben, und die Erstarrung des Begriffes ist seine verborgene Ewigkeit; das Wort wächst aus der Erde wie der Wald, den es bezeichnet, und der Begriff wird von oben ausgegossen wie der Geist, der jenseits aller Materie sein Wesen treibt.

In diesem Sinne bedeutet die Sprache Kants eine vollkommene Erscheinung des Denkens, und die Sprache Hölderlins eine vollkommene Erscheinung des Dichtens, und da sie zuletzt beide einer mächtigen Phantasie, der denkerischen und der dichterischen, der begeisteten und der lebendigen, der Phantasie des reinen Begriffs und der Phantasie des reinen Wortes entquellen, erkennen wir, wie sehr die Phantasie der Brunnen unseres Ausdrucks ist.

Bei Kant heißt es: »In dem bloßen Begriff eines Denkens kann gar kein Charakter seines Daseins angetroffen werden. Denn ob derselbe gleich noch so vollständig sei, daß nicht das Mindeste ermangele, um ein Ding mit allen seinen inneren Bestimmungen zu denken, so hat das Dasein mit allem diesem doch gar nichts zu tun, sondern nur mit der Frage: ob ein solches Ding uns gegeben sei, so daß die Wahrnehmung desselben vor dem Begriff allenfalls vorhergehen könnte.«

Bei Hölderlin heißt es: »Es war in den schönen Tagen des Herbstes, da ich von meiner Wunde halbgenesen zum erstenmal wieder ans Fenster trat. Ich kam mit stilleren Sinnen wieder ins Leben, und meine Seele war aufmerksamer geworden. Mit seinem leisesten Zauber wehte der Himmel mich an, und mild, wie ein Blütenregen, flossen die heiteren Sonnenstrahlen herab. Es war ein großer, stiller, zärtlicher Geist in dieser Jahreszeit, und die Vollendungsruhe, die Wonne der Zeitigung in den säuselnden Zweigen umfing mich wie die erneuerte Jugend, so die Alten in ihrem Elysium hofften.« – Deutlich wird es sichtbar: die Sprache des Denkens retardiert, zögert, aber die Sprache des Dichtens ist ungestüm und drängend. Dort wird alles Irdische halb segnend, halb vergessend, weit zurückgeworfen hinter das Wort; hier indessen flammt das Leibhaftige und Dingliche wie eine Begeisterung auf. Die Kraft zur Entsinnlichung nennen wir Abstraktion, und die Kraft zum Leben nennen wir Gestaltung. Immer will die Sprache des Denkens abstrahieren, und immer will die Sprache des Dichtens gestalten; jede hat ihren Hang zur Schöpfung, die eine langt in die Tiefe und die andere schöpft Natur. Diesen

Unterschied muß man verstanden haben, wenn man tiefer denken will, als der Gedanke reicht, und wenn man das Wort vom Buchstaben, vom Laut erlösen will. Kants Sprache ist die Materialisation eines reinen Denkens, Hölderlins Sprache ist die Materialisation eines reinen Dichtens, dort die Unsterblichkeit des Erstarrten, hier das Aufgehen einer Natur in der Vergänglichkeit des Lautes. Wir berühren so den äußersten Gegensatz in der Sprache des Denkens und der Sprache des Dichtens; aber dazwischen spannt sich ein ganzes Reich von Graden des Ausdrucks aus, und nur der Aufmerksame kann den Ort der Sprache noch bestimmen, um die es sich handelt, und trennt noch Dichterisches und Erdachtes in der Sphäre der Übergänge, wo ein Dichter sich im Denker oder ein Denker sich im Dichter mit Meisterschaft verborgen hält. Denn das ist ein Unterschied. Nietzsches Sprache gibt gelegentlich ein Beispiel dafür ab, welchen Grad der Verschlungenheit ein Gedanke in der Sprache des Dichterischen erreichen kann, und bei Jünger gibt es Stellen, an denen man gewahr wird, wie die Schwere eines Gedankens das warme Leben des dichterischen Wortes beschattet.

Bei Nietzsche heißt es: »Ich liebe alle die, welche wie schwere Tropfen sind, einzeln fallend aus der dunklen Wolke, die über den Menschen hängt: sie verkündigen, daß der Blitz kommt, und gehen als Verkündiger zugrunde.«

Bei Jünger heißt es: »Das war das Reich, das um die Marmorklippen dem Blick sich rundete. Wir sahen von ihrer Höhe Leben, das auf altem Grunde wohl gezogen und gebunden wie die Rebe sich entfaltete und Früchte trug. Und wir sahen auch seine Grenzen: die Gebirge, in denen hohe Freiheit, doch ohne Fülle bei Barbarenvölkern wohnte, und gegen Mitternacht die Sümpfe und dunklen Gründe, aus denen blutige Tyrannis droht. – Gar oft, wenn wir zusammen auf der Zinne standen, bedachten wir, wieviel dazu gehört, bevor das Korn geerntet und das Brot gebacken wird, und wohl auch dazu, daß der Geist in Sicherheit die Flügel regen kann.«

Die erste Art ist prophetisch, die zweite zynisch; beide benötigen zum Ausdruck eine Verborgenheit; jene verbirgt, wie gesagt, die dichterische Phantasie im Gedanken, diese aber den Gedanken in der dichterischen Phantasie. Und es bleibt deutlich, daß das philosophische Element wohl das verwickeltste Verhältnis zur Sprache besitzt, was wiederum der Grund dafür ist, daß der philosophische Stil der am wenigsten entwickelte und am wenigsten bestimmte ist. Daß aber beide Weisen, die Sprache des Dichtens und die Sprache des Denkens, der ars grammatica verhaftet bleiben müssen, zeigt, daß sie zwei Kategorien der Vernunft darstellen, denn die Grammatik ist die Vernunft der Sprache.

Die Schwere des Wortes ist eine Breite, eine Fülle; jedes Wort ist körperlich, ist dreidimensional; aber der Begriff ist nicht schwer, er hat überhaupt nur eine einzige Dimension, das ist die Tiefe, und diese Tiefe kann – wie bei Hegel – dämonisch sein. Die vollkommene Eindimensionalität, also die vollkommene Tiefe, die abyssische Tiefe rein begrifflicher Dämonie wird repräsentiert in jener Stringenz von Gedanken, deren Wollust darin besteht, keinen Kettenschluß zu überspringen, alle zu nennen und auf diese Weise zur Deduktion, zum Beweis eines Gedankens an die Möglichkeit einer unendlichen Anzahl von Schlüssen zu denken. Hingegen breitet sich die wahre Körperlichkeit des dichterischen Wortes aus, wenn in einem bündigen Ausdruck die Vielfältigkeit eines wirklichen Dinges bildhaft gesagt wird.

Die vollkommene Sprache des Denkens kommt weder aus dem Zorn noch aus der Liebe, weder aus der Ruhe noch aus der Erschütterung, aber sie kann unendliche Abgründe des Geistes anschlagen und öffnen. Die vollkommene Sprache des Dichters aber läuft über vor Zorn und Liebe, Ruhe und Erschütterung, und was sie in jedem Augenblick des gesagten Wortes berührt, das sind die Gründe des Lebens, aus denen die Schnecke so gut schöpft wie der Weinberg. Was die Sprache des Denkens bewegt, ist die Aufmerksamkeit eines höheren Gewissens, und was die Sprache des Dichtens vorwärtstreibt, ist die Laune einer langen Erinnerung.

Jede vollkommene Sprache hat die Fähigkeit, jene feine Emanation zu entlassen, die wir Stil nennen. Stil ist immer die Weiterwirkung einer geprägten Form, eines Wortes oder eines Begriffs, eines Bildes oder eines Gedankens über den eigenen Körper hinaus, eine Einheit der Formen unter höherer Form. In der Sprache des Dichtens ist dieser Stil, diese Einheit der Formen unter der höheren Form, die Bannung eines Lebendigen im Maß der Worte. Aber in der Sprache des Denkens fließt durch die Vielfalt der Begriffe der größere Gedanke, die kategorische Idee, zuletzt der unaussprechliche Gedanke, der den Geist entzündet. Die stilbildende Kraft im Strome des Dichtens ist das Gewoge einer Verzauberung im Anblick der Dinge, aber die stilbildende Kraft, die aus der Sprache des Denkens bricht, ist ein langsames Erstaunen, keine Verzauberung, angesichts der Welt. Unabweisbar jedoch ist die Einsicht, daß der Stil in der Sprache des Dichtens das Schöne und der Stil in der Sprache des Denkens die Klarheit zum Ausdruck bringen muß, so daß das Bezaubernde in der Sprache des Dichters eben das Schöne und in der Sprache des Denkens das Klare ist, eine Klarheit, die übrigens nicht nur die Gedanken, sondern auch den Denkenden umgibt. Gedanken können klar sein, ohne daß der Denker sich über diese Gedanken im klaren ist, aber wir sprechen erst dann vom Wahrhaftigen, dem höchsten Prädikat des Denkers, wenn er sich selbst über seine Gedanken im klaren ist und sie nicht darin beläßt wie einer, der den Stein rollt, ohne zu wissen wohin.

Die Sprache des Dichtens ist unmittelbar zur Welt, aber die Sprache des Denkens ist unmittelbar zu Gott. Der höchste Mensch mag die Sprache des Dichtens sprechen, sofern Gott spricht, spricht er die Sprache des Denkens, das langsame wägende Wort, die Krume aus Geist, die den Gedanken zur Reife und zur Ernte bringt. Unmittelbar zur Welt und zur Epoche ist das Gesellige, unmittelbar zu Gott und zum Geist ist das Einsame. Und so kann man sich wohl denken, daß die Sprache des Dichtens wesentlich der Allgemeinheit bedarf, daß aber die Sprache des Denkens einzelne angeht, die da sind, um mitzudenken oder daß sie zu tiefem, sorgsamem Schweigen verhüllt ist. Daher ist auch das dichterische Wort immer in der Freiheit, während das Gedachte sich erst immer die Freiheit erflehen muß. Die Sprache des Dichtens offenbart im Wort das Menschliche, wie es allgemein ist, und die Sprache des Denkens offenbart darin, wie das Menschliche einsam und intim sein kann. Beide Formen des Ausdrucks aber entstammen einer ursprünglichen Verlassenheit des Menschen, einer Verlassenheit des Gemüts und des Lebens, die im Dichten erlöst wird, und einer Verlassenheit des Geistes und der Klarheit, die das Denken behebt, denn immer kehren sowohl in der Sprache des Dichtens als auch in der Sprache des Denkens jene Augenblicke wieder, wo wir vor der ursprünglichen und bedrückenden Dunkelheit stehen.

# Über die Polemik

Man muß unterscheiden, zwischen dem, der eine Wahrheit findet und dem, der eine Wahrheit vertritt. Zur Entdeckung der Wahrheit gehört der scharfe, geschliffene Geist, das ungestillte Denken, die Lotsennatur im Bereich der Gedanken und vielleicht das Genie der Erkenntnis; aber zum Vertreten der Wahrheit gehört das Schicksal, das eigens zu ihrer Verkündigung und Behauptung aufgeworfen wurde, gehört eine Liebe zum Leben, die, schmerzlich genug, schon nicht mehr Liebe zum Leben ist. Zusammengefaßt: zur Entdeckung der Wahrheit gehört ein findiger Kopf, aber zum Vertreten einer Wahrheit gehört eine blutvolle und gedankenerfüllte Existenz.

Es ist notwendig diesen Unterschied erkannt zu haben, wenn man Kritik und Polemik nicht verwechseln will. Denn der Unterschied ist nicht quantitativ, sondern qualitativ. Polemik ist keineswegs gesteigerte Kritik, wenn sie auch scheinbar sich als Kritik mit dem Temperament des Angriffs aufspielt. Kritik wendet sich immer an die Wahrheit, an ihr System, an ihre Deduktion; aber Polemik wendet sich an den, der diese Wahrheit vertritt, also an eine unmittelbare Existenz, an einen Wahrhaftigen. Und wir haben immer sagen hören, daß der Wahrhaftige noch um einen Grad tiefer in der Welt ist als die Wahrheit. Folglich? – Folglich ist es im allgemeinen leichter, eine Wahrheit zu Fall zu bringen als den Wahrhaftigen, der sie vertritt.

Damit hängt es nun zusammen, daß die Kritik aus dem bloßen Nachdenken über eine Wahrheit gelingt, während Polemik nur dort ihre Berechtigung hat, wo der Wahrhaftige, der seine Wahrheit kraft seiner Existenz vertritt und ohne diese Wahrheit außer Stande ist, weiter zu leben und weiter zu denken, wiederum auf einen Wahrhaftigen trifft. Nur wer selbst einen Gedanken tiefer besitzt als im Denken, wer also sein ganzes Leben in ein Verhältnis gesetzt hat zu ihm und nicht nur nachspricht, was ihm überliefert wurde, hat das Recht und den Geist zur Polemik. Mag er die Sätze dessen, den er sich zum Gegner machte, fleißig hin und her wenden, nur wenn er selbst auf dem Niveau des Wahrhaftigen steht, dann hat er die innere, gerechtfertigte Möglichkeit, Polemik zu treiben. Kritik entscheidet immer zwischen zwei Wahrheiten, das heißt aber: zwischen ihrer Klarheit und ihrer Konsequenz; aber Polemik entscheidet zwischen zwei Wahrhaftigkeiten und das heißt: zwischen zwei Tiefen des Geistes, aus denen heraus gelebt wird und zwischen zwei Niveaus.

Polemik ist also ethisch bedingt. Sie verlangt vielleicht nicht Schärfe wie die Kritik, sondern Stärke und Takt. Während der Kritiker seine Kraft darin besitzt, so lange über ein und dieselbe Wahrheit zu sprechen und hin und her wendend sie zu durchmustern, bis an einer ihrer Ecken tatsächlich das Unvermauerte, das Flüchtige, Zarte und Zerbrechliche erscheint, kann man immer wieder beobachten, daß niemand lieber von der Sache, nämlich von der Wahrhaftigkeit des Gegners, sich abwendet als der Polemiker. Der Kritiker will eine Wahrheit widerlegen, aber der Polemiker will einen Wahrhaftigen töten. Die Wahrhaftigkeit aus den Angeln zu heben, zu zeigen, daß sie eine Selbsttäuschung oder eine Unwahrhaftigkeit ist, verlangt Stärke im Angriff, nicht Schärfe in der Deduktion. Man soll am Ende verspüren, daß die These, die der Polemiker vertritt, mächtiger und daseinsfähiger ist als die These dessen, der angegriffen wird. Aber freilich: unverwandt in der großen denkerischen Lust der Polemik den einen Gedanken, die vertretbare These zu bewahren, ohne vom Dogma versucht zu sein, das macht die heimliche und beständige Gefahr des Polemikers aus, der er im Augenblick des Genusses gar zu gerne erliegt.

Der Takt des Polemikers besteht darin, nur von der Art, wie jener seine These, seine Wahrheit vertritt, nicht aber von den Intimitäten des anderen zu sprechen. Und zu diesem Takt gehört auch, das Maß des Niveaus seines Gegners stillschweigend, gleichsam leihweise, während der Polemik zu übernehmen. Aber man muß es auch übernehmen können, man muß denkerische und lebendige Kraft genug besitzen, es übernehmen zu können. Wer als Polemiker sein Niveau, d. h. das Niveau des Gegners nur vortäuscht, ist verloren; er ist der Gegengebildete, der zwar wütend, aber nicht polemisch sein kann. Denn es ist leicht, den allgemeinen Leser zu täuschen und die Bildung zwischen sich, dem Polemiker und dem Wahrhaftigen zu nivellieren, den Rangunterschied zu verwischen; aber vor dem literarischen Gewissen – und ein solches gibt es – geht das nicht. Der Polemiker darf nicht dadurch Reichtum vortäuschen, daß er, um die Unbildung aufzuheben, geistige Schulden macht, die der andere, der Wahrhaftige seiner Wahrheit nicht nötig hat. Die Kraft zur Polemik ist eine Frage des literarischen Gewissens, das man besitzt oder nicht besitzt. Vor diesem Gewissen wird die Polemik eingesetzt durch die Frage: darf ich diesem Wahrhaftigen gegenüber der Polemiker sein? – Ist meine These kräftig genug? – Habe ich ein offenes Auge der Wahrheit, nicht bloß ein verkniffenes der List? – Kann ich gemäß meiner Bildung und meines Ingeniums das Niveau meines Gegners erreichen und aushalten? – Weiß er nicht einiges mehr? – Kann ich ohne Eingeständnis von Schwächen, ohne Bitten von Vorgaben mit ihm diskutieren, wenn er unmittelbar vor mir steht? – Denn die Kritik ist intellektuell bedingt, aber die Polemik hat einen ethischen Ursprung. Verliere ich als der Polemiker diesen Grund auch nur einen Augenblick lang, dann bin ich schon unterlegen, dann bin ich der Unwahrhaftige, und insofern Polemik das Gefühl des Sieges sucht, ist zu sagen, daß es zuletzt keinen unwahrhaftigen Sieg gibt.

# Der Begriff der Diagnose

In kritischen Zeitaltern, wie es das unsere darstellt, gewinnt eine Methode des Geistes Bedeutung, die durch den Begriff Diagnose gekennzeichnet ist. Die medizinische Herkunft dieses Worts deutet an, daß angewendet auf Geschehnisse und Zustände der Epoche, des Tages, des Augenblicks, die Einsetzung der Diagnose, wenn auch nicht schon pathologische, so doch kritische Züge voraussetzt. Dieses Kritische ist das Unentschiedene, das Ungeklärte in jenen großen Phänomenen, in denen sich das Leben der Zeit ausdrückt. So darf es nicht verwundern, wenn heute im Kreise der Schaffenden, im Kreise der Forscher und Gelehrten, der Dichter und Literaten, der Philosophen und Künstler der Typ des epochalen Diagnostikers sich mehr und mehr bemerkbar macht, also der Typ des Intellektuellen, der seine Aufgabe darin sieht, das Wesentliche, das Eigenartige, kurz, die Symptome der kritischen Zeit aufzuzeichnen – aufzuzeichnen, nichts mehr und nichts weniger nämlich ist die wirkliche Aufgabe des Diagnostikers.

Das Auftreten des Diagnostikers macht seine nähere Bestimmung notwendig. Wir gehen von seiner Tätigkeit, der Diagnose, aus. Diagnose ist ein bestimmter Stil der Erkenntnis. Sie ist nicht unbedingt objektive Erkenntnis, aber sie hat doch ein fixierbares Objekt. Sie ist nicht unbedingt subjektive Erkenntnis, aber sie ist doch stets bezogen auf eine Subjektivität, die als Zeitalter, Lebensraum, geschichtlicher Augenblick oder als maßgebender Einzelner gesetzt ist. Erkenntnis ist, abstrakt gesprochen, bezogen auf jedes Objekt; aber Diagnose ist bezogen auf ein erwähltes, sagen wir epochal begründetes Objekt. Entsprechend kann, abstrakt gesprochen, jede Subjektivität Erkenntnis gewinnen; aber diagnostizieren kann nur eine epochal begründete Subjektivität. Im Sinne dieser Definition ist Erkenntnis absolut, aber Diagnose relativ, relativ aber in der Weise, daß nicht die Relation, die wir

Diagnose nennen, relativ ist, sondern daß Objekt und Subjekt der Diagnose bedingt sind. Kurz gesagt: Diagnose ist der Stil der Erkenntnis aktueller Voraussetzungen.

Aus diesen Gründen ist es verständlich, daß sich der Diagnostiker durch eine erhöhte Aufmerksamkeit gegenüber den Vorgängen seines Jahrhunderts auszeichnet. Er besitzt jene Liebe zu seiner Zeit, die es vermag, über die Gebrechlichkeiten hinwegzusehen, an der Säule zu lehnen und im Sturm der Begeisterungen ebenso gelassen die Feder zu führen wie in der Flut der Verwünschungen. Das ist keine Kälte des Herzens und des Verstandes, aber es ist die Voraussetzung aller Tapferkeit, die hier schaut und spricht, der alte Zweiklang der Mutigen: heißes Herz und kühler Kopf. So steht der Diagnostiker also dauernd zwischen Passivität und Aktivität, zwischen Erkenntnis und Tat und sucht festzuhalten, was ihm als Gebärde der Zeit erscheint, aber allzu flüchtig zwischen den mächtigen Bewegungen und Forderungen des Tages dahingeht, von allen Geschichtsschreibern der unmittelbarste, der Angeschmiegte an seine Vorgänge; und sein Anliegen ist eigentlich keine Überlieferung an die Ewigkeit, sondern eher gleicht es dem Vorhalten des Spiegels, der immer zugleich schöne und häßliche Züge zeigt.

Denn die Objektivität des Diagnostikers heißt Gerechtigkeit. Er wird im Guten und im Bösen seiner Zeit gerecht. Er weist den Zuständen und Geschehnissen jenes Maß an Gerechtigkeit zu, das sie selbst an Wahrhaftigkeit enthalten; denn Gerechtigkeit ist stets nur eine Reaktion auf Wahrheit und den Grad der Kraft, zu der sie befähigt ist. Er liebt seine Zeit nicht und er haßt sie auch nicht; er macht ihr keine Vorwürfe, aber glaubt, daß er ihr auch nicht zu danken habe. Es ist das reale Verhältnis zur Neutralität, das seine stets aktuelle Geschichtsschreibung, seine etwas blasse Unbestechlichkeit auszeichnet; und verdient er auch nicht unsere rückhaltlose Bewunderung, so doch die Anerkennung des tiefen Ernstes, der aus seiner Aufgabe bricht. Denn Neutralität bedeutet stets einen Zustand des Ernstes.

# Exkurs über das Schreiben

Man macht mit den eigentümlichsten Dingen und Geschehnissen seine Erfahrungen, und je abgelegener oftmals die Begegnung, desto nachdrücklicher und qualitativer sind meist die Erfahrungen. Alle Welt hat ihre Erfahrungen, und so habe ich die meinen auch, und ehe sich eine Erfahrung verallgemeinert, gleichsam als Bestandteil dem menschlichen Geist angefügt wird, muß sie, so glaube ich, einmal als *intime Erfahrung* auftreten und hierbei jene Verheerungen und Bedrückungen hervorrufen, aus denen die tiefen Rinnsale unseres Geschickes kommen. Jeder Einzelgänger bereitet einmal eine allgemein menschliche Erfahrung auf. Das gehört zur Bestimmung der Einzelgänger, und wir haben nicht mehr das Recht, uns über ihr Auftreten zu wundern.

Unsere Erfahrungen sind bisweilen unsere Taten: unsere Siege und Untergänge, unsere Sternenflüge und unser Heimweh; auf jeden Fall sind sie die Ingredienzien all dessen, was wir durch das einfache Wort »Herz« ausdrücken wollen. Was wir aber Charakter nennen, das ist nichts anderes als das vergrößerte Herz, dieses wägbar nicht nachzuweisende Herz, das sich aus unserem ganzen Dasein zusammenfügt. Und wir haben festzuhalten, daß es keine Quantität der Erfahrung gibt, nur eine Qualität, d. h. die Erfahrungen haben Tiefe, aber keine Menge.

Die tiefere Erfahrung lehrt auch die tiefere Heilung dieser Erfahrung. Bei einem gewissen Grad der Tiefe bemerkt man, wie die scheinbar fremdartigsten Handlungen den inneren Abgrund zuschütten helfen. So erkannte ich, als der Tod in mein Dasein trat, daß Schreiben eine Therapie ist. Es ist eine Heilung durch das Wort und also durch den Geist, die hier geschieht. Gemächlich fielen die Worte aus der Strenge des Denkens, drangen in mich ein und beschatteten dort eine Erinnerung und hier einen unerfüllbaren Wunsch. Das ungestüme Wasser des Schmerzes wurde sorgsam eingefaßt, schuf jetzt Ufer, die bewohnbar waren, und die Bilder, welche kamen, lenkten den Blick über eine erweiterte Welt. Denn jede Erfahrung des Furchtbaren ist eine Umnachtung des Gewissens und des Ersinnens, ein Geist ohne Logos, der nur durch die gelinde Übertreibung vergessener Bedürfnisse sich wieder zurechtfindet.

Das Schreiben wird in jenen Augenblicken zum eigentlichen Waffengang des Denkens. Unser Herz wird Schlachtfeld. Man verspürt, wie das Wort voll und schwer auf die Rührung niedersinkt; man vermag zu fühlen, wie es lüstern hineinschlürft in den Strom der Schwermut, und aufsteigend aus der Materie zum Geist ganz langsam und scheu wieder ein wenig Ordnung aufkeimen läßt. Das Schreiben, diese Bewegung des Wortes durch Gedanke und Hand, macht durchsichtig; es nimmt den Wirbel aus der Erfahrung, verwandelt die finstere Härte der Verzweiflung in eine Härte der Klarheit; und sah man vorher die Welt nicht mehr, so sieht man sie jetzt wieder. Denn Schreiben erzeugt Neugier und Aufmerksamkeit.

Insbesondere bedeutet das Schreiben, diese konkrete Reflexion, die langsame Aufhebung eines Abschieds, wenn die Erfahrung, die in dieser Tätigkeit geordnet und somit gemeistert wird, eine furchtbare war. So gibt es also eine kaum wägbare Tätigkeit der Hand, die nichts anderes als eine Aussöhnung mit dem Tode darstellt, und ich weiß heute, daß es im Grunde keine tiefere Aussöhnung mit dem Tod gibt als die, welche sich in der Vergegenwärtigung all der Ereignisse vollzieht, die ein Mensch bis zu seinem Tode erfuhr. Freilich ist auch diese Aussöhnung mit dem furchtbaren Ereignis nicht vollkommen – es gibt für den Menschen überhaupt keine vollkommene Aussöhnung mit dem Sterben, in diesem Punkte ist der Mensch zuletzt doch unversöhnlich –, aber es gibt eine Stille vor dem Tod, die schon das Gewicht der Aussöhnung besitzt, und diese Stille ist erreichbar dadurch, daß ich mich denkend zu ihr bewege und sorgsam in die Brunnen des Lebens steige und ausschöpfe, was in ihrer Tiefe erquollen war und, oben angelangt, sein sprudelndes Dasein aufgab und wieder zurücksank in die alte Ordnung, die uns so schwer begreiflich ist, weil wir nicht schwer genug sind, ganz in die Tiefe zu gehen. Es gibt auch für Gedanken eine Grenze der Schwere, die ihrem Hinabstieg in die Tiefe widerstreitet; sie halten sich dann in der Mitte eines Reiches, und sagenhafte Wesen von unten und bekannte von oben schwimmen an ihnen vorbei, und es werden nicht Worte genug gefunden, den Vorübergang zu beschreiben.

Sowohl ein Gedanke als auch ein Gefühl kann tief genannt werden, und zuweilen erweitert man den Bereich dieser Aussage und sagt von einem Geist oder einem Leben, daß sie tief seien. Aber es fällt schwer, zu wissen, was denn in einem Gedanken oder einem Gefühl, in einem Geist oder in einem Leben jenen Grad erreicht, daß man von Tiefe sprechen darf. Wir möchten die Tiefe unstofflicher Bereiche als eine Art durchsichtiger Verfeinerung bestimmen, und danach wird ein Gedanke tief, wenn im Gewebe der Begriffe nicht nur der Einfall, die Aussage Sichtbarkeit, Gestalt gewinnt, sondern auch das, was wir als die Macht des Geistes, dieses Übergeordneten der Vernunft, dieses anderen des Daseins, bezeichnen, und ebenso sprechen wir von einem tiefen Gefühl, wenn die Sinnlichkeit so verfeinert ist, daß nicht nur entführende Stimmung, sondern auch ein Ausgeliefertsein an die Schwere der Materie und des Lebens mitschwingt, derart, daß die Kraft der Substanz, des Blutes und des Leibes unverhüllt an dieses Tor zum Dasein pocht, das wir als Gefühl kennen.

Die Tiefe ist eine Erfahrung, die nicht nur passiv, sondern auch aktiv wirkt. Sie ist eine lotende, angreifende Erfahrung. Denn Tiefe erreicht man nur durch eine Tätigkeit, eine Bewegung im Denken und im Leben, und dem widerspricht nicht, daß die Tiefe eine Stille mitführt. Denn Stille ist Innerlichkeit, und Innerlichkeit ist eben heimliche, unwägbare Bewegung. Insofern ist Tiefe natürlich auch eine Anstrengung, die der Denkende ebenso erfährt wie der Schreibende, der das Gedachte bannt; ja, es ist einleuchtend genug, daß die Erfahrung der Tiefe erst mit der aufzeichnenden Arbeit so unmittelbar wird, daß man sie als Ziel und als Gefahr empfindet.

Aber die Tiefe muß, um verstanden zu werden, klar sein; sie muß gläsern, sie muß kristallen sein; sie muß den Bestand der Ordnung im Reiche der Begriffe und Gedanken noch versichern können. Sie darf also nicht verwischen, nicht verwehen. Klarheit ist als Kriterium aller Tiefe zu fordern; Klarheit muß Tiefe und Tiefe muß Klarheit begrenzen. Und die Tiefe muß erfüllt sein, denn es gibt keine leere Tiefe und auch keine leere Klarheit, wenn sich mit ihnen auch der gefährliche Hang der Schreibenden offenbart. Ein Satz, der einer leeren Tiefe anheim fällt, wird zu leicht, um noch von einem Ohr oder einem Verstand gehalten zu werden, und ein Gefühl, das leer ist, entwindet sich wie ein Rauch den Sinnen. Denn die Tiefe ist nicht dazu da, um Dunkelheit vorzutäuschen, und die Dunkelheit ist kein Reservoir von Halbwahrheiten für Zwischengeister, und sie ist auch kein Becken, in das man Erfahrungen hineinschüttet. Im Gegenteil, den großen Schriftsteller zeichnet es aus, daß er die Tiefe beherrscht, und das bedeutet, daß er seine Sätze nicht in die Tiefe hinabsenkt, sondern sie aus der Tiefe heraufholt, und insofern ist Schreiben ein fortwährender Kampf gegen die Tiefe, ein Hang zur Oberfläche – aber zur Oberfläche, auf der man haften kann und von der nicht ein leichter Hauch des Geistes die Einsichten verbläst. Denn es gibt für jeden Gedanken, das weiß der Schriftsteller genau, eine Tiefe, in der er ertrinkt.

# Über die Heiterkeit im Aphorismus

Wie das Leben seine Sprünge macht und nicht immer behaglich von Stelle zu Stelle voranschreitet, so liebt es auch das Denken, bisweilen zu hüpfen, und dann erscheinen die Wahrheiten nicht mehr fein säuberlich aneinandergereiht wie zu einer Perlenschnur, sondern sie kommen und gehen, wann sie wollen, und richten sich nicht mehr danach, ob eine Logik es fordert. Und so geschieht es also, daß bei diesen Gedankensprüngen, bei dieser spirituellen Gelegenheit ein kleiner Satz eingefangen wird, der sich noch während seiner Geburt zu einer unabänderlichen Gewißheit verdichtet, ohne daß man genau wüßte, woher sie kommt und wohinaus sie will. Weder die Deduktion noch die Konsequenz ist zu übersehen. Es wird ein Satz sein, der in die Welt springt wie das erste Licht am Anfang der Welt, ein wenig sorglos und ein wenig schweifend, aber überall die Dinge in eine besondere Beleuchtung rückend. Aus dieser Logik des Unsichtbaren, dieser Logik des reinen Einfalls lebt der Aphorismus, von dem Nietzsche sagte, daß die ewigen Gedanken sich gerne in seiner Gestalt mitteilten.

Aber wie steht es um die Wahrheit im Aphorismus? – Verdunkelt der Aphorismus nicht das, was man beweisen könnte, was einen Beweis verlangt? – Bedeutet der Aphorismus nicht eine beschattete Wahrheit, eine Halbwahrheit? - Soll er eine Gewißheit vortäuschen, wo man es nur zu einer Vermutung gebracht hat? – Ist das aphoristische Sagen nicht ein Mangel an Klarheit? – Flieht man nicht in den Aphorismus, wenn man Furcht hat, eine Wahrheit könnte einem zu schwer werden oder Verachtung einbringen?

Ohne Zweifel gibt es gute und schlechte Aphorismen, wie es gute und schlechte Gedichte oder gute und schlechte Systeme von Wahrheiten gibt. Ein schlechter Aphorismus ist eine Approximation an die Gewißheit, aber ein guter Aphorismus ist noch ein wenig mehr als eine bloße Gewißheit, nämlich zugleich einer ihrer Fälle, ein Beispiel, eine Bestätigung. Indessen regiert in jedem aphoristischen Geist die Methode der Approximation. Das Wort Aphorismus bedeutet soviel wie das Abgegrenzte, es kommt vom griechischen aphorizein. Der Aphorismus liebt also die knappe Sprache, den kurzen Satz, den Geist des Endlichen in seiner schönsten Darstellung, aber in einem schlechten Aphorismus ist außerdem auch noch die Wahrheit zu kurz gekommen; sie klingt hohl und unwesentlich, und das, was sich als eine Einsicht vorbereitet, wird im Grunde nichts anderes als eine Alltäglichkeit – ein billiges Wort.

Aber damit ist noch nicht bestimmt, wie sich eigentlich die Wahrheit selbst zum Aphorismus verhält. Denn schließlich gibt es Wahrheiten, die eine ganz besondere Affinität zum Aphorismus besitzen, und andere, die sich niemals aphoristisch offenbaren können und das Aphoristische geradezu fliehen. Indes man hierüber nachsinnt, wird man gewahr, daß die Wahrheit eines Aphorismus durchaus nicht immer wahr zu sein braucht. Keine allgemeinen Wahrheiten – oder solche, die in diesem Sinne wenigstens gedacht waren –, werden hier ausgesprochen. Das unterscheidet den Aphorismus vom Sprichwort, das eine Allgemeinheit setzt, wo der Aphorismus nur einen höheren Zustand spiritueller Intimität zum Ausdruck bringt. Es liegt geradezu in der Idee des Aphorismus, daß die Wahrheit, die er enthält, nicht notwendig wahr zu sein braucht, aber doch wahr sein kann, kurz, eine relative Wahrheit darstellt. Denn das Wesen des Aphoristischen erschöpft sich nicht in dem besonders gebauten Satz, sondern in jedem Aphorismus liegt neben der Einsicht noch ein Hintergedanke, eine Art aktiver Verschwiegenheit, die ausgeübt wird, damit die Wahrheit, gleichsam halb im Dunkel belassen, wie ein Pfeil geheimnisvoll und schnell aus einem Wald von Geist hervorbricht. Denn immer will ein Aphorismus irgendwo hinaus, immer will er zielen. Daher bedarf der Aphorismus eines begrifflichen Charmes, und der Aphorismus versucht nichts anderes, als in seiner hüpfenden Logik zugleich tief und leicht, ja geradezu charmant zu sein, ohne indes lasterhaft einem Übermaß begrifflicher Galanterie zu verfallen.

Nicht die allgemeinen Wahrheiten sind es, die gut zielen und gut fliegen, sondern gerade die auserwählten, eingeschränkten, nur für Bestimmte geltenden Wahrheiten haben jene Spitze, die unvermerkt und mit unnachahmlicher begrifflicher Eleganz verwundet. Die Wahrheit im Aphorismus wählt also aus, erreicht nur bestimmte Ohren, sie gehört jemandem. Sie ist leichte, zerbrechliche Wahrheit, die stets für jemanden erklingt. Sie erinnert an jenes zarte Porzellan, das nur so lange schön und edel ist und gut tönt, wie das Gebilde nicht zu groß und seine Masse nicht zu schwer geworden ist. Zum Aphoristiker gehört also ohne Zweifel ein bestimmtes Formgefühl, ein Gefühl für Zierlichkeit von Gedanken, für Filigranie von Wahrheiten, selbst dann, wenn das Weltbewegende offenbar gemacht werden soll. Es gehört zu seinem Dasein, nicht alles deutlich zu sagen; beständig muß er mit der Maske der Leichtigkeit herumstreifen – einer Leichtigkeit, darunter das listige, hörende Ohr eine Schwere des Zorns vernimmt, die sich bemerkbar macht wie ein zartes, aber unerbittliches Herz, das klopft. Denn nur das Leichtfüßige trifft gut, und im Aphorismus bereitet sich eigentlich immer ein wenig von jenem seltenen Geist, der es versteht, aus Tiefe heiter zu sein.

Im Aphorismus bedeutet also die Einsicht nicht nur eine Wahrheit, sondern zugleich auch eine Kraft, die jene auswählt, die betroffen werden sollen. Nur wer die Fähigkeit besitzt, Begriffe und Gedanken zu Kräften werden zu lassen, kann ein guter Aphoristiker sein; nur wer Feinde und Freunde zu finden versteht, vermag seine zielenden Sätze hinzuschreiben mit jener Unwiderruflichkeit, die das Gesetz auf alten Tafeln auszeichnet.

Noch ein paar Worte über das Geheimnis und den Logos des Aphorismus. Jeder echte Aphorismus stellt eine unverbindliche Definition dar. Und zwar handelt es sich um eine Definition, die nicht nur feststellt, bestimmt, begrenzt, sondern entlarvt, Masken lüftet – denn der Aphorismus liebt es, dort aufzutauchen, wo gespielt wird und doch Masken getragen werden. Daher ist er das eigentliche Medium der Ironie. Man kann sich nicht mehr vor ihm verbergen, man kann ihn auch nicht mehr überhören, weil man damit schon seine Niederlage eingestanden hätte. Denn ein Aphorismus kann ja nicht widerlegt werden, weil er selbst kein Ergebnis eines Beweises ist, er kann nur durch einen noch stärkeren Aphorismus aufgehoben werden. Denn was zwischen zwei Aphorismen widerstreitet, das sind weniger zwei Einsichten als vielmehr zwei Mächte. Und zwischen Mächten entscheidet der Sieg.

Was aber dem siegenden Aphorismus seine geheime Kraft verleiht, das sind die kleinen Zufallstreffer, aus denen er sich nährt. So gibt es in jedem Aphorismus nicht nur ein Zusammenfallen von der Unmittelbarkeit eines Herzens mit der Unmittelbarkeit eines Gedankens, sondern vor allem die stille Vereinbarkeit von Klarheit und Leidenschaft im Raum des Geistigen. Durch seine Klarheit erlangt der Aphorismus die Tiefe, durch seine Leidenschaft aber erlangt er seine Kraft, und beide zusammen erzeugen den kleinen, fliegenden Sprachleib, der versöhnlich verwundet.

Nichts Privates darf es in einem Aphorismus geben, keine kleine Liebe, keine stille Rache; Masken sollen da sein, aber keine geschwätzige Heimlichkeit, denn das Heimliche ist laut. Alles muß sich in einem Zustand innerer Geselligkeit, im Zustand höherer und feinerer Neutralität befinden, die das Wunderbare vollendet und zwischen letzter Subjektivität und letzter Objektivität vermittelt.

Wenn auch der Aphorismus den äußersten Gegensatz zu einem philosophischen System bildet, so gibt es doch auch Systeme von Aphorismen, glanzvolle Sammlungen, Breviere kleiner, aber scharfer Einsichten, die einem philosophischen System noch überlegen sein können an Weisheit, Tiefe und Möglichkeit. Und wie in einem philosophischen System die Deduktion mit der Ruhe Homers voranschreitet und den Atem ohne Grund nicht unterbricht oder anders wählt und nacheinander Logik, Erkenntnis, Ethos und Metaphysik entwickelt, so kann man sich leicht vorstellen, daß ein System von Aphorismen gebaut ist wie eine Musik der Begriffe und sich aus Largo, Adagio, Andante und Scherzo maßvoll und heiter vollendet.

# Was ist Klarheit

Uralt sind die Menschen, aber noch immer nicht müde geworden, mit der starken Waffe des Wortes an die Dinge heranzutreten und die Klarheit, den weiten Überblick zu fordern. Das Ideal der Klarheit ist das geheime Herz unseres Denkens und Erkennens. Ursprung und Ende unseres Gestaltens. Der Klarheit gehört ohne Unterlaß unsere Liebe, und hinter Willen und Sehnsucht steht der Traum von jener Geklärtheit der Welt oder der Abgeklärtheit des Lebens, der uns vorwärts treibt.

Allein, unser Wille zur Klarheit ist die Klarheit noch nicht. Beinah ist die Klarheit das Instrument unseres Geistes, auf das wir uns am schwersten verstehen, das wir nur mühsam zu spielen und womit umzugehen wir am spätesten lernen. Und glauben wir das Spiel zu beherrschen, genügt eine winzige Sekunde des Übermuts, und das feine Instrument zerbricht. Denn die Klarheit ist ihrer Natur nach zerbrechlich, ein Gleichnis des Glases, dessen Vollendung einem Grad der Feinheit gleichkommt, der in der Nachbarschaft des Zerfalls beheimatet ist. Nur schwerlich werden wir uns klar über die Klarheit. Sie scheint unergründlich zu sein; wir verspüren dunkel, wie wir mit ihr an ein Ende der Welt geraten, an einen Punkt, wo plötzlich die ganze Weltlast auf dem zarten Gehäuse unseres Hirns ruht, schweigend und schwer.

Aber es liegt in unserer Natur, daß wir ein außerordentliches Verhältnis zu dem haben, was wir Ende nennen. Jenes Gemisch von Übermut und Schmerz, das wir Leidenschaft benannt haben, bestimmt dieses Verhältnis. Und so darf es uns nicht verwundern, daß es in der Klarheit eine Leidenschaft des Reinen und Unsinnlichen gibt, die unserer Leidenschaft zur Begrenzung entstammt.

Jedoch gehört die Klarheit auch zur Form höchster geistiger Fröhlichkeit; in Verstehen und Denken, in Bildern, Worten und Begriffen ist sie für uns der Inbegriff dessen, was seit Jahrtausenden von uns als letztes geruhsames Reifsein, Reifsein des

Sommers und des Mittags, überliefert wird. In der Klarheit retten wir die Einsichten, ehe sie eine geheimnisvolle Kraft von unten schwer oder leicht in den Schacht eines Gefühls herabzieht. Über allem die Klarheit, das ist das gleiche wie: über allem die Ordnung, die Ordnung des Sichtbarlichen, deren Schwere uns zuweilen schon nicht mehr nach dem Unsichtbaren fragen läßt, die allein erst nach der Spannung und Unruhe den großen Atem der Ruhe gibt, die schöne, satte Allmählichkeit, den Genuß des schuldlosen Werdens, der immer wieder das Gefühl der Verlorenheit besänftigt.

Denn man muß festhalten, daß die Klarheit nicht nur den Gegenstand, das Objekt, uns zur Gewißheit bringt. Nein, in der Klarheit wächst auch die eigene Evidenz, die Selbstgewißheit des Daseins und für Augenblicke tritt das klopfende transzendentale Heimweh tief in den Hintergrund des Inneren.

Darum also lieben wir die Kristalle, diese kleinen, zarten Zeichen, daß auch die Materie uns zuweilen freundschaftlich gesonnen ist; unserer Hände stille Freundschaft. Es ist, als treibe uns etwas zu ihnen, was zum Bild des Weltwesens zieht. Denn dunkel fühlen wir an den Kristallen, daß hier die Materie sich gleichsam ihrer Schwere und Ungefügtheit schämt. Hier entwindet sie sich ihrer Unreinheit, hier entsteigt sie vollends dem Sumpf. Hier sammelt sie sich zum Dasein, zum eigenen Dasein, so wie ein Baum, eine Pflanze, ein Mensch da ist. Hier wird die Materie Ordnung, Gestalt, hier wird sie schön, sanft und still, hier wird sie eine kleine Welt, kaum zugänglich menschlichem Auge, wasserhell und farbig, mit kleinen Winkeln, Flächen und Kanten. Hier wird die Materie angenähert einer Person, hier wird sie Geometrie, bestimmte Form, und die Seele der Steine verfällt der Übersehbarkeit der Zahlen. Indem sich die Materie zum Kristall sammelt, wird sie rein und gut und verfällt der Klarheit. Sie ängstigt nicht mehr, weil sie übersehbar wurde – denn alle Angst kommt aus der Unordnung, aus dem Chaos. Ruhe und Seligkeit steigen aus der Ordnung. Schöpfung ist Abscheidung aus dem Chaos, Gewinn einer Klarheit – darum am Anfang immer das Licht. Die Klarheit des Denkens ist die eine, die Klarheit des Herzens ist die andere. Dort gibt es die Übersehbarkeit des Konkreten. Und die Klarheit des Geistes sollte der Klarheit des Gefühls nicht widerstreiten, sondern sie ergänzen.

Aber man muß wissen, wo die Klarheit des Geistes aufhört und die Klarheit des Gefühls beginnt; man muß den Boden der Gewässer zu scheiden wissen vom Boden der Luft.

Wann aber ist etwas klar? Die Klarheit erfüllt das Gesetz von der Undurchdringlichkeit im Geiste und im Herzen; in der einen widerstreiten sich die Wahrheiten nicht mehr, in der anderen widerstreiten sich die Empfindungen nicht mehr. Und es gibt einen Zustand vollkommener Klarheit, wenn ein Gefühl sich versöhnlich verhält zu einer Wahrheit, wenn z. B. die Trauer neben der Einsicht in ihre Notwendigkeit wohnt. Denn jene gehört in den Bereich des Herzens, diese aber in den Bereich des Verstandes, und es gehört zu den höchsten Augenblicken unseres geistigen Daseins, wenn in jener Klarheit – gegen die Meinung Pascals – das Herz einmal die Gründe des Verstandes und der Verstand einmal die Gründe des Herzens anerkennt.

# Über die Weisheit

Wenn ein dichterischer und ein denkerischer Mensch sich darüber unterhalten, was Weisheit sei, worin sie bestehe und welcher Rang ihr unter den Äußerungen des Geistes zukomme, dann ist ein Widerspruch unvermeidlich. Der Dichter ist geneigt, als Weisheit das aus Ahnung und Innerlichkeit gebildete Wissen zu bezeichnen, während der Denker darunter die tiefer als alle schlichte Erkenntnis bohrende und in der Gestalt einer vollendeten Wahrheit auftretende, alles Seiende gleichermaßen erfassende Wissenschaft versteht. Dort wird also eine tiefere Empfindsamkeit, hier aber eine höhere Vernunft der Weisheit vorangesetzt, und dort rühmt man ihr Beschaulichkeit, Sorglichkeit und die Gnade der inneren Ruhe im Geiste nach, während man hier von ihrer wunderbaren Art spricht, im Kristall einer universalen Ordnung alles übersehbar im großen Gehäuse der Ratio an seinen vorbestimmten Platz zu stellen. Es ist dies der alte Unterschied, der zwischen dem betrachtenden und nachdenklichen Menschen besteht, und auch der Gedanke ist nicht fern, daß der dichterische Mensch vom Geiste der Weisheit viel nachdrücklicher eine Ordnung seines unmittelbaren, lebendigen Daseins verlangt, indessen der denkerische Mensch unablässig um die Gefügtheit des Nichtsichtbarlichen, um die Ordnung der Gedanken, um den Bestand des inneren Reiches besorgt ist.

Über alle diese Unterschiede hinaus aber bleibt die Weisheit zuletzt doch die eine Weisheit, gleichgültig, ob sie für Dichter oder Denker da ist, nämlich die Gestalt des durch ein Alter hindurchgegangenen Wissens. Und als solche ist sie ganz und gar unabhängig davon, wie sie gewonnen wurde. Weisheit ist von einer Methode losgelöstes Wissen; sie ist der Bestand von Erkenntnissen im Fortschritt der Erkenntnisse und der Bestand von Empfindungen und Ahnungen im Fortschritt der Empfindungen und Ahnungen.

So wie ein Mensch von Natur aus altert und das Alter ein ganz bestimmtes Phänomen dessen ist, was wir Leben und Lebensalter nennen, so also vermag auch der Geist, freilich in seiner Weise, durch die Zeit zu gehen und Alter in seiner Ewigkeit zu gewinnen. Dann ist die Methode, der unmittelbar menschliche Bezug in den Erkenntnissen und Erfahrungen, abgefallen, dann schwindet die Kühle der Abstraktion so gut dahin wie die Wärme der Anschaulichkeit, dann sind die leicht verletzlichen Gelenkstellen der Ratio genauso überwunden wie die dunklen Verliese des Ahnungsvollen, und klar und sicher bleibt die Einsicht, die sowohl zum Bestand des Lebens als auch zum Bestand des Geistes gehört und über deren Zwiespältigkeit man schlecht und recht zu einem halben oder vollendeten Menschen sich ausprägte. Was dann von allen wissenschaftlichen und nichtwissenschaftlichen Bemühungen bleibt, das sind gewisse Kerne, Axiome, ohne die man weder Geist noch Leben ist, *Sätze, die, was auch geschehen mag, ungefährdet bleiben.* Daß der gealterte Mensch vornehmlich dieser Weisheit inne wird, liegt daran, daß durch sein Alter nicht nur das Leben, sondern auch der Geist hindurchging, daß beide die Probe des Alters bestanden. Denn das Alter hat ja nicht nur ein Leben bewährt, es hat auch den Geist bewährt, insofern es sich dann zeigt, daß man noch die Wahrheit der Vernunft, des Denkens als wesentlich ansieht; daß man gewisse Gedanken, Grundsätze, existentielle Axiome, wie man sagen möchte, mit spiritueller Liebe hin und her wendet im Vertrauen darauf, daß sie nur so etwas Seiendes bleiben, daß man gewisse Gedanken kennengelernt hat, die man auch jetzt, im Alter, noch einmal denken möchte.

Noch ein anderer Gedanke drängt sich jetzt auf. Wir unterscheiden gern zwischen der ordo amoris und der ordo spiritualis. Wir geben dieser Unterscheidung die Auslegung, daß die ordo amoris die Ordnung, den Bestand und das Sein aus dem Grunde des Lebens und der Natur versichert, während die ordo spiritualis die Ordnung der Gedanken, die wir haben und haben können, also die Ordnung im Geistigen, setzt und erhält. Wir können das schärfer ausdrücken und sagen: die ordo amoris hat die Kraft, Seiendes zu setzen, soweit es Natur ist, aber die ordo spiritualis hat die Kraft, Seiendes zu setzen, soweit es nicht Natur, sondern Geist ist. Und nun mag der dichterische Mensch sein Tun auffassen als ein Verständnis der ordo amoris, und der denkerische Mensch mag sein Tun auffassen als ein Verständnis der ordo spiritualis, aber Weisheit nennen wir eben jenen Zustand unserer Reflexion, in dem diese beiden Formen der Ordnung, die des Geistes und die des Lebens, die der Gedanken und die der Natur zusammenfallen, sich also als eine Ordnung erweisen.

Wie ist das philosophisch zu verstehen? Die Weisheit ist nicht nur das alte, unerschütterliche Wissen, das weder vom Leben noch vom Geist aufgehoben werden kann, es ist auch ein Wissen, das, wo immer es auftritt, die Gegensätzlichkeit, ja die Feindschaft zwischen Geist und Natur, zwischen Denken und Leben aufhebt. Wir werden uns daran gewöhnen müssen, daß die Philosophie ein Akt der Darstellung der beiden großen Phänomene Geist und Leben bedeutet. Nur soweit jedoch die Philosophie ein Organ des Geistverständnisses ist, wird sie Wissenschaft, wird sie Ratio, reines Denken sein können, aber im Augenblick, da sie darangeht, das reine Leben und seine sinnlichen Äußerungen vielfältig zu begreifen, wird sie nicht mehr allein der logischen, wissenschaftlichen Methode, den Gesetzen des Schließens verhaftet sein können, sondern der reinen Schilderung, der Deutung, der Auslegung, der dichterischen Phantasie Raum geben müssen. Neue Ingredienzien unserer geistigen Ausdrucksfähigkeit treten auf den Plan. Auf diese Weise haben wir zwischen Geistphilosophie und Lebensphilosophie zu scheiden; jene repräsentiert den Geist, diese das Leben. Denn die Philosophie – und das ist nun der existentielle, der menschliche Sinn unserer Betrachtung – vermag es durchaus, uns entweder in ein Verhältnis zum Geist oder in ein Verhältnis zum Leben zu bringen. Aber nur insofern es ihr, der Philosophie nämlich, gelingt, die aussöhnende Macht zwischen diesen augenscheinlich widersätzlichen Universalien Geist und Natur zu sein, ist diese Philosophie vom Range der Weisheit, ob sie sich nun als System oder als philosophierendes Dasein, also als Lebensstil, darstellt. Hier allein ist sie duldsamer, vermittelnder, schöpferischer und freier Akt. Und es gehört ja zur Weisheit, duldsam, frei, versöhnlich und wohltuend aufmerksam zu sein.

# Die Begeisterung

Begeisterung ist eine Kategorie des menschlichen Daseins. Man kann nicht ohne Geist begeistert sein, aber zuletzt kann auch der Geist keine Triumphe gewinnen, wenn er nicht das wilde Pferd des Lebens reitet. So vollzieht sich also in der Begeisterung ein unverbindliches Widerspiel von Mächten, und das Maß ihrer Vereinbarkeit ist zugleich das Maß der Fruchtbarkeit dieser Begeisterung.

In der echten, wahrhaftigen Begeisterung gewinnt weder der Geist noch das Leben ein Vorrecht. Aber in ihr vollbringt sich die vorschöpferische Stunde, in der das Leben den Geist und der Geist das Leben korrigiert, wenn sie maßlos werden. Jede Begeisterung ist demnach kritisch. Sie versucht unser Maßhalten. Sie ist eine Kategorie der Ordnung.

Die Begeisterung ist ein Phänomen der Mischung. Sie zeichnet sich dadurch aus, daß in ihrer flammenden Schmelze Jugend und Alter, Tugend und Untugend, Seligkeit und Verzweiflung, Gnade und Ungnade vereinbart werden.

Wir fragen nach der Schwelle der Begeisterung im menschlichen Dasein. Welche Macht muß ein Gegenstand über unseren Charakter besitzen, damit eine Begeisterung zustande kommt? – Er muß dem Charakter an der Grenze der Selbstaufgabe noch die Macht über einen anderen Charakter belassen; er muß der fortschreitenden Vernunft die Großmütigkeit eines Gefühls geben und muß lange wachen können.

Man muß von einer Begeisterung verlangen, daß sie sich bewährt. Das heißt, einer Begeisterung muß etwas nachfolgen, eine Tat, eine Schöpfung, ein Entschluß, ein neues Gewissen, eine Verwandlung, eine neue Zukunft. Es gibt keine wahrhaftige Begeisterung, die ohne Nachfolge bliebe. Selbst der Absturz aus der Begeisterung in die Hoffnungslosigkeit ist eine Nachfolge.

Wie die Großmütigkeit, so ist auch die Güte eine Voraussetzung der Begeisterung. Die Großmütigkeit erteilt der Begeisterung ihr Pathos, die Güte erteilt ihr den Ernst. Das Pathos wiederum erzeugt der Begeisterung die Kraft, der Ernst erzeugt ihr die Dauer. Pathos und Ernst erschaffen auch jenes Maß an Selbstgewißheit, an Selbstgefühl, das hinter jeder Begeisterung stehen muß, wenn sie wahrhaftig und segnend sein soll.

Jede wahrhaftige Begeisterung ist ein großes Mysterium. Jedoch verlangt sie nicht bloß eine Tat, nicht bloß eine Zustimmung. Nur sehen die meisten Menschen in der Begeisterung lediglich die Tat, die Zustimmung; aber den Gedanken, die Höhe des Geistes, die gewaltige Vernunft, die sehen nur wenige in der Begeisterung und doch bedeutet gerade der Gedanke, den die Begeisterung Herrschaft gewinnen läßt, die reife Frucht, den glühenden Granatapfel des saftigsten Baums.

# Über die Ironie

Vor einiger Zeit wurde von gelehrter Seite darauf aufmerksam gemacht, daß jenes glanzvolle, halb heitere und halb bittere Phänomen, der ironische Geist, der noch vor wenigen Jahrzehnten unsere philosophische und dichterische Literatur auszeichnete, mehr und mehr versiege. Wie so oft, ging hier von einer flüchtigen, kaum überall vernommenen Anmerkung eine bedeutsame innere Wirkung aus, und die Reflexion, die sich immer dann einstellt, wenn man mit einem Gedanken nicht zu Ende kommt oder wenn man die Schwere eines Wortes nachwägen will, brach hier hervor wie aus einer frischen Quelle. Denn wer würde – falls sich jene Vermutung bestätigt – nicht dieser köstlichen Eigenart unseres Geistes nachtrauern? Wer empfände es nicht, daß uns hier ein Abweg, ein Umweg des Urteilens genommen wird, der uns gelegentlich Macht gewinnen läßt über den Reichtum eines Wissens, die Geradheit eines Charakters oder die Unbescheidenheit eines Talentes?

Es ist leicht einzusehen: die Ironie gehört wie der Sarkasmus, der Humor, der Spott und die Satire zu den kritischen Universalien unseres Herzens. Wenn wir alles verloren haben, bleibt uns die Freiheit der Gedanken, und die höchste Freiheit der Gedanken ist die Phantasie; also bleibt uns immer die Phantasie. Und auch die Ironie ist nur eine merkwürdige Abart der Phantasie, nämlich diejenige Phantasie, die nicht, überströmend von Bildern, Hoffnungen und Glücken, dahinschwelgt, sondern wie ein kleiner, spielender Pfeil von der Sehne einer Erfahrung, eines Kummers oder einer Stärke, einer Enttäuschung oder eines Unterliegens abspringt, um das alte Recht, die alte Ordnung wieder herzustellen. Die Ironie ist eine Phantasie der verwundbaren Stelle: ihr entspringt sie, und sie sucht sie auch wieder. Das Auge ist ein Organ des Kopfes, aber auch des Herzens, und so ist auch die Ironie das unkörperliche Auge eines sehenden Geistes.

Unbestreitbar gehört damit also die Ironie zu den besonderen Begabungen unserer Reflexion, und ihr Auftreten in der Geschichte des Geistes und Wollens schwankt ebenso sehr wie das Auftreten menschlicher Größe in den Jahrhunderten. Denn der ironische Blick, der die Wahrhaftigkeit weniger mit Charme als mit Frivolität vertritt und dessen logische Tiefe weniger Konstruktivität als Einfall verrät, bedarf eines bestimmten Nährbodens der Kultur, eines Nährbodens, in dem das Literarische ein entscheidender Wirkstoff ist. Es liegt hier, wie Kierkegaard ganz richtig sagt, ein züchtigendes Prinzip vor, das limitiert, Grenzen setzt, und zwar wird mit dem Auftreten des ironischen Geistes epochalen Ausmaßes die Grenze zwischen verfallender und schöpferischer Zeit bestimmt. An der Schwelle zwischen Tradition und Revolution wird sie zur Waffe und Flamme, eine negierende Inspiration, in der schon das Atemlose einer Erwartung brütet. Wenn ein Geist so reif, so überreif wird, daß er vom beladenen Baum der Epoche abzufallen droht, dann erquillt in ihm die Ironie wie ein verspäteter Saft, eine Süße vor der Fäulnis.

Sie ist wie ein Strahl, der einfällt in alles, was wächsern aufgebaut ist im Raume des Menschen (der menschenlosen Natur gegenüber gibt es keine Ironie), und sie schmilzt das brüstend Erregte ohne viel Aufhebens zusammen. Sie wird nicht den Helden, nicht den Großen erzeugen, und doch übt sie die alte Geste der Magier noch einmal aus: denn ihre Kühnheit ist allein des Wortes, und es ist ein Schwenken der Worte im großen Becher des Geistes, was hier die erregenden Sätze erschafft. Ohne Zweifel gehört zu diesem Würfelspiel jene Tapferkeit, die alle Wahrhaftigen auszeichnet, und jene Tapferkeit, die den Ungläubigen groß macht. Nicht für Wahrheiten interessiert sich die Ironie, sondern für den, der diese Wahrheit denkt und spricht. Sie will immer den Blick hinter die Wahrheiten, hinter den Logos tun, und das ist eigentlich ihr Vorwitz, ihre Liebe, durch die sie unglücklich wird, ihre geheime Verwandtschaft mit aller Psychologie. Alle Ironiker sind Psychologen, Kenner der Menschen (jedenfalls glauben sie das zu sein), Liebhaber von Fehlern. Man denke nur an Lichtenberg, an die Moralisten Frankreichs. Die Form der Erkenntnis ist hier immer die Diagnose, das bloße Feststellen, die Neutralität im Sehen. Man lehnt an der festen

Säule und zeichnet die Untergehenden oder Aufstehenden, aber wird nicht mehr gerührt bei ihrem Anblick. Indessen ist es keine gefrorene, sondern nur eine verschwiegene Härte, der ein Ironiker verpflichtet ist.

# Kontur, Tiefe und Klarheit

Es sind keine Kriterien für wissenschaftliche Aussagen, sondern für literarische. Von Wahrheit ist gar keine Rede, nur noch von Sichtbarkeit. Wahrmachen will die Wissenschaft, Sichtbarmachen muß die Literatur. Zuletzt gibt es die Wahrheit nur im Raum der Abstraktionen, aber Sichtbarkeit haftet ganz am Konkreten. Der Schriftsteller, der sich um konkrete Fälle bringt, vernachlässigt die ihm eigne Aussage; er wird augenlos, er unterdrückt die Optik, er wird zum abstrakten Denker, und da er dann auch meist der Forderung nach Wahrheit nicht nachkommt, weil er ihre Schule nicht durchmachte, wird er vage, flüchtig, und das heißt: ohne Kontur, ohne Tiefe, ohne Klarheit.

Denn Kontur, Tiefe und Klarheit sind die notwendigen und hinreichenden Bedingungen für Sichtbarkeit. Jede dieser Kategorien kann bevorzugt sein. Es gibt Dinge und Gestalten, die werden an ihrer harten, allzu harten Kontur erkannt. So tritt Calvin in die Geistesgeschichte wie ein furchtbarer Kontrast; man kann Calvin am besten von seiner Kontur aus beschreiben. Erst im Zusammenhang mit dieser Härte der Kontur zeigt sich plötzlich die Wirksamkeit, und erst im Gewahrwerden der historischen Tiefe gewinnt dieser Mann an Klarheit. Hingegen hat ein Geist wie Herder weniger Kontur als Tiefe, und werden gewisse mathematische und philosophische Gedankengänge, gespiegelt an Leibniz, unendlich geklärt.

Aber dennoch gehören Kontur, Klarheit und Tiefe zusammen. Ein tiefer Geist kann nur durch Konturen an seiner Tiefe erkannt werden. Und in jeder Klarheit ist die Tiefe durch Konturen gebannt. Das zu wissen, gehört zur Wissenschaft des Literaten. Wie soll ich prüfen, ob er tief ist, wenn ich nicht an den Rand dieser Tiefe trete? – Unbegrenzte Tiefen haben keinerlei Sinn. Sie sind imaginär, keinesfalls wirklich; sie sind eingebildet, sie sind rhapsodisch. Und wie soll ich die Klarheit erkennen, wenn es nicht möglich ist, an den Konturen entlang zu denken, an diesem

Netz von Rändern, zwischen denen ein Gedanke, der doch zunächst wie eine Welle auf dem Wasser dahintreibt, eingefaßt bleibt? Auch die Klarheit hängt an zierlichen Konturen, und das Dunkel darunter bricht nur allzu gern herauf und bedroht mit seiner Schwere den zu leichten Rand. Ob die Klarheit zierliche oder feste Konturen habe, davon hängt es ab, welcher Grad von Relativität ihr innewohnt. Was wäre das literarische Ideal? – Ein herausgearbeitetes Gleichgewicht zwischen Kontur, Tiefe und Klarheit, ohne Zweifel, und es scheint, daß die weithin sichtbare Gestalt und das weithin erkennbare Ding oder Geschehnis nichts anderes als ein Ergebnis jenes literarischen Gleichgewichts von Kontur, Tiefe und Klarheit meint.

Und so wäre denn auch das literarische Auge immerzu tätig.

Und es bliebe ersichtlich, in welchem Sinne Stilistik nichts anderes als Herausarbeitung, und Stil selbst nichts anderes als Gleichgewicht ist, übrigens eine sehr frühe Erfahrung.

Natürlich ist die literarische Klarheit nicht naiv, nicht elementar. Wir sahen, daß ihre Optik sehr verwickelt ist. Sie ist – im Gegensatz zur mathematischen Klarheit, die gewissermaßen eindimensional bleibt – dreidimensional, stereoskopisch. Wir nannten die Freiheitsgrade: Kontur, Tiefe und Klarheit. In der Herausarbeitung des konkreten Falls, dem Anliegen des Schriftstellers, tritt nun jene Erscheinung des beschriebenen Gleichgewichts ein, die wir »persönliche Gleichung« des Autors nennen. Es ist möglich, durch Verschärfung der Kontur mehr Tiefe oder auch mehr Klarheit vorzuspiegeln, als tatsächlich vorhanden ist. Und es ist möglich, die Filigranie der Bilder und Begriffe derart zu steigern, daß der bedrückende Reiz des Dekorativen zustande kommt. Das geschieht bei Ernst Jünger. Und bei ihm – diesem seltenen Objekt für stilistische Analytik – findet sich auch oftmals die Erscheinung der literarischen Paradoxie, den Konturen der Tiefe und Klarheit jene Hinfälligkeit zu verleihen, daß die seltsame Anziehung einer »geschliffenen Dunkelheit« hervorgebracht wird. In der Sprache des Mathematikers ausgedrückt würde das besagen, daß die »persönliche Gleichung« des Autors in der Herausarbeitung des stilistischen Gleichgewichts zwei Lösungen habe. Die Grenzen der Nachahmung seiner Manier setzt jeder Schriftsteller durch die »persönliche Gleichung«. Denn sie kennzeichnet seine Einbildungskraft und die ist unnachahmlich.

# Über Geistesabwesenheit

Geistesabwesenheit ist nicht immer eine Abwesenheit des Geistes, zuweilen nur die Vernachlässigung einer Aufmerksamkeit, die andere zwar gern sähen, die in Wahrheit einen selbst aber gar nichts angeht. So sind Zerstreute oft nichts weiter als im höheren Sinne Aufmerksame, Angezogene, Fixierte, Leute mit einem wirklichen Gedanken im Kopf, einem Gedanken, der nicht im Gedankenlosen verrinnt, einem wunderlichen, bösen, schlanken, klaren, einfältigen Gedanken, den andere nicht ohne weiteres haben können.

Unbestreitbar natürlich die Tatsache, daß echte Geistesabwesenheit, wo immer sie auch auftreten mag, wirkliche Abwesenheit des Geistes ist, philosophisch gesprochen: Abwesenheit des Geistes realiter, in facto usw. Diese Geistesabwesenheit kann eine partielle und eine totale sein. Es ist ein erkenntnistheoretisches Problem ersten Ranges, ob die Feststellung der Geistesabwesenheit Geist voraussetzt, ob man also selbst Geist haben muß, um jenen in mancherlei Hinsicht beneidenswerten, in anderer Richtung aber wieder traurigen Zustand erkennen zu können. Ich meine: Ja! Man muß Geist haben, um Geistesabwesenheit bemerken zu können. Denn man muß ja unterscheiden. Erkenntnis ist stets Unterscheidung. Eine andere Frage ist es, ob man so viel Geist haben kann, um geringfügige Geistesabwesenheit festzustellen. Ich besitze noch nicht so viel Selbsterkenntnis und Eitelkeit, um sagen zu dürfen – kein Quentchen Geistesabwesenheit bliebe mir verborgen, ja ich vermute die prinzipielle Unerkennbarkeit kleiner Dosen von Geistesabwesenheit.

Ebenso schwierig ist es natürlich auch, eine totale Abwesenheit des Geistes zu behaupten. Wir sind selbstverständlich vermessen genug, sie da und dort ohne weiteres zuzugestehen, nicht aber zu beweisen, weder experimentell noch axiomatisch-deduktiv. Nur eines ist ganz gewiß, daß es nämlich Zustände von Geistesabwesenheit gibt, die praktisch einer totalen Abwesenheit gleichkommen. Wir können sogar noch weitergehen und den Satz aussprechen, daß es Naturen gibt, für die eine Geistesabwesenheit praktisch total und zeitlich ohne Ende bleibt. Solche Naturen wandeln unter uns wie mathematische Konstanten. Zunächst ist es notwendig, mit diesen Konstanten zu rechnen, aber beim Übergang zum höheren Spiel und zum tieferen Ernst des Daseins fallen sie weg, sie werden Null, sie verschwinden – und erleichtert sind die Gestalten einer höheren Welt unter sich und geben sich mit unermeßlicher Würde ihrem eleganteren Treiben hin.

Geistesabwesenheit trifft man allenthalben. Ein Gedicht kann ebenso geistlos sein wie die Seite eines Wörterbuches, und ein mathematischer Beweis oder die Seite einer philosophischen Abhandlung kann ebenso dröhnen vor Abwesenheit des Geistes wie eine Kirchenbucheintragung, wenn sie noch nicht alt genug ist. (Seltsamerweise wächst hier anscheinend der Gehalt an Geist mit dem Alter, was uns veranlaßt, die Existenz eines besonderen Urkundengeistes anzunehmen. Und wie sagt Chamfort? – Alte Freunde, alte Bücher, alter Wein! – Ich erinnere mich eines Menschen, der sich dieses Wort zum Leitspruch erkor; er veraltete, wurde aber keineswegs geistvoller, und man erkennt hieran, daß nicht immer der Geist mit dem Alter wächst.)

Geistesabwesenheit kann einerseits Natur, andererseits ein Fall der Pathologie sein. Es gehört zur Theorie der Geistesabwesenheit, die Sachlage von Fall zu Fall zu klären. Schwer dürfte es nicht sein, wenn die übrige Beschaffenheit der Objekte genügend bekannt ist. Ein Studium der Objekte ist die unerläßliche Voraussetzung für das Studium von Art und Grad der Geistesabwesenheit.

Natürliche Geistesabwesenheit nennen wir Fälle wie Dummheit, Heuchelei und Borniertheit. Pathologische Geistesabwesenheit Fälle wie Feigheit, Formlosigkeit oder Verkennung der eigenen Möglichkeiten und die Selbstüberschätzung. Natürliche Abwesenheit des Geistes währt lebenslänglich. Pathologische nicht, sie ist vielleicht heilbar – durch den Geist. Die berühmte Angst vor geistigen Dingen wie etwa die Angst vor der Mathematik oder der Philosophie oder dem abstrakten und spekulativen Denken erreicht nur selten den wenig erbaulichen Grad der Geistesabwesenheit. Vielleicht ist sie zu geringfügig und entzieht sich unserer Aufdeckung. Meist spielt in diesen Fällen sogar ein gewisser Geist seine wirksame Rolle, ein Geist im status nascendi, Geist in vitro, nicht in vivo, wie der Bakteriologe sich auszudrücken beliebt.

Es gibt Fälle, in denen man die Geistesabwesenheit, obgleich sie vorhanden ist, nicht bemerkt. Fälle der sozusagen maßvollen Geistesabwesenheit, etwas wortreich, etwas exakt, etwas aufgemacht, im Ganzen aber doch unauffällig und lautlos, geschickt, verlogen. Und es gibt Fälle, in denen selbst das kleinste Maß von Abwesenheit des Geistes ohne Schwierigkeit dem unbewaffneten Auge auffällt. Eine satirische Seite ohne Geist ist völlig unerträglich. Die Satire, der Witz bedarf des Geistes, sogar einer gewissen Fülle, um die Aufmerksamkeit zu fesseln. Und schließlich gibt es Fälle, in denen Geistesabwesenheit überhaupt nicht vorzukommen scheint. Es ist beinahe unmöglich, bei Lessing, Kant, Kierkegaard, Nietzsche oder Stendhal eine Seite der Geistesabwesenheit aufzufinden. Sie verbergen zwar gelegentlich aus Gründen polemischer Taktik, aus Gründen der Zensur oder des klareren Stils ihren Geist, und doch bleibt ein voller, warmer geistiger Akt. Denn – zuletzt ist vorhandener Geist ebenso wenig zu verbergen wie eine vorhandene Geistesabwesenheit.

Wir sehen: Geist und Geistesabwesenheit sind beides universale Phänomene. An ihrem Sein ändert sich nichts, wenn man sie deutet, wenn man einen Essay, ein Buch darüber schreibt.

# Über das Gelächter der Dummen

Daß selbst ein so alltäglicher Vorgang wie das Lachen noch die Nachdenklichkeit der Weisen und Grübler erregt, wird den philosophischen Feinschmecker keineswegs erstaunen. Denn ihm sind ohne Zweifel genug Schriften überliefert, in denen geistreich und langweilig, zustimmend und rühmend – alles dies gibt es – vom Lachen die Rede ist. Desgleichen haben einige kluge Männer, die den Fluch des Geistes auf Erden nicht scheuten und stärker waren als er, auch über die menschliche Dummheit geschrieben – wiewohl vor kurzem erst ein bedeutender Kopf bemerkte, daß genau genommen über diesen anziehenden Gegenstand bisher sehr wenig gesagt worden ist, weniger jedenfalls, als man bezüglich eines so wenig ungewöhnlichen Sachverhalts glauben möchte. Selbst der große Kant hat die passenden Worte nicht gefunden, und auch einige jüngere Geister kommen über die uralte Feststellung nicht hinaus, daß die Dummheit auf Erden – das Unsterbliche sei. Besonders augenfällig aber werden diese Vergehen unsrer Philosophen, wenn man sich genießerisch mehr und mehr vergewissert, daß noch kein Mensch Dummheit und Lachen in Gedanken zusammengebracht hat und im gänzlich geistlosen Gelächter eine besondere Weise allzu vordergründigen Weltausdrucks entdeckte. Um so erstaunlicher wiederum wirkt diese Tatsache, wenn man bedenkt, daß menschlich das Gelächter der Dummen allenthalben nachweisbar ist, zum mindesten so häufig wie der berühmte Beifall der Dummen, und niemand über ein Phänomen sich verwundert, das im Raum der Gedanken so rätselvoll erscheint. Denn wenn es etwas gibt, das noch schlimmer, noch härter, gleichsam unendlicher und dickköpfiger ist als die Dummheit – dann ist es das *Gelächter der Dummen.*

Dieses Gelächter der Dummen ist kein Symptom. Es hieße geradezu dieses Gelächter bedeutungsvoll machen, glaubte man daran, daß in seiner Tiefe etwas *Wesentliches* sich verberge. Denn dies ist ja gerade das Problem, daß dieses Gelächter überhaupt nichts bedeutet, überhaupt nichts ausdrückt, und daß der Philosoph, der sich mit ihm beschäftigt, beständig Gefahr läuft, über das nichtige Nichts nachzudenken und die geistigen Plagen ganzer Philosophengenerationen zu wiederholen. Freilich wird gerade durch diese völlige, aber laute Bedeutungslosigkeit das Gelächter der Dummen zu einem offiziellen Ärgernis; denn nicht zuletzt ist das Ärgernis eine gewisse Unmittelbarkeit zum Nichts, eine Unmittelbarkeit, die derart zur Passivität verdammt, daß es zum Wesen des Ärgers gehört, nicht das Geringste tun zu können. In diesem Ärger vor dem Gelächter der Dummheit kann man nicht sterben und nicht leben, kann man nicht weitersprechen und nicht weiterdenken. Man gerät in das Medium der Leere, das gleichsam mit dem Gelächter der Dummen sich öffnet und um sich greift – *falls* man sich darüber ärgert.

Das Gelächter der Dummen kann demnach keineswegs durch Geist aufgehoben werden, es kann nur durch etwas, das reine Natur ist, zur Vernichtung kommen. Denn es ist langweilig, bis zum Entsetzen langweilig – und bekanntlich ist Langeweile etwas so Furchtbares, daß selbst der duldsame dänische Philosoph Sören Kierkegaard gelegentlich darüber nachdenkt, ob die ungeduldigen Athener ihren Sokrates nicht deshalb töteten, weil er ihnen langweilig wurde. Verloren ist also, wer das Gelächter der Dummen als Beifall empfindet, als Beifall im Guten oder im Bösen; denn er setzt das Gelächter als Ausdruck für das pure Nichts und blickt in eine wesenlose Tiefe. Und auch der Beifall der Dummen ist selbst nur ein Gelächter, zählt nichts, wiegt nichts und ist leicht überbietbar durch ein neues *Geschwätz*. Denn Gelächter und Geschwätz haben dies gemeinsam, daß in beiden das Nichts verwirklicht werden möchte, das eine Mal in Gefühlen und das andere Mal in Begriffen, aber es ist bezeichnend für den Umfang des menschlichen Ernstes, daß es Augenblicke gibt, wo Gelächter und Geschwätz sich gegenseitig begreifen.

Verdächtigen wir mit diesen leichten Betrachtungen das Lachen? – Nein, auch wir haben mehr als einmal das Lachen heilig gesprochen, als den einzigen und vollkommenen Sieg über die Trauer, die gelegentlich das Menschliche umfängt. Und schonungsvoll haben wir uns bemüht, das Lachen zu meiden und vom

Gelächter zu sprechen. Denn durch die Vorsilbe »Ge« hat das Lachen einen Zustand des völlig Neutralen, des Abstrakten erreicht, der aber seinem eigentlichen Wesen, konkret, unmittelbar zu sein, nicht entspricht. Es gibt abstrakte Begriffe, aber keine abstrakten Gefühle, und es gibt eine Neutralität der Gedanken, aber keine Neutralität der Gefühle, und sofern Lachen aus dem Gefühl kommt, ist es notwendiger *Ausdruck des Urteils* und nicht der Neutralität, Ausdruck des Konkreten und nicht des Abstrakten. Gerade diese Zeichen der Neutralität und des Abstrakten beim Gelächter weisen darauf hin, daß es ohne Bedingung, ohne Grund kommt – also aus einem Zustand der Leere. Daher ist das Lachen etwas Köstliches, weil es Gründe besitzt, aus denen es ausbricht, während das Gelächter der Dummen die Tendenz hat, mit unheimlicher Präzision immer wiederzukehren, aber doch grundlos zu sein in dieser Wiederkehr. – In dieser ewigen Wiederkehr besteht die Langeweile des Gelächters der Dummen, und gäbe es eine theologische Überlegung, die sich im Stil der alten Theodizee mit der Frage beschäftigte, ob Gott und die Welt vollkommen sein können, wenn es das Gelächter der Dummen gibt, so müßte sie wohl ohne Schwierigkeit zu der These gelangen, daß es in dieser Welt Endlichkeit geben müsse, weil das Gelächter der Dummen sonst eine Unsterblichkeit besäße, die sich im Laufe der Zeiten wohl zum Wesen der Welt auswüchse.

Aber – so wird man sagen – kann man denn das Gelächter der Dummen vom Lachen der Klugen unterscheiden? – Empfängt das Lachen nicht allenthalben seine Bestimmung von unten, von der Erde, vom Leib, vom Leben her, und bleibt der Geist dabei nicht wesentlich aus dem Spiel? Hebt nicht der das Lachen auf, der in ihm den Geist will? Lache geistreich! Lache dumm! Sind das nicht unvereinbare Bestimmungen eines gewissen moralisierenden Zeitalters, über das wir uns hinausdünken? Der Geist im Lachen ist der Ausdruck *innerer Geselligkeit von Gedanke und Leben.* Der laute Widerspruch zwischen der Kraft von oben und der Kraft von unten ist sanft geborgen, und das Heitere ist das stille Zeichen dieser *Geborgenheit.* Der Geist ist aus der Ferne heimgekehrt zum Leben, geht zurück aus aller ahnungsvollen Transzendenz in das Leibhaftige, ist wieder zu Hause und singt, gemächlich an die Tür des Lebens angelehnt, ein Lied. Denn ohne

Zweifel ist das Lachen der Geister ein Gesang, ein weißer, aufsteigender Rauch aus der schmalen Tiefe zwischen Geist und Vitalität, darin der Genius sein Feuer schürt. Das Nächtliche des Daseins ist verabschiedet, der Geist ist nicht mehr fremd, und die Natur ist nicht mehr furchtbar; der Geist bringt nicht mehr die Angst und die Natur nicht mehr die Schwere. Der *lachende Geist* ist Geist, der segnend zum Himmel aufsteigt und irgendwo den leichtern Wesen verkündigt, daß auch die schwersten Gedanken über das Menschliche zuweilen ihrer Materie sich entwinden können und leicht und schlank werden.

Dumpf hingegen wie ein belangloses Schweigen, schwerfällig wie ein ungefügtes Stück Holz ist das Gelächter der Dummen. Der Geist erstarb darin, und er erstirbt immer, wo dieses Gelächter ertönt. Denn der Geist fürchtet die Langeweile, die dieses Gelächter mitführt. Er liebt die Ruhe, die mit festen Schritten kommt, aber er flieht das Langweilige, das sich so heimlich betut. Denn die Ruhe ist fruchtbar, aber die Langeweile ist tödlich. Im Lachen des Geistes hat der Geist kein Heimweh; er ruht sich auf der Erde aus wie ein niedergestiegener fröhlicher Gott, aber im Gelächter des Dummen begreift man auf einmal, wie *furchtbar die Abwesenheit des Geistes von der Erde ist.* So hat das Lachen des Geistes seine Sendung, und so hat auch das Gelächter der Dummen seine Sendung, diesen Geist immer wieder zu verheißen, den Geist immer zu suchen und die lautlose Vereinbarkeit zwischen den uralten Mächten des Seins. Verhalten wir uns daher ein wenig versöhnlich zum Gelächter der Dummen. Es lehrt uns, zu hoffen, vieles zu *hoffen* – zu hoffen, daß es noch einmal Menschen geben wird, die aus Ärgernis über dieses Gelächter den Geist beschwören helfen, der jenes in seiner großmütigen Heiterkeit nicht mehr ernst nimmt.

# Über den Trost

Es gibt ein Gespräch, das vollendet nur nächtlich geführt werden kann: das Gespräch des Trostes. Denn der Trost ist eine Gebärde der Rede, des Blickes, der Hände oder des Schweigens, die keiner Umgebung mehr bedarf. Der Zustand der Innerlichkeit, der hier zu einer wirkenden Größe wird, ist so leicht verletzlich, daß selbst das Geringste stört.

Zum Trost gehören zwei. Sie mögen nun schweigen oder reden, sie mögen einander gegenübersitzen oder gemeinsam einen Weg gehen und über die Welt hinwegschauen; der Trost kommt in einem ganz bestimmten, zwar erwarteten, aber nicht angebbaren Augenblick innerer Geselligkeit, währenddem eine winzige Bewegung in die Seele gerät, die, beladen mit Erinnerungen, den Wagen der Hoffnungslosigkeit einen neuen Hügel hinaufzieht. Im Trost vollzieht sich das Merkwürdige, daß neben dem Zwiegespräch ein Selbstgespräch einherläuft. Denn das Zwiegespräch verwirklicht, wenn es sein tiefstes Eindringen erreicht hat, langsam und beständig im Trostlosen ein unbemerktes Selbstgespräch, das in der Stille sich entfaltet. Ohne Zweifel ist nämlich die Stille, die Möglichkeit innerer Stille, das Medium jenes Selbstgespräches der Überwindung, das wir Trost nennen. Mit der tieferen Stille kommt das tiefere Selbstgespräch und mit ihm der unverletzliche Trost, jene Mischung aus Klarheit und Hoffnungslosigkeit, aus Entschluß und Hingabe, die uns so sehr berührt und die uns wie die einzige wohltuende Verhärtung der empfänglichen Seele anmutet.

So ist es also verständlich, wenn wir den Trost eine Dialektik der Empfindsamkeit nennen, die das Ziel hat, zwischen Verzweiflung und Gewißheit Waffenstillstand zu schließen. Der Getröstete befindet sich plötzlich in einer Hellsichtigkeit, deren Ursprung unsichtbar bleibt. Er gerät gleichsam in einen logischen Zustand des Herzens, und gerade hier wird man deutlich gewahr, wie sehr Pascal recht hatte, als er von der Vernunft des Herzens sprach. Der Trost ist eine Kategorie dieser scheinbar paradoxen Vernunft. Aber für den Trost gilt, obwohl er von einer geheimen Logik, einer geheimen Überzeugungskunst unablässig Gebrauch macht, keine Regel, kein Kanon. Wenn etwas aus der Situation kommt, dann ist es der Trost.

Es ist falsch und zeigt eine niedere Gesinnung gegenüber einem solchen Phänomen menschlicher Geselligkeit, wenn man im Trost die unschuldige Form der Bestechlichkeit unseres Herzens und unserer Erinnerung sieht. Wir leugnen ja nichts, wenn wir getröstet sind, alles Furchtbare bleibt ja bestehen, es wird auch nicht idealisiert, es wird nur seiner Plötzlichkeit beraubt, es wird gleichsam gedehnt, durchsichtig, klar und so einem chaotischen Zeitmaß enthoben.

Der Trost ist eine geistige Arbeit mit allen Zeichen des Sinnes der geistigen Arbeit: er erhebt uns, er macht uns wesentlicher, einsichtiger, er bildet uns und gewährt eine Verfeinerung des Empfindens und Denkens, kurz, er macht uns menschlicher, indem er uns zwingt, ein guter Nachbar des Furchtbaren zu werden. Und dies, so meine ich, bedeutet doch eigentlich das höchste Zeichen unserer menschlichen Einsicht und geistigen Bildung. Die Methode ist dabei weniger rhetorisch als vielmehr überzeugend. Der vollendete Trost ist geradezu vom Charakter des Beweises. Er löst auf, er zieht Schlüsse, und der Entschluß ist der Kern des Trostes, ein neuer Wille aus der alten Düsternis. Und nun verstummt der Dialog; höchstens, daß noch der Getröstete auf eine kleine Weile zarte, trostlose Fäden über die Einsicht hinweg spinnt, sein Selbstgespräch einsam fortsetzend, räsonierend über das Furchtbare, aber ein solches Räsonieren fügt ja den Schmerz wie ein Fenster in diese Welt ein und läßt ihr unstoffliches Panorama überblicken mit dem Gewinn der Gewißheit, welche Leibniz so sehr erregte, daß wir nämlich tatsächlich in der besten aller möglichen Welten leben.

Noch eins ist zu sagen: Während die Verzweiflung letztlich sich in einem tiefsten Augenblick erschöpft und den Grad unübersteigbarer Fragilität gewinnt, besteht der Trost vollendet nur in der Dauer. Der Getröstete ist wie der Begnadete in das Medium einer Langmut getaucht, er spürt, wie er die Langmut stetig erfährt. Er ist von einem Dach der Welt, darüber hinaus nichts mehr möglich ist, herabgestiegen und in das Tal des Daseins zurückgekehrt, wo die Wärme herrscht. Er ist angeschmiegt an die Welt; Grausamkeit und Fragwürdigkeit haben ihn nicht abfallen lassen, er ist ihnen ein harter Nachbar geworden. Die Klarheit, die er gewonnen, ist jene Form der Großmütigkeit des Erkennens, die wir dem Furchtbaren zukommen lassen müssen, um es zu glätten.

# Über die schmerzliche Erfahrung

22. 2. 39

In der Nachbarschaft des Furchtbaren begreift man manches, was früher ewig dunkel schien, und hört man auf zu verstehen, was einst selbstverständlich und klar war. Alle Verhältnisse haben sich verändert; die Schatten sind heller geworden und die Lichter dunkler. Denn die Wirkung des Furchtbaren ist selbst nicht mehr furchtbar, sondern glättend, und so gehört zu ihrer Gebärde auch der versöhnliche Zug. Es stimmt milder und nähert einer gewissen Gleichgültigkeit gegenüber den Rissen des Daseins, ohne dabei die Empfänglichkeit zu verletzen. Immer findet sich mitten in der schmerzlichen Erfahrung eine winzige Insel, auf der man ausruhen kann, auf der man ruhig wird durch den Gedanken, daß die Dinge zuletzt doch noch eine Ordnung offenbaren, wenn sie auch wesentlich unsere Hoffnungen übersteigt. Auf dieser Insel der Stille wird uns jene kleine Spanne Zeit geschenkt, deren man bedarf, um aus der Verlorenheit des Geistes in die Unmittelbarkeit und Selbstgewißheit des Daseins wieder zurückkehren zu können. Das ist die Güte des Daseins und die Großmütigkeit der Zeit, die beide dem menschlichen Elend väterlich gesonnen sind.

Jede schmerzliche Erfahrung, in der das Furchtbare so gern in den Zustand der Allgemeinheit transponiert wird, weil das Allgemeine zunächst immer tröstlicher ist als das Einzelne, bringt auf der unruhigen Ebene des Lebendigen den Gegensatz zwischen Einzigkeit und Allgemeinheit zum Ausdruck. Denn diesen Gegensatz gibt es nicht nur im Raum des Gedanklichen. Der Schmerz und die Freude sind Universalien des Lebens, die in der schmerzlichen Erfahrung zu Besonderheiten werden. Solange die Reflexion über den Schmerz besteht, bleibt der Widerstreit zwischen Allgemeinheit und Besonderheit. Die Reflexion ist beendet, wenn erkannt ist, daß die schmerzliche Erfahrung keine Besonderheit darstellt, und der Schmerz ist beendet, wenn die schmerzliche Reflexion verstummt ist. Die Unmittelbarkeit des Schmerzes zum Einzelnen offenbart dann seine Allgemeinheit, und das Vertrauen auf das Trostlose besteht darin, daß es wirklich ins Allgemeine transponiert werden kann.

Nicht alle Erfahrungen bereichern. Es gibt Erfahrungen, die ärmer machen. Dazu gehört die schmerzliche Erfahrung. Aber man kann ihr nicht entgehen. Die Unumgänglichkeit gehört zu ihrem Charakter. Und was uns derart, wie die tiefe schmerzliche Erfahrung, eine Unumgänglichkeit vorwirft, das spottet unseren vermeintlichen Freiheiten, versucht unsere Daseinslust, ob sie auch Kraft genug besitzt, sich aus den Abgründen wieder emporzuschwingen, versucht unsere Liebe, ob sie nicht plötzlich und launisch in eine Verachtung umschlagen will, versucht unsere Einsicht, ob sie verständig genug ist, auch das Verschweigen einer Absicht entgegenzunehmen, und versucht selbst unseren Wahnsinn, ob er begnadet genug ist zum Spiel und zur Schöpfung, oder ob er zerstörerisch sein will.

Aller Schmerz ist Schmerz beim Abschied. Jeder Abschied gibt die Erfahrung, daß das Körperliche, an das man gewöhnt scheint, bedeutungsvoll ist wie etwas Seltenes. So entsteht das Paradoxe, daß man erst durch den Abschied noch einmal im vollen Umfang gewahr wird, was Körperliches ist: daß es Schwere, Sichtbarkeit und – Grenzen besitzt. Denn was keine Grenze hat, kann nicht entschwinden, weder im Raume noch in der Zeit, und daher ist die Erfahrung der Grenze das Wesentliche jeder schmerzlichen Erfahrung. An den Grenzen muß man umkehren, an den Grenzen muß man den Mut zur Überschreitung aufbringen, an den Grenzen muß man die Opfer bringen, an den Grenzen wird man selbst einmal vergehen, den Ruhm erbitten oder die ewige Verdammnis der Vergessenheit unerwartet und abgewandt hinnehmen, wenn es keine Möglichkeit mehr gibt, sich im Geiste oder im Körper zu überliefern. Jedoch, vergessen wir es nicht, die Grenzen sind die Ursprünge jeder Art von Überlieferung.

Zuerst ist der Schmerz Wahnsinn, dann ist er Reflexion, und zuletzt ist er tiefe Erinnerung. Aus diesen drei Stadien setzt sich jede schmerzliche Erfahrung zusammen. Der Wahnsinn ist Entäußerung, die Reflexion ist die Wiedergewinnung seiner selbst und die Erinnerung ist die Verinnerlichung der Wirklichkeit, die einmal leibhaftig war. Die Erinnerung selbst hat wieder drei Stadien, das der Flucht in die Vergangenheit, das der Beharrung in einer bestimmten Gegenwärtigkeit, und endlich tritt in jeder Erinnerung der Augenblick ein, wo der rückwärtsschauende Gedanke plötzlich in die Zukunft blickt und ihr üppiges Tor aufstößt. Der Schmerz, der nur die Vergangenheit wieder heranschwemmt, führt zur Verzweiflung; der Schmerz, der nur eine Gegenwart bewahren will, ist eifersüchtig; aber der Schmerz, der durch die Erinnerung die Zukunft öffnet, ist sittlich. Niemand jedoch wird sich weigern können, alle drei Stadien der schmerzlichen Erfahrung zu durchlaufen; selbst der Schmerz ist noch ein Weg, der Gute und Böse, Schöne und Häßliche, Starke und Schwache, Reife und Unreife trennt: und so muß ein jeder auch alle Stadien der Erinnerung durchlaufen von der Qual bis zur Kraft, und die schmerzliche Erfahrung entsprang einem versöhnlichen Abschied, deren Erinnerung eine Kraft geworden ist.

Die Fähigkeit des Zornes gehört zu den Voraussetzungen der schmerzlichen Erfahrung. Denn der Schmerz ist ein Zorn, der keinen Gegenstand besitzt. Auch die Fähigkeit zur Liebe gehört zu den Voraussetzungen der schmerzlichen Erfahrung, denn sie ist eine Liebe, von der die Realität abgefallen ist und der es nun schwerfällt, in der Irrealität weiterzubestehen, weil sie eine Liebe ist, die beansprucht.

Der Schmerz hat seine Stätte nicht nur im Gefühl, sondern auch im Denken. Im Raume des Lebens wird der Schmerz ein Gefühl, im Raume des Geistes wird er ein Gedanke. Und wir leiden tiefer an Gedanken als an Gefühlen, weil der Gedanke noch feiner und noch tiefer unterscheidet als das Gefühl, das alles noch in einem stillen Dunkel beläßt und auf diese Weise versöhnlich macht. Daher kann das Gefühl leichter verstummen als der Gedanke, ja, während das Gefühl wesenhaft sterblich ist, steht der Gedanke immer leicht unter dem Zeichen unendlicher Fortsetzung. Zuerst hört also der Schmerz im Gefühl auf, aber es gibt schmerzliche Erfahrungen, die wie eine irdische Ewigkeit weiterbestehen und endlich zu einem Plagegeist vergessenen Ursprungs werden, der immer wieder wie eine große Laune durch die Gedanken weht.

Der Schmerz ist ein Zuchtmeister, der nicht nur das Fühlen, sondern auch das Denken züchtigt. Er stellt das Wort auf die

Probe, ob es vermag, außerhalb des Schreies, außerhalb der Verzweiflung zu bleiben. Denn das Wort kann den Schrei nicht bewohnen. Es ertrinkt hier. Im Gefühl bewirkt die schmerzliche Erfahrung die Tiefe; durch den Schmerz erreicht das Gefühl jene Tiefe, die zu erreichen ihm möglich ist. Und nur durch einen gewissen Grad von Tiefe werden Gefühle zu Wahrheiten. Im Gefühl züchtigt also der Schmerz das Leben, erzieht er es zur höheren Empfänglichkeit, aber im Denken züchtigt er den Geist und sorgt, daß das Wort nicht in der Stimmung verschwimme und der Gedanke nicht im Gefühl verwehe. Sowohl im Gefühl als auch im Gedanken gibt der Schmerz einen hohen Grad von Klarheit und Reinheit; er sorgt, daß alles bei sich selbst bleibe, nicht trübe werde, sondern in den wohlgesetzten Kategorien verharre. Denn alles bedarf der Kategorien. Nichts kann aus der Kategorie seines Seins heraustreten. Ordnung ist, Kategorien zu bewahren; Niveau ist, Kategorien zu repräsentieren, und Aufgabe des Philosophen ist es, über die ewige Reinheit der Kategorien zu wachen.

# Descartes und die Folgen

## Ein aktueller Traktat

*Ihr Hauptmerkmal ist, daß sie alles hassen, was noch nicht lange besteht. Sie verbringen ihre Tage damit, neue Titel und neuen Reichtum und neue Ideen herabzusetzen.*

*Und dabei war der Bibeltext »Und Gott ist die Liebe« um die Mündung einer Kanone geklebt.*

# Vorwort

Auf der Suche nach dem Großgesinnten, den Aristoteles beschrieben hat, wird man sich in Geduld üben müssen, wenn man ihn bei uns anzutreffen hofft. Denn was zu seinen unersetzbaren Voraussetzungen gehört, die Freiheit des Denkens, wird offensichtlich noch immer oder schon wieder beargwöhnt, und die Verdächtigungen sind gerade dort am lautesten, wo man so tut, als handele es sich um eine Schwierigkeit, die nur in den verwirrten Köpfen einiger Intellektueller bestehe.

Natürlich gibt es immer Menschen, für die jene Probleme, von denen hier gesprochen werden soll, nicht vorhanden sind. Diese Menschen sind in der Mehrzahl. Indessen entscheidet hier keine Mehrzahl. Man übersieht am leichtesten, was man nicht entbehrt, und man entbehrt nicht, was man nicht benötigt. Aber die Bescheidenheit in einer Trägheit – das Signum des neuen deutschen Konformismus, der attackiert werden wird, indem man seine Physiognomik darstellt –, die anderen das Denken, das Urteil, die Erfahrung überläßt, hat ja gerade das erzeugt, was wir die geistige Ausbeutung – das Liebesspiel der Mächte, die von jenem Konformismus leben – nennen: den Verkauf der eignen Überzeugungen zugunsten von Institutionen, die sich durch ihre Liquidation ernähren; die Preisgabe der Urteilskraft zugunsten einer öffentlichen Meinung, die keine Variation gestattet, weil es den liberalen Wohlstand gefährdet; die bedenkenlose Zustimmung zu Konventionen, Kompromissen und Resolutionen, die ausgenützt werden, um effektive Verhängnisse zu decken und ihre Bezahlung anderen zu überlassen. Man kennt die Fälle, weiß die Namen. Ich sage nichts Neues.

Die Freiheit des Denkens hat Art und Grad. Zwei Formen treten deutlich hervor. Zunächst die Freiheit des Denkens in dem Sinne, daß keine äußere Macht, keine ideologisierende Partei, kein politischer Apparat die freie Bildung einer Meinung, eines Urteils beeinträchtigt und seine Publikation unmöglich macht; und dann die Freiheit des Denkens in dem Sinne, daß man in seiner Meinung, in seinem Urteil sich nicht von selbst bedenkenlos einer herrschenden Konvention, einem gedankenlos übernommenen Vorurteil, einer verdorrten Ideologie, einer leer gewordenen Konfession überläßt. Die Freiheit des Denkens bedeutet also die Freiheit zu einem Urteil, einer Meinung, einer Entscheidung, denen Überlegung und Erfahrung vorangehen und die weder einem unangemessenen Druck von außen noch einem unangemessenen Druck von innen unterliegen und mindestens im Prinzip im Medium der Intelligenz, der Rationalität entstanden sind.

Es ist bekannt, wie oft diese Art der Freiheit beschrieben und in Traktaten verteidigt worden ist. Von Collins' *Discours über die Freiheit des Denkens*[1] bis zu Kants *Was ist Aufklärung?*[2], von Thoreaus *Civil Disobedience*[3] bis zu Gionos *Précisions*[4] geht uns ihre Definition noch an. Denn es ist ja bekannt, wie sehr man in dieser Epoche und in diesem Europa immer wieder einmal bereit ist, diese unwiderleglichen Stimmen durch ein Geschrei der Böotier, durch eine imperiale Ausbeutung, durch eine klerikale Anmaßung, kurz: durch einen Marschtritt zu übertönen. Gedankenlosigkeit ist auch eine Bescheidenheit der Wollust, und Dummheit währt lebenslänglich, besonders in den Breiten der Restauration.

Man spielt auf die deutschen Verhältnisse an, wenn man die beiden Fälle der Unfreiheit des Denkens, die interne und die externe, im Bilde kommunizierender Röhren sieht. Die äußere Freiheit des Denkens, die in Westdeutschland – wenigstens im Prinzip – nach 1945 wieder gewonnen worden ist, wird seither offensichtlich durch einen Übereifer physischer und metaphysischer Pilger, die sich den billigsten Dogmen überlassen, wenn sie nur dem allgemeinen Konformismus dienen, von innen her ausgeglichen und rückgängig gemacht. Äußere Freiheit – bedeutet das hierzulande nicht die Reise nach dem Süden, also den Weg nach Rom, wo die Schwierigkeiten mit dem Denken aufhören, weil die Gedanken aufhören? – »Die Begegnung mit Christus, die mir in diesem Jahre geschenkt wurde…« – das ist nun der Anfang aller Vorworte, der Refrain der Wissenschaft, die den

Lehrstuhl garantiert. Die Wehklage über den *Verlust der Mitte*[5] unter den Dichtern und Philosophen, Schriftstellern und Gelehrten, die Sehnsucht nach Korporation unter den jungen Menschen, der Konformismus der Zeitschriften und der Alten Herren, so daß man rechts und links schon nicht mehr deutlich unterscheiden kann, verraten, wie schwer den Deutschen eine Freiheit des Denkens und des Urteils fällt. Und da setzt sich Czesław Miłosz[6] hin und schreibt ein Buch über *Verführtes Denken*, eingeleitet von Karl Jaspers, und demonstriert in glänzender Analyse den Zerfall des Selbstbewußtseins, des Denkens, der inneren Freiheit, die Descartes in den *Meditationen*[7] beschrieben hat, jenseits der Werra: in Polen, in Rußland. Er spricht von »Ketman« – der Kunst, seine wahre Überzeugung, sein höchsteigenes Urteil zu verbergen –, aber wird diese Kunst diesseits der Werra nicht auch schon wieder am Platze sein müssen? – Der beständige Hinweis auf die Destruktion der Geistesfreiheit durch den bekannten Druck von außen macht natürlich in gewisser Weise unempfindlich für ihre Destruktion von innen her. Die Reflexion der Erkenntnis folgt der Erkenntnis nach. In diesen Dingen müßten wir das Stadium der Reflexion erreicht haben.

Es ist für mich nie eine Neuigkeit gewesen, daß diese Welt nicht die beste der möglichen ist. Ich meine, diese Auffassung kennzeichne den relativen Optimisten, also einen Menschen, dessen Temperament und Intelligenz es nicht zulassen, allen menschlichen Aktionen prinzipiell zu mißtrauen und für das *Fortschreiten*, von dem wohl zuerst Pascal – in der Vorrede zum *Fragment über den leeren Raum*[8] – gesprochen hat, die Quintessenz menschlicher Veränderungen ausmacht.

Ich schreibe hier also als relativer Optimist, der Europa sieht, sofern er Menschen sieht, für die unsere Welt nur unter dem Gesichtspunkt der Intelligenz und ihrer Freiheit, des Geistes und seiner Unabhängigkeit von Interesse sein kann. Dieses Europa der Maler und Schriftsteller, der Philosophen und Ingenieure, der Wissenschaftler und Ärzte existiert als ein ungeheures Laboratorium für Ideen und Methoden, als eine Werkstatt für Begriffe und Worte, Stile, Werte und Idole, die ohne Rücksicht auf ihren Sinn oder ihre Verwendung hervorgebracht wurden. Sie betrafen unser intimes und unser geselliges Dasein, führten und störten unser vitales und geistiges Leben, veränderten und erfüllten unsere

Vergnügen wie unsere Leiden, aber sie haben uns fast niemals von unseren existentiellen Schwierigkeiten befreit – das gehörte sozusagen nicht in ihren Plan.

Aber zu diesem Europa, das pausenlos Ideen, Methoden, Erkenntnisse und Werke hervorbrachte und sammelte und registrierte und das die intelligible Welt im Grunde als die subtilste und universalste Form des Luxus verstand, ist nun seit längerem ein anderes getreten, ein Europa, dessen geistiges Gesicht nicht mehr erfaßt wird, wenn man von seinen Schöpfungen spricht. Europa ist aus dem *Stadium der Schöpfung* in das *Stadium der Anwendung* getreten; das große Laboratorium für Ideen und Werke hat angefangen, sich in ein Modell, in ein Versuchsfeld zu verwandeln, die es gestatten, die alten Ideen, Pläne, Geschöpfe, Visionen, Verfahren vital und geistig zu erproben und zum Gegenstand der Messung, des Urteils, des Dekrets zu machen.

Diese Diagnose resultiert nicht aus einer festgestellten Schwäche im Schöpferischen, aus einer nachlassenden Spannung zum Geist. Es handelt sich vielmehr darum, verständlich zu machen, daß für die Höhe, Reinheit und Freiheit des Geistes *nicht mehr das Prinzip der Schöpfung*, sondern *das Prinzip der Anwendung* entscheidend geworden ist, und darum, diese Erfahrung in ein Postulat zu verwandeln.

Die Gründe hierfür sind offensichtlich. Europa und große Teile der übrigen Welt beginnen, sich zu technischen Welten abzuschließen, in Zivilisationen zu verwandeln, die automatisch funktionieren. Es gehört aber zum Begriff solcher Sphären, daß sie auf existentielle und soziale Schwierigkeiten, kurz auf Aporien der Kommunikation im äußeren und inneren Sinne, wenn diese eine gewisse Grenze überschreiten, äußerst empfindlich und im Ganzen, also global reagieren. Das bedeutet, daß gewisse Phänomene, deren Idee Universalität zukommt, die Möglichkeit besitzen, diese theoretische Allgemeinheit praktisch als totalitäres Ereignis zu demonstrieren. Ich darf mich so abstrakt ausdrücken. Jedermann weiß, daß ich von den Fällen des kollektiven Todes und der totalen Vernichtung gesprochen habe.

Diese prekäre Lage macht es erforderlich, die technische Welt, die ihr Dasein den Schöpfungen Europas verdankt, mehr als jede andere geistig in der Hand zu halten. Man kann nur geistig in der Hand halten, was man übersieht. Dazu bedarf es aber einer

Rationalität, die feiner, reicher, gelenkiger und tiefer ist als die, aus der jene Schöpfungen hervorgehen. Diese Rationalität größerer Reichweite und Subtilität könnte nur ein Inbegriff regulativer Ideen sein – wie sich Kant wohl ausdrücken würde – und sie beträfen sowohl die Logik als auch die Erfahrung, sowohl den Aspekt der Schöpfung als auch den Aspekt der Anwendung. Denn es gehört zum Wesen solcher regulativer Ideen, daß sie Praxis und Theorie unserer Intelligenz definieren, einer Intelligenz demnach, die sich sowohl auf Existenz – des Menschen in der Welt – als auch auf Rationalität – der Gedanken dieser Existenz – zu beziehen hätte. Um diese erweiterte Rationalität gegen den klassischen Rationalismus abzugrenzen, werden wir von existentieller Rationalität und von existentiellem Rationalismus sprechen.

Innerhalb dieser Geisteshaltung übernimmt die Philosophie mehr denn je die Rolle der Kritik, und zwar der Wissenschaften wie auch der existentiellen Lagen, also des gesamten zivilisatorischen Prozesses. Dieser Tatbestand bringt mich auf einen Punkt, der mit den hier vorgebrachten summarischen Überlegungen in einem direkten Zusammenhang steht. Auch die Situation der Bildung und Ausbildung wirkt in unserer gegenwärtigen technischen Welt, in der aller Glanz des Geistes auf der Anwendung, nicht auf der Schöpfung liegt, ohne Zweifel höchst prekär. Auf der einen Seite die Humanisten mit ihrem ästhetischen Bildungsbegriff der Freiheit, aufgebaut auf den besten und schönsten Traditionen Europas von der Antike bis zur Gegenwart, Literatur, Kunst, Theologie, Geschichte, kurz, die Geisteswissenschaften gehören ihm an; auf der anderen Seite die Techniker mit ihrem funktionellen Bildungsbegriff der Notwendigkeit, aufgebaut auf industriellen, wirtschaftlichen, soziologischen und politischen Erwägungen und Forderungen des Tages, gespeist von der exakten Naturwissenschaft und Mathematik, mehr und mehr pointiert durch bestimmte Fächer der Anwendung, Hochbau und Tiefbau, Metallkunde, Hochfrequenztechnik, Statik, Förderlehre, Brückenbau, Gesundheitstechnik, Luftfahrt, Kybernetik usw. Dort den Bildungsbegriff der Universalität, hier den Bildungsbegriff der Spezialität; dort die ästhetische Rechtfertigung des Seins mit der Pflanzstätte der Universität, hier die technische Umgestaltung der Welt mit dem Quellpunkt der technischen

Hochschule und des industriellen Labors. Natürlich handelt es sich hier um die Charakteristik idealer Fälle, aber sie bieten den Vorteil der besseren Übersicht über gewisse Folgen. Die Schwierigkeiten jener Differenz beginnen nämlich damit, daß der klassische humanistische Bildungsbegriff zwar den Anspruch der Universalität erhebt, aber dennoch zunächst ohne Bedeutung für den technisch-industriellen Weltzustand bleibt, dem es um die Anwendungen geht, und daß der moderne funktionelle Bildungsbegriff, der das Prinzip der Spezialisierung vertreten muß, zwar industriell Erfolg hat, aber ohne allgemeine geistige Bedeutung für die reine Schöpfung ist. Nun hat sich aber gezeigt, daß gerade in unserer Welt Entscheidungen gefällt werden müssen, die zwar eine nicht-technologische Situation, eine moralische, ästhetische, gesellschaftliche oder politische Frage betreffen, aber sogleich auch eine technologische Ursache und Wirkung verraten. Je vollkommener der technische Zustand unserer Zivilisation wird, desto stärker macht sich der technologische Charakter gewisser Entscheidungen über das individuelle oder gesellschaftliche Leben innerhalb der Zivilisation bemerkbar und in desto größerem Maße hängen jene Entscheidungen von Überlegungen und Einsichten ab, die man nur im Rahmen klassischer humanistischer Bildung bewältigen kann.

Es scheint mir notwendig, Umfang und Inhalt einer Rationalität zu bestimmen, die sowohl dem Grad unseres Selbstbewußtseins als auch dem Grad unserer technischen Perfektion angemessen ist. Angemessenheit bedeutet dabei, daß es sich um eine Rationalität handelt, die nicht nur Technik erzeugt, sondern Technik beherrscht, erzeugt im Rahmen der physikalischen Prinzipien, die aufgedeckt werden und beherrscht in der Freiheit des Selbstbewußtseins, das sich für diese Art von Zivilisation Schritt für Schritt entschieden hat und noch weiterhin entscheiden muß. Diese neue Rationalität, die also Mechanik und Existenz umgreift, wird für eine synthetische Art der Bildung eintreten müssen, für einen *synthetischen Bildungsbegriff*, in dem der klassisch-humanistische der Universalität und der moderne technologische des Spezialismus zusammenfließen.

Es ist nicht überflüssig, auf diese Zusammenhänge hinzuweisen. Das Zurückbleiben der ethischen Gesinnungen, die das individuelle und gesellschaftliche Leben betreffen, hinter der Subtilität unserer abstrakten Denkbewegungen in Wissenschaft und Kunst einerseits und hinter den technischen Möglichkeiten unserer Zivilisation andererseits, ist auffällig und hängt ohne Zweifel mit der Scheidewand zusammen, die zwischen den gekennzeichneten Bildungsbegriffen, zwischen technologisch-naturwissenschaftlichen Disziplinen und geisteswissenschaftlich-künstlerischen Fächern aufgerichtet worden ist. Nicht nur die Ministerien, von der Erziehung bis zum Etat, haben das verschuldet oder begünstigt. Die Vertreter der geistigen Provinzen selbst haben diese Lage hervorgerufen. Das bestehende existentielle und intellektuelle Mißtrauen zwischen dem Techniker und dem Gelehrten, dem Ingenieur und dem Künstler, zwischen den technischen Hochschulen und den Universitäten charakterisiert eine Lage, die durch den Mangel an synthetischer Rationalität definiert ist. Der Germanist, Mitglied exklusiver akademischer Gesellschaften von Rom bis Uppsala, hält Hochfrequenztechnik für eine selbstverständliche, aber bösartige Konsequenz aus dem alten archimedischen Hebel, denn er hat ja nie etwas von der Form und der Genesis der maxwellschen Gleichungen als Ausdruck einer langen abendländischen Geistestradition gehört, vermag also das schöpferische Zwischenglied in dieser Sphäre nicht zu erkennen, und der Kollege von nebenan, der Spezialist für technische Wärmelehre und Dampfmaschinen, sieht sich doch außer Stande, den Unterschied zwischen Restauration und Fortschritt, wenn es sich nicht um ein Patent handelt, zu erfassen und stimmt bedenkenlos für die Abhängung Picassos, aber für die Wiederherstellung der Satisfaktion.

Es wird hier nicht zum ersten Male die Feststellung getroffen, daß sich vielerorts heute Techniker auf den Bänken der Reaktion aller Art herumdrücken, indessen eine windschiefe Literaturkritik den Geist einer vorgeblichen Dichtung nicht zu entlarven weiß, die ihre Leser lehrte, »Sand in die Maschinen zu werfen«. Die Verschiedenartigkeit des Geistes ist etwas Wesentliches, aber sie muß sich wenigstens auf dem gleichen Niveau offenbaren. Wenn aber die Inkommensurabilität zwischen den metaphysischen Bedürfnissen und den technischen Erfordernissen einer Zeit und einer Zivilisation ein bestimmtes Maß übersteigt, dann treten zwangsläufig vitale und intellektuelle, soziale und existentielle Schwierigkeiten auf, die echte Gefahren darstellen, Belastungen mit einer Finsternis, die unsere intelligible Welt einer beinah tödlichen Dispersion unterwirft. Und nirgendwo kristallisieren sich die Zeichen dieser neuen Finsternis so deutlich heraus wie in der allgemeinen, öffentlichen Information, die nicht selten ganz bewußt an der Hispanisierung der besten Köpfe arbeitet.

An einem einzigen Tage, am 28. Oktober 1953, brachte eine angesehene Tageszeitung in einer einzigen Ausgabe folgende Nachrichten:

»Vatikanstadt, 28. Oktober (AP). Die Ritenkongregation des Vatikans hat am Dienstag zwei Wunder, die dem seligen Papst Pius X. zugeschrieben werden, als solche anerkannt.« Etwas weiter: »Castelgandolfo (up). Papst Pius XII. verlieh heute morgen in einer einfachen Feier fünf Kardinälen den großen, breitkrempigen, mit Troddeln reich besetzten roten Hut, den Galero, und den goldenen Kardinalsring. Ferner nahm er die Zeremonie der ›Mundöffnung und Mundschließung‹ vor und sprach dabei die vorgeschriebenen Worte.« Endlich (»Technik und Wissen«): »Es kann jetzt als gesicherte Tatsache der Kybernetik gelten, daß ein Schalter, ein Relais, eine Elektronenröhre oder ein Gleichrichter derselben Grundfunktion fähig sind, die wir Menschen mit unseren Nervenzellen ausführen.«

Ich enthalte mich eines ausführlichen Kommentars dieser Informationen. Ich hebe nur hervor, daß die *Remythologisierung unseres Geistes*, die von gewisser Seite ohne Unterlaß vorangetrieben wird, nicht dazu beiträgt, die technische Zivilisation so vernünftig, so rational für Vitalität und Intellekt zu gestalten, wie es im Interesse unseres Daseins notwendig wäre. Jede Restauration verdunkelt, aber erhellt nicht die Seinslage menschlicher Existenz. Aber gerade innerhalb einer technischen Welt rächt sich jede Finsternis durch eine Beschädigung der Vitalität und der Intelligenz, während im Gefüge mythologischer Welten das verdunkelte Sein eine Chance für die Träume bedeutet.

Der eingeleitete Zerfall der intelligiblen Sphäre unserer technischen Welt mit Hilfe einer Mythologisierung der metaphysischen Lage des Menschen hat gerade jene Regression ethischer und ästhetischer Wahrnehmung zur Folge, mit deren Erinnerung die Restauration beständig ihren Verdacht anmeldet. In Wahrheit bedarf es also einer *generalisierten Résistance* geistiger, rationaler Art, um die Auseinanderflucht der wesentlichen Elemente unserer adäquaten intelligiblen Sphäre in Richtung ihrer Extreme aufzuhalten und rückgängig zu machen. Erst diese generalisierte Résistance kann das Selbstverständnis des modernen Menschen als einer technischen Existenz erarbeiten.

# Traktat

## 1.

Wir beziehen uns auf Descartes, auf seine Methode, nicht auf seine Ergebnisse, und unterscheiden in ihr eine negative und positive Aktion des Denkens: den Zweifel und den Beweis. Sie stehen im Verhältnis des Korrektivs zueinander. Der Zweifel begrenzt den Beweis, der Beweis limitiert den Zweifel; es ist infolgedessen leicht einzusehen, daß es sich bei ihnen zugleich um einander zugeordnete und einander ausschließende Tätigkeiten unserer Intelligenz handelt. Was wir indessen Geist nennen, wird erst durch diese Art der Koordination sichtbar. Beweis und Zweifel sind fundamentale Kategorien unseres Geistes; außerhalb ihrer Linien beginnen andere Kräfte, andere Vorgänge ihr Spiel und täuschen uns über das Eindringen der Ideen und Schlüsse in die Sphäre der Emotionen und der Vitalität. Um mich für die weitere Auseinandersetzung vollends verständlich zu machen, füge ich hinzu, daß der Geist in der Gestalt der Gedanken offenbar wird. Geist hat, wer Gedanken hat. Gedanken jedoch sind sprachlich gebildete Aussagen, die wahr und falsch sein können, die beweisbar und bezweifelbar sind, die aus anderen Aussagen gefolgert, abgeleitet werden können, die ihre Tradition, ihren Stil, ihre Anordnung haben und ihre beruhigende oder provozierende Wirkung nicht zurückhalten, ihre Verwandtschaft, ihren Glanz, ihren Schatten, ihren Wohllaut, ihre Schärfe nicht verbergen, das Erwachen glühend und den Schlaf unruhig machen. Aber Geist ist, wessen Existenz sich wesentlich durch die Eigenschaft auszeichnet, Gedanken zu haben, und das wäre schließlich die Folgerung, die zu ziehen ist, wenn man außerhalb eines denkenden Wesens, außerhalb eines Individuums weder eine Aussage noch einen Gedanken, geschweige Geist zu erkennen vermag.

## 2.

Nun äußert sich zwar der Zweifel durch das Mittel der Negation, aber er erschöpft sich nicht in ihm. Er reicht weiter, er verläßt die Zonen der Überlegung, dringt in die Poren des Gefühls und des Lebens ein, enthält bewußte und unbewußte Bestandteile und schließt nach und nach das ganze Individuum, existentielle und soziale Bezüge, in seinen ruhelosen Vorgang ein. »Zweifel, die so gewaltig sind«, bemerkt Descartes in der ›Zweiten Meditation‹, »daß ich sie nicht mehr vergessen kann und von denen ich doch nicht sehe, in welcher Weise sie zu lösen seien; sondern, wie wenn ich unversehens in einen tiefen Strudel hinabgestürzt wäre, bin ich so verwirrt, daß ich weder auf dem festen Grund festen Fuß fassen, noch zur Oberfläche emporschwimmen kann.«

Der Beweis jedoch bleibt in der Sphäre des Geistes und der Intelligenz, er entzieht sich jeder negierenden Denkbewegung, tritt mehr und mehr vollständig aus der Negation heraus und wird sichtbar als eine Folge von Aussagen, von Thesen, in deren Anordnung keine emotionalen und vitalen Züge mehr auftreten: die Konstruktion der Wahrheit kann nur bewußt rational erfolgen: in der vollkommenen Authentizität eines Geistes, der durch den Zweifel mit dem Mittel des Beweises hindurchgegangen ist. Alle anderen Versuche mit der Wahrheit sind unnütz und voller Täuschung. Sie gehören zu den unvollkommenen Korrekturen unserer Zweifel, die unfruchtbar bleiben, wenn sie nicht vom Stachel des Beweises heimgesucht werden. Die Erfahrungen werden in ihnen weder ergänzt noch bestätigt. In dem Maße, wie der Zweifel den Geist destruiert und die individuelle leibhaftige Existenz zur Geltung bringt, zerstört andererseits der Beweis den Zweifel und konstituiert den Geist als ein Faktum, dem die individuelle Existenz gleichgültig bleibt.

Wir sprechen von einer cartesischen Philosophie verfeinerter Rationalität, sofern es sich darum handelt, durch einen ausschweifenden Akt unserer Intelligenz Zweifel und Beweis zu feinen spirituellen Instrumenten zu machen und sie auf jede Ungewißheit und jedes Wagnis anzuwenden. Entweder kommt diese Philosophie aus der reinen Überlegung und entspricht ergänzend, erweiternd, erfüllend und abschließend dem, was wir eine Theorie nennen, oder sie ist für die Wissenschaft verloren und eine »vergebliche Passion«. Aber jede aktuelle Philosophie, das sei abschließend noch zu diesem Punkte bemerkt, verwendet jene geistigen Instrumente zur sublimen Diagnose und Therapie am Zeitgenossen, und auf diesem Wege dürfte sie sich sogar der Maske einer metaphysischen Spekulation bedienen, vorausgesetzt nur, daß auch diese ein Ausdruck immanenter Kritik bleibt. Wir sprechen weiterhin von existentiellem Rationalismus, sofern es sich darum handelt, einerseits der Destruktion des Geistes durch den Zweifel zu entgehen und andererseits von der Zerstörung der Existenz durch den methodischen Beweis der allgemeinen Wahrheit nicht betroffen zu werden. Natürlich ist die Philosophie eine umfassende Demonstration unserer Neugier, aber darüber hinaus bleibt sie die erfolgreichste Methode des individuellen geistigen Entkommens, indem sie beständig die individuelle Existenz und ihre Freiheiten im Medium des Geistes aus der Koordinierung von Zweifel und Beweis hervorgehen läßt.

## 3.

Jedes Entkommen bezieht sich auf Destruktion. Auch die Ausbeutung ist eine Destruktion, sofern sie auf Verlusten beruht. Verluste sind aber nur dann essentielle Verluste, wenn sie Wahrheit und Realität betreffen. Nur Wahrheit und Realität können destruiert werden, nur sie sind wesentlich von der Ausbeutung erreichbar. Die Ausbeutung leitet die Destruktion ein. Ausbeutung verhindern heißt, der Destruktion der Wahrheit und der Realität, also ihren Verlusten, entgegenarbeiten. Die Destruktion der Wahrheit betrifft die Wahrheit der Aussagen, der Gedanken, demnach des Geistes. Nur in der Sphäre des Geistes spielt sich diese Art von Zerstörung ab, und sie äußert sich nicht sogleich in der vollendeten Unwahrheit, sondern sie schiebt die Halbwahrheit, die emotionalen und vitalen Ausflüchte in der Gestalt von Scheinwahrheiten, Konventionen, Dogmen, Meinungen und Ideologien dazwischen, um durch metaphysische Leichtfüßigkeit wenigstens den Anschein des Beweises zu erwecken. Man begnügt sich mit der Täuschung, wenn man den Zweifel nicht auf sich nehmen will; denn der Zweifel würde ja sofort das Stadium des Beweises vorbereiten und die philosophische Anstrengung an die Stelle des emotionalen und vitalen Dispens des Geistes treten lassen. Man erkennt die Wahrheit der Wissenschaft, der Philosophie und somit die Wahrheit eines Geistes nur daran, daß sie den Zweifel zuläßt und den Beweis antritt.

4.

Wir haben also zwischen materieller und geistiger Destruktion zu unterscheiden, und daraus ergibt sich die Differenz zwischen materieller und geistiger Ausbeutung. Die materielle Ausbeutung ist seit Marx oft genug beschrieben worden, um noch daran zu zweifeln, daß es sich bei ihr um eine ökonomische Ausbeutung handelt, die mit der Fragwürdigkeit unserer Eigentumsbegriffe und dem Mißverhältnis zu den Produktionsmitteln zusammenhängt. Es handelt sich um die Ausbeutung der Arbeitskraft, die mehr und mehr die vitalen und emotionalen Zonen unseres Daseins verletzt. Sie gehört noch immer zu den essentiellen Zügen unserer Gesellschaft. Sie konnte noch nicht verhindert werden, und daß sie noch nicht verhindert werden konnte, liegt daran, daß ihrer Aufhebung beständig durch geistige Ausbeutung, also durch einen Verlust an Wahrheit entgegengearbeitet wird. In dem Maße, wie es sich in der materiellen Ausbeutung um eine Destruktion der Realität handelt, zielt die geistige Ausbeutung auf die Destruktion der Wahrheit. Beide pflegen in günstigen Zeiten koordiniert zu arbeiten; aus der Koordinierung resultieren das Geschäft, die Unwahrheit oder die Scheinwahrheit, die zur Tradition werden, und der Mangel an Realität, der durch eine beständige Transzendierung kompensiert wird.

5.

In einer Welt, deren Strukturen im Inneren wie im Äußeren, im Denken wie im Handeln rationale Strukturen sind, können Dogmen und Doktrinen, Weltanschauungen, Ideologien und religiöse Institutionen entweder als bewußt angewandte Mittel geistiger Ausbeutung und Destruktion der Vitalität zum Zwecke der Macht oder aber als pseudo-therapeutische Effekte des allgemeinen Leidens angesehen werden. Das Christentum ist der klassische Fall dieser Lage. In seinen Ideologien und in seinen Institutionen gewinnen die materiellen und geistigen Mißverhältnisse der Epoche ihren charakteristischen Ausdruck. Diese Mißverhältnisse werden so stark begünstigt, daß die ruckartige historische Aufdeckung des Schwindels zu vitalen, emotionalen und geistigen Störungen führen würde, die jedoch hingenommen werden müßten; denn jeder einzelne Fall ist bedeutungslos, wenn es darum geht, die endgültige soziale, vitale und intellektuelle Destruktion des Menschen zu verhindern.

Die destruierende Arbeit der Kirche begann mit der Schließung der platonischen Akademie in Athen durch Justinian. Ich möchte zwei Zeugnisse anführen. Veit Valentin schreibt in seiner *Weltgeschichte* von 1939 (S. 192): »Justinian schloß die platonische Akademie in Athen (ihre Mitglieder fanden Zuflucht im persischen Ktesiphon)... die Zeit des freien griechischen Geistes war vorbei; die Weisheit durfte nur noch heilig sein in kirchlich erlaubtem Sinne.« E. M. Cioran bemerkt zu dieser Tatsache in seiner *Abhandlung über den Zerfall* (1949): »Wenn ich nach dem Datum suche, das den Stolz des Geistes am meisten verletzte – wenn ich die Liste der Unduldsamkeiten prüfe, dann finde ich nichts, was jenem Jahre 529 vergleichbar wäre: einem Befehl Justinians folgend, wurde die Schule von Athen geschlossen. Das Recht verfällt, es wird offiziell abgeschafft, Glauben wird Verpflichtung... das ist der schmerzlichste Augenblick in der Geschichte des Zweifels.«

Natürlich weiß heute jeder, daß mindestens seit 1789 das institutionelle Christentum sich in der Verteidigung befindet, und man muß konzedieren, daß diese Verteidigung nicht immer die schlechteste gewesen ist. Schlecht ist sie erst in dieser Zeit; denn es muß ja zugeben, daß es sich in der Verteidigung befindet und daß es nur durch das Äußerste an Lüge und Raffinement, dokumentiert in Enzykliken, in den bereits limitierten Stellungen zu halten ist, innerhalb derer die verbilligt zu habenden papierenen Mittel der Konversion und der Exkommunikation sich wie Komödien ausnehmen. Selbstverständlich schmückt die Kirche ihre Verteidigung mit allen Emblemen eines zukünftigen Sieges, in dessen Namen die Fruchtbarkeit des Geistes beargwöhnt wird. Kunst, Politik, Wissenschaft, Philosophie, Literatur und Technik sind mindestens seit 1789 aus dem Stadium des Gebetes herausgetreten und haben sich in ihren wesentlichen Leistungen wenigstens im Prinzip unabhängig von den Kirchen entwickelt, in denen die Unzeitgemäßen des Leidens an den Unruhen und Veränderungen der Welt ihren letzten Unterschlupf fanden, um ein leeres, sinnloses Heil zu erwarten. Alles vollzog sich realiter so, als ob es keine religiösen und klerikalen Instanzen in dieser Welt gäbe, aber idealiter rief man sie beständig als Gespenster auf den Plan, wenn es sich darum handelte, wieder einmal die Exekutive, die Revolution in das Jenseits zu verlegen und eine saturierende, einbringliche Hierarchie konservativ und stillschweigend im Diesseits zu belassen. Zeigte sich dann irgendwo in der Welt ein effektiver Mißerfolg im Geschichtlichen oder im Menschlichen, eine Katastrophe, die Massen oder Einzelne betraf, dann wies man sogleich brustschlagend auf die irdische Unbotmäßigkeit allen Handelns hin und pries inbrünstig den großen Vorteil der Untätigkeit. Dann war man da im Kardinalshut, erließ die Enzykliken und berauschte die Parlamente, rangierte die alten und neuen Vehikel des Glaubens, den Gottesbeweis aus dem Zyklotron und die Himmelfahrt Marias aus dem Dogma, feucht und eindringlich, bis selbst die lutherischen Kirchenräte nach Rom pilgerten. Dann blieben allerdings die restaurativen Erfolge nicht aus. Man sanktionierte die fürchterliche Genealogie des Unsinns und schleppte bedenkenlos die Kreuze des blutigen Gottes und der Inquisition durch die Straßen und rutschte auf den Knien vor der stabilen Klerisei. Dann waren plötzlich die alten Typen der Unwahrheit wieder da: der Logiker, der die Widerspruchsfreiheit in Dutzenden von Examen abgefordert hatte, aber selbstverständlich einen zärtlichen und blumigen Kommentar zum »Vater Unser« publizierte; der Physiker, der eben auf dem Katheder noch die »Unveränderlichkeit der Naturgesetze« deduziert hatte und nun nach Hause ging, um den erbaulichen Ratschlag zu erteilen, daß die letzten Resultate der Kernphysik selbstverständlich im Einklang mit der Lebensweise der lieben Engelein stünden; der Ordinarius für Philosophie, der das Studium Generale anpries und sich in Caux den gut getarnten Zeremonienmeistern der Ausbeutung willig beugte und sich für moralisch hielt, weil er seiner Frau in »stiller Zeit« die Kartoffeln schälte; der Abwässertechniker, der die Offenbarung bezeugte; der Literat, der sich im

Ghetto von Warschau gnadenlos am auserwählten Volk gerächt hatte und nun ein paar Elegien über die Sünden des Fleisches schrieb.

Nicht alle Zeiten sind anfällig für die zerstörende Kraft des gleißnerischen Unsinns, der die Exekutive in das Jenseits verlagert, um den Aufstand im Diesseits unmöglich zu machen. Aber die Zeiten der Katastrophen im Menschlichen und Geschichtlichen sind es immer. Dann schließen sich die Dogmen und Doktrinen zu ganzen Systemen zusammen und führen auf diese Weise die notwendige Ausbeutung des Geistes zum Erfolg und erzwingen feige und schmeichlerisch jene Destruktion der Wahrheit und der Realität, auf der die Macht von unten, deren man sich von oben her bedient, beruht. In dieser Hinsicht entsprechen heute die dogmatischen Formen aller Ideologien den Produktionsmitteln der ökonomischen Sphäre; einmal im Besitz dieser oder jener ist man sofort in Stand gesetzt, die Ausbeutung der körperlichen wie auch der geistigen Arbeit einzuleiten und die Macht auszuüben. In dem Maße, wie die Agitationszentren der modernen Welt wie Hochschulen, Industrien, Parteien, Bürokratien, Staatsformen durch Systeme von Dogmen und Doktrinen kontrolliert oder konstituiert werden, entarten sie zu Institutionen öffentlicher geistiger und materieller Ausbeutung, verfallen sie der Vermachtung und bilden die neuralgischen Punkte der Fragilität unserer Zivilisation. Dann entziehen sie Gedanken und Handlungen sukzessiv den Kriterien des Zweifels und des Beweises und bereiten ihre Unveränderlichkeit im Namen des Sitzfleisches vor. Man vergegenwärtige sich die Reichweite dieser Mißverhältnisse in einer Welt, die, wie die unsere, weitgehend auf einer widerspruchsfreien Durchdringung von Gedanke und Handlung, also von Theorie und Praxis beruht; man vergegenwärtige sich den Effekt des Sitzfleisches innerhalb der bewußt wissenschaftlich gestalteten Welt, der wir angehören, in der keine Zone unberührt bleibt von der maximalen Immanenz des Geistes in der Materie. Jede Vernachlässigung dieser Tatsache wirkt destruktiv und erhöht die Anfälligkeit der zeitgenössischen Welt, weil sie auf einem bewußten Verlust der Wahrheit und einer bewußten Beschädigung der Realität beruht.

## 6.

Schwierigkeiten mit der Wahrheit! – Es gibt eine berühmte Vorentscheidung über diese Schwierigkeiten. Sie stammt von Lessing. Sie bezieht sich auf die Entscheidung zwischen der Wahrheit und dem Streben nach der Wahrheit... und sie tritt dafür ein, daß das Streben nach der Wahrheit die Wahrheit selbst aufwiege. Nach dieser lessingschen Vorentscheidung nun haben wir von Sören Kierkegaard aus dem Jahre 1847 die Frage: »Hat ein Mensch das Recht, sich für die Wahrheit totschlagen zu lassen?« – Und von Bert Brecht die Frage aus dem Jahre 1934, ob man »für die Wahrheit foltern« dürfe. Die Fragen hängen zusammen. Es sind revolutionäre Fragen. Sie zielen auf eine Veränderung ab. Kierkegaard bezieht sich auf das Christentum, Brecht auf die soziale Lage. Kierkegaard hat eine religiöse, Brecht eine ökonomische Wahrheit im Sinne, und was die Realität anbetrifft, so handelt es sich bei dem Dänen um die Situation des Individuums, aber beim Deutschen um die der Gesellschaft, und beides, Glauben wie Enteignen, sind Formen der Erlösung, die angestrebt wird.

Die lessingsche Vorentscheidung (denn er sprach an dieser Stelle seiner Replik weder aus Erfahrung noch als Autorität) lautet: »Der Mann, der bei drohenden Gefahren der Wahrheit untreu wird, kann die Wahrheit doch sehr lieben; und die Wahrheit vergibt ihm seine Untreue um seiner Liebe willen.« Und Lessing schließt sogleich die Anmerkung für Falschmünzer und Ausbeuter an: »Aber wer nur darauf denkt, die Wahrheit unter allerlei Larven und Schminke an den Mann zu bringen, der möchte wohl gern ihr Kuppler sein, nur ihr Liebhaber ist er nie gewesen.«

Kierkegaards Alternative reduziert sich auf folgende Feststellungen: »Also: entweder etwas nachgeben, oder andere des Mordes schuldig werden lassen. Welche Schuld ist größer? – In dem einen Fall besteht die Schuld darin, daß der Mensch durch Nachgeben das Wahre, das er verstanden hat, der Zeit anpaßt, indem er es etwas modifiziert. Im anderen Fall besteht die Schuld darin, daß man die andern eines Mordes schuldig werden läßt. Ich meine also, daß ein »Mensch« nicht das Recht hat sich um der Wahrheit willen totschlagen zu lassen. Das Unwahre liegt darin, daß wer so kämpft, gegen die andern nur kämpft: nur an sich selbst denkt, nicht in Liebe auch an sie.« Es geht Kierkegaard also um die Nachfolge, und die Nachfolge ist wesentlich. »Einheit der Wahrheit und der Liebe«. Christlich ist, die eine von der anderen nicht zu trennen. Die Liebe zu den anderen, zum Allgemeinen, zur Gesellschaft darf, christlich gesprochen, die Wahrheit, in deren Besitz der Einzelne ist, modifizieren.

Wie nun aber, wenn über diesen Punkt hinausgehend, die Menge, nicht der Einzelne, die Gesellschaft, nicht das Individuum, im Besitz der Wahrheit ist oder in letzter Konsequenz Wahrheit und Gesellschaft identisch werden? – Dann entsteht die Frage Brechts. Dann geht die christliche Ideologie in die marxistische Ideologie über. Brecht deduziert also die Antwort auf seine Frage in *Fünf Schwierigkeiten beim Schreiben der Wahrheit*[9] als eine Antwort der Proleten, indem er davon ausgeht, daß die realen Besitzverhältnisse in der Unwahrheit sind. Er fährt dann ironisch fort: »Die große Wahrheit unseres Zeitalters... ist es, daß unser Erdteil in Barbarei versinkt, weil die Eigentumsverhältnisse an den Produktionsmitteln mit Gewalt festgehalten werden. Wir müssen sagen, daß gefoltert wird, weil diese Eigentumsverhältnisse bleiben sollen.« Es darf, marxistisch gesprochen, also für die Wahrheit aller, nämlich für die gerechten Besitzverhältnisse, der Einzelne gefoltert werden. Der saturierte Einzelne hat weder die Wahrheit noch die Realität, die Gesellschaft ist die Wahrheit und die Realität.

Was ergibt der analytische Vergleich der drei Fragen und der drei Antworten. Lessings Vorentscheidung, daß das Streben nach der Wahrheit die Wahrheit als solche überwiege, ist die Vorentscheidung eines existierenden Rationalisten, der angesichts der Kriterien des Zweifels und des Beweises sich kaum im absoluten Besitz der Wahrheit sieht; die möglichen Korrektive bleiben ihm wichtig; sie lassen nicht zu, daß die Wahrheit außerhalb des existierenden Denkers, losgelöst und abstrakt als eine hypostasierte platonische Idee unantastbar herumgeistert. Kierkegaard setzt den absoluten Charakter der christlichen, Brecht den absoluten Charakter der marxistischen Wahrheit voraus, sie sprechen also nicht mehr vom Streben des existierenden Denkers, sie sprechen von ihren Ideen und deren Hereinnahme in die Realität des existierenden Christen oder der existierenden Gesellschaft, und Zweifel und Beweis könnten sich bestenfalls auf die Realität der christlichen oder der marxistischen Wahrheit im existierenden Christen oder in der existierenden Gesellschaft, aber niemals auf die Ideen selbst beziehen. In beiden Fällen bleibt die Wahrheit dem Zweifel und dem Beweis entzogen, Kierkegaard und Brecht sind folglich keine Rationalisten, sondern Ideologen. Das ist das erste: daß die Ideologen sich im Besitz einer unantastbaren Wahrheit wähnen, die es offenbar nicht nötig hat, den cartesischen Kriterien der Wahrheit ausgesetzt zu werden. Das zweite ist dann: daß gerade der Entzug der cartesischen Kriterien die Rationalität zerstört und der Christ entweder berechtigt ist, sich für die Wahrheit totschlagen zu lassen, der Fall des Märtyrers, oder für die Wahrheit selbst totzuschlagen, der Fall des Henkers, oder schließlich die Wahrheit durch die Liebe zu begrenzen und den Ethiker dem Logiker vorangehen zu lassen, der Fall des Gläubigen.

Wenn nun in Konsequenz ihrer Analyse die Wahrheit tatsächlich aus dem Zweifel in den Beweis gerettet worden ist, also erkannt oder entlarvt wurde, dann bedeutet die Lessingsche Vorentscheidung für das bloße Streben nach Wahrheit nur scheinbar eine Ausflucht, einen Rückzug des Geistes vor die Linie der Wahrheit. Scheinbar – denn in Wirklichkeit handelt es sich immer nur um den Gewinn relativer Wahrheiten, sie allein sind es ja, die dem Zweifel oder dem Beweis ausgesetzt werden, und sie allein sind es ja, die unsere geistigen Aktionen ausfüllen. Das existentielle Moment der relativen Wahrheit besteht gerade darin, daß ausschließlich sie, nicht aber die sogenannte absolute Wahrheit, ein positives Verhältnis, eine Spannung zum Geist, zur Schöpfungsfähigkeit unterhält. Jede wirkliche absolute Wahrheit wäre für die existentiellen Momente »Zweifel und Beweis« verloren.

Wenn alsdann, wie im Falle Kierkegaards, zugegeben werden muß, eine Wahrheit, die subjektiv als absolut aufgefaßt wird, den Zweifel nicht zulassen kann, aber der Beweis nicht zu führen ist oder prinzipiell nicht geführt werden soll, sie also höchstens Wahrheit des Einzelnen ist, während die Menge von ihm aus gesehen in der Unwahrheit bleibt, dann stellt der vermeintliche Lessingsche Rückzug durchaus eine Rechtfertigung jener Wahrheit dar, die sich unausgesetzt im Streben demonstriert und als relative Wahrheit zu gelten hat. Und wenn schließlich, wie bei Bert Brecht, nur die Menge im Besitz der Wahrheit sein kann, der

Einzelne aber stets in der Unwahrheit bleibt, dann genügt zwar die Menge, die sich im Besitz der Wahrheit wähnt, nicht aber die formulierte Wahrheit als solche oder ihr geführter Beweis zur Rechtfertigung. Das würde bedeuten, daß die Menge für die relative Wahrheit und für das Streben nach Wahrheit tödlich ist. Weder der Zweifel noch der Beweis sind notwendig, wenn ausschließlich die konkrete Menge die Wahrheit rechtfertigt. Man sieht also, sowohl die theologische wie auch die politische Suspendierung der Lessingschen Vorentscheidung für die relative Wahrheit, für das Streben nach Wahrheit, liquidieren die existentiellen Kriterien des Zweifels und des Beweises, durch die das Stadium der cartesischen Rationalität eingeleitet wird. Kierkegaards theologische Suspendierung entzieht die Menge der Wahrheit, Brechts politische Suspendierung entzieht den Einzelnen der Wahrheit. Das ist die Folge davon, daß sie beide das Streben nach Wahrheit und die relative Wahrheit aus dem Auge verlieren. Da sowohl die Menge als auch der Einzelne unerläßliche konstituierende Motive für das Sein des Geistes bedeuten, führt ihre existentielle Vernachlässigung zu einem tatsächlichen Verlust der relativen Wahrheit, während die Einführung der absoluten Wahrheit des Einzelnen bei Kierkegaard und der Menge bei Brecht nur den klassischen existentiellen Ausnahmen des Henkers und des Märtyrers eine Chance bietet. Auf diese Weise wird ein tiefer Zusammenhang sichtbar, der zwischen den Antworten auf die Fragen, ob man sich für die Wahrheit totschlagen lassen dürfe und ob man für die Wahrheit foltern dürfe, besteht. Der Märtyrer rechtfertigt den Henker und der Henker rechtfertigt den Märtyrer, aber nur in einem System, das die absolute Wahrheit des Einzelnen oder der Menge voraussetzt und die als solche dem Zweifel und dem Beweis entzogen bleibt. Wo man sich für die Wahrheit totschlagen lassen darf, darf man auch für die Wahrheit foltern. Das Christentum hat diese Konsequenz gezogen, als es zur Rettung der Seele den Körper verbrannte. Der Bolschewismus hat diese Konsequenz gezogen, wo er den Klassenfeind liquidiert. In beiden Fällen begründet die Eschatologie die Ideologie, versöhnt die Hoffnung jene geheime Verzweiflung, die im Henker und im Märtyrer einen letzten existentiellen Ausdruck der entstellten Realität und der verdunkelten Rationalität gefunden hat. Alle Theoreme, die weder durch den Zweifel, noch durch den

Beweis hindurchgegangen sind und das Handeln einer Menge oder eines Einzelnen bestimmen, nennen wir Ideologien. In diesem Sinne sind Christentum und Kommunismus längst zu Ideologien entartet. Also können sich weder das Christentum, noch der Kommunismus rational verantworten, und sofern sie sich überhaupt existentiell äußern, äußern sie sich in den Ausnahmen des Henkers und des Märtyrers, in denen das Grauen sichtbar wird und in denen etwas wesentlich Menschliches zerstört ist, so daß ihre Realität uns fast wie die Realität eines Phantoms anmutet.

## 7.

Es scheint uns, daß jetzt ein Exkurs über cartesische Rationalität notwendig ist. Mindestens auf Grund der *Regulae ad directionem ingenii*, des *Discours de la méthode*, der *Meditationes de prima philosophia* und der *Principia philosophiae* sind wir berechtigt, von ihr zu sprechen. Der methodische, regelhafte Charakter der Ratio erscheint als entscheidendes Kennzeichen der Vernunft. Wo Regeln, wo Methode, wo bewußtes, kontrollierbares, erlernbares, also wiederholbares spirituelles Machen im Spiel ist und auf Begriffe, Aussagen und Folgen von Aussagen, auf Theorien, auf Wissenschaften und Systeme von Wissenschaften bezogen wird, also dem Ausdruck der Gedanken und Erkenntnisse, die dem Anspruch genügen, wahr zu sein, dienen, sprechen wir sinnvoll von Ratio. Descartes hat als erster den methodischen Charakter dieser Ratio beschrieben, hervorgehoben und zum Prinzip des Geistes gemacht. Offenbar hat er ihn der Mathematik abgewonnen, nicht der traditionellen Logik. Euklid steht ihm in dieser Hinsicht näher als Aristoteles. Dementsprechend enthüllt sich die Rationalität nicht als eine verfeinerte Deduktion, entwickelt aus der aristotelisch-scholastischen Syllogistik, sondern als das erweiterte euklidische Verfahren, an den Anfang der Theorie, der Wissenschaft die Axiome zu setzen und aus ihnen mit Hilfe fester, angegebener Regeln die Theoreme abzuleiten. Der methodische Übergang von den Axiomen zu den Theoremen heißt Beweis. Der Beweis bildet eine rationale Figur; sie ist reicher, umfassender als eine klassische Schlußfigur. Nicht die Inhalte, nicht die Sachverhalte, die in den Aussagen ausgesprochen sind, werden in einem Beweis erzeugt, nur das Zutreffen der Sachverhalte, also die Wahrheit der Aussagen, in denen die Sachverhalte ausgesprochen sind. Der Beweis beweist die Wahrheit von Aussagen. Wahr ist, was bewiesen werden kann. Wahrheit bezieht sich auf Aussagen, nicht auf die Dinge, die in den Aussagen auftreten. Axiome sind Aussagen, deren Wahrheit evident ist, nicht bezweifelt werden kann, also vorausgesetzt werden muß, wenn gewisse andere Aussagen, die ihre Folgerungen sind und die wir Theoreme nennen, auch wahr sein sollen, wahr für jedermann, wahr im Sinne von allgemeingültig innerhalb der Welt, auf die sie sich beziehen.

Man bemerkt, wie der Zweifel ins Spiel kommt. In welchem Verhältnis, so wird man fragen müssen, steht der Zweifel zum Beweis? – Offenbar ist der Beweis der geheime Sinn des Zweifels. Der Zweifel geht dem Beweis voraus, es handelt sich bei ihnen um einander zugleich ausschließende und ergänzende Figuren der geistigen Aktion. Ich sagte es bereits. Der Beweis verlöre an Seinsgrund, wenn es nicht die Möglichkeit des Zweifels gäbe. Dennoch ist natürlich der Zweifel ein ganz anderer geistiger Akt als der Beweis. Der Zweifel als solcher beweist nichts, er ist keine Beweisfigur. Der Zweifel, und zwar jeder Zweifel konstituiert den Beweis als solchen, das heißt, er setzt den Beweis als einen neuen, ihn selbst limitierenden Vorgang ein. Während nun der Beweis von evidenten, notwendig einsichtigen, also allgemeingültigen Aussagen, die wir Axiome nennen, ausgeht und ebenso zu Theoremen führt, deren Wahrheit, eben durch den Beweis, allgemeine Wahrheit ist, setzt jeder Zweifel intim, höchst einsam und unteilbar, ja noch nicht einmal mitteilbar ein, also die Sphäre des zweifelnden Ichs nie verlassend, und erreicht, indem er sich erweiternd auf alles bezieht, was ist, auf Gott, Welt und Gedanken, schließlich gerade durch seine Verallgemeinerung den höchsten individuellen Augenblick, die Selbstbegrenzung an einer Wahrheit, die ein Axiom ist, weil sie dem Zweifel selbst bereits entzogen bleibt, an der Wahrheit, daß das zweifelnde Ich nicht daran zweifeln kann, daß es zweifelt. In dieser grundsätzlichen Wahrheit stößt das Ich im Zweifel auf sich selbst, auf sein unteilbares, nur sich gehörendes Selbst. »Der Geist ist das Selbst«, formulierte Kierkegaard in den *Philosophischen Brocken*. Wir fügen hinzu, daß er dieses Selbst jedoch nur in jenem Vorgang des Geistes ist, den wir Zweifel nennen; er wäre es nicht innerhalb eines Beweises. »Der Einzelne ist die Kategorie des Geistes«, so führte Kierkegaard seine These aus. Wir fügen wieder hinzu, daß der Einzelne nur im Zweifel eine Kategorie des Geistes ist, im Beweis wäre er es nicht. Natürlich sind unsere Korrektive Folgerungen, die aus dem bekannten cartesischen Zweifel gezogen werden können, der im *Discours*, in den *Meditationen*, in den *Prinzipien* usw. beschrieben worden ist. Wir kennen heute die Grenzen, innerhalb deren das »Cogito, ergo sum«, das »Ich denke, also bin ich« als Axiom einer Metaphysik einerseits oder als Ausdruck eines Schlußprozesses andererseits fungiert. Diese Grenzen sind von logischer Seite bestimmt worden. Weder in der Interpretation als Prinzip, als Axiom noch in der Interpretation als Syllogismus wird die Seinsthematik des Zweifels verlassen. Im Gegenteil. Soll das »Cogito, ergo sum« als Axiom gerettet werden, so muß es, wie gezeigt wurde, in ein »Dubito, ergo sum« verwandelt werden, das Denken muß also auf ein Zweifeln beschränkt werden. Und erst insofern diese Form keine »den Ich-Kreis überschreitende Behauptung« enthält, kann sie als Ausdruck eines Schlußprozesses gelten. Als Fundament, als Axiom, als Prinzip einer Metaphysik, die in einem gewissen Sinne die Metaphysik jeder möglichen Theorie ist, bleibt die berühmte cartesische These eine Zweifelsbewegung, die den Beweis Gottes und den Beweis der Welt als solchen konstituiert; als Schlußfigur gedeutet, was Descartes selbst verboten hat, gibt sich die Zweifelsbewegung den Anschein, schon eine Denkbewegung zu sein, was dem dialektischen Verhältnis zwischen Zweifel und Beweis widerspricht. Zweifelsbewegung und Denkbewegung verhalten sich wie »Dubito, ergo sum« und »Cogito, ergo sum«. Im Zweifel bleibt das konkrete Ich und wird ausdrücklich prononciert. Im Beweis verschwindet es im Allgemeinen. Der Zweifel ist konkretes, der Beweis abstraktes Denken. Im konkreten Denken des Zweifels ist der Einzelne tatsächlich eine Kategorie, aber im abstrakten Denken des Beweises hat das Allgemeine eine konstituierende und klassifizierende Aufgabe. Cartesische Rationalität ist selbstbegrenzende Rationalität. In ihr treten Zweifel und Beweis, konkretes und abstraktes Denken oder auch der Einzelne und das Allgemeine als Korrektive auf. Cartesische Rationalität ist die methodisch »an sich haltende Vernunft«, um einen Ausdruck Lessings zu zitieren, eine Vernunft, die weder den Zeigefinger der Dichter noch den Zeigefinger der Moralisten nötig hat, um der Entartung zu entgehen. Weder der Henker noch der Märtyrer können innerhalb der cartesischen Rationalität gerechtfertigt werden. Sie bieten vielleicht rechtlich oder ethisch einen nennenswerten Anblick, angesichts der cartesischen Wahrheit und des cartesischen Zweifels handelt es sich bei ihnen um ideologische Lagen des existentiellen Scheins; sie konstituieren weder den realen Einzelnen noch das reale Allgemeine.

## 8.

Den Abfall der Ideologien vom Zweifel und vom Beweis erkennt man an der Neigung zum Mythos. Die mythologische Neigung bewegt heute die christliche Restauration wie auch die bolschewistische Progression. Über die christliche Restauration ist in dieser Hinsicht kaum noch ein Wort zu verlieren. Die letzten päpstlichen Enzykliken sind Denkmäler jener Genealogie des Unsinns, von der Russell gesprochen hat. Voltaire, Marx, Kierkegaard, Nietzsche, Freud haben die menschenunwürdigen pathologischen Züge jener mythologischen Deklination des Christentums und seiner Repräsentanten für alle Zeiten fixiert. Was aber den Bolschewismus anbetrifft, so wäre ein Zitat Jules Monnerots anzubringen, das aus seinem Buch *Soziologie des Kommunismus*[10] stammt: »Die mythische Seite des Sozialismus ist so offenkundig, daß man im Marxismus nur die Technik des Eindringens der durch diese Mythen frei gewordenen Energien in die Geschichte sehen darf.« (S. 253)

Es ist also völlig aussichtslos, in dem polytechnisch geführten Kampf gegen das Eindringen bolschewistischer Thesen und Praktiken in die moderne Gesellschaft dem Christentum einen Platz anzuweisen. Eine christliche Welt ist von Hause aus viel empfänglicher für bolschewistische Theorie und Praxis als eine heidnische Welt. Der Gedanke eines Paktes liegt hier näher als der Gedanke einer unversöhnlichen Feindschaft. Man kann Mythen und ihre Surrogate nicht durch andere Mythen und ihre Surrogate widerlegen oder bekämpfen. Im Grunde bereiten alle Mythen und

Ideologien einander vor und die Lebensauffassungen, die sie scheinbar wohlunterschieden konstituieren, dienen vielleicht einer Trennung der politischen Machtbereiche, nicht aber einer Trennung der seelischen und geistigen Manifestationen innerhalb der Welt. Denn alle Mythen und alle Ideologien leben ja von einem Verlust der Wahrheit und genießen selbstgefällig einen essentiellen Verlust an Realität. Und was den Terror anbetrifft, der aus den jeweils die Macht begünstigenden mythologisierenden Ideologien folgt, so kennt man ihn aus der Genesis der Kirche so gut wie aus der Genesis des bolschewistischen Systems. Sie haben sich hinsichtlich der Quantität und Qualität der Liquidationen keinen Vorwurf zu machen. Es gibt Zeiten, während denen für beide der Mord eine moralische Kategorie war, und es sind immer die Zeiten gewesen, während denen sie den Mord, die Tötung des Leibes, die Tötung des Gewissens und die Tötung des freien Willens nur auf der anderen Seite zu erkennen vermochten. Daß auch heute noch der sogenannte christliche Denker sich durch Verworrenheit auszeichnet und in dieser Eigenschaft den bolschewistischen Propagandisten nicht nachsteht, dafür sind auf der einen Seite Theodor Haecker und Emmanuel Mounier, auf der anderen Seite Ernst Bloch und Ilja Ehrenburg bedeutende Beispiele. Darüber hinaus bietet schließlich Spanien, das Spanien der Falange, ein Beispiel für die Vereinbarung eines politischen mit einem klerikalen Terror. In einem Gesetz von 1945 heißt es: »Es ist Aufgabe der Erziehung, den Charakter, den Willen und das Gewissen der Kinder so zu formen, daß sie ihre Pflicht erfüllen und sich auf das ewige Leben vorbereiten können.« Im übrigen richte sich »der Volksschulunterricht... nach dem katholischen Dogma und Glauben und den Vorschriften des kanonischen Rechtes«. Man findet, wie wir einem Bericht, der 1951 in Deutschland anonym veröffentlicht worden ist, entnehmen, auch die Bemerkung, daß der Unterricht an den Universitäten im Zeichen einfacher Leitsätze stehe, die auffällig den Thesen auf den Spruchbändern ähneln, die jenseits der Werra über den Eingängen der Universitäten zu finden sind: »Nichts gegen das Dogma, nichts jenseits des Dogmas« oder »Alles für den Staat« oder »Lieber ein Kämpfer als ein Wissenschaftler« oder »Wiederholen, nicht diskutieren«. Wen wundert es, hier Descartes' Schriften verboten zu sehen? – Die größte Anklage, die also gegenwärtig gegen das Christentum, seine Kirchen und seine politischen Repräsentanten erhoben werden kann und sie der ausnahmslosen Verurteilung durch die Nachwelt überantwortet, besteht in dem Hinweis, daß sie aus Gründen der Selbsterhaltung in einer Welt, in der sie vom Schein, nicht von der Wahrheit leben, einer nachlassenden Spannung zum Geist, einer Schwächung der Rationalität das Wort reden, zu deren Folgen die Selbstbolschewisierung des modernen Menschen gehört. Um an der Macht zu bleiben, läßt man noch einmal das mythologische und eschatologische Bedürfnis des Menschen über seine aktive Intelligenz siegen und bereitet auf diese Weise den Weg des Henkers und des Märtyrers, der Folter und der Ausbeutung vor. Um den Preis der Hoffnung auf ein wohltuendes Fortleben nach dem irdischen Tode, die, wie schon gesagt, die geheime und unfruchtbarste Form menschlicher Verzweiflung darstellt, scheint der Mensch zu jeder Lüge und zu jeder Entstellung bereit. Jede Eschatologie, die sich politisch manifestiert hat, wie die Kirche, der Bolschewismus, der Faschismus, verlagert scheinbar die Exekutive in ein Jenseits, um sie praktisch sorgloser im Diesseits vorwegnehmen zu können. Die Analyse des Falles ist gleichgültig. Jede Eschatologie, jede Ideologie äußert unverhohlen ihren Willen zur Macht in der Schärfe, mit der sie die Exekutive scheinbar ins Jenseits verlagert und auf die Schwächung der cartesischen Rationalität aus ist. Sowohl auf der ideellen wie auf der materiellen Ebene destruiert sie die Kriterien des Zweifels und des Beweises, also die Maßstäbe der rationalen Geisteshaltung, so daß die ursächliche These von der Fragwürdigkeit des absoluten Eigentums, in der ökonomisch fast jede Revolte wurzelt, ununtersucht bleibt und die einzige Chance, dem Zugriff des Bolschewismus auf der materiellen Ebene, die Wahrheit vorwegnehmend, zu entgehen, zunichte gemacht wird.

Man kennt die Versuche einer Widerlegung, die jetzt angebracht werden. Man verweist uns auf das metaphysische Leiden der Menschen, das beständiger und furchtbarer sei als der bloße physische Schmerz. Wenn das Leiden eine bestimmte Tiefe, einen gewissen Grad erreicht habe, könne es nur noch geistig gerettet werden, sublimiert in einer zärtlichen eschatologischen Metaphysik des goldenen Hintergrundes.

Niemand wird leugnen, daß die großen emotionalen und religiösen Systeme unseres Geistes zuletzt auch Widerstände gegen das essentielle Leiden bedeuten. Aber die Geschichte des Christentums und der Metaphysik hat gezeigt, daß die spirituellen Eschatologien nur ungeheure Konzentrate jenes Leidens darstellen und, etabliert als Institutionen, nichts anderes als Fortsetzungen des Leidens in der Sphäre der Macht, der Ausbeutung, der Unfreiheit des Willens und der Intelligenz ausmachen. Der Priester will von seiner Tortur los, bemerkte Nietzsche in der *Genealogie der Moral*, und die Ausdehnung der Tortur auf die anderen gehört ebenfalls zu ihren Linderungen. Es herrscht sich leichter, wenn man über Leidende herrscht. Nur der Leidende unterwirft sich widerstandslos, und man schürt das Leiden, das man benötigt, indem man mit dem Hinweis auf die transzendente Exekutive die Hoffnung wachhält. Tortur mit Hilfe der Eschatologie gehört zu den Methoden der Polytechnik der Macht, die von den Klerikalen ausgeübt wird.

## 9.

Die Destruktion der Ideologien und Eschatologien ist also eine wesentliche Aufgabe des existentiellen Rationalismus, für den Zweifel und Beweis die methodischen Kriterien für die Konstituierung des konkreten Einzelnen und des abstrakten Allgemeinen darstellen. Zweifel und Beweis zerstören die Bestandteile der Täuschung und des Scheins; die Methode rationaler Konstruktion entlarvt das eschatologische Blendwerk und verhindert, daß die Erfahrungen des Menschen Utopien unterliegen. Nun gibt es aber in jeder Ideologie einen soziologischen Effekt, der die Entstehung geschlossener Gesellschaften begünstigt, auf den auch in unserer Epoche noch nicht verzichtet werden kann. Es erhebt sich die Frage, wie ein Verlust dieses Effektes innerhalb rationaler Institutionen ausgeglichen werden kann.

Es gibt nur eine Antwort. Die soziologischen Verluste, die durch eine rationale Liquidation der Ideologien und Eschatologien auftreten, können nur durch eine subtilere Organisation ersetzt werden, in der an die Stelle der ideologischen Gesellschaft die funktionale Gesellschaft tritt, in der jede soziale und ökonomische Frage als eine Rechtsfrage behandelt wird, über die in endlich vielen rationalen Schritten entschieden werden kann. Natürlich gibt es das elementare Zwischenstadium der furchtbaren Bürokratie, deren verfeinerte Metaphysik Franz Kafka literarisch vor uns ausgebreitet hat. Sie spielt überall eine Rolle, wo Zivilisation als Konfinium zwischen Ideologie und Organisation, zwischen Unterdrückung und Freiheit auftritt; sie repräsentiert sowohl das Zeremoniell als auch die Hierarchie der ideologischen Epoche, deutet aber in ihrer Struktur bereits die Funktionen und Prozesse der verwalteten, nicht beherrschten Gesellschaft an. Der Abbau der Ideologie hat ein Zunehmen der Bürokratie zur Folge sowohl in den Parteien als auch in den Regierungen, aber mit der Bürokratie wächst dennoch die Chance wohlgeordneter Gesellschaft, weil die Elemente der Bürokratie essentiell relativer und variabler sind als die Elemente der Ideologie und mindestens im Prinzip nicht den Kriterien des Zweifels und des Beweises entzogen sind.

In dem Maße, wie die Ideologie durch Organisation ersetzt wird, verschwindet die Tradition hinter der Theorie. Die Theorie dient der Organisation, wie die Tradition die Ideologie begünstigt. Es scheint mir notwendig, das Wesen dieser Theorie, dieser reinsten spirituellen Figur der cartesischen Rationalität, zu umreißen. Es handelt sich um die *reine Theorie*. Und unter einer reinen Theorie ist eine Theorie zu verstehen, in der nur empirische und syllogistische Theoreme vorkommen. Nur diese reine Theorie ermöglicht den sinnvollen reinen Zweifel an einer vermeintlichen Wahrheit, also den Zweifel aus Mangel an Überblick, aus der Verborgenheit der Axiome, aber sie desavouiert den traditionellen Zweifel aus Gründen der Konvention und der Vorurteile einer Klasse. Nur diese reine Theorie ermöglicht den sinnvollen Beweis, also den Beweis aus den Axiomen mit Hilfe von Regeln, die erlernt werden können, und diese Axiome sind von privaten Erleuchtungen oder Offenbarungen höchst verschieden.

Das Wesen der reinen Theorie besteht innerhalb des existentiellen Rationalismus in ihrer Rolle als ein Instrument des Geistes, der Intelligenz, deren wichtigste Aufgabe in der sukzessiven Etablierung des Menschen in der Welt, im Sein besteht. Diese Theorie erzeugt aus den Erfahrungen die Ordnung, deren wir bedürfen, also die künstliche Welt der Technik, in der wir uns zurechtfinden und die unser Mißverhältnis zur natürlichen Welt auf eine ebenso großartige wie gefährliche Weise vermindert. Doch die Ordnung, die ermöglicht wird, ist kein erstarrtes Ziel, keine unveränderliche Heimat unserer Erkenntnis, sondern ein Mittel des Überblicks und der Anwendung. Kurz, die reine Theorie verwandelt die Dinge und uns selbst in Funktionen, deren Rolle sie anweist und begrenzt. Die Wahrheit, die durch Theorien hervorgerufen wird, die funktionale Wahrheit ist nicht unveränderlich, nicht absolut wie jene Wahrheiten, die sich die edle Einfalt der Theologen im Kopfe Gottes vorstellt. Es handelt sich um eine Wahrheit, die im wahren Sinne des Wortes eine Rolle spielt, aktive, handelnde Wahrheit, Wahrheit, die einen menschenwürdigen Sinn hat, weil die Folgerungen, die für unser Handeln daraus gezogen werden können, ebenso wenig zu Widersprüchen führen wie die Handlungen selbst. Wir sprechen von moralischen Handlungen, wenn in dieser Weise der Logiker dem Aktivisten vorangeht, wenn die Überlegung dem freien Willen vorauseilt. Denn es gibt nur ein einziges Kriterium für die Moralität der Handlung: ihr widerspruchsfreies Fungieren im System anderer Handlungen. Und das ist eine zugleich existentielle wie rationale Bestimmung des Moralischen; sie ist existentiell, weil sie im Medium des Zweifels den freien Willen, die Entscheidung herausfordert, und sie ist rational, weil sie diese Herausforderung dem Beweis auszusetzen vermag. Die ursprüngliche Dunkelheit der Vernunft wird erhellt wie die ursprüngliche Blindheit des Willens.

Es ist ein Irrtum zu glauben, die Funktion töte den Gedanken, indem sie seine Entstehung verhindert. Man hat nur den Gedanken, der gedacht worden ist, und nur der Gedanke ist gedacht worden, der in der Form einer Aussage mitgeteilt werden kann. Geist hat, wer Gedanken hat und Geist ist, wessen Existenz darin besteht, Gedanken zu haben und auszusprechen oder wessen Gedanken eine existenzsetzende Kraft besitzen. Die Funktion der Ratio ist es, Gedanken zu bilden und Gedanken mitzuteilen, sie zu demonstrieren und auf diese Weise den Kriterien des Zweifels und des Beweises auszusetzen, innerhalb deren die existenzsetzende Kraft erst offenbar wird. Daraus folgt, daß das Reglement der Ratio unerläßlich ist, daß es aber für dieses Reglement selbst keine Regel gibt. Sie experimentiert im Medium der Intelligenz. Die Quintessenz ihrer Versuche entspringt der progressiven Kraft geistiger Existenz. Damit entzieht sich das Denken der prinzipiellen Unfreiheit, der Limitierung durch seine eigenen Theoreme und Resultate. Denn Rationalität heißt stets so viel wie: den Überblick über die Genesis der Gedanken und die Teleologie ihrer Mitteilung nicht verlieren. Die Existenz, die sich damit abzeichnet, ist in keinem Falle Gattung, sondern immer nur individuelle Realität. Es ist keine Existenz mit essentiellen Attributen, sie geht daher auch nicht, wie Sartre[11] meint, der Essenz voran. Solche ontischen Teilungen sind falsch. Existenz beweist sich durch Funktionen und ihre Prozesse, sie kann weder real noch ideell von ihnen getrennt werden.

## 10.

Die Geschichte der Metaphysik und der Ideologien, die sie ermöglichte, hat sich vor der rationalen Kritik deutlich genug als ein Geschichte der sprachlichen, erkenntnistheoretischen und ontologischen Entstellung der Wahrheit und der Realität erwiesen. Und diese Entstellung hatte einen unerhörten soziologischen Effekt: man verzichtete in der Sphäre des Geistes auf die rationale Anstrengung des Begriffs, um in der Einheit des Gemütes an eine eschatologische Auferstehung des Fleisches appellieren zu können, in deren Zeichen man dann die Macht errichtete, die sich bedenkenlos der Ausbeutung der Intelligenz und der Ausbeutung der Kraft bediente. Jede Entstellung der Wahrheit und der Wirklichkeit kommt der Errichtung einer Macht entgegen, die sich durch materielle und spirituelle Ausbeutung vermehrt. Jede Macht kulminiert in einem Zustand, in dem sie keinen kosmologischen, seinsmäßigen Rang mehr besitzt, sondern ausschließlich die Entstellung repräsentiert. Macht ist entstelltes Sein. Sie kann nicht deduziert werden. Man kann nur an ihr zweifeln. Sie besitzt also eine existenzsetzende Kraft, die sich auf das Individuelle bezieht, das den Beweis nicht verlangt, auf Henker und Märtyrer, aber sie rechtfertigt nicht das Allgemeine, das im Beweis entsteht. So gibt es also kein einziges noch so winziges Theorem, das von sich aus Macht bedeuten könnte. Macht gewinnt das Theorem erst durch die Existenz dessen, der sich mit Fleisch und Blut, wie ein Märtyrer oder ein Henker, bedenkenlos und gnadenlos daran bindet und in seinem Namen die andere Wahrheit und die andere Realität, das andere Theorem und die andere Existenz aufhebt, beschädigt oder zerstört.

Es handelt sich um eines der verhängnisvollsten und folgenreichsten Phänomene der allgemeinen Geschichte: um die eschatologische Reduktion der Wahrheit auf die Macht, der Theoreme auf Urteile, der Realität auf ihre Entstellung, des Rechts auf pure Exekution. Wer im Besitz der Wahrheit ist, braucht im Verhältnis zu denen, die diese Wahrheit nicht besitzen, noch nicht der Mächtige zu sein. Erst wenn aus der Wahrheit, die man »hat«, die Wahrheit, die man »ist«, geworden ist, sie also aus der Position des Habens in die Position des Seins getreten ist, bereitet sich die Umbildung des Theorems in Macht vor. Die Theorie wird zur Ideologie und die Wahrheit eine Form des Existierens, das nicht des Beweises, sondern der Nachfolge bedarf. Das Denken verwandelt sich in Glauben, denn man kann nicht an Wahrheiten, sondern nur an Mächte glauben, und der Zerfall der Macht braucht nicht in jedem Falle die Widerlegung der Wahrheit vorauszusetzen, an deren Umbildung in Macht man so interessiert war.

Nun handelt es sich nicht mehr um eine Wahrheit, die sich widerspruchsfrei zu anderen Wahrheiten verhält und empirische Bestätigung erfährt; es ist eine Wahrheit daraus geworden, die durch Existieren ausgedrückt und mitgeteilt werden kann, und deren Demonstration ist nicht die Verifikation eines Sachverhaltes, sondern die Verifikation einer Subjektivität. Henker und Märtyrer erscheinen genau in diesem Augenblick und werden zu Korrektiven der Wahrheit, die in Macht übergegangen ist. Sie sind beständig bemüht, nichts zur objektiven Allgemeinheit der Wahrheit beizutragen, aber unmenschlich an der Generalisierung der Subjektivität der Wahrheit zu arbeiten, und gerade diese Form der Generalisierung bezeichnen wir als Macht.

Jede Reduktion der Wahrheit auf Macht ist eine Reduktion des Seins auf Existenz, der Austausch objektiver Realität gegen subjektive Realität. Macht stimmt existentiell, und es ist beachtlich, daß gerade Zeitalter verlorener Macht zur analytischen Bearbeitung ihrer Existentialien ansetzen. Macht bemächtigt sich stets der Existenz, denn sie benutzt als Mittel eine Wahrheit, weil die Rationalität der Wahrheit einen Zustand der Allgemeingültigkeit hervorruft, den sich die Existentialität der Macht zunutze werden läßt. Nicht in jedem Falle tritt die »Verwandlung der Theorie in Gewalt« in dem Augenblick ein, wenn sie sich der Massen bemächtigt, wie die Marxisten meinen. Die Masse muß sich vielmehr in einem Zustand befinden, der sie befähigt, Einzelne zu bilden, die sich für oder gegen eine Wahrheit entscheiden können. Man muß sie rational an die Willensfreiheit heranführen, diese ihnen aber sogleich durch existentielle Gründe entziehen und den Prozeß als Entscheidung auslegen. Das gehört zur Theorie der Machtübernahme in der Sphäre des Geistes wie auch in der Sphäre der Macht. Die Wahrheit bemächtigt sich also nicht in rationalem Zustand, im Zustand des Beweises der Massen, sondern im existentiellen Zustand, der gegeben ist, solange die Masse im Argwohn des Zweifels lebt. Solange er anhält, ist der Betrug möglich, daß man die Allgemeingültigkeit einer Subjektivität als die Allgemeingültigkeit des Objektiven ausgibt und im Augenschein des Rechtes die Wahrheit in Macht überführt, in der man dann als Henker die Möglichkeit hat, dafür zu sorgen, daß kein Zweifel mehr entsteht, oder als Märtyrer am Zweifel festhält, um aber auch auf diese Weise nicht der Rationalität der Wahrheit, sondern gerade der Existentialität ihres Wesens Ausdruck zu verleihen, was indessen nicht beabsichtigt war, weil damit die Idee der Macht nicht aus der Welt geschafft werden kann, sondern ihr sozusagen dialektisch eine Rechtfertigung erteilt wird.

Fast alle Revolutionen sind geschichtliche und politische Aktionen, in deren Verlauf Wahrheit auf Existenz gegründet wird, der Beweis durch Nachfolge ersetzt und der Sinn für das Objektive zugunsten des Sinns für Subjektivität zerstört ist. Sie beginnen als Ausdruck eines Zweifels, der indessen mehr und mehr der Zuständigkeit der Beweise entzogen wird, wodurch seine wahre Natur verloren geht, jeder Augenschein erleichtert und die Macht schließlich ermöglicht wird. Die menschenunwürdige Formel »Ich bin der Weg, die Wahrheit und das Leben!« ist nicht nur eine klassische Existenzmitteilung, sondern zugleich auch die klassische Art der Verdunkelung rationaler Wahrheit durch ihre existentielle Version zugunsten des Überganges von Beweis in Nachfolge, von objektiver Allgemeingültigkeit in die Allgemeingültigkeit einer Subjektivität und damit von Wahrheit in Macht. Indem diese klassische Existenzmitteilung, die auch durch eine Entmythologisierung noch nichts von ihrer Menschenfeindschaft einbüßen würde, welthistorisch die Ohnmacht des Menschen zu einem Prinzip seines Daseins machte, vermochte sie natürlich zugleich dieses negative Attribut zu einer undurchschaubaren Eschatologie umzumünzen, in der ein ontologischer Befund zu einer theologischen Praxis zu werden vermochte, die allen Ideologien und Existenzformen den mustergültigen Weg in die Ausbeutung und Zerstörung des metaphysischen, des intelligiblen Menschen wies. Versteht man unter geistiger Ausbeutung die Überprüfung einer rationalen Intelligenz des Zweifels und des Beweises – auf dem Weg der Erziehung, des politischen und ökonomischen Zwangs und des metaphysischen Betruges – in eine irrationale Intelligenz des Glaubens und der Autorität, dann enthüllt sich sogleich jede Eschatologie als ein technisches Mittel dieser geistigen Ausbeutung: eine erfolgreiche Möglichkeit, die Leiden des Menschen, die man erzeugte und begünstigte, auf dem Gipfel der Hysterie, der Verzweiflung und der Agonie auszunützen, indem man sie übernimmt und im großen Zwischenhandel der Transzendenz durch die ewige Seligkeit versüßt.

## 11.

Was ist die Folge? – Innerhalb der intelligiblen Sphäre unserer technischen Welt zeichnet sich ein gewisser Gegensatz ab, der durch die Begriffe Nominalismus und Existentialismus verdeutlicht wird. Natürlich wird hier der ursprüngliche Sinn dieser Begriffe etwas modifiziert. Es gibt heute unter den Intellektuellen Nominalisten und Existentialisten. Für den Nominalisten haben Ideologien, Konfessionen, Parteien, Anhängerschaften, Überzeugungen usw. nur die Bedeutung von Worten, deren Verwendung in dieser oder jener Hinsicht Erfolg verspricht oder nicht. Für den Existentialisten haben Ideologien, Konfessionen, Parteien, Anhängerschaften, Überzeugungen usw. erst dann eine Bedeutung, wenn die Worte Realität geworden sind, wenn das Dasein, das sie spricht, Repräsentant dieser Worte ist, und zwar so, daß sie sinnlos wären, wenn sie nicht am Sein einer Existenz hafteten. Man versteht: hier deutet sich der an, der fast schon bereit ist, sich für eine Wahrheit totschlagen zu lassen, dort aber der Henker, dem die Beschaffenheit seines Opfers, Art und Grad dessen, an dem er das Dekret vervollständigt, gleichgültig bleibt. Wir haben die Welt enthüllt, in der Märtyrer und Henker zur Theorie gehören. Es handelte sich um eine Welt, in der das Denken jene Form von Eskapismus pflegt, durch den es sich den Korrektiven Zweifel und Beweis entzieht. Man übersieht sofort, daß auch der Nominalist und der Existentialist die Möglichkeit einer solchen Flucht erwägen und pflegen. Weder für den Nominalisten noch für den Existentialisten hat der Zweifel einen Sinn. Auch die Negation, die Methode des Zweifels, wäre ja für den Nominalisten keine Freiheit, von der er Gebrauch macht, sondern ein Wort, das er verwendet, es hätte keine Ursache, sondern einen Zweck. Und was den Existentialisten anbetrifft, so kann er zwar aus dem beständigen Gebrauch der Freiheit, an allem zu zweifeln, hervorgehen, aber er wird sich nie der Korrektur durch den Beweis aussetzen, denn ein einziger Beweis kann den beständigen Gebrauch der Freiheit, an allem zu zweifeln, zunichte machen. In einer Zivilisation, deren zugeordnete intelligible Sphäre die cartesische Struktur der Rationalität bewahren muß, also Zweifel und Beweis methodisch zu Korrektiven des Geistes macht, gehören der Nominalist und Existentialist zu den widerlegbaren Formen des Daseins. Weder der Nominalist noch der Existentialist repräsentieren die intelligible Sphäre jener Zivilisation.

Es gibt Beispiele, konkrete Beispiele für das Scheitern solcher Intelligenzen innerhalb unserer Welt. Und ich denke dabei nicht so sehr an das Scheitern in einem vitalen Sinne, sondern an die Unvollendbarkeit einer bewußt gewordenen geistigen Aufgabe und ihres existentiellen Typus.

Ich denke an Simone Weil[12], deren Leben, Intelligenz und Werk hier zitiert werden können, um auf eine höchst aktuelle Sonderproblematik des modernen Geistes hinzuweisen. Äußerlich gesehen, handelt es sich um eine religiöse Schriftstellerin, die in mancherlei Hinsicht die Erinnerung an Sören Kierkegaard wachruft. Aber wie der Däne, so ist auch Simone Weil weder ein Genie noch eine Heilige, sondern ein intellektueller Fall, der zu diagnostizieren bleibt. Sie hat Gegner; sie verwerfen ihre Aufzeichnungen als abgestandene Einsichten oder albernes Zeug. Sie hat Anhänger; sie verehren in ihrem Werk das Zeugnis einer

Konfession. Es ist eine Definition durch die Kritik, die in ihrer Gegensätzlichkeit erst zutrifft und die auch Kierkegaard über sich ergehen lassen mußte. Tatsächlich gehört das Thema Nominalismus und Existentialismus der Christenheit zum Inventar nicht nur seiner theologischen, sondern auch seiner philosophischen Literatur. Und an Simone Weil kann man die intellektuelle Entfaltung der Kategorien und Existentialien des Religiösen, nicht des Konfessionellen, inmitten einer technischen Zivilisation studieren. Wie Kierkegaard – der an seinem Sterbebett keinen Geistlichen duldete – blieb auch Simone Weil, in ihrer geistigen Haltung gesehen, außerhalb der Christenheit. Es ist höchst interessant, daß in den *Dokumenten* kürzlich erst ein »bedingungsloser Respekt vor Simone Weil« gefordert werde mußte, um endlich einmal die Inanspruchnahme ihrer Literatur von seiten einer gewissen Konfession, die ihre Herausgeber verursacht haben, abzuweisen. Die Gewißheit darüber, daß dies nicht der Fall sein kann, zerstört die Legende ihres Existentialismus ebenso, wie der vitale Einsatz dieser Schriftstellerin den Vorwurf eines Nominalismus widerlegen würde.

In ihrem zweiten Brief an Perrin, den Pater, spricht sie von den »Hindernissen intellektueller Natur«, die sie von der Konfession trennen. Im letzten Brief an den gleichen Empfänger wird sie massiver und apostrophiert nicht die »intellektuellen Hindernisse«, die sie von der Kirche trennen, sondern die existentiellen Schwächen der Kirche, denen sie nicht nachzufolgen gedenkt. »Die Kirche verteidigt heute die Sache der unverjährbaren Rechte des Individuums gegen die kollektive Unterdrückung, die der Gedankenfreiheit gegen die Tyrannei. Doch sind dies Anliegen, deren sich gerne diejenigen annehmen, die im Augenblick nicht die Stärkeren sind. Das ist ihr einziges Mittel, eines Tages vielleicht wieder die Stärkeren zu werden. Das ist wohl bekannt. Damit die augenblickliche Haltung der Kirche wirksam wäre und wirklich wie ein Keil in das soziale Leben eindränge, bedürfte es dessen, daß sie offen ausspräche, daß sie sich geändert hat oder sich ändern will. Wer könnte ihr andernfalls ernstlich Glauben schenken, wenn er sich der Inquisition erinnert?«

Man bemerkt, in welchem Sinne und in welchem Umfang Simone Weil die Kirche den Kriterien des Zweifels und des Beweises unterwirft. Indem sie dies tut, reflektiert sie auf die

»Hindernisse intellektueller Natur«. Natürlich wird sie sich nie mit der cartesischen Rationalität zufrieden geben, aber angesichts ihrer Auseinandersetzung mit der Kirche und der Konfession wird offenbar, wie wenig sie daran dachte, in der Praxis aufzugeben, was in der Theorie ihr längst brüchig schien. Simone Weil hat auf ihre Weise diagnostiziert, daß die Kirche weder in einem nominellen noch in einem existentiellen Rahmen zu verteidigen wäre. Sie kann ihr weder als Henker noch als Märtyrer angehören. Sie kann es vermöge ihrer cartesischen Intelligenz nicht. Erst in dem Augenblick, in dem Zweifel und Beweis gegenüber einer Institution wie der Kirche und der Konfession ihr keine bewegenden Argumente mehr bedeuten würden, wäre sie für die Kirche und die Konfession gewonnen und auf dem Wege zur Heiligen oder zur Märtyrerin – denn die Extreme zogen Simone Weil an –, aber als Intelligenz, als Fall einer Zivilisation wäre sie dann natürlich für immer verloren.

Simone Weil, weder im eigentlichen Sinne schöpferisch als Genie oder religiös als Heilige, erweist sich demnach durchaus als ein cartesianischer Funktionär, als ein Funktionär der Theorie, zu deren Wesen es gehört, die Institutionen vor der Vermachtung zu retten, ein bemerkenswerter Sonderfall aktueller Kritik. Sie bediente sich auf eine hervorragende Weise der feinen spirituellen Instrumente des Zweifels und des Beweises, um sowohl die existentielle Möglichkeit der Konfession – die Nachfolge – als auch die nominelle Chance – die bloße Mitläuferschaft des Opportunisten – zu erledigen. Fast handelt es sich bei ihr – und gerade das macht sie zu einem Fall – um eine Rezeption, um eine Demonstration der cartesischen Rationalität wider Willen, aber in der Einsicht, daß die unwiderrufbare Freiheit dieser Rationalität nicht zum Opfer gebracht werden darf. In der 15. These der 4. Meditation des Descartes wird auf sehr deutliche Weise die Freiheit des Willens von der Freiheit des Denkens unterschieden und unnachahmlich präzis jene hinter diese zurückgestellt. »Woraus entstehen alle meine Irrtümer? – Nun, einzig und allein daraus, daß, während der Wille weiter reicht als der Verstand, ich jenen nicht in dessen Grenzen einschließe, sondern ihn auch auf das erstrecke, was ich nicht einsehe…« Freiheit des Willens ist jedoch nur als Freiheit eines Handelns sichtbar. Handeln, dem nicht die Freiheit des Denkens vorausgeht, wird zum gefährlichen

Handeln, es überzeugt nicht, es beutet aus. Ohne Zweifel verbarg in diesen Meditationen Descartes, wie so oft, seine Angriffe gegen die Inquisition, gegen die Funktionäre eines Willens, der in jedem Falle weiter reichte als die Überlegung, die Einsicht. Man nannte das Autorität. Aber in einer Zivilisation, deren Schöpfung, Erhaltung und Vervollkommnung eine methodische Rationalität benötigt, kann es keine Begrenzung dieser Rationalität durch Autoritäten, durch Funktionäre eines Willens geben, es bedarf vielmehr in jedem Augenblick der Funktionäre einer Theorie, der Funktionäre einer Freiheit des Denkens, die den Willen begrenzt, um die systematische Ausbeutung des Geistes und die Beschädigungen des Lebens und des Existierens zurückzuweisen. Die Sphäre mag kälter werden, aber sie wird nicht ärmer. Der Reichtum des Denkens ist größer als der Reichtum des Willens.

## 12.

Die Kultur der Intellektuellen – sie ist es, die mit der modernen Welt historisch zur Diskussion gestellt und vital erprobt wird. In einer scheinbar äußeren Schicht nichts anderes als eine Zivilisation, die von ihren Funktionären technisch und wirtschaftlich, mit Hilfe von Ausbeutungen und Profiten, vitalen Verlusten und geistigen Gewinnen zwischen Vermassung und Individuation mühsam erhalten werden muß, und in einem apokryphen Innern, in der Zone ihrer Quellen, dennoch einen Bereich echter Schöpfungen und Gesinnungen darstellt, in dem man nach wie vor an der Präparation der Prinzipien des Daseins und der Idee des Menschen arbeitet und ihren Möglichkeiten Ausdruck verleiht.

Man darf sich indessen kein falsches Bild von den topographischen Verhältnissen machen: mag die Zivilisation, geschichtlich gesehen, ehedem das Ergebnis geistiger Arbeit gewesen sein, die sich in der Tiefe abspielte und das Dasein nach innen und außen ordnete, weil sie intelligible Resultate in materielle Zustände und Vorgänge überführte, heute erscheint alles an die Oberfläche gedrängt; die Kultur der Intellektuellen ruht nicht auf, sie bildet mit den vitalen, wirtschaftlichen und technischen Zentren der Zivilisation ein einziges weitverzweigtes Niveau.

Was ist ein Intellektueller? – Unter einem Intellektuellen ist ein

Mensch zu verstehen, dessen Leben sich durch eine aktive Spannung zum Geist, in dieser oder jener Form seiner Äußerung, auszeichnet, dessen Dasein also einen Sinn durch eine intelligible Welt der Gedanken, Erkenntnisse, Erfahrungen, Ergebnisse und Schöpfungen empfängt, die dieser Mensch entweder selbst zu entwickeln imstande war oder mit denen er sich auseinandersetzt. Es gehört jedoch zum Modus solcher Gedanken, Erkenntnisse, Erfahrungen, Ergebnisse und Schöpfungen, daß sie von bloßen Emotionen oder Erleuchtungen ebenso verschieden sind wie vom puren Räsonnement oder vom Geschwätz; es wird also von ihnen verlangt, daß sie wenigstens im Prinzip den cartesischen Kriterien des Zweifels und des Beweises nicht entzogen sind.

Die Intelligenz der Intellektuellen, deren Dasein durch ein positives Verhältnis zu einer intelligiblen Welt, die jenen cartesischen Kriterien nicht entzogen ist, bestimmt wird, bleibt in jedem Falle von einer Intelligenz der Affen essentiell verschieden. Die Kultur der Intellektuellen ist keine Kultur der Nachahmung, sondern eine Kultur des Urteils. Nur wo Urteil ist, kann Schöpfung sein, und jede Korrektur der Zivilisation, die ihrer Schöpfung, ihrer Erhaltung, ihrem Funktionieren dient, setzt das Urteil voraus.

Das Urteil, in dem man also zustimmt oder ablehnt, ja oder nein sagt, ist ein rationales Gebilde; seine Wahrheit oder Unwahrheit kann nur methodisch in endlich vielen vollziehbaren Schritten hergestellt oder bewiesen werden. Indem sie Urteil ist, erweist sich die Intelligenz der Intellektuellen als ein Ausdruck jener Art wesentlicher und methodischer Rationalität, die, wie gesagt, durch Zweifel und Beweis definiert ist und essentiell menschlichen Charakter besitzt. Von dieser wesentlichen Rationalität leben Überlegung und Handeln, Praxis und Theorie des Menschen, also die Fundamente der Zivilisation, die keineswegs nur eine vitale Erprobung bedeutet, sondern zugleich auch das repräsentiert, was wir Geist nennen.

Das Urteil, der beständig notwendige Akt des Verwerfens oder des Anerkennens, also die der individuellen Intelligenz überlassene Mitbestimmung und Entscheidung über Sein und Nichtsein der Sachverhalte, Handlungen und Ereignisse, reduziert vor allem innerhalb der technischen Welt, deren intelligible Grundverfassung nicht verkannt werden kann, die Lage des Menschen immer wieder auf einen Zustand, der durch Zweifel und Beweis charakterisiert ist und somit eine Situation des Selbstbewußtseins bedeutet. Je deutlicher die materiellen Vorgänge in dieser Welt vom Menschen abhängig werden, desto sichtbarer tritt offensichtlich die Priorität der intelligiblen Fakten hervor.

Der moderne Intellektuelle bewegt sich also notwendig über Marx zu Hegel zurück. Er rezipiert den Ursprung der ökonomischen Dialektik, die Dialektik des Selbstbewußtseins. Die *Phänomenologie des Geistes* ist für ihn wesentlicher als das *Kapital.* Das Verhältnis zwischen »Herr« und »Knecht« ist für ihn sehr viel weniger eine Frage materieller als intellektueller Verhältnisse; Eigentum bedeutet nicht den Besitz materieller Habe, sondern die Bestätigung des Selbstbewußtseins in überlassenen Entscheidungen. Links stehen... das heißt somit das Bewußtsein einer Intelligenz haben, der man Entscheidungen überlassen hat und deren Bestand und Funktion für die intelligible Sphäre der technischen Welt zwar als unerläßlich zugestanden wird, die aber dennoch von der Partizipation an der Macht ausgeschlossen bleibt, mindestens realiter ausgeschlossen bleibt.

Weltrevolution von Links bedeutet in der Sprache dieser Intellektuellen im wahren Sinne des Wortes eine Bewegung von Marx zu Hegel zurück, eine methodische Ersetzung der Probleme des Eigentums durch die Probleme des Selbstbewußtseins, der Probleme der Macht durch Probleme der Intelligenz; die innerhalb der technischen Welt sachlich regressiven Diktaturen des Proletariats oder des Kapitals werden in ihrem Verlauf ebenso methodisch zerstört werden müssen, wie eine Diktatur der Intelligenz sich als eigentlicher Sinn der Progression enthüllt. Nicht im Sinne von Marx, wohl aber im Sinne Hegels gibt es heute eine Linke Intelligenz, deren Sinn für die Änderung der gesellschaftlichen Verhältnisse wächst und die das *Kapital* nur im Namen der *Phänomenologie* zu suspendieren imstande ist und die die Weltrevolution, wie die Herrschaft der Manager in aller Welt beweist, zwar vielleicht im Sinne von Marx verloren hat, aber wie die Anti-Naturalisierung des Bewußtseins in der modernen Kunst, Wissenschaft und Philosophie es bestätigt, im Sinne von Hegel faktisch zu gewinnen beginnt.

## 13.

Jeder Exkurs in die philosophische Anthropologie bestätigt den Zusammenhang der Gründe, aus denen vorstehende Auffassung resultiert. Es handelt sich nicht mehr darum, das Sein des Menschen entweder – theologisch – von Gott her oder – zoologisch – vom Tier her verständlich zu machen. In ihren Forschungen, die von Bolk und Dewey bis Portmann und Gehlen reichen, sprechen die gegenwärtigen anthropologischen Theorien sowohl von einer biologischen als auch von einer metaphysischen Sonderproblematik des Menschen. Zur biologischen Sonderproblematik gehören alle Eigenschaften, die den Menschen als »Mängelwesen« bestimmen, als das innerhalb der Natur im Prinzip »schwächere Wesen«, dem im Grunde die adäquate Umwelt fehlt. Zur metaphysischen Sonderproblematik gehört jene Einzigartigkeit seiner Seinslage, die Möglichkeit, ein subtiles Bewußtsein von sich selbst zu haben, eine Rationalität zu offenbaren, die in ihrem Zweifel und in ihrem Beweis auf Entscheidungen und Zustimmungen zurückgeführt werden kann, die ihrerseits ein unantastbares Selbst voraussetzen. Durch nichts wird diese metaphysische Einzigartigkeit des menschlichen Geistes, der ein Selbst ist, sichtbarer demonstriert als durch die Tatsache, daß es zwar möglich ist, eine Maschine zu bauen, die gewisse Fähigkeiten des Hirns nachahmt und rationale Urteile, Beweise und Kalküle aufbaut, aber prinzipiell nicht imstande ist, die Mechanik dieser Vorgänge auf Zweifel oder Entscheidungen, kurz, auf Selbstbewußtsein zurückzuführen und letzteres technisch zu reproduzieren. Die berühmte cartesische Fähigkeit, »von seiner eigenen Freiheit Gebrauch zu machen und vorauszusetzen, daß alle die Dinge nicht existieren, an deren Dasein sich auch nur im geringsten zweifeln läßt«, drückt sehr genau jenen existentiellen Zustand der Rationalität aus, deren Methode zwar in einer kybernetischen Maschine zu verwirklichen ist, deren Intention aber weder in einer archimedischen noch in einer nichtarchimedischen Technik nachgeahmt werden kann. Diese These, die im Rahmen semantischer bzw. logistischer Überlegungen zu den großen mathematischen Maschinen relativ streng beweisbar ist, stützt in unserem Zusammenhang die Lehre von der metaphysischen Unabhängigkeit des Menschen, die den Kern seiner möglichen Freiheit ausmacht.

Wenn es wahr ist, daß es prinzipiell nicht möglich ist, eine Maschine zu konstruieren, die, obgleich sie Beweise liefert, diese nicht auf Zweifel und Entscheidungen zurückzuführen vermag, also Selbstbewußtsein hätte, dann ist es auch wahr, daß es keine noch so sublime Rationalität, keine noch so vollkommene technische Sphäre und keine noch so geschlossene Zivilisation gibt, in der Freiheit nach Belieben produziert und vernichtet werden könnte.

Die metaphysische Sonderproblematik des Menschen, die auf diese Weise durch die beschriebene existentielle Rationalität bestimmt zu werden vermag, drückt im Verhältnis zur biologischen Sonderproblematik, in der das menschliche Dasein zweifellos negativ bewertet wird, eine wesentliche Positivität aus. Der Fortschritt der technischen Zivilisation exponierte sowohl die biologische als auch die metaphysische Lage des Menschen; er arbeitete erst sowohl die Demarkationslinien als auch die Umfänge aus; er hob beide Bereiche schärfer voneinander ab und machte auf beiden Seiten die Chancen sichtbar. Dennoch erscheint aber gerade im Verlauf dieses historischen Prozesses, der zu einer technischen Welt führte, diese als ein Versuch, nicht nur den biologischen Schwierigkeiten des Mängelwesens, sondern auch den metaphysischen Schwierigkeiten der freien Individualität zu entgehen. Nicht nur biologische und metaphysische Fakten, also Aporien der Mängel und Aporien der Freiheit, werden demnach im anthropologischen Zwang zur Technik koordiniert, auch historische oder politische Kategorien wie Tradition und Revolution werden hier in ein Verhältnis gesetzt, und notwendig erscheint die gesamte technische Welt gleichermaßen durch existentielle und durch rationale Strukturen bestimmt. Nicht umsonst zeichnen sich also innerhalb der technischen Welt sowohl metaphysische als auch biologische Phänomene ab, die zugleich eine existentielle und rationale Bedeutung besitzen. In dem Maße, wie sie einerseits ein biologisches Defizit wenigstens im Prinzip zu korrigieren vermag, gehört es andererseits zu ihren Möglichkeiten, der Verflüchtigung der Realität in der metaphysischen Utopie entgegenzuarbeiten. Rationalität und Technik begrenzen also unsere Wunschlandschaften, die Insel der Seligen, die nicht unsere Insel ist, Idee und Wirklichkeit der bewohnbaren Sphäre, aber sie limitieren zweifellos auch Sinn und Sein unserer Existenz in dieser Sphäre, und nicht zuletzt bedeutet die Geschichte menschlicher Gesellschaft und menschlichen Geistes ein tragisches Reservoir aller Widerstände, die gegen jene seinsgerechten Begrenzungen ersonnen und erprobt wurden und die für die Halb- und Zwischengeister noch immer nicht an Wert verloren haben. Neben den soziologischen Sündenfällen heben sich die politischen ab, jedermann kennt sie, und die großen konfessionellen und ideologischen Versuche des Abendlandes, die Mißverhältnisse illusionistisch zu beschönigen. Christentum, Humanismus und Idealismus mündeten immer wieder in Systeme, innerhalb derer man so bequem ein nominelles, aber kein existentielles Dasein zu führen brauchte. Denn diese Systeme hatten ja niemals einen Pakt mit der menschlichen Rationalität geschlossen, der sie gezwungen hätte, auf Zweifel und Beweis, auf Entscheidung und Zustimmung und damit auf wirkliche Individualität, auf freies Selbstbewußtsein und auf Existenz zu reflektieren.

# Nachwort

Ich schließe mit einem Hinweis auf den reduzierten Menschen, der sich vor der Zukunft als mögliches Wesen abzeichnet. Ich verstehe unter einem reduzierten Menschen einen existierenden Typus, dessen makelloses Dasein nicht auf der Entfaltung aller seiner Möglichkeiten beruht, sondern auf ihrer sehr bewußten Einschränkung. Nietzsches »nicht festgestelltes Tier«, Ortegas »utopisches Wesen« sind Ansichten, Modelle dieses reduzierten Typus.

Die neueren anthropologischen Theorien stellen, im ganzen gesehen, eine Lehre dar, in der das Geschöpf möglicher Vollkommenheit keinen Rang mehr besitzt und durch ein Geschöpf reduzierter Vollkommenheit, das seine Chancen seinen Einschränkungen verdankt, ersetzt ist. Schon die Geschichte der Moralen und der Gesetzgebung jeder Art enthält implizit das präfixierte Zugeständnis an solche Reduktionen im geistigen und vitalen, im metaphysischen und materiellen Sinne, und die Versuche unserer Existenz mit der Wahrheit lassen sich als die Versuche eines Wesens deuten, das sich selbst, bewußt oder unbewußt, auf Seinsverhältnisse zurückzieht, aus denen eine Flucht, in Gedanken oder in der Tat, kein rettendes und verheißungsvolles Unternehmen mehr bedeuten würde.

Jedes Zeitalter reduziert vermutlich auf seine Weise, aber stets scheint die Reduktion das letzte Mittel der Annäherung an Realität und Idealität, des Überlebens in der Materie oder in der Idee zu sein. Der reduzierte Mensch als der beste der möglichen Menschen stellt eine pessimistische, aber doch legitime Korrektur des klassischen Optimismus der Eschatologien dar.

# Ungehorsam der Ideen

## Abschließender Traktat über Intelligenz und technische Welt

*In der zweiten Meditation setzt der Geist, der von seiner eigenen Freiheit Gebrauch macht, voraus, daß alle die Dinge nicht existieren, an deren Dasein sich auch nur im geringsten zweifeln läßt, bemerkt aber dabei, wie es ganz unmöglich ist, daß er selbst indessen nicht existiert.*

Descartes

# Inhalt

# Vorwort

Ich schreibe nur für Intellektuelle, also gegen die Stimmungen, aber für das Bewußtsein. Ich setze die ursprüngliche Reinheit und die unbegrenzte Fortsetzbarkeit des Denkens in dieser Welt voraus und rechne mit denen, für die Aktionen der Vernunft das legitime menschliche Ziel sind, denen ein Schluß wesentlicher ist als ein Bekenntnis, weil seine seinssetzende Kraft individualisierender, schöpferischer und folgenreicher ist, und denen jede nachlassende Spannung im Verhältnis zu Ideen ein Zeichen verfallender Humanität bedeutet. Auf Unterhaltung von Konsumenten habe ich längst verzichtet. Zerstreuungen vermehren die Rückstände. Gegenwart und Zukunft sind eine Frage der Konzentration, und in jeder Konzentration vollzieht sich eine Verschärfung der Begriffe und der Wahrheit. Unpopulär zu sein, hat für mich nichts Bedrückendes mehr, und Entfremdungen sind nicht nur unter Umständen der Entwicklung dienlich. Das bourgeoise Einverständnis scheint mir unwichtig, und es geht nicht darum, Leser zu gewinnen, sondern diesen oder jenen Leser, der Dekadenz durch Produktivität, Saturierung durch Individualität und Gläubigkeit durch Zweifel ersetzen kann. Wenn die Konformität der Welt fast schon zu einer Kategorie der Unterhaltung geworden ist, wird es notwendig, die Methode der individuellen Progression als Korrektiv und eine diskrete Ontologie menschlicher Existenz als Prinzip der Humanität einzuführen.

Man hat es mir nachgetragen, daß ich seinerzeit, als gewisse Angriffe gegen mich den Vorwurf disparater Intelligenz durch die weiteren des Atheismus, der radikalen oder linken Opposition, des Individualismus, des Anarchismus und der Niveaulosigkeit erläuterten, nur geschwiegen habe. Doch was hätte ich antworten sollen? – Einem verwirrten Publikum! – Auf Vorwürfe, die wie Verstecke der Unzulänglichkeit formuliert waren! – Stimmen, die keine Legitimation besaßen; denn Macht, Regierung ist keine

Legitimation für Wahrheit! – Sollte ich die disparate Intelligenz, den Atheismus, den Individualismus, den Anarchismus, die radikale oder die linke Opposition, mein Niveau vor dem deutschen Provinzialismus und seiner Presse verteidigen, die doch schon deutlich genug als Verhängnis unserer Geistesgeschichte und als sichtbarliche Schwäche der Zeitgenossenschaft diagnostiziert worden waren?

Dennoch hat mich seither dieses Problem der Beunruhigung der Macht durch Ideen in einem prinzipiellen Sinne beschäftigt.

Die Entschlossenheit des menschlichen Bewußtseins, gelegentlich verschlossen, abgewendet, unzugänglich gegenüber anderen und neuen Möglichkeiten auf einer einzigen, aber undefinierten Wirklichkeit zu bestehen, die man dafür hält oder als solche mißversteht, hat gerade in Deutschland und in Westeuropa die beinah tragischen Züge einer intellektuellen Depression und Ambivalenz angenommen, die an keinem Versuch mit neuen Wahrheiten und an keiner intelligiblen Veränderung des Daseins Interesse haben. Das ist eine allgemeine Feststellung, keine, die zwischen Zonen unterscheidet. Und es ist klar, daß diese Feststellung Beurteilung und Verurteilung verlangt. Man muß heute gegen die Enge, gegen die Abgeschlossenheit, gegen das Detail, gegen das Pfahlbürgertum, gegen die Unbeweglichkeit, gegen die Pietisten, gegen die Muckerer, gegen die Makler, gegen die Leute im Kahn, gegen die Provinz, mit einem Wort, gegen die Banausen schreiben, wie es Theophrast schon getan hatte, schreiben, solange Hoffnung besteht, wenigstens die einfacheren Formen des Niederganges und des Schreckens aufhalten zu können und die sattsam bekannte, selbstverräterische Denunziation billig zu habender Gemeinschaften wirkungslos zu machen und ihr eifriges Publikum am Fuße der Treppe stehenzulassen. Denn es ist angebracht, die Ambivalenten nicht mehr in Betracht zu ziehen, wenn der öffentliche Ungehorsam der Ideen, der einem Autor vorgeworfen wird, Anlaß ist, mit der Verdächtigung seiner Urteilskraft auch die öffentliche Kraft seiner Worte zu verdammen.

Ich werde also im folgenden von gewissen geistigen Grundlagen einer zeitgenössischen disparaten Intelligenz sprechen. Wer sich im Fluß und in den Netzen einer fortschreitenden äußeren und inneren Zivilisation als beteiligtes, produktives, denkendes und wollendes Wesen erkennt, kann weder die Prinzipien noch die Theoreme, weder die Strukturen noch die Bedeutungen dieser Zivilisation in seinem Selbstverständnis und in seinem Seinsverständnis außer acht lassen und an Stelle der Realitäten bloße Fiktionen einführen.

Keine Idee ist gehorsam. Der Zustand der Dispersion ist keineswegs wider ihre Natur, und so irritiert sie fast in jedem Falle die Macht. Auch ist die Idee stets voller Objektivität, während von der Macht in keinem Augenblick das bestechliche Gehabe der Subjektivität abzulösen ist. Nur Ideen erzeugen intelligible Personen realer Prägnanz, Individuen, deren Immanenz von keiner Transzendenz belästigt und beschädigt werden kann. Ein wesentlicher Teil der geistigen Arbeit der Intellektuellen ist also der kontingenten Erzeugung und dem selektiven Verbrauch der Ideen gewidmet, deren dauerhaftes Reservoir die zukünftigen Möglichkeiten einer Zivilisation und ihrer Humanität bestimmt.

Kein Intellektueller fürchtet diese Ideen, aber er weiß, wer sie fürchtet.

Die synthetische Klasse dieser Intellektuellen, der Intelligenz, um es zugänglicher zu sagen, die insbesondere aus der Ausgleichsbewegung zwischen Arbeiterschaft und Spätbürgertum in unserer Gegenwart entstanden ist, bedroht heute durch ihre pure und unvermeidbare Existenz alle östlichen und westlichen Polytechniken der Macht; ihre Urteilskraft und Schöpfungsfähigkeit haben sich schon heute als weltnotwendiger und allgemeingültiger erwiesen als die traditionellen politischen Vermachtungen der Parteien, Konfessionen, Nationen und Wirtschaftssysteme. Die Verflechtung mit der technischen Realität und ihrer zweiten industriellen Revolution ist dabei offenkundig. Aber ebenso offenkundig ist auch die Tatsache, daß innerhalb der hier determinierten Intelligenz der alte Modus der Freiheit des Geistes umgeschlagen ist in den Modus der Notwendigkeit des Geistes.

# 1 Der Begriff der Philosophie

Es handelt sich im folgenden um eine Bestimmung des Begriffs der Philosophie, also der Arbeit, die sie zu leisten hat, wenn sie ihren Sinn nicht völlig verlieren will. Man muß eine solche Bestimmung vornehmen, weil die Lage der Philosophie noch immer sehr prekär ist. Auf der einen Seite werden ihre Probleme zu Scheinproblemen gemacht und auf diese Weise zerstreut, auf der anderen Seite werden sie jedoch nach wie vor theologisch, politisch und literarisch verarbeitet und bleiben uns in diesen Zusammenhängen erhalten. Im ganzen kann man sagen, hat ihre absolute Selbständigkeit sehr verloren, aber ihre relative Unselbständigkeit hat ihr vielleicht sogar neues Gewicht verliehen. Jedenfalls scheint ihre systematische Form in starkem Maße durch eine disperse ersetzt worden zu sein, und einem Kontinuum von Überlegungen ist zweifellos vielfach eine diskrete und offene Folge von Gedanken gewichen. Es ist einzusehen, daß ihr damit die Idee der Abgeschlossenheit fremder geworden ist, während der Grad der Anwendbarkeit zugenommen hat.

Man kann fragen, wodurch die umstrittene Lage der Philosophie zustande gekommen ist, und die Antwort wird vor allem folgende Punkte festhalten müssen:

Zunächst ist die philosophische Entwicklung ganz allgemein durch einen gewissen Mangel in der Ausdifferenzierung ihrer Probleme, ihrer Methoden und ihrer Sonderdisziplinen aus ursprünglich einheitlichen Wissenskomplexen ausgezeichnet. Ihrem pathetischen Universalismus entspricht es, daß innerhalb ihrer Überlegungen die sprachliche Fixierung – die Bezeichnungsfunktion im Verhältnis zur Mitteilungsfunktion – vernachlässigt wurde. Die Stärkung der Ausdruckskraft konnte nur durch eine Schwächung der Theorienbildung erkauft werden. Das starke Festhalten am Historizismus und am Konfessionalismus in der philosophischen Gedankenbildung hat ihre saubere Ausprägung zu einem echten erforschbaren Gebiet bis heute noch in weiten Problemstrecken verhindern können. Das Versäumnis einer wirklichen Grundlagenkrisis, die das gesamte Philosophieren von innen, von sich selbst her, nicht von außen, ergriffen und kontrolliert hätte, gehört ebenfalls zu dem großen und wichtigen Thema des Zurückbleibens der gesamten Geisteswissenschaften hinter den Naturwissenschaften, was das Schöpferische, den Grad der Innovation, die Beeinflussung der Grundlagen und der Lebensform innerhalb unserer Zivilisation angeht. Denn die intelligiblen Dekadenzverhältnisse des neuzeitlichen Geistes sind ja in der Philosophie und in den Geisteswissenschaften, nicht in der Naturwissenschaft, in der Mathematik oder in der Technik zutage getreten.

Immerhin bietet das weite Trümmerfeld diskreditierter Probleme und diskordanter Begriffsschichten, das die philosophische Entwicklung in ihrem Fach oder in ihren Fächern hinterlassen hat und die in jeder noch so billig zu habenden politischen oder religiösen Weltanschauung ausnützbar sind und verbraucht werden können, heute die Möglichkeit eines neuen Aufbaus der Philosophie an, wenn wenigstens drei allgemeinere Forderungen an ihn gestellt und in erster Annäherung auch erfüllt werden können. Ich meine die Forderung der grundsätzlichen Relativität der philosophischen Probleme, worunter ich ihre materiale und funktionale Abhängigkeit von empirisch zugänglichen Bereichen der Wissenschaft, der Kunst, der Literatur, der Technik, der Gesellschaft und dergleichen verstehe; dann die Forderung der grundsätzlichen Rationalität der philosophischen Denkweise, worunter ich ihre Darstellung in sprachlich zugänglichen, deduktiven oder induktiven, intuitiven oder spekulativen Abläufen verstehe, sofern diese, frei von emotionalen und transzendenten Gründen und Tendenzen, definit und korrigierbar bleiben, also in endlich vielen Schritten durchführbar bleiben; schließlich die Forderung der grundsätzlichen Diskontinuität philosophischer Theorien einerseits und ihrer Konkordanz andererseits, worunter ich die partikuläre, primär nicht systematische, absolute Behandlung philosophischer Probleme und ihren materialen Zusammenhang, wenn auch nicht die konsistente Anordnung verstehe.

Vom Standpunkt dieser Forderungen aus scheint mir der nicht erst heute erkennbare disperse Zustand der Philosophie ebenso sinnvoll zu werden wie die Tatsache, daß die primäre Unverbindlichkeit ihrer Redeweise sekundär zu einer Manipulierbarkeit und Anwendbarkeit führt und daß sie keine Objektwissenschaft, sondern eine Metawissenschaft ist, also nicht von Objekten, sondern von Sätzen über Objekte handelt.

Nur in der Annäherung an die Erfüllung dieser Forderungen der Relativität, der Rationalität und der Partikularität kann man zulassen, daß die Philosophie auf eine vollständige Notierung ihrer Sätze (in dem Sinne, daß, wie die Mathematiker gelegentlich sagen, erst mit dem Beweis der Satz abgeschlossen ist) verzichtet und in der Mitteilung genügend unvollständig bleibt, offen für Innovation, die in der Gestalt von bloßen Ideen auftauchen, deren Losgelöstheit von anderen ihren spezifischen Charakter ausmacht und deren Anwendung auf andere oder Beziehung zu anderen ihre experimentelle Rolle bestimmt.

Zunächst heben wie also hervor, daß Philosophie ein metawissenschaftlicher Begriff ist: der Begriff für eine Klasse von disziplinarischen Überlegungen, Theorien oder Wissenschaften. Allerdings sind diese mehr oder weniger zusammengefaßten disziplinarischen Überlegungen, Theorien oder Wissenschaften weder zur Naturwissenschaft noch zur Geisteswissenschaft zu rechnen, wenn auch beziehbar auf beide und verbindlich für sie. Im Interesse der Erfüllung der gestellten Forderungen und insbesondere im Interesse ihrer Dispergierbarkeit wäre es sogar vorzuziehen, den Begriff der Philosophie nur im Sinne eines Oberbegriffs gewisser Theorien, die an und für sich weder in die Naturwissenschaft noch in die Geisteswissenschaft fallen, aber für beide verbindlich sind, zu verwenden. Offenbar gehören die Grundlagen und Grenzen aller Wissenschaften einem Bereich von Begriffen und Relationen an, der ziemlich genau dem entspricht, was uns in der reinen Philosophie begegnet. Jedenfalls lassen sich alle Wissenschaften bis auf diese Gründe zurückführen, so daß jede einzelne Wissenschaft genau in dem Umfang als philosophisch fundiert erscheint, als sie einer Grundlagenkrisis fähig ist. Die Grundlagenkrisis äußert sich ja durchweg in den Wortbedeutungen und in den Satzgeweben, nicht aber in den Sachgebieten, so daß es sich bei ihr also primär um einen metawissenschaftlichen, nicht um einen objektwissenschaftlichen Vorgang handelt.

Mit dieser Feststellung können wir indessen schon zu einer

weiteren Bestimmung der Philosophie vorstoßen. Die überkommene philosophische Literatur, die bisherige Arbeit der philosophischen Denker läßt sehr deutlich drei verschiedene Funktionen der philosophischen Denkweise und Äußerungen erkennen. Ich meine die *fundierende*, die *kritische* und die *utopische* Funktion der Philosophie.

Die fundierende Funktion der Philosophie, die wir schon eingeführt haben, macht sie zur allgemeinen Grundlagenforschung, die gewissermaßen am Fuße jeder Wissenschaft, jedoch auch an ihren Grenzen, in Gang gebracht werden muß. Sie bezieht sich daher in jedem Fall auf die Grundlagen der Wissenschaften und bedient sich also der wissenschaftlichen Verfahrensweise nach Maßgabe der Wissenschaft, über die sie spricht; sie tritt zwangsläufig mit der Grundlagenkrisis hervor. Die Grundlagenkrisis der Mathematik, die mit der Mengenlehre und der nichteuklidischen Geometrie etwa einsetzte, ist ein denkwürdiges Beispiel für den Einbruch philosophischer Grundlagenforschung in die Bereiche der Mathematik. Man darf jedoch nicht vergessen, daß bereits die aristotelische Metaphysik, mindestens im Verhältnis zur damaligen Mathematik und Naturwissenschaft, Ausdruck der fundierenden Funktion der Philosophie, also Grundlagenforschung gewesen ist. Desgleichen bedeutet Kants *Kritik der reinen Vernunft*, sofern sie sich auf Euklids Geometrie und Newtons Physik bezieht, reine Grundlagenforschung, also Betätigung der fundierenden Funktion der Philosophie. Auch die neopositivistische Naturphilosophie, in erster Linie relativistische Raum-Zeit-Lehre und philosophische Analyse der Quantenmechanik, vor allem mit den Hilfsmitteln der Logistik, ist im wesentlichen metawissenschaftliche Grundlagenforschung und ein echtes Stück der fundierenden Funktion der Philosophie, genau wie die sprachanalytischen Methoden Moores oder Wittgensteins und ihrer Nachfolger, die sich bekanntlich zum Teil auf die konventionelle Philosophie selbst bezogen haben.

Sucht man nach dem philosophischen Ort, an dem die fundierende Funktion der Philosophie als Voraussetzung der wissenschaftlichen und technologischen Zivilisation unserer Epoche ihre konsequenteste methodologische Gesinnung und ihre höchste Universalität gewinnt, so ist es zweifellos das Werk Charles Sanders Peirce', des amerikanischen Philosophen und Mathematikers, der erst jetzt seine volle Anerkennung zu gewinnen beginnt. Insbesondere sein Essay »The Fixation of Belief« (Die Festigung der Überzeugung), der 1877 geschrieben wurde, scheint mir den Rang eines »Discours« für jede heutige Grundlagenforschung, undogmatische »offene« Philosophie und pragmatisch orientierte Wissenschaft zu haben.

Die kritische Funktion der Philosophie, die schon immer den Argwohn des Publikums, der privilegierten Klassen und herrschenden Mächte, insbesondere aber der Konfessionen hervorgerufen hat, geht davon aus, daß die Philosophie als die allgemeinste Betätigung des menschlichen Geistes genau damit das Recht gewonnen hat, jedes Faktum des Lebens und der Gesellschaft im Hinblick auf grundsätzliche Verbesserungen bestehender Verhältnisse zu reflektieren und zu kritisieren. Die überkommene Philosophie hat seit Sokrates von diesem sinnvollen Recht Gebrauch gemacht.

Mit der Aufklärung im 18. Jahrhundert, mit Locke, Voltaire, d'Alembert und Diderot wird die kritische Funktion der Philosophie ein sehr bewußter und höchst legitimer Vorgang menschlichen Denkens, dessen öffentliche Wirksamkeit nicht mehr bestreitbar ist und der, was die Änderung bestehender Mißverhältnisse angeht, Erfolge zu verzeichnen hat. Im 19. Jahrhundert bilden Kierkegaard, Marx und Nietzsche einen Gipfelpunkt der kritischen Denkweise der Philosophie. Kierkegaard kritisiert den ästhetischen Menschen im Hinblick auf den religiösen, Marx den ausbeutenden im Hinblick auf den ausgebeuteten Menschen, um der ethischen Lebensführung den Vorrang vor der ästhetischen und religiösen zu geben, und Nietzsche wiederum kritisiert Staat, Kirche, Gesellschaft, Kunst und Wissenschaft, um vitalen und ästhetischen Gesichtspunkten menschlichen Daseins öffentliche Geltung zu verschaffen. Die kritische Funktion der Philosophie bezieht sich also auf Realitäten des menschlichen Daseins, sie kann daher auf die geistigen Äußerungen als Ganzes reflektieren und somit Kunst, Wissenschaft, Literatur und Philosophie selbst einbeziehen, und man kann ihren Sinn in der Existenzbestimmung sehen, in der sinnvollen Erfüllung individueller und gesellschaftlicher Daseinsfunktionen des Menschen.

Die utopische Funktion der Philosophie ist infolgedessen eng mit der kritischen verknüpft. Kritik bezieht sich auf Realität,

Utopie auf Irrealität. Die utopische Funktion der Philosophie, die um Normen und um Zukunft bemüht ist, ergänzt die kritische Funktion der Philosophie, die bestehende Verhältnisse der Gegenwart aufdeckt. Die utopische Funktion ist also eine der antizipierenden Funktionen, von denen Ernst Bloch gesprochen hat. Wie die fundierende und kritische Funktion der Philosophie ist auch die utopische in ihrer gesamten Geschichte wirksam. Platons Staat, Lessings »Erziehung des Menschengeschlechtes«, Marx' »klassenlose Gesellschaft«, Nietzsches »Übermensch«, aber auch Kierkegaards »Krankheit zum Tode« und Blochs »Prinzip Hoffnung« sind Niederschläge der utopischen Funktion der Philosophie, deren Formulierungen die Grundlagenforschung und die Existenzbestimmung durch das, was wir Entwurf nennen möchten, ergänzt. Fundierende Grundlagenforschung, kritische Existenzbestimmung und utopischer Entwurf bezeichnen also die Möglichkeiten der Philosophie, ihre Tendenzen wie die Art ihrer Form. Denn es bedarf wohl keiner Frage, daß die Grundlagenforschung die Form der Theorie und die abstrakte Sprache bevorzugt, daß die kritische Funktion der Existenzbestimmung den Stil der reflektierenden Polemik des Traktats handhabt, während der utopische Entwurf allein berechtigt ist, rhetorisch die mitteilende Rolle der philosophischen Redeweise über ihre bezeichnende triumphieren zu lassen, was das *Kommunistische Manifest* ebenso kennzeichnet wie den *Zarathustra* oder *Das Prinzip Hoffnung*. Jedenfalls ist mit dem Übergang von der fundierenden zur kritischen und zur utopischen Tendenz der Philosophie der Übergang von der wissenschaftlichen zur politischen und zur literarischen Sprache unverkennbar. Dem Beutezug des Denkens fallen nacheinander Ideen anheim, die sich immer weiter vom Maßstab der Unwiderruflichkeit entfernen. Erst der Verlust der absoluten Wahrheitsbeträge scheint den relativen und rationalen Formulierungen Bedeutung und Wirksamkeit in der Realität zu verleihen, wenn man den Gedanken aufgegeben hat, daß die Ideen überhaupt ein Kontinuum bildeten. Die partikuläre Philosophie, die auf diese Weise an die Stelle der universalen getreten ist, kann also konzentrierter vorgehen. Das Diskontinuum der Ideen läßt es zu, daß sie an manchen Stellen der intelligiblen Welt gehäufter auftreten, daß man sie ohne Bedenken verlassen oder woanders wieder antreffen kann. Doch wird die geschmeidige Transportabilität mit einer Ortslosigkeit und diese wieder mit einem Ungehorsam der Ideen erkauft, was ihre Systematik und ihre Popularität anbetrifft.

Was hier ausgeführt wurde, gilt sowohl für die fundierende als auch für die kritische und die utopische Funktion der Philosophie. Natürlich sind diese verschiedenen Dimensionen philosophischer Denkweise nicht gänzlich unabhängig voneinander, im Gegenteil, sie sind in ihrer Arbeit aufeinander angewiesen. Dem utopischen Entwurf wird immer, auch wenn sie nicht fixiert wurde, eine kritische Existenzbestimmung vorangehen, und diese wird sich stets, wenn sie ebenso genau wie hart sein will, gewisser Ergebnisse der fundierenden Grundlagenforschung bedienen. Was ausgeführt wurde, gilt weiterhin auch für jene disziplinarischen Überlegungen, Theorien oder Wissenschaften, die wir oben als philosophische zusammengefaßt hatten, also ebenso für Logik und Wissenschaftstheorie, klassische Metaphysik und moderne Ontologie, Semiotik, Semantik, Ethik, Ästhetik usw. Unabhängig von dem besonderen Problemkreis, der sie beschäftigt, kann jede philosophische Überlegung im Prinzip fundierend, kritisch oder utopisch gerichtet sein. Diese Ausdrücke dürfen nicht zu eng gefaßt werden. In der Logik ist das Problem der Axiome bzw. der Axiomatisierung ein Fundierungsproblem, der Tautologismus eine Frage der Kritik und das Toleranzprinzip utopischer Natur. In der Ästhetik gehören die numerischen Untersuchungen über die Verteilung aufgewendeter Mittel zum Fundierungsbereich, historische Probleme zu den Aufgaben der Kritik, und Wertprobleme, im Sinne subjektiver Entscheidungsprobleme, fallen in die utopische Denkweise. Für andere philosophische Disziplinen oder Theorien lassen sich ähnliche Aufteilungen vornehmen. Die Bildung typischer Ismen, Weltanschauungen oder Ideologien betont die utopische Funktion der Philosophie. Zweifellos fällt auch die gesamte marxistisch-dialektische Denkweise in den Aspekt der utopischen Funktion.

Es ist auch nicht schwer aufzudecken, daß in der Fundierungsfunktion der Philosophie der denkerische Vorgang sich vor allem in der *Folgerung* äußert, daß er in der kritischen Funktion in erster Linie auf *Feststellung* aus ist und daß die utopische Funktion der Philosophie von der *Entscheidung* beherrscht wird. Um die eingangs unserer Darlegungen aufgestellten Forderungen der

Relativität, Rationalität und Partikularität der philosophischen Denkweise festzuhalten, ist hinzuzufügen, daß die auf Folgerung bedachte Fundierungsfunktion das Prinzip der Immanenz des Grundes zur Methode erhebt, daß die kritische Existenzbestimmung des Menschen streng atheistisch verlaufen muß, wenn sie das philosophisch unverantwortliche Abgleiten in eine theologisch und konfessionell bestimmte Dogmatik vermeiden will, und daß die utopisch gerichtete Entscheidung wenigstens die Possibilität des Entwurfs nicht aus dem Auge verlieren darf.

Denkt man weiterhin daran, daß die philosophischen Denkweisen sich metawissenschaftlich auf Aussagen über Objekte, nicht auf die Objekte selbst richten, daß sie sich also stets im Medium der Sprache abspielen, demnach Kommunikation in Rechnung stellen, deren Wesen eine Vermittlung von Zeichen ist, die realisiert, kodiert und dekodiert, ist die semiotische Kennzeichnung der grundlegenden philosophischen Funktionen nicht unwichtig. Es zeigt sich, daß die Fundierungsfunktion, semiotisch betrachtet, sich vornehmlich purer Symbole bedient, um ihre Reduktion und Deduktion durchzuführen, daß die kritische Funktion ihre Feststellung vorwiegend ikonisch abbildend, schätzend und vergleichend beschreibt, um zu überzeugen, und daß endlich jede utopische Funktion ihre Werte, ihre Wunschbilder, ihre Zukunft in Begriffen und Vorstellungen entwirft, die vorwiegend den Charakter eines Index annehmen. Denn mehr als anzeigen, Richtung geben kann kein Wert, kein Prinzip Hoffnung, keine Nennung der Zukunft; der entworfene Wert gewinnt seine Möglichkeit nicht durch die analogen Züge, die man in ihm vermutet oder ersehnt, er gewinnt sie nur dadurch, daß er sagt, was zu tun ist, welcher Weg eingeschlagen, wie die Entscheidung gefällt werden soll.

Es scheint mir zum Abschluß noch wichtig, vom spekulativen Denken zu sprechen, von dem immer wieder einmal gesagt wird, daß es zum Wesen des philosophischen Geistes gehöre. Whitehead war einer der wenigen, der es als Mathematiker und Metaphysiker verteidigte, indem er frühzeitig eine richtige Vorstellung von seiner Struktur, seiner Tendenz gewann.

Die Wissenschaften benötigen Ideen, die, je losgelöster, um so zugänglicher, je flüchtiger in den Materialien, um so dauerhafter als Schema, je zeichenhafter, um so biegsamer, je abstrakter, um so reflektierbarer sind. Solche Ideen werden am leichtesten spekulativ gewonnen, also im Verlassen begrenzter Sachgebiete, doch in beständiger Reflexion auf sie und indem man stärker auf die bloße Verantwortung gewisser Einsichten, noch nicht auf ihre definitive Bestätigung aus ist. Spekulativ ist eine Denkweise, wenn sie mit Worten, nicht mit Wahrheitswerten experimentiert. Man spricht von Gedankenexperimenten, und Gedankenexperimente sind spekulativ. Es ist klar, daß sie alle Funktionen der Philosophie in Gang bringen können, die fundierende so gut wie die utopische, am wenigsten vielleicht die kritische. Denn so angeregt jede Folgerung in der beständigen Immanenz des Grundes durch spekulative Ideen werden kann, so sehr sie unter Umständen die Entscheidung angesichts der Possibilität der Entwürfe erleichtert, so wenig hat die Feststellung, die eine Kritik trifft, von der experimentierenden Beweglichkeit des Geistes.

Es darf danach nicht übersehen werden, daß es in allen fortschrittlichen Wissenschaften neben den verbindlichen Forderungen der Beweisbarkeit und der Mitteilbarkeit auch die der Spekulation, eines Denkens, das sein Objekt nur umkreist und als Unbestimmtes einkalkulieren kann, gibt. Neben der Methode der Folgerung, die die Theorien zu ihren Theoremen gelangen läßt, besteht die Methode der Identifizierung, durch die die Objekte, von denen jene handeln, umrissen werden. Gewiß bewegt sich die mathematische Spekulation anders und in anderer Richtung, aber es gibt sie im gleichen Sinne, wie es die metaphysische Spekulation gibt, und während keine physikalische Forschung ohne mathematische Spekulation auf die Dauer Erfolge gewinnen kann, ist auch jede Art von Literatur direkt oder indirekt eingebettet in eine metaphysische Spekulation auf Reales oder Imaginatives.

Doch das Leben benötigt Ideen; den Gedanken an die Worte vor dem Gedanken an ihre Wahrheit oder Unwahrheit. Es benötigt das spekulative Denken, das experimentierend auf solche Ideen gerichtet ist, die keinen verarmten Intellekt, keine Dürre des Lebens mehr zulassen würden. Auch kann jene Stelle des Körpers, durch die das Dasein evident wird, genau eine solche Idee sein, die das Bewußtsein nur als Versuch zu akzeptieren vermag.

Denn wie es kein Kontinuum der Ideen gibt, gibt es auch keines des Lebens. Zwischenräume im Bereich des einen schaffen erst den Platz für das andere, und es gehört im ganzen auch zur Aufgabe der Philosophie, hier zu vermitteln und Ideen für den ausreichenden Zusammenhang der Wissenschaft, der Kunst, der Literatur, der Gesellschaft, der Politik, der Moral mit den Körpern der Individuen, ihren listigen und ohnmächtigen Bewegungen der Liebe und des Hasses vorzubereiten. Daß sie damit fast als einzige Tätigkeit des menschlichen Geistes auch den Ungehorsam der Ideen, ihre Rücksichtslosigkeit gegenüber statuierten Vorstellungen vom Dasein bewußt in Betracht zieht und mit ihm arbeitet, erhöht ihren Rang.

Die Philosophie, scheint mir, hat gerade durch die Tatsache, daß ihr die literarische Form ebenso möglich ist wie die wissenschaftliche, immer die Möglichkeit, spekulative Ideen zu entwickeln, die als solche konkret oder material für sich selbst stehen und auf diese Weise einen ebenso unstofflichen wie kühnen Druck auf Erscheinungen des Lebens, auf die Sinne, auf das Geschlechtliche, auf Haß und Liebe, auf Macht und Opposition, auf alle vitalen Akte, die genügend Rationalität oder Sensibilität besitzen, ausüben und die großen Merkmale des individuellen und des gesellschaftlichen Wesens voneinander scheiden, und ich finde auch, daß die utopische Funktion der Philosophie mit Recht immer wieder auf derartige zugleich radikale und spekulative Ideen aus ist.

# 2 Rationalität und technische Welt

Die Möglichkeit kultureller Integration geistiger und politischer Kräfte innerhalb der modernen Welt beruht auf der Konkordanz *rationaler, technologischer* und *existentieller* Denkweisen. Auch die Stabilität der Integration hängt von dieser Konkordanz ab.

Doch läßt sich der Zusammenhang auch noch anders fassen. Mit der rationalen, technologischen und existentiellen Denkweise ist ein sehr weiter geistiger Raum mit drei Freiheitsgraden, drei Dimensionen der produktiven Intelligenz entstanden, aus dem heute niemand mehr ausbrechen kann, der als intelligentes Wesen tätig ist, und weder die Wissenschaft noch die Kunst, weder die Politik noch der Handel können ihre Entschlüsse fassen, Resultate oder Schöpfungen gewinnen, wenn sie jene Koordination vernachlässigen.

Dabei fasse ich unter Rationalität alle Arten methodischen Denkens in endlich vielen reproduzierbaren Schritten zur Gewinnung und Begründung von Aussagen über das zusammen, was wir Welt (im Sinne von »allem, was der Fall ist«) nennen können; Technizität hingegen wird hier als der Inbegriff aller konstruktiv realisierenden Verfahren zur Veränderung, Erweiterung und Simulierung der »Welt« verstanden; Existentialität schließlich bedeutet den Sammelbegriff für alle Reflexionen, die das denkende Wesen, individuell oder gesellschaftlich, seiner eigenen bewußtseins- oder selbstbewußtseinsmäßigen Position in dieser Welt zuwendet.

Der historische Ort, der zum ersten Male die Entstehung dieses Schemas kultureller Integration zu einem konkordanten geistigen Raum der produktiven Intelligenz anzeigt, ist das Zeitalter des klassischen Rationalismus, also die Epoche der Descartes, Pascal und Leibniz auf der einen und der Galilei, Newton und Mersenne auf der anderen Seite, fixierbar etwa zwischen 1630 und 1750.

Descartes, Pascal und Leibniz ermöglichten bereits fast alle abstrakten und operativen Freiheiten, durch die sich die moderne Mathematik auszeichnet, analytische Geometrie, Infinitesimalrechnung, mathematische Logik, Topologie. Galilei und Newton demonstrieren grundlegend die unübersehbare Anwendung dieser Mathematik auf physikalische und technische Probleme, und insbesondere Mersenne hat sich überraschend als mächtiger Methodologe und Organisator dieser Art von Zusammenhang zwischen Experiment und Theorie, Grundlagenforschung und Technik, Wissenschaft und Anwendung erwiesen.

Vermutlich ist Descartes die weiteste und konsequenteste Intelligenz (nicht die schöpferischste) dieser aufbrechenden Epoche einer noch auszutragenden, ebenso intelligiblen wie künstlichen Realität der bewohnbaren Welt gewesen. Jedenfalls wird die Koordination der Denkweise bei ihm am deutlichsten sichtbar. Sein berühmter *Discours de la méthode*, der 1637 erschien, stellt in dieser Hinsicht fast ein Modell dar, vor allem deshalb, weil er als eine philosophische und methodologische Vorrede zu drei ausgesprochen mathematisch-naturwissenschaftlichen Arbeiten, zur analytischen Geometrie, zur Dioptrik (Theorie des Teleskops) und zur Meteorologie (Theorie des Regenbogens), gedacht war.

In dieser Vorrede, also im *Discours de la méthode*, wird nun einerseits der methodologische (die Idee des »Beweises«) und andererseits der existentielle Gesichtspunkt (die Idee des »Zweifels«) der menschlichen Intelligenz aufgebaut, und auf diese Weise also die Wissenschaft zwischen der rationalen und existentiellen Denkweise angesiedelt. Übrigens tauchen im *Discours* auch bereits alle entscheidenden Komponenten jener koordinierten Denkweisen auf. Die cartesianische Idee der Rationalität zeigt ebenso platonistische wie positivistische Züge; seine Vorstellung von der technischen Welt erstreckt sich auf die Konzeption von Maschinen und Urbanität, und sein Existentialismus prägt sowohl individualistische wie humanistische Tendenzen aus.

Im 20. Jahrhundert hat sich nun ein subtileres und konsequenteres, ein technisches Bewußtsein entwickelt; ein Bewußtsein von der grundsätzlichen *Machbarkeit der menschlichen Welt*. Dieses technische Bewußtsein überlagert heute das konventionelle historische Bewußtsein, also das Bewußtsein vom geschichtlichen Werden menschlicher Welt, das als ein bemerkenswertes Ergebnis des späten 18. und vor allem des 19. Jahrhunderts anzusehen ist. Damit treten neben die historischen Probleme der Humanität in einem weiteren Sinne auch technische, und unser gesamtes Verhältnis zur technischen Realität ist sowohl zu einem *äußeren* wie zu einem *inneren* geworden. Das äußere Verhältnis mag durch geschichtliche und faktische Daten bestimmt sein und die materiellen Voraussetzungen berühren; das innere Verhältnis ist eine Sache bewußtseinsmäßiger, existentieller, also auch theoretischer Verarbeitung jener Daten, die politische, vitale und ideologische Züge unseres Daseins streifen.

Den gesamten Komplex der Erörterungen und Untersuchungen des äußeren und inneren Verhältnisses zur Technik nennen wir Theorie der Metatechnik; sie entwickelt natürlich nicht nur einen Teil des stets vorhandenen prospektiven Aspektes der Technik überhaupt, sondern bestimmt auch weite Partien unseres Selbstverständnisses in einer solchen künstlichen Realität.

Zunächst kann man sagen, daß in unserem äußeren Verhältnis zur Technik diese als *technische Welt* existiert, während das innere Verhältnis gerade dadurch bestimmt ist, daß Technik wesentlich *technisches Bewußtsein* ist.

Technische Welt ist nicht als *gegebene* Welt verständlich, sondern als *gemachte* Welt, und der ontologische Horizont der Gemachtheit ist ein anderer als der der Gegebenheit. Im Horizont des Gegebenen kann man von *natürlicher* Welt sprechen, im Horizont des Gemachten dominieren die *künstlichen* Zustände und Ereignisse; auch ist die natürliche Realität, mindestens makrokosmologisch, von determinierten Prozessen beherrscht, während die künstliche Realität gleichermaßen von determinierten wie aleatorischen Abläufen durchsetzt ist. Der Modus der Möglichkeit, der Zustand bloßer Wahrscheinlichkeit an Stelle tatsächlicher Wirklichkeit, gewinnt im Horizont des Gemachten an Umfang und an Intensität. Man muß den Zufall einkalkulieren, wenn man seinem Dasein Vernunft und Regie geben will. Die »antizipierende Funktion« Ernst Blochs hat ihr eigentliches Feld, daher gibt es Fortschritt und Rückschritt, Konservation und Revolution, Tradition und Emanzipation. Man erkennt an all dem, daß Geschichtlichkeit in stärkerem Maße der künstlichen, nicht der natürlichen Welt entspricht, allerdings wohl Geschichte nicht im Sinne der »Erinnerungen«, sondern der »Vorwegnahmen« und der »Vorhaben«; es handelt sich um eine Idee der

Geschichte, in der der Mensch zwar nicht unmittelbar zu »Gott« sein könnte, wohl aber unmittelbar zu sich selbst, also um einen nachhegelschen, antizipierenden Geschichtsbegriff menschlicher Realisierung, jedoch nicht der Prophetie. Man wird leicht Phasen und Schichten dieser technischen Welt feststellen und unterscheiden können. Unter »Phase« verstehe ich dabei einen zeitlich zu bestimmenden Ablauf, der durch technische Errungenschaften verursacht wird und beschrieben werden kann. Unter »Schicht« hingegen möchte ich einen fixierbaren Bereich gewisser mehr oder weniger einheitlich durch technische Daten bzw. Charakteristika zu klassifizierender technischer Schöpfungen verstehen. Die technische Schöpfung, darauf wäre in diesem technisch-ontischen Zusammenhang noch hinzuweisen, ist übrigens nur in ihren primitiven Phasen gegenständlich aufzufassen; so ist das Rad, der Keil, überhaupt die elementare Maschine, noch in einem gegenständlich-anschaulichen Sinne konkret festgelegt, als Gemachtes gegeben, wie wir sagen möchten. In den höheren Gebilden, mit dem Zurücktreten der elementaren Maschine und der elementaren Mechanik, zerfallen die gegenständlich-anschaulichen Momente, und die Technik gewinnt nicht in Gegenständen, sondern in Funktionen ihre *reinen Gestalten des Machens*. Die Technik löst sich hier vom Konkreten und erscheint im Bereich des Abstrakten. Funktionen sind abstrakt, also gegenständlich irrelevant realisierbar; d. h. die identisch-eine technische Funktion, etwa das »Sitzen«, die »Schwingungen« oder der »Vierpol«, ist gegenständlich-anschaulich auf verschiedene Weise realisierbar. Auf diesem abstrakten Charakter der technischen Funktionen beruht übrigens andererseits auch die Möglichkeit der Verifikation eines abstrakten Theorems durch technische Realisation. Ein Beispiel für diese Zusammenhänge wären die faradaymaxwellschen Gleichungen, die in jedem Schwingungskreis eine Bestätigung finden, indessen der Schwingkreis eine technische Funktion repräsentiert, die durch mehr als eine reale Konstruktion gegenständlich verwirklicht zu werden vermag. Die gegenständliche Auffassung der Maschinen scheint mir auch in dem Augenblick theoretisch erledigt zu sein, als man begann, die Maschinen als eine Art Aggregat bestimmter einzelner »Mechanismen« anzusehen, die, herauslösbar, auch anderweitig, in anderen Aggregaten Verwendung finden können. Bei Cardanus im 16. Jahrhundert, spätestens bei Leupold[1] im 18. Jahrhundert ist das der Fall. Die Auflösung der ganzheitlichen Auffassung der Maschine zugunsten eines Aggregats bestimmter Mechanismen geht jedenfalls der funktionalen Konzeption voran.

Im ganzen gesehen ist das Wesen technischer Entwicklung extensional wie intensional zu verstehen; Technik breitet sich aus, aber sie dringt auch ein; sie entwickelt Oberflächen wie auch Hierarchien. Verkehrstechnik hat mit jedem Mittel eine Tendenz zur Ausbreitung auf der Oberfläche der Erde; aber alle Mittel zusammen, etwa vom Zweispänner bis zur Boeing, bilden zugleich auch Stufen, eine Graduierung im Gebrauch und Verbrauch dieser Mittel aus. Tourismus ist gleichfalls nicht nur ein Oberflächenphänomen, er definiert zugleich auch eine technische Hierarchie seiner Mittel und ihrer Anwendung.

Wir lassen das Problem des relativ späten Auftretens der Vorstellung einer technischen Welt im Sinne planmäßiger Erzeugung von Technik aus vorausgesetzten Grundlagenforschungen in der Form mathematisch-mechanischer Naturbeschreibung (neuzeitliche Naturwissenschaft) hier im wesentlichen außer acht. Wir halten nur fest, daß für die Antike das Bestehen dreier mehr oder weniger unabhängiger Phasen elementarer Naturforschung charakteristisch ist: die demokritisch-archimedische Phase materialistisch eingestellter und empirisch vorgehender Forschung; die platonisch-aristotelische Phase spekulativ vorgehender und kategorisch beschreibender Naturmetaphysik und die technisch-praktischen Erfahrungen des Handwerks, der Künste und der Industrien. Durchgesetzt hat sich bekanntlich am stärksten (wenigstens bis ins 11. und 12. Jahrhundert) vor allem die zweite Phase, wodurch zweifellos die ausreichende Ausbildung einer technischen Grundlagenforschung behindert wurde. Ganz allgemein kann man sagen, daß die spekulative Metaphysik bis zum späten 16. Jahrhundert die mathematisch-technologische Naturforschung eher gehemmt als gefördert hat.

Um die technische Welt bzw. die gegenwärtige technische Realität in ihren schwer überblickbaren ontischen Verästelungen und Zusammenhängen metatechnisch beschreiben zu können, ist es gut, drei Phasen ihrer Entwicklung bzw. drei Schichten ihres funktionalen Seins festzuhalten. Erstens die Phase der elementaren (mechanischen) Maschine und ihrer Aggregate. Diderot hat sie ziemlich gut in der *Enzyklopädie* von 1751 beschrieben. Sie bildet die elementare Schicht der von G. Günther wohl zuerst so bezeichneten »Klassischen Maschine«, deren Hauptaufgabe darin besteht, Energien zu erzeugen und Arbeit zu leisten. Ihre technische Realität erscheint im großen und ganzen noch relativ gegenständlich. Zweitens die Phase der Maschinen, deren Sinn nicht die Erzeugung von Energie und die Leistung von Arbeit ist, sondern zum Teil mit den alten mechanischen und thermodynamischen, aber auch mit neuen elektromagnetischen Mitteln uns in die Lage zu versetzen, Kommunikation herzustellen und Information zu gewinnen. Während man die klassische Maschine bis auf den archimedischen Hebel zurückführen kann und von der ersten Maschinenwelt als der *archimedischen Maschinenwelt* sprechen darf, ist die Phase bzw. die Schicht der Maschinen für Kommunikation und Information, denkt man an die (mechanische) Rechenmaschine und die Verkehrspläne als *pascalsche Maschinenwelt* im Sinne einer zweiten Idee der Maschine zu bezeichnen. Diese pascalsche Maschinenwelt vermittelt in gewisser Hinsicht zwischen der »klassischen« und der »transklassischen Maschine« (G. Günther), die erst nach der Einführung elektromagnetischer bzw. elektrodynamischer und elektronischer Prozesse in die Technik möglich geworden ist. Die Phase, die mit dieser Einführung begann, führte zur Ausprägung einer dritten, bisher obersten Schicht von Maschinen in der technischen Realität, einer dritten Maschinenklasse, deren reinster Sinn bisher mit den Funktionen »Speicherung« und »Steuerung«, also mit typisch kybernetischen Funktionen erschien. Interessant ist, daß die seinsthematische (maschinen-ontologische) Betrachtung sofort zeigt, daß auch die Klassifizierung der »gemachten« Realität, die Hierarchie der maschinellen Phänomene, jene Schichtung erlaubt, die zuletzt Nicolai Hartmann für die »gegebene« Realität und darüber hinaus für das Sein des Seienden überhaupt als so wichtig empfand und zu einem Prinzip seiner kategorialen Ontologie gemacht hat. Es zeigt sich, daß mit der Schichtung der Maschinen sich sogleich auch eine entsprechende Schicht des Seienden einstellt, das sie produziert bzw. reproduziert. Die elementaren Maschinen erreichen nur die Zonen des materiellen energetischen Seins; schon mit der zweiten Maschinenwelt der Kommunikation und Information erreicht man die höher liegende Schicht vitaler und seelischer Vorgänge, und die dritte Maschine schließlich überstreicht mindestens im Prinzip den gesamten Sektor der höchsten Seinsschicht, den der intellektuellen Vorgänge und Gebilde, und arbeitet gleichsam an der *Präsentation idealer Realitäten* mit.

Doch noch ein weiterer charakteristischer Zug ontologischer Schichtung läßt sich erkennen, die Tatsache, daß, wie Hartmann es für das Sein des Seienden ausdrückte, auch hier in der maschinellen Wirklichkeit der technischen Zivilisation die »höheren« Kategorien meist auch die »schwächeren« sind, und zwar im Sinne höchster Anfälligkeit gegenüber Störungen und Zerstörungen oder im Sinne höchster Abhängigkeit von *Präzision*, die ja eine fundamentale Kategorie innerhalb der technischen Sphäre darstellt und, sofern sie humaner Sicherheit dient, sogar als existentielle bewertet werden kann. In diesem Sachverhalt liegt meines Erachtens eine Einbruchstelle des wichtigen, heute noch kaum berücksichtigten Gesichtspunktes der normativen Technik, der technischen *Axiologie* vor, die natürlich Voraussetzung eines fixierbaren technischen Ethos der Zivilisationshumanität ist. Ich möchte daher auch nicht versäumen, darauf aufmerksam zu machen, daß in den höheren Schichten und sensibleren Kategorien und Funktionen mit der »Fragilität« des Gemachten auch eine gewisse ontische Annäherung der technischen an die ästhetische Funktion, der technischen Realität an die künstlerische eintritt, die vor allem im Design, in der industriellen Produktgestaltung und Fertigung ihren Ausdruck gefunden hat.

Ich schließe mit dieser Perspektive die Schilderung unseres äußeren Verhältnisses zur Technik ab und wende mich dem inneren zu, also den Problemen der geistigen, seelischen, existentiellen Verarbeitung der Tatsache, daß Zivilisation wesentlich darin besteht, uns die Leiden und Genüsse einer mehr oder weniger künstlichen Realität zu verschaffen, die nicht nur den Seinsbereich der Natur, sondern auch den des Geistes besiedelt, also nicht nur den vitalen Bereich des menschlichen Daseins betrifft, sondern auch seinen emotionalen und spirituellen. Zuvor möchte ich jedoch auf einen sprachlichen, genauer: einen metasprachlichen Sachverhalt aufmerksam machen. Die Schichtung der technischen Realität als unserer eigentlichen Umwelt reicht heute, wie gesagt, von den elementaren Mechanismen einfacher Maschinen hinauf zu den hochkomplexen Mechanismen datenverarbeitender elektronischer Rechenanlagen, in denen »Sprachen« simulierbar sein müssen, um sie in Gang zu halten. Damit erfährt die Hierarchie der Maschinenwelt eine hierarchische Fortsetzung in der Sprachwelt. Über die natürliche Umgangssprache hat sich längst eine Schicht ebenso notwendiger wie künstlicher Sprachen gelegt, und diese künstlichen Sprachen zeigen wiederum eine Stratigraphie terminologischer, formaler, mathematischer Präzisions- und Programmsprachen, die es sinnvoll erscheinen lassen, die klassische *horizontale Linguistik* der üblichen Sprachvergleichung durch eine *vertikale Linguistik* methodischer Sprachtransformation zu ergänzen. Dieser Ausdifferenzierung der Sprachen zu einem System von Objekt- und Metasprachen, von Grund- und Übersprachen entspricht aber eine Ausdifferenzierung von Kommunikations- und Informationssystemen, die das intelligible Wesen des Menschen, das Bewußtsein selbst zu einem immer subtileren und schwerer entwirrbaren Komplex von Funktionen werden lassen.

Aber diese Vertikalisierung der Linguistik und der Kommunikation hat eine ernste existentielle Schwierigkeit zur Folge: die vertikale, hierarchische Ausdifferenzierung der Träger der intelligiblen Welt, der Intelligenz, der Intellektuellen, die soeben ihr Bewußtsein, im Besitz der Theoreme der technischen Welt zu sein, zum Bewußtsein einer vielleicht ebenso unglücklichen wie notwendigen Klasse synthetisiert hatten. Die berühmte Einsamkeit der Fachleute, die Gefangenheit ihres Bewußtseins in ihren Terminologien steigert sich zu einer Individualisierung der schöpferischen Intelligenz, die der andere, die Nichtintelligenz als Anarchie empfindet, und die Urteilsfähigkeit der Nichtorientierten kann heute schon an den elementarsten Ausdrucksmitteln der Sprache enden, in der die Theoreme formuliert werden.

Der Mensch kann nicht generationenlang eine Welt, die er sich selbst verdankt, ohne Verständnis bewohnen. Verstehen, auf das wohl auch Sartre in seiner über den Marxismus hinausgreifenden Analyse kürzlich in *Kritik der dialektischen Vernunft* aufmerksam machte, ist intellektuelles Bewohnen. Das Verstehen der technischen Welt, die wir in Wirklichkeit vital und intellektuell bewohnen, setzt also heute schon nicht nur eine horizontale sprachliche Kommunikation, sondern auch eine vertikale voraus. In ihm kommt der Feed-back-Charakter unserer technologischen Intelligenz, die beständige Rückkoppelung ihrer Errungenschaften deutlich zum Ausdruck. Wie in einer Linse wird das triadische System der Kategorien der Sekurität, Präzision und Fragilität, von dem wir sprachen, in jenem Verstehen fokussiert.

Indem das materielle System der Produktionsmittel durch ein intelligibles System der Theoreme ersetzt wurde und der Besitz der Theoreme schwerer wiegt als der Besitz der Produktionsmittel, was die Stabilität der Zivilisation und der Humanität angeht, vollzog sich auch die Entstehung des modernen, lautloseren und subtileren Klassenkampfes zwischen der Intelligenz und der Macht. Je ausdrücklicher und nachdrücklicher diese intellektuelle reine Opposition den Besitz der Theoreme gegen den Besitz der Produktionsmittel ausspielt und nicht die Macht, sondern die Gegenmacht im Sinne hat, desto unabhängiger wird sie selbst von parlamentarischer Mehrheit.

Dieser Problemaspekt wurde in einem tieferen philosophischen und metaphysischen Sinne, sieht man von Vorläufern wie Nietzsche, Marx oder Spengler ab, wohl erst durch Husserls Buch *Die Krisis der europäischen Wissenschaften und die transzendentale Phänomenologie*, seinem Spätwerk, erschlossen. Man erhält Einblick in ein metatechnisches Grundproblem, das für Husserl offenbar in der *Aufhebung der ursprünglichen menschlichen, natürlichen Lebenswirklichkeit* durch die galilei-newtonsche Mechanik und der daraus entwickelten mathematischen Physik und Technik besteht. Was Husserl feststellt, ist indessen nur berechtigt, wenn man unkritisch und irrtümlich von einer phänomenologisch-fixierbaren ursprünglichen natürlichen Lebenswelt des Menschen ausgeht.

Unabhängig von dieser bei Husserl nicht begründeten Annahme kann man jedoch nur sagen, daß die Technik beständig die Tendenz besitzt, Lebenswelt und Lebenswirklichkeit zu verändern, weil offenbar eine natürliche, einmal gegebene fixe Lebenswelt und Lebenswirklichkeit kraft der progressiven Intelligenz, die in jeder sogenannten menschlichen Schöpfung manifest wird, überhaupt nie bestand. Sicher ändern die materiellen Weltverhältnisse mit ihrem Wechsel das Bewußtsein von der Welt und von sich selbst, aber das neue Bewußtsein erzwingt jeweils auch die neuen materiellen Verhältnisse. In diesem Falle und in diesem Sinne ist jedenfalls das innere Verhältnis zur Technik ein durch und durch dialektisches.

In diesem Zusammenhang läßt sich nun auch die aktuelle Seite des Problems der Position der Intelligenz in der technischen Welt klären.

Ich wies schon auf das komplementäre Verhältnis zwischen Präzision und Sicherheit hin. Existentielle Sicherheit hängt in jeder künstlichen Realität mit technischer Präzision zusammen. Aber die zunehmende Präzision erzeugt andererseits die subtileren, also anfälligeren und leichter zerstörbaren Zustände der künstlichen Realität. Das hat zur Folge, daß es, was die sichere »Bewohnbarkeit« der technischen Sphäre (im äußeren und inneren Sinne) anbetrifft, stets einer (methodisch und begrifflich) subtileren Intelligenz bedarf, als sie notwendig war, um das faktische Niveau der gegebenen technischen Welt zur erreichen.

Die Technik einer zusammenhängenden technischen Realität wie der unsrigen verlangt kontinuierliche und konkordante Entwicklung. Das Zurückbleiben der Entwicklung in einer Schicht im Verhältnis zur Entwicklung in einer anderen kann zu Katastrophen führen. Das klassische Beispiel dafür ist gegenwärtig: die Naivitäten im allgemeinen Städtebau im Verhältnis zur ansteigenden Verkehrsdichte; die Primitivität der Straßennetze im Verhältnis zu den Hypertrophien der Autoindustrie. Natürlich handelt es sich in dieser Art von Diskordanz um Äußerungen des Ausspielens inhumaner geschäftlicher Interessen (in der Subjektivität der Macht) gegen humane rationale Interessen (in der Objektivität der Ideen). Das Zurückbleiben der Technik hinter der Ökonomie erweist sich fast stets als eine Machenschaft der Macht gegen die Intelligenz, und die revolutionäre Liquidierung dieses Mißverhältnisses muß zwangsläufig eines Tages zum Bestandteil der zweiten industriellen Revolution werden.

Das grundlegende innere, intelligible Problem der technischen Zivilisation ist also kein moralisches, gesellschaftliches oder politisches, sondern ein intellektuelles. Jede Vernachlässigung der rationalen, intellektuellen Bildung und Erziehung, die vielleicht in einer »natürlichen Lebenswelt« bedeutungslos wäre, kann in einer technischen Lebenswelt wie der unseren nur zu einem Triumph der »Fragilität« über die »Sekurität« führen, also zu Katastrophen. Erziehung zur Rationalität und methodischen Beherrschung intelligibler »Welten« ist also ebenso als Fundament einer der technischen Zivilisation angepaßten Pädagogik anzusehen wie die Ausscheidung aller die rationale und funktionale Ausprägung der personalen und gesellschaftlichen Intelligenz hemmenden irrationalen Vermachtungstendenzen. Das hat unter Umständen Folgen für unseren Begriff von Politik.

Politik gründet in den vitalen Gegebenheiten der Macht, aber Technik gründet im materiellen Horizont des Machens auf einer intelligiblen Grundlage. Beide, die Idee der Politik wie die Idee der Technik, der Horizont der Macht wie der Horizont des Machens, gehören der Kategorie menschlicher Sicherheit an, die gleichermaßen einen materiellen wie vitalen und intelligiblen Rang besitzt. Perfektion, Potenz und Präzision bestimmen die Ausdehnung, den Raum dieser Kategorie. Und in diesem Raum gibt es heute Konflikte, innere und äußere, zwischen den politischen und den technischen Möglichkeiten und Notwendigkeiten. Die verschiedenen Dimensionen menschlicher Sicherheit sind aufeinander angewiesen, Technik muß sich der Politik und Politik der Technik bedienen, um erfolgreich zu sein. Damit stoßen der »mächtige« Mensch und der »geistige« Mensch zusammen, denn die machtpolitische Funktion der Technik bedeutet eine Indienststellung der Intelligenz, die nicht in jedem Falle ihrer inneren existentiellen Lage entspricht. Dazu kommt das effektive Zurückbleiben der Idee der Politik hinter der Idee der Technik, das sich heute bemerkbar macht. Im Prinzip haben sich die Interessen der Technik, aber nicht die Interessen der Politik verändert; die vitalen Gegebenheiten des Menschen sind die gleichen geblieben, aber die geistigen nicht. Darüber belehrt jeder Blick in die Geistesgeschichte und jeder Blick in die Geschichte der Machtverhältnisse. Natürlich ist die Auseinandersetzung zwischen Macht und Wissenschaft, zwischen Politik und Technik selbst geschichtlich. Die Impulse, die die Entwicklung der Technik durch Machtkämpfe erhielt, sind ebenso unverkennbar wie die Behinderung oder Unterdrückung ihrer Grundlagenwissenschaften, etwa Mathematik und Physik, durch politische Interessen und Maßnahmen.

Die Entwicklung der mathematischen Naturwissenschaften als Grundlagenwissenschaften der Technik im 19. und 20. Jahrhundert konnte zwar von deren ökonomischer und demokratischer Funktion, von der Wichtigkeit der kommunikativen und der informativen Bedeutung nicht mehr absehen, aber es ist auch verständlich, daß in diesem Bereich die gänzlich neuen Reibflächen zwischen politischen und technischen Interessen, zwischen ökonomischer und wissenschaftlicher Intelligenz entstanden. Die Auseinandersetzung ist selbstverständlich nicht mehr ideologischer Natur wie vor der Aufklärung, sie ist vielmehr funktionaler Natur geworden, indem sich nämlich eine gewisse Problematik zwischen sozialer und ökonomischer Ermöglichung freier Forschung einerseits und gebundener Forschung andererseits eingestellt hat, innerhalb deren die zur Gestaltung und Erhaltung der technischen Welt notwendige schöpferische Intelligenz sich zwar ideologisch frei fühlen kann, aber funktional tief gebunden und determiniert weiß.

Im Rahmen der technischen Zivilisation kann man heute die Lage der schöpferischen Intelligenz in ihrem Verhältnis zur Macht durch zwei Tendenzen kennzeichnen, die natürlich nur mehr oder weniger deutlich sichtbar und effektiv wirksam sind: die *Aussonderung* jener Intelligenz aus der Teilnahme an der politischen Macht als solcher einerseits und die *Entpolitisierung* der Forschung und der Wissenschaft andererseits. Man muß natürlich diese Tendenzen als unmittelbare und dialektische Folgen der beiden zu machenden Voraussetzungen ansehen, nämlich der sukzessiven *Indienststellung* der technischen Intelligenz durch die politische Macht und der damit verknüpften Monopolisierung und Kapitalisierung der Theoreme. Als Ergebnis jener Aussonderung der schöpferischen und nachschöpferischen Intelligenz aus der unmittelbaren Partizipation an der Macht und der Entpolitisierung der Forschung und Wissenschaft zeigt sich nun heute allenthalben in Europa, Amerika und Rußland mit geradezu erschreckender Deutlichkeit eine nicht nur politische Entscheidungslosigkeit, eine Ambivalenz des Geistes, die gelegentlich fast schon die Züge seiner metaphysischen Deklassierung annimmt. Ich brauche kaum besonders zu betonen, daß diese Ambivalenz des Geistes nicht nur der Nährboden des kulturellen Nivellements ist, sondern auch die Quelle jeder Art von Vermachtung und Diktatur. Jede Macht, die sich auf die Ausbeutung der Theoreme stützt, prospektiert eine Roboterisierung der Intelligenz, die ihre Ambivalenz einleitet und Voraussetzung der Selbstbolschewisierung ist, doch jede Liquidation des Individuellen, das nur an seiner Entscheidungsfähigkeit erkannt werden kann, rächt sich dadurch, daß sie die Anarchie nicht begrenzt, sondern als ein »Prinzip Hoffnung« einführt.

Ich sagte schon, daß mit der modernen Technik, die natürlich der integrale Ausdruck jener hierarchischen Maschinenwelt ist, nicht nur die Kategorie der menschlichen Sicherheit an Bedeutung gewonnen hat, sondern auch ihr dialektisches Korrelat, nämlich die Kategorie der Vernichtung. Es hat sich sofort herausgestellt, und darin liegt ein sehr bedrohliches metaphysisches Faktum des menschlichen Daseins und seines Geistes, daß eine Zunahme der Möglichkeiten der Sicherung auch eine Zunahme der Möglichkeiten der Vernichtung bedeutet. Was als Sicherung ins Spiel der politischen Gesellschaft gerät, kann sich heute leicht als eine Perfektion in ihrem verhängnisvollen Zug zur Vernichtung auswirken. Die *Präzision der Sicherung* ist wie die *Perfektion der Vernichtung* zweifellos eine Frage der technischen Intelligenz, aber die Alternative zwischen Sicherheit und Vernichtung wird von der politischen Macht entschieden, die sich jener nur im Hinblick auf die verfügbaren Mittel, aber nicht im Hinblick auf die disponible Entscheidung bedient. Insofern ist also die Struktur der technischen Zivilisation, wenn sie sich in ihrer Organisation und in ihrer Entwicklung gleichermaßen auf die vitalen Gründe der Macht wie auf die intelligiblen des Geistes bezieht, durch und durch dialektisch angelegt, und das bedeutet, daß es Sprünge, Umschläge, reale Repugnanzen gibt, hyperbolische Entschlüsse aus humanitären Bedürfnissen, die verhängnisvoll sein können. Die technische Zivilisation, so können wir jetzt auch sagen, ist als Ganzes nicht nur *zerstörungsanfälliger*, sondern auch entscheidungsanfälliger und *entscheidungsabhängiger* geworden. Aber gerade indem Zerstörungsanfälligkeit und Entscheidungsabhängigkeit so dicht zusammenrücken, erscheint es mehr und mehr ausgeschlossen, Entscheidungen vital zu begründen und irrationale und unkontrollierbare Bestimmungsstücke einzuführen, regressive Traditionen und gesellschaftlich wie ökonomisch nicht mehr relevante Kategorien als ihre Bedingungen zuzulassen; es bedarf vielmehr zwangsläufig fast ausschließlich der rationalen Bestimmungsstücke, kurz, der intelligiblen, weit vorausschauenden, die Zukunft der menschlichen Gesellschaft als Ganzes determinierenden Gründe für das Fällen einer Entscheidung an höchster Stelle. Das alles ist theoretisch leicht auszumachen und einzusehen. Doch die Schwierigkeit liegt zweifellos in dem Widerstand, den die Idee einer Politik bietet, die im Grunde die Entwicklung der technischen Zivilisation in Richtung rationaler Methoden und intelligibler Kategorien nicht mitgemacht hat und der vitale Gründe der Macht näher liegen als intellektuelle des Geistes. Diese Lage ist nun insofern auch höchst paradox, als es mit dem Eindringen der technischen und künstlichen Realität in den Bereich der Bewußtseinsvorgänge offenbar zu einer Spiritualisierung der Maschine gekommen ist, die sich, was die prinzipiellen, nicht die graduellen Möglichkeiten angeht, von der menschlichen Befähigung vor allem durch das Faktum der reflektierten Entscheidung unterscheidet. Offenbar bleibt die Idee des menschlichen Menschen gegenüber der konzipierbaren Idee der künstlichen Menschen ein für allemal durch jenen Zwang zur Reflektierbarkeit der Entscheidung am menschlichen Selbst, an der tiefen Bodenlosigkeit eines Ichs gezeichnet, durch den der Mensch überhaupt erst sinnvolle, also normierende und determinierende Person wird, die den Horizont der Geschichte als einen Horizont ihres Machens aufsteigen läßt. Hält man jedoch diesen Tatbestand fest, dann erweist sich im Rahmen unserer technischen Zivilisation die Idee der auf vitale Gründe pochenden Macht im Verhältnis zum menschlichen Geist als eine echte Gefährdung menschlicher Substanz. Nicht die Idee der Technik bewirkt im Rahmen unserer Zivilisation und ihrer ökonomischen Gesellschaft die Beschädigung und Zerstörung des Wesens des Menschen, sondern das Mißverhältnis zwischen den *intelligiblen Gründen der Technik* und den *nichtintelligiblen Gründen der Idee der Politik*.

Eine auffällige Reibfläche zwischen einer *zurückbleibenden Idee der Politik* und einer *fortschreitenden Idee der Technik* innerhalb unseres Zivilisationstyps, der mehr und mehr eine künstliche Realität anstrebt, scheint mir aber damit im Verhältnis zwischen Individuum und Gesellschaft zu bestehen. Historisch sind Individuum und Gesellschaft natürlich korrelative Begriffe; es ist nicht möglich, von dem einen nicht in Ansehung des anderen zu sprechen; die geschichtliche Wirksamkeit des Individuums ist eine Wirksamkeit relativ zu einer Gesellschaft, und die geschichtliche Wirksamkeit der Gesellschaft vollzog sich stets im Verhältnis zu den Individuen. Doch scheint die Organisation der technischen Zivilisation der Organisation der politischen Macht stets so weit zu entsprechen, wie es sich darum handelt, die gesellschaftlichen Merkmale des Menschen über seine individuellen zu setzen. Diese einfache und plausible Annahme erweist sich jedoch in dem Augenblick als fragwürdig, wenn die gleichzeitige und zusammenhängende Zerstörungsanfälligkeit und Entscheidungsabhängigkeit der empfindlich gewordenen Zivilisation feststeht. Dann kann einerseits die Entscheidung, d. h. die potentiell mögliche Entscheidung über den Fortbestand der Gesellschaft und ihrer Zivilisation zwar keine bloße Äußerung des Willens einzelner mehr sein, sondern nur ein effektiver Gesamtbeschluß, aber andererseits auch nicht mehr als Mehrheitsbeschluß gegen die Entscheidung einzelner gerichtet werden. Man sieht, die theoretische Lage des Menschen, die Lage vor den Prinzipien der Entscheidung, treibt auf einen Punkt zu, der jeden Gedanken an einen Gesellschaftsvertrag vom rousseauschen Typus zu einem Problem werden läßt. Indem die Konsequenzen der technischen Zivilisation dem Menschen offenbar werden lassen, was er als geschichtlich wirksames Wesen real bedeutet, indem wir von der Idee der Maschine erfahren, was wir menschlich sind, und das ist heute tatsächlich der Fall, so absurd es auch klingen mag, scheint es sich herauszustellen, daß der Mensch zwar im Bereich der Macht und der Ökonomie ein gesellschaftliches Wesen ist, auch das gesellschaftliche Wesen, das Karl Marx ausdrücklich als solches definiert hat, aber im Bereich des Bewußtseins und der Intelligenz gerade kein gesellschaftliches Wesen ist, sondern ausschließlich Person, Individuum, allein.

Das Mißtrauen der Individuen, deren Recht ihr Selbstbewußtsein und seine intelligiblen Gründe sind, gegen die Gesellschaft, deren Recht die Macht und deren vitale Gründe sind, ist uralt und bekannt. Voltaires Alleingänge mit der »Feder« gegen das »Zepter« und die »Kutte« werden für immer ein Beispiel dafür sein, wie man die machtpolitische Technik der Exstirpation des Geistes zugunsten einer Gesellschaft bekämpft und verhindert. Geschichtliche Erfahrungen unseres Jahrhunderts lassen erkennen, daß jede Konsequenz in der Entwicklung des gesellschaftlichen Wesens gerade im Rahmen einer technischen Zivilisation auf den Punkt zutreibt, der die unveräußerbaren Rechte des menschlichen Individuums zunichte macht und genau damit jene Ambivalenz des Geistes und die Roboterisierung der Intelligenz einleitet, die die Entscheidung über den Fortbestand unserer Errungenschaften der Gedankenlosigkeit der Macht überläßt.

Es wird also in der weiteren Entwicklung der technischen Zivilisation und ihrer Gesellschaft nicht mehr ohne weiteres möglich sein, dem gesellschaftlichen Wesen des Menschen, das ökonomisch und vital seinen Vorrang behauptet, die gleichen unantastbaren Rechte im Bereich des Bewußtseins und der Intelligibilität zuzugestehen. Angemessen ist hier nur eine deutliche Verstärkung aller feststellbaren und unveräußerbaren Rechte des individuellen Wesens, aber keine Beugung dieser Rechte zugunsten des gesellschaftlichen Wesens, und Politik kann nicht mehr bloß als vertragliches Unternehmen zur Sicherung vitaler Lagen der Gesellschaft verstanden werden, sie wird auch eine Aufgabe im Dienste der Sicherung der intelligiblen, und das heißt der intellektuell und individuell schöpferischen Möglichkeiten jedes einzelnen sein müssen.

In diesem Punkte ist der Anti-Christ gleichzeitig mit dem Anti-Nietzsche und dem Anti-Marx zu präparieren und eine intellektuelle Durchdringung der Sphäre der Macht zu bewerkstelligen, um auf diese Weise ihren Mythos durch ihre Theorie zu ersetzen.

Jede politische Entscheidung, die heute gefällt wird und deren Prinzipien den Prinzipien der technischen Zivilisation entsprechen, wird mehr und mehr in Ansehung des individuellen Wesens des Menschen gefällt werden müssen. Sie muß die ursprüngliche Reinheit und Entschiedenheit eines individuierenden Geistes möglich, aber nicht unmöglich machen, und in zunehmendem Maße wird auch das demokratische Grundprinzip der politischen Irrelevanz der Minderheit seine Grenze an der politischen Relevanz der individuellen Intelligenz finden müssen.

Die antijakobinischen Züge der Demokratie, die nicht jedes Individuum durch jedes beliebige andere vertretbar sein lassen, werden angesichts der Abhängigkeit der technischen Realität vom singulären Wesen menschlicher Intelligenz wieder einkalkuliert werden müssen. Denn nur das Prinzip der Unersetzbarkeit des Individuums, seine Unmajorisierbarkeit und sein Recht auf physische und intelligible Integrität kann die notwendige Schöpfungsfähigkeit des Menschen erhalten und den ebenso reizvollen wie dunklen Gedanken an die Möglichkeit totaler Selbstvernichtung aus dem Bewußtsein der Macht vertreiben.

# 3 Kunst und Intelligenz

Auch Kunst, ich darf es voraussetzen, beruht auf dem Eingriff intelligenter Wesen in den Prozeß der Natur und unserer Zivilisation.

Auch Kunst, ich füge das noch hinzu, ist eine Konfrontation von Bewußtsein und Realität, die anerkannt und suspendiert werden kann, und auch Kunst, ich schließe damit meine Voraussetzungen ab, kann im Rahmen einer Zivilisation nur vom Standpunkt der Intelligenz und nur zu einer gewissen Zeit wesentlich werden; der Rest ist Reaktion, bürgerliches Vorurteil, fable convenue der Historiker, und die traditionelle starre Trennung künstlerischer und wissenschaftlicher Denkweisen, Verfahren und Produkte bleibt reiner Akademismus und wird dort, wo sie Devise ist, nur die Nachlassung des Geistes bestätigen, von der Hegel schon sprach.

Wir haben eine moderne Kunst, und man versteht sich hinlänglich, wenn man von ihr spricht, aber wir haben auch eine moderne Ästhetik, und man sollte nicht übersehen, daß neben der Mathematik, der Nachrichtentechnik und der Philosophie auch eben die Mittel, Methoden und Schöpfungen der modernen Kunst selbst zu ihren Quellen gehören. Es ist ein entscheidendes Anliegen dieser modernen Ästhetik zu zeigen, daß jedes Kunstwerk nur so weit einen Akt der Schöpfung, der Innovation, der Originalität darstellt, als seine Theorie die Form einer Intelligenz repräsentiert. Das aber ist genau der Punkt, um den es uns hier geht: um die gegenwärtige und zukünftige, theoretische und praktische Ableitbarkeit der Kunst aus den Voraussetzungen der modernen Zivilisation, also aus bewußten, intelligiblen Prozessen und Techniken. Denn die Annäherungsbewegungen zwischen Kunst und Technik, deren großer Ausdruck heute das Design und die industrielle Fertigung sind, bilden einen Teil des zivilisatorischen Prozesses, der, globaler Natur, von Ausgleichstendenzen zwischen wissenschaftlichen und künstlerischen Produktionsprinzipien begleitet wird.

Auf der Suche nach den Gelenkstellen zwischen Kunstwerk und Theorie stößt man sehr schnell auf die Kategorien der Verallgemeinerung und der Vereinfachung, innerhalb deren sich die Kontakte vollziehen.

Die Verallgemeinerung ihrer Aufgabe, also die Methode ihrer Schöpfung, nämlich die Liberalisierung in den Verfahren und die Emanzipierung der Mittel, die Loslösung vom bestimmten Gegenstand wie von seiner vorschriftsmäßigen Erzeugung, die Vernachlässigung der Seinsthematik und die Begünstigung der Zeichenthematik gehören genauso zum großen Zug moderner Kunst wie die Vereinfachung dieser Aufgabe, die Beschränkung der künstlerischen Aussage auf ihre Mittel, die Reduktion der Vorstellung auf Wahrnehmbares – die Elemente interessieren mehr als die Objekte, in denen sie vorhanden sind, die Fälle weniger als ihre Prozesse oder Schemata. Das alles sind wohlbekannte cartesianische Züge, ob man will oder nicht, und man kennt sie aus der Theorie. Und wo immer in der Malerei oder in der Plastik es sich heute um diese cartesianischen Experimente oder Tendenzen handelt, wird zugleich eine feinere Sensibilität in einer komplexeren Rationalität sichtbar, deren Gedanke an Schöpfung nicht abgetrennt werden kann vom Gedanken an Zerstörung, also Grundlagenkunst wie Grundlagenforschung, mit allen gefährlichen Momenten: In jeder zu großen Allgemeinheit entsteht der Tropismus, die formulierte Leere, der Allgemeinplatz, und zu nahe an ihre Entstehung herangerückt, entwickelt jede Kunst ihre spezifischen Prinzipien der Barbarei, in der noch immer ein fragwürdiger Wille weiter reichte als die »Anstrengung des Begriffs«. Verallgemeinerung und Vereinfachung haben nun jene beiden elementaren Formen ästhetischer Botschaft hervorgerufen, die heute, weithin sichtbar, auch die beiden herausgehobenen Techniken und Stile bestimmen: *Systeme der Mischung* und *Systeme der Anordnung*, wenn man sie, technologisch, Tachismus und Geometrismus nennt und wenn man sie, vage genug, artistisch als informelle und formelle Kunst beschreibt.

Doch genügt weder die technologische noch die artistische Bestimmung; beide, die dargestellten Systeme der Mischung wie die dargestellten Systeme der Anordnung, sind ästhetische Botschaften, die entweder statistisch oder geometrisch faßbar sind; dem geometrischen Stil der konkreten Malerei entspricht der statistische des informellen Tachismus; was die Konfiguration dort, ist hier die Häufigkeit, die Schärfe der Kontur ist abgelöst durch die Unschärfe der Übergänge, das Beisichselbstsein des Strichs durch die Neigung zu seiner Störung und Verletzung, aber alle sind Elemente der technologischen und mathematischen Sprache, die hier als Vehikel ästhetischer Realisation auftritt.

Daß diese ästhetische Realisation den Charakter einer Nachricht, einer Botschaft, einer Information, nicht den Charakter einer neuen Wesenheit oder Substanz besitzt und dem Schema der Kommunikation, der Vermittlung unterliegt, ist ein Satz der modernen Ästhetik. Ästhetik als *Nachrichtentheorie*, als Theorie einer besonderen Klasse von Nachrichten, die *allein* durch Kunstwerke realisiert und vermittelt werden, scheint heute die metaphysische in eine technologische Disziplin zu verwandeln.

Jeder künstlerische Prozeß arbeitet mit Zeichen als den Elementen der Wahrnehmung oder den Elementen des Machens. Jede ästhetische Realisierung erweist sich primär als Zeichenprozeß. Zeichen und Zeichenensembles bilden die Voraussetzung für die *Entstehung* wie auch für den *Transport* einer Nachricht. Die Nachricht kann eine semantische sein: z. B. die astronomische Mitteilung »Der Mond ist aufgegangen«; die Nachricht kann aber auch eine ästhetische sein: z. B. die Verszeile »Der Mond ist aufgegangen...« im Gedicht von Claudius.

Die Informationsästhetik trennt deutlich semantische und ästhetische Information, aber der Begriff der Information selbst ist in beiden Fällen verknüpft mit dem Begriff der Überraschung, des Unvorhersehbaren, des Neuen, der Innovation, der Originalität, die durch eine bestimmte Verwendung statistischer Vorstellungen und Verfahren der Wahrscheinlichkeitsrechnung nicht nur begrifflich, sondern auch numerisch zugänglich werden.

Nachdrücklicher denn je erscheint in dieser Theorie die ästhetische Information auf ihre Innovation, das Kunstwerk auf seine Originalität zurückgeführt, und daß die begriffliche und numerische Theorie gerade diese klassischen Bestimmungsstücke des Kunstwerks rational entscheidend werden läßt, erhöht zweifellos ihren Rang als kritische Instanz. Daß der Betrag der produzierten oder perzipierten Information durch den Betrag an Alternativen,

Entscheidungen, die zur Realisierung aufgewendet wurden, rechnerisch zugänglich wird, erweist auch in diesem Zusammenhang den ästhetischen Zeichen- und Informationsprozeß als *selektiven*, als abhängig von Wahlfreiheiten, die dabei sukzessive verbraucht werden, fast eine Demonstration des Hegel-Satzes, daß Kunst die höchsten Interessen des Geistes zum Bewußtsein zu bringen habe und daß zu diesen höchsten Interessen die Freiheit gehöre.

Die Informationsästhetik besitzt also einen begrifflichen und einen rechnerischen Teil. Der begriffliche Teil sieht die Zusammenhänge neu, er nennt ästhetisch einen Prozeß, der das Unwahrscheinliche, das Ungewohnte, das Überraschende differenziert, indem er ihn vom logischen unterscheidet, der das Wahrscheinliche, das Gewohnte, das Nichtüberraschende differenziert. Und der rechnerische Teil bestimmt die ästhetischen Werte neu, indem er das Unwahrscheinliche, das Ungewohnte, das Überraschende mit den Mitteln der Statistik beschreibt, die mit Wahrscheinlichkeiten oder Häufigkeiten rechnet. Ein Gebilde, das wie eine Theorie aus einem logischen Prozeß hervorgeht, ist wesentlich wahr oder falsch, sonst ist es keine Theorie; die Kenntnis, die sie vermittelt, ist im strengen Sinne keine Innovation, sie ist ja vorhersehbar, das gehört zum Wesen jeder Theorie, also auch keine wirkliche Information. Aber ein Gebilde, das wie ein Kunstwerk aus einem ästhetischen Prozeß hervorgeht, ist weder wahr noch falsch, es suspendiert diese Wahrheitswerte; denn es vermittelt keine Kenntnis, sondern erschließt gerade wesentlich den Bereich einer Unkenntnis, einer Überraschung, einer Unwahrscheinlichkeit, einer Innovation und läßt sie durchaus als solche bestehen, aber es wird nach anderen, neuen und höchst empfindlichen und zerstörbaren Werten differenziert werden müssen, wenn überhaupt Kommunikation eintreten soll, denn Kommunikation beruht ja wesentlich auf *Selektion*, wenn überhaupt eine ästhetische Information in ihr übertragen wird.

Es ist klar, daß Unkenntnis und Unvorhersehbarkeit einer aus Zeichenelementen gebauten semantischen oder ästhetischen Information einen Höchstwert annehmen würden, wenn alle Elemente gleich unwahrscheinlich werden. Die Information wäre aber in diesem Falle zwar von maximaler Innovation, also Originalität, aber vollständig unverständlich, d. h. die ästhetische Information wäre als solche in diesem Falle nicht mehr wahrnehmbar. Damit eine ästhetische Information, die ein Kunstwerk gibt, trotz der Forderung nach Neuheit und Ursprünglichkeit aufnehmbar, apperzipierbar bleibt, muß man ein Prinzip einführen, das den Höchstwert vermindert, man muß ihn beschweren, man muß die Unwahrscheinlichkeit dieser Information dadurch herunterdrücken, daß man sie mit wahrscheinlichen Elementen belastet, man muß der Information Redundanz hinzufügen, die das eigentliche Moment des Schönen als »Ordnungen« zur Wahrnehmbarkeit bringt.

Die Realisierung von Kunst durch das Kunstwerk ist also nicht nur eine Frage der Information, sondern vor allem auch eine Frage der Redundanz dieser Information. Redundanz bedeutet dem Wort nach etwas, was eigentlich überflüssig ist, der Idee nach also etwas, was am Kunstwerk weggelassen werden könnte, wenn wir den Höchstwert an Innovation, an Originalität überhaupt wahrnehmen könnten. Jede schöpferische Leistung in der Kunst entsteht als ästhetische Botschaft gegen die Forderung der Verständlichkeit dieser Botschaft. Die Ausprägung eines Stils ist stets eine Konzession an die Redundanz, nicht eine Konzession an die Originalität der ästhetischen Botschaft. Die Entwicklung der modernen Kunst in den bekannten Phasen der Überwindung des Figürlichen und Gegenständlichen im klassischen Sinne, der geometrischen, informellen und tachistischen Verfahren ist auch eine Auseinandersetzung über Innovation und Redundanz ästhetischer Botschaften, bewegt von der Frage, was noch weggelassen werden könne, um die eigentliche ästhetische Information in höchster Reinheit hervortreten zu lassen. Vom Standpunkt der numerischen Informationsästhetik erweist sich, wie man sich leicht klarmachen kann, der Geometrismus der konkreten Kunst, bedacht auf Anordnung, als eine Kunst hoher Redundanz; Unvorhersehbarkeit und Unwahrscheinlichkeit sind herabgesetzt, und die Klarheit und Identifizierbarkeit der Wahrnehmung steigt an, hingegen erscheint die informelle Malerei zwar als eine Kunst relativ hoher ästhetischer Information, die Unvorhersehbarkeit ist angestiegen, die Anfälligkeit für Störungen dessen, was der Maler will, ist groß, oder die Störung wird geradezu ausgenützt, aber die Wahrnehmbarkeit, die Apperzeption der ästhetischen Botschaft ist erschwert, sie rückt in die Mikrobereiche ein, es ist eine mikroästhetische Botschaft, in der es wenig Zustände der

Anordnung, aber um so mehr Zustände der Mischung gibt. Was im Verhältnis zur Kunst hoher Redundanz auf der einen und zur Kunst hoher, aber mikroästhetischer Information auf der anderen Seite der *gegenständlichen* Kunst ihre *Klassizität* verleiht, ist angesichts solcher Überlegungen die Tatsache, daß der Gegenstand im Verhältnis zur ästhetischen Botschaft eine Redundanz ist, die zugleich ihre Redundanz verschleiert, indem sie sie als semantische Information der ästhetischen hinzuzufügen weiß.

Es scheint mir zu den methodischen Errungenschaften moderner Kunst, besonders des abstrakten, konkreten und informellen Kunstwerks zu gehören, daß sie es sich leisten können, die ästhetische Information eines Bereichs definitiver Unkenntnis in einem Kunstwerk von der semantischen Information eines Bereichs definitiver Kenntnis abgelöst zu halten, doch ist es auch klar, daß die Bewertung, die Differenzierung dieser bedeutungsfreien ästhetischen Information nicht mehr nach einem zweiwertigen Schema *schön* oder *nichtschön* erfolgen kann, so wie man eine Theorie, ein Theorem entweder als wahr oder als falsch bezeichnen muß. Jetzt ist eine reiche, subtile und sensible Skala von Werten notwendig, um den ästhetischen Zustand eines Bildes, einer Plastik wohlunterschieden von dem eines anderen Bildes, einer anderen Plastik noch wiedergeben zu können. Das Wort, das ein Gefühl suggeriert, genügt nicht; Gefühle waren schon immer weniger subtil als Begriffe und Bilder ärmer als Gedanken. Es gibt nur eine Skala, die reich und fein genug wäre, die realisierten Farb- und Linienzüge, die auf diesen Bildern *nur sich selbst* präsentieren, zu unterscheiden: die numerische Skala, in der jedes Schema der Unbestimmtheit, der Überraschung rechnerisch zugänglich wird.

Wir haben heute zweifellos eine Malerei, eine Kunst reduzierter ästhetischer Zustände vor uns; was gesagt werden soll, wird in ästhetischen Informationen minimalster *Codierung*, also durch pure *Realisation* gesagt, und es gehört offenbar zu den Glücksfällen der Geistesgeschichte, daß sich heute die Ästhetik eines neuen mathematischen Rüstzeugs bedienen kann, das solche reduzierten ästhetischen Zustände der Mischung und der Anordnung numerisch zugänglich macht. Man wende nicht ein, das sei zu wenig. Wer es einwendet, sei an eine Bemerkung Racines im Vorwort zu *Bérénice*[2] erinnert: »Manche meinen, Einfachheit sei ein Zeichen mangelnder Erfindungsgabe. Sie bemerken nicht, daß im Gegenteil alle Erfindungskunst darin besteht, aus Nichts etwas zu machen.«

Mischung und Anordnung sind also elementare und bedeutungsfreie, also schematische Zustände, und es ist ganz gleichgültig, ob sie die Verteilung von Gaspartikeln im Raum, farbiger Substanz auf der Leinwand oder der Worte in einem Text betreffen. Das Vordringen der Kunst in die generalisierten Bereiche des Seins verallgemeinert und reduziert auch die Information, die sie gibt, und es fällt nicht mehr schwer, die statistischen Prinzipien, die in der physikalischen Disziplin der Thermodynamik entwickelt wurden, so zu generalisieren, daß sie nicht nur auf Verteilungen von materiellen Partikeln in einem endlichen Raum zutreffen, sondern auch auf die Verteilung der wahrnehmbaren Elemente auf der endlichen Fläche einer Leinwand oder in der endlichen Linearität eines Textes.

Jedes Schema der Unbestimmtheit, das die Momente des Unwahrscheinlichen und des Unvorhersehbaren einschließt, kann also zur Quelle einer ästhetischen Information werden, die das realisierte Kunstwerk als einen Überträger benötigt, der die Ursprünglichkeit, die Originalität der Information nicht verletzen darf. Keine ästhetische Information ist von ihrem Träger ablösbar. Ästhetische Information unterscheidet sich von jeder anderen dadurch, daß sie nie codiert, immer nur realisiert auftritt. Dies scheint mir eine der wichtigsten Voraussetzungen der gesamten Informationsästhetik zu sein.

Doch das Schema der Unbestimmtheit, das zwischen Mischung und Anordnung schwankt, kann selber bestimmt oder unbestimmt sein. Es verfällt der Iteration, es spiegelt sich. Mischung und Anordnung gewinnen dann neue ästhetische Ausmaße, und wir sprechen von ihnen wie vom Preziösen und der Präzision. Das Preziöse und die Präzision als ästhetischer Ausdruck der Mischung und der Anordnung in der Sprache der Realisation, also in der Sprache, die das beschreibt, was tatsächlich gemacht wird, scheinen die Grenzen der Variationen zu bestimmen, innerhalb deren heute gegenstandslose Kunst zu einem Oberbegriff werden kann, der einerseits den Geometrismus und andererseits den Tachismus, einerseits abstrakte und andererseits informelle ästhetische Information umfaßt. Das Schema der Unbestimmtheit ist im Preziösen unbestimmter als in der Präzision, und das Preziöse erscheint im gleichen Maße als eine Kategorie des Vergnügens unter dem Aspekt des Spiels, wie die Präzision eine Kategorie der Sicherheit ist unter dem Aspekt des Leidens. Ein Zeitalter, das, wie Nathalie Sarraute[3] es formulierte, ein Zeitalter des Argwohns und des Verdachtes ist, hinterläßt mit diesen Kategorien des Preziösen und der Präzision noch auf jedem Bild die berechenbaren Spuren des Spieles und des Leidens.

*Tendenz* und *Experiment* sind seit langem als Kategorien der Produktivität bekannt, und sie können eine Quelle der Kunst, also der ästhetischen Information sein, weil gerade sie auf dem Wesen der Entscheidung, des Verbrauchs an Freiheiten beruhen, die das Schema der Unbestimmtheit definieren. Doch hat es für uns hier keinen Sinn, diese existentiellen Anzeichen moderner Kunst weiterzuverfolgen, es sind keine Merkmale, die einzelne, sondern alle Kunstwerke charakterisieren. Es handelt sich um die artistischen Vorentscheidungen des Experimentes und der Tendenz, die damit sichtbar werden, als einzige Vorentscheidungen, die angesichts der prekären Lage unserer Zivilisation noch einen Sinn haben, die die Produktionen festlegen und den Zeitpunkt ihrer Schöpfung bestimmen. Jedes Schema der Unbestimmtheit ist rätselhaft, hatte ich gesagt, und das bedeutet gerade, daß es produktiv ist. Es deutet sich auf diese Weise wieder an, in welchem Sinne sich das ästhetische Weltverhältnis der Kunst vom erkenntnistheoretischen der Wissenschaft und vom ethischen der Gesellschaft unterscheidet. Im erkenntnistheoretischen Weltverhältnis wird das Subjekt suspendiert, und das Objekt ist bestimmt; im ethischen Weltverhältnis ist das Subjekt unbestimmt, und das Objekt ist suspendiert; im ästhetischen Weltverhältnis ist das Subjekt nicht suspendiert, doch bestimmt, und unbestimmt ist nur das Objekt. In dem Maße, wie nun also einerseits jeder Satz über sein Selbst zum Ausgangspunkt einer Moral werden kann, vermag jede Vorstellung von der Unbestimmtheit der Welt der Anfang eines produktiven ästhetischen Prozesses zu sein, und niemand wird leugnen, daß jedes Kunstwerk, sofern es überhaupt subjektive und objektive Züge und passive und aktive Anlässe verrät, im Umfang seiner Tendenz Prinzipien einer Moral und im Umfang seines Experiments Prinzipien einer Ästhetik sichtbar werden läßt. Jedes Experiment arbeitet an der ästhetischen Realisierung des Kunstwerks, jede Tendenz an seiner ethischen Realisierung, und die ästhetische Realisierung macht die Information, aber die ethische Realisierung die Aktualität dieser Information offenbar; denn ethische Realisierung ist nur als Aktualisierung denkbar.

Im allgemeinen wird kein ästhetischer Prozeß in einem einzigen Kunstwerk abgeschlossen. Auch eine ästhetische Information ist nur in den seltensten und glücklichsten Fällen eine vollständige und endgültige, die auf Wiederholung und Veränderung verzichten könnte. So scheint mir die relative Unselbständigkeit des einzelnen Kunstwerks eine Folge seiner Nachrichtennatur zu sein, und die Idee des Stils wurzelt darin. Ein Kunstwerk kann nur so lange aktuell sein, als die ästhetische Information, die es gibt, nicht abgeschlossen ist. Die abgeschlossene ästhetische Information beendet ein Kunstwerk endgültig. Das abgeschlossene Kunstwerk gehört keinem ästhetischen Prozeß mehr an, zurückgezogen aus der Aktualität seiner Botschaft, gehört es ausschließlich der Geschichte, es ist ästhetisch ein für allemal verbraucht. Und daß auch Kunst dem Verbrauch anheimfällt, zerstört ein für allemal die theologische Vorstellung ihrer möglichen Ewigkeit.

Aufgefaßt als ästhetische Botschaft, wie das hier geschehen ist, gehört das Kunstwerk dem Schema der Kommunikation an, das zur Struktur des Gesellschaft und ihrer Zivilisation gehört. Sieht man es im Schema der Kommunikation, dann gehört die Phase der Kritik nach der Phase ihrer Herstellung abschließend dem ästhetischen Prozeß der Information an. Die Kritik urteilt, das Urteil anerkennt oder verwirft die ästhetische Information, bestätigt sie also auf diese Weise.

Aber die Kritik kann wesentlich nur in ästhetischen Aussagen bestehen, wenn sie die Kunst, nicht die Kommunikation betreffen will, nicht in historischen, soziologischen oder psychologischen Sätzen, die sich heute so gerne als Kunstkritik ausgeben. Und zum Aufstellen ästhetischer Aussagen bedarf es eben einer ästhetischen Theorie, die kontrolliert und gelernt werden kann.

Es mag den Maler nichts angehen, was vom Standpunkt einer begrifflichen oder numerischen Ästhetik über seine Bilder gesagt wird, seine Realisation greift auf ein anderes Repertoire zurück als die Codierung, die der Ästhetiker, indem er das Kunstwerk als Kunstwerk feststellt, bestätigt. Doch geht es aus den gleichen

Gründen den Ästhetiker nichts an, was der Maler sagt, nicht er wird festgestellt, sondern das, was er gemacht hat, und nicht jedes hektische Traktätchen gehört zu den Traktaten der Maler. Daß Kunstwerke überhaupt durch Theorie wenigstens im Prinzip feststellbar sind, ist eine Folge der Tatsache, daß sowohl das Kunstwerk als auch die Theorie eine feststellende, statuierende, seinssetzende Funktion haben.

Perzeption ist immer weniger als Apperzeption. Die Wahrnehmung bleibt als geistige Arbeit stets hinter dem Bewußtsein, das sie verwandelt, zurück. Die Selbständigkeit von Farbe und Form als eine ästhetische Möglichkeit von Kunst ist als Wiedergabe einer bloßen Perzeption geistig ärmer als die Wiedergabe einer Apperzeption.

Aber im gleichen Sinne ist auch das Maß der Saturierung durch Kunst nie ein Kriterium für die in jeder vollständigen Apperzeption von Kunst sich vollziehende geistige Aktion und Apperzeption ist in jedem Falle verschieden von Unterhaltung.

Daher arbeitet jeder *Irrationalismus in der Malerei* auf den *Verlust des Geistes* hin, der auch durch keine noch so tönende Anrufung der »himmlischen Heerscharen« wettgemacht werden kann. Es ist nicht möglich, die spirituelle Bedeutungslosigkeit einer Kunstausübung durch emotionale und konfessionelle Interpretationen zu ersetzen oder die Anstrengung des Begriffs auch in der Malerei durch Arroganz vorzutäuschen.

Wenn also, was ich sagen will, moderne Kunst überhaupt nur auf dem Hintergrund ihrer Theorien, der Gedankenbewegungen, nicht der Gemütsbewegungen, faszinierend, wahrnehmbar und schön wird, und zwar weil erst auf diesem Hintergrund ihre Subtilität und ihre Komplexität ansteigt, dann ist es notwendig, diese Theorien, diese Gedankenbewegungen selber festzustellen und genau wie die Maler in ihrer Freiheit der Realisation alle freien und subtilen Mittel der Intelligenz dabei auszunützen, die numerischen wie die begrifflichen, die technologischen wie die metaphysischen, und nicht durch die Nennung eines Gefühls, einer Weltanschauung oder einer Konfession sich selbst zu überlassen, was in einer wissenschaftlichen Sprache der vollständigeren Vermittlung nicht widerstehen würde. Die Rigorosität, die zur Realisierung eines Kunstwerks aufgewendet wird, darf nicht dadurch abgeschwächt werden, daß man seine Interpretation verweichlicht und die Untersuchung versüßt; und weder das, was als Experiment, noch das, was als Tendenz eine deutliche Vorentscheidung war, kann in jenen konventionellen und historisierenden Begriffsbildungen vermittelt werden, in denen die Irrationalitäten der Erlebnisse und des saturierten Geschmacks vorherrschen und die bei uns das Kennzeichen der ungelernten Tageskritik sind.

Das würde aber auch bedeuten, daß der Rang der Kunst aufhört, vital bestimmt zu sein und sich in ihrer ideellen Bewertung nach dem Grad der Saturation oder der Sekurität zu richten, die mit ihrer Hilfe in einem Selbstgefühl zu erreichen ist. Es handelt sich jetzt gewissermaßen darum, den Horizont des Machens, den die Technik umschreibt, durch eine neue Art ästhetischer Realisation in der gleichen Weise zu transzendieren, wie jede klassische Kunstform die Natur überstieg. Was sich andeutet ist, wenn ich das so sagen darf, der Übergang von einer *natürlichen* Kunst zu einer *künstlichen* Kunst. In der natürlichen Kunst wird die Ordnung verfügbarer Materialien zur ästhetischen Botschaft durch reale menschliche Erlebnisse und durch außerhalb jener Materialien vorgegebene Sachverhalte und Ereignisse bestimmt. In der künstlichen Kunst bleibt alles in der Eigenwelt des ästhetisch disponierbaren Materials, und an die Stelle konkreter menschlicher Erfahrungen treten jetzt rational beherrschbare und technologisch aktivierte Prozesse der ausnützbaren Elemente selbst. Ich finde in der modernen Kunst und Literatur, in ihren abstrakten und konkreten Zügen, in ihrem Peinture-Begriff und ihrem Text-Begriff sowie in ihren statistischen und topologischen Strukturen eine zukünftige kybernetische Kunst bereits angedeutet.

Weil die Phase der Kritik, wie gesagt, für den ästhetischen Gesamtprozeß eines Kunstwerks unter Umständen abschließender Natur sein kann, bedarf es der beständigen Reflexion der Kritik auf eine Theorie, die weder ein System definierter Begriffe noch ein System numerischer Methoden scheut. Der wissenschaftliche Zustand der Kunstkritik wird unvermeidlich, wenn Kunst überhaupt als ein Eingriff intelligenter Wesen in den Prozeß unserer Zivilisation verständlich werden soll und die berühmte Remission des Geistes in der Kunst als widerlegbar gelten kann. Er ist das einzige Mittel, *Emotionalismus* und *Konfessionalismus* aus dem Urteil über Kunst zu vertreiben und die Selbstauffassung ihrer Hervorbringer über das Niveau der Predigt und der Litanei zu heben.

Gewiß, Kunst ist öffentlich wie Wissenschaft, aber Öffentlichkeit ist kein Kriterium für Wissenschaft, und sie kann es auch nicht für Kunst sein, so sehr die Tageskritik der ungelernten Intelligenz auch daran interessiert ist, um ihre Trivialitäten loszuwerden. Denn wie die Wissenschaft reflektiert auch die Kunst darauf, ihren Prozeß als notwendigen, nicht als zufälligen im Medium der Zivilisation zu begründen – und das bedeutet, daß sie ebenso wie die Wissenschaft an der produktiven Tieferlegung ihrer Fundamente interessiert ist.

# 4 Der intellektuelle Provinzialismus

Der Prozeß der zunehmenden Zivilisation, konstatierbar an der Verfeinerung und Verwicklung der Zeichenwelt im Verhältnis zur Dingwelt, der Metasprachen im Verhältnis zur Objektsprache und an der damit verbundenen dichter werdenden Kommunikationssphäre, erzeugt zwei allgemeine Tendenzen. Einmal, bestehende Unterschiede zu verwischen und vorgegebene Wesenheiten auszulöschen, das andere Mal, Wesenheiten gerade herauszuarbeiten und Unterschiede zu belassen, aber konstruktiv anzuordnen. Wir sprechen von Nivellement und Organisation, und man bemerkt leicht, daß jedes einsetzende Nivellement schließlich in eine Desintegration münden muß, indem sie die kreative Fähigkeit des Menschen mehr und mehr unberücksichtigt läßt, während die konstruktiv vorgehende Organisation sinngemäß nur als Integration wirksam sein kann. Natürlich muß man zugeben, daß der Spielraum, in dessen Grenzen Integration in Desintegration, Organisation in Nivellement umschlagen kann, gerade in produktiv geschwächten Zivilisationsphasen etwas groß werden kann, so daß die Differenz zwischen Kommunikation und Majorisierung zu verschwinden droht und der Fehlschlag humanitärer Absichten unvermeidlich ist. Doch scheint es offenkundig, daß der Zuwachs an Integration und Organisation nur von seiten kreativer Rationalität und Intelligenz her erfolgen kann, während jeder Irrationalismus, von der christlichen Dogmatik bis zum emotionalen Bergsonismus oder spekulativen Rassismus, indem er die menschliche Einsicht zu majorisieren gedenkt, auch die Selbständigkeit der Wesenheiten annulliert und das Denken der Individuen in die Gedankenlosigkeit der Gesellschaft überführt.

Lévi-Strauss[4], einer der bedeutendsten Köpfe unter den Wissenschaftlern unserer Zeit, spricht in seinem schönen Buch *Traurige Tropen* von »Entropologie«, einer Disziplin, die den Prozeß der Desintegration in seinen höchsten Erscheinungsformen zu untersuchen hätte. Diese »Entropologie« (der Name leitet sich vom Begriff der Entropie ab, durch den in der Physik und in der Kommunikationsforschung Grade der Unordnung, der Mischung, des Ausgleichs bezeichnet werden, die einer Innovation, einer Ausdifferenzierung, einer Gestaltung, einer Kreation entgegenarbeiten) ist selbstverständlich eine anthropologische Wissenschaft, und die genauere Bestimmung des Verhältnisses zwischen Rationalität und Irrationalität im Rahmen unserer Zivilisation und ihrer Schöpfungsfähigkeit gehört zweifellos zu ihrem Thema.

Es gehört auch zum Fortschritt der Intelligenz, daß sie das Schöpferische, zu dem sie befähigt ist, von jenem Provinzialismus entbindet, der sie anfänglich in der Arbeit heimsucht und bedrückt. Dieser Provinzialismus siedelt sich mit Vorliebe in den Bedeutungen an, die der Realisation mitgegeben oder zugesprochen werden können, doch scheint er das, was man heute gern als Form, als Materialität, als Gestaltung bezeichnet, zu meiden. Bedeutungen können tatsächlich niemals alle Spuren der Stimmungen und Gefühle, der Vorurteile und konventionellen Fabeln, der vitalen und spirituellen Subjektivität verwischen. Genau darauf beruht es ja, daß eine Bedeutung keine feststehende Substanz, keine Wesenheit ist, wenigstens was ihr Auftreten in der Umgangssprache und Umgangsideologie anbelangt, sondern Häufigkeit eines Gebrauchs, Wortverlauf einer sprachlichen Funktion, zwiespältige Münze unserer kommunikativen Bedürfnisse. Erst die methodischen Bewegungen des menschlichen Geistes in der Richtung auf das Abstrakte, und zwar gleichgültig, ob sich eine solche Bewegung in der Kunst, in der Wissenschaft oder in der Sprache vollzieht, distanziert schärfer zwischen dem Schöpfer, dem Geschaffenen und dem Publikum, weil es jetzt nicht mehr einfach und leicht, gewissermaßen passiv, damit getan ist, genießend oder verstehend wahrzunehmen, sondern notwendig wird, in dieses Abstrakte noch etwas einzusetzen, um es abzuschließen und aktiv in eine Bedeutung zu verwandeln, die verstehbar und genießbar ist. Alles Abstrakte enthält eine entscheidende Leerstelle, die die Tätigkeit des Schöpfers hinterläßt und die die des Publikums herausfordert. Auf diese Weise ist die abstrakte Bewegung des menschlichen Geistes ganz allgemein auf Universalität aus; das Publikum ist nicht definiert und die Schranke des Provinzialismus fällt fort.

Die Bedeutungen erweisen sich aus diesem Grunde als ungeeignet für die Verallgemeinerung. Die zunehmende Verwendung der Bedeutungen im Fortschritt der Zivilisation verbrauchten sie nicht nur, sondern lassen sie dementsprechend auch unbrauchbar werden für Innovation, also für Originalität, für Schöpfung. Nichts ist so empfindlich gegen eine Übertragung, gegen einen Transport wie die Bedeutung. Sie »schattet« ab, wie Husserl sagen würde. Sie widersteht andererseits in gewisser Hinsicht der kommunikativen Verwendung, sofern sie sich in diesem Vorgang verändert anpaßt. Aber sie konzentriert dabei auch die nichtkommunikativen Bestandteile, die unverständlichen Reste der Sprache und der Kunst, durch die ihre subjektiven Bindungen entstehen. Die Gefahr einer dennoch kommunikativen Verwendung nichtkommunikativer Bestandteile der Sprache und der Intelligenz liegt darin, daß eine Pseudokommunikation, eine Scheinkommunikation zustande kommt, ein irreales Verstehen, das mindestens allen spekulativen, subjektiven und religiösen Mitteilungen zugrunde liegt. Wirklich in solchen spekulativen Pseudokommunikationen ist nur jene Trennung der Worte, jene Diskrepanz in den Bedeutungen, deren Diskontinuum schließlich durch verhängnisvolle emotionale und vitale Protuberanzen ausgefüllt werden, von denen die Doktrinen und Orthodoxien, die weltlichen und nichtweltlichen Machtansprüche leben. Zweifellos erkennt man den rationalen Tiefstand der Ideologien an diesen spekulativen Verwilderungen der fingierten Kommunikation, die so ausgiebig ihrer Vermachtung dient. Diese Auffassung kann heute als ein fester Bestandteil der Kommunikationstheorie der Bedeutungen angesehen werden. In dem Maße, wie die Zivilisation heute universal gerichtet ist, läßt sie die konventionellen Bedeutungen provinziell zurück- und die kreativen Innovationen antiprovinziell hervortreten.

Die beinah prinzipielle Ungeeignetheit der modernen Kunst und der modernen Physik für die Darstellung bzw. für den Ausdruck von Bedeutungen verifiziert unsere Überlegung und läßt das Ausmaß der objektiven Tendenz erkennen, die jeden Ansatz zur spekulativen Mystik sogleich in experimentelle Rationalität verwandelt, deren Kategorien heute selbst die Poesie nicht mehr zu widerstehen vermag, wiewohl man dabei nicht an deutsche Dichtung und Literatur denken darf. Man kann von einem Skineffekt, einem Hauteffekt menschlicher Zivilisation sprechen, der die Schöpfungen der Kunst, der Wissenschaft, der Literatur wie Oberflächen aufspannt und durch den die Aktivität der Intelligenz extensional zu- und intentional abnimmt. Endgültige Visualität in der Kunst bis zu den Übergängen zwischen Typographie und Poesie, und das heißt immer scharfe Kontrastierung in der Verteilung homogener Farben und exakter Polygonzug geometrischer Flächen als Spätstadium der abstrakten Bewegung, in der die Leerstelle der Abstraktion keine Ausfüllung, keine Bedeutung mehr verlangt, sondern unmittelbar für sich selber steht, nur sie selbst ist, als Farbe oder Form, als eigentliche ästhetische Materialität oder Realität, führte schließlich zur konkreten Malerei im weitesten Sinne und darüber hinaus zur konkreten Skulptur, Architektur, Graphik, Typographie und Poesie, die heute fast schon eine weite, universale, ästhetische Bewegung kennzeichnet, die, bis zum äußersten antiprovinziell und antisemantisch, Schöpfung vielleicht weniger unter dem Aspekt der »Gestaltung« (Komplexität) als unter dem der »Reinheit« (Präzision) sinnvoll und wirksam sieht.

Die Schweiz, Frankreich, ein wenig sogar Deutschland, Italien, Japan, Jugoslawien, Ekuador, Chile, vor allem Brasilien und Argentinien und, denkt man zurück an Malewitsch, sogar Rußland, also Zürich, São Paulo, Rio und Brasília, Paris, New York, vielleicht auch Ulm und Stuttgart dürfen heute als Zentren dieser konkreten Motivation der künstlerischen Arbeit angesprochen werden; aber keine Vaterländer gibt es für sie, keinen Respekt vor nationalen Monumenten, keine Moralitäten dieser oder jener Konfession oder Nichtkonfession, keine Denkmäler für Subjektivität, keine Resultate der Hoffnung oder der Verzweiflung und kein Hineingehaltensein in das Nichts, keine bestimmten ontologischen Interessen, keine semantischen Ausflüchte, keine Psychologie, dafür Polygonzüge, Netze, Raster, Algorithmen, bestimmte Kurven, statistische Programmierungen, determinierte ästhetische Strukturen, kurz, dafür alles, was heute an materialen Form- und Substanzelementen zum Zwecke kommunikativer und artistischer Realisation vorliegt.

Natürlich kennt auch die moderne Wissenschaft, um das nur

nebenbei zu sagen, diesen antisemantischen und antiontologischen Zug der Darstellung, diese direkte Eigenfunktion nicht ihrer Objekte, sondern der Zeichen für diese Objekte als der eigentlichen Substanz der Disziplinen: die Idee des allgemeinen Algorithmus in der Mathematik, der Tautologismus der Axiomatik oder der Logik, der äußerst verfeinerte semiotische Gesamtzustand der Ausdrucksmittel unserer Wissenschaften, und die letzte Entwicklung der Technik fügte noch die Polytechnik der Kybernetik hinzu. Die gesamte Reduktion semantischer Begriffe und Abläufe auf semiotische, also auf Zeichen und ihre Strukturen, gehören der Bewegung der menschlichen Intelligenz auf das Konkrete hin an, in der der Gewinn (intentionaler) Bedeutung sukzessive durch den Gewinn (redundanter) Materialien ersetzt erscheint, und selbstverständlich entwickelt sich diese Bewegung der abstrakten Denk- und Sehweise in Richtung auf die autonome Behandlung der Zeichen und Zeichengestalten gänzlich unter dem Einfluß einer zunehmenden und begrifflich erweiterten Rationalität. Diese zunehmende Rationalität darf als definit, als offen und als material bezeichnet werden. Sie ist definit, sofern ihr Prozeß stets in abzählbar vielen Schritten erfolgt, sie ist offen, sofern diese Schritte im Prinzip nicht vollständig sind, sondern stets erweitert werden können, und sie ist material, sofern sie sich durch ihre Ausdrucksmittel selbst, nicht durch die Transzendierung dieser Ausdrucksmittel demonstriert. Rationale Vorgänge spielen sich also an den Realisationsmitteln der Zeichen, an Farben, Formen, Tönen, Silben, Worten etc. und ihren Verknüpfungen, Kombinationen und Übertragungen ab.

Damit erscheint überdeutlich ein anderes Motiv im weiten offenen Horizont des Machens, darin sich die künstliche Realität der technischen Zivilisation unaufhaltsam entfaltet: Neben die Planung tritt das Experiment, und in die rationalen Züge dringen die aleatorischen, die zufälligen ein, und diese höheren, kühneren Zustände determinierter Realisation sind, wie alle späteren Kategorien auch, wieder die empfindlicheren. Das Experimentelle, um nun diesen allgemeinen Schluß zu ziehen, erscheint uns jetzt als jene heutige Kategorie des Schöpferischen, die sowohl die Kunst als auch die Wissenschaft dirigiert und in der eine bewußte Rationalität zugleich mit einer entwickelten Sensibilität auftritt. Ich finde ausdrucksvoll genug die konkreten Signaturen der modernen Kunst, Architektur und Literatur mit den rationalen und experimentellen Zügen ihrer Realisation verbunden.

Allerdings ist die experimentelle Intelligenz ohne tieferes geschichtliches Bewußtsein. Geschichte ist ihr im Grunde kein Faktum der offenen, immer unvollendeten Zivilisation, kein Repertoire für Schöpfung oder Fortschritt, dazu ist sie zu urteilslos, und Zivilisation ist ebenfalls keine feste Idee, deren Formen, Möglichkeiten und Ziele immer schon bekannt gewesen wären und die keine Abweichung, keinen Sprung gestattet. So wird die experimentelle Intelligenz in den entscheidenden, nämlich in den schöpferischen Fällen das historische Interesse immer mit einem technischen vertauschen, und unsere Historiker werden sich daran gewöhnen müssen, daß Geschichtsschreibung, wenn sie auf Urteile verzichtet und demnach keine Kritik ist, nicht Lehre und Forschung, sondern nur noch Epik, Reportage oder Feuilleton sein kann. Dementsprechend ist es auch falsch, von einem, nur von einem Bildungsideal zu sprechen und Leitbilder oder Tests zu fixieren, die längst entleerten Traditionen entnommen wurden und verräterisch das Verhör zu einer öffentlichen Meinung destillieren. Es gibt nur relative Bildungsideale, angepaßt der komplexen Zivilisation sozialer Strukturen und privater Bewegungen in allen ihren Graden und Niveauflächen, für die als Ganzes zunächst nur eines feststeht, daß offenbar mehr menschliche Intelligenz notwendig ist, um sie geistig in der Hand zu halten, als aufgebracht werden mußte, um sie hervorzubringen. Historische Reflexionen, die keine Urteile riskieren können, werden nie für einen zukünftig gestimmten und sinnvollen Daseinsstil verbindlich sein. Vielleicht ist eine neue Pädagogik notwendig, um den funktionalen Bildungsbegriff gegen die geistige Dürftigkeit konfessioneller Leitbilder und gallupierender[5] Tests durchzusetzen, denn beide gehören im Grunde dem hier festgestellten intellektuellen Provinzialismus an, der das Wesen eines jeden Irrationalismus ausmacht. Dementsprechend gibt es natürlich auch keine verbindliche Idee der Universität oder der Hochschule. Es gibt nur die Belastung mit Traditionen auf der einen, der rückläufigen Seite, und dann auf der anderen, der prospektiven, die Offenheit ihrer Programme für das Fortschreiten der Zivilisation in der Richtung höherer Intelligenz, zunehmender Empfindlichkeit in Fragen der Menschlichkeit und ihrer Erhaltung, nicht ihrer Vernichtung; den Austritt aus dem Provinzialismus jeder Prägung und den Gewinn der Welt in den vitalen und in den geistigen Aktionen.

Wahrscheinlich führt jeder starre ontologische Gesichtspunkt in der Philosophie früher oder später zu einer regionalen Einschränkung substantieller Aspekte, wie das im 19. Jahrhundert an Hegel und im 20. an Heidegger demonstriert werden kann. Hegels *Phänomenologie* ließ in fälschlicher ontologischer Auffassung schließlich eine rechte und eine linke Verengung, Nationalismus und Sozialismus zu, deren provinzieller Sinn sich in den Ideologien und Fraktionen manifestierte, deren ausschließlicher Sinn für Mehrheit oder Zwang die Macht substantiell als Sein statt semantisch als Wahrheit interpretierte.

Heute gehören Martin Heideggers Entwicklung und Einfluß zur Signatur des neuen deutschen Provinzialismus der Intelligenz. Husserls *Phänomenologie*, von der Heidegger ausging, hielt sich durchaus noch frei von jener ontologischen Einschnürung, der Heideggers »Fundamentalontologie« mehr und mehr zum Opfer fiel. Transzendentalismus widersteht metaphysischem Regionalismus offenbar leichter als Existentialanalytik. Tatsächlich gibt es schon in *Sein und Zeit* zu jeder fundamentalontologischen Formulierung die provinzialontologische Verengung. So entspricht dem Satz »Das Sein dieses Seienden ist je meines« (S. 41) der andere »Dasein hat nicht nur die Geneigtheit, an seine Welt, in der es ist, zu verfallen und aus ihr her sich auszulegen, Dasein verfällt in eins damit auch seiner mehr oder minder ausdrücklich ergriffenen Tradition« (S. 21), und zu »Das Dasein hat selbst ein eignes ›im-Raum-sein‹« gehört »Im Dasein liegt eine wesenhafte Tendenz auf Nähe« (S. 105). Man kann sich leicht denken, daß unter diesen Voraussetzungen die ontologische Bemerkung über die »Sprache als ... Behausung der Eksistenz« *(Humanismusbrief)* zu einem provinziellen »Geviert« aus »Erde«, »Himmel«, »Sterblichen« und »Göttlichem« entartet *(Vorträge und Aufsätze)*. Ein Häufigkeitswörterbuch der fundamentalontologischen Sprache Heideggers würde sehr schnell die zunehmende Häufigkeit umgangssprachlicher Begriffe wie Haus, Licht, Wolken, Himmel, Weg, Boden usw. erweisen und mit ihrer größer werdenden Unbestimmtheit die provinzielle Veränderlichkeit demonstrieren.

Es ist durchaus als eine regionalistische Selbstinterpretation der Fundamentalontologie aufzufassen, wenn Heidegger die Ablehnung seiner Berufung nach Berlin und München 1934 in einem Aufsatz begründet, der den Titel trägt »Warum bleiben wir in der Provinz?« und in der Zeitschrift *Der Alemanne* erschien. Sprache und Gehalt des Aufsatzes sprechen für sich selbst: »Am Steilhang eines weiten Hochtales des südlichen Schwarzwaldes steht in der Höhe von 1150 Meter eine kleine Skihütte. Im Grundriß mißt sie 6 zu 7 Meter. Das niedere Dach überdeckt drei Räume: die Wohnküche, den Schlafraum und eine Studierzelle. Das ist meine Arbeitswelt. Wenn in tiefer Winternacht ein wilder Schneesturm mit seinen Stößen um die Hütte rast und alles verhängt und verhüllt, dann ist die hohe Zeit der Philosophie.« Das Schöpferische lokalisieren scheint der tiefere Sinn dieses intelligiblen Provinzialismus zu sein, der natürlich längst auch in die Selbstauffassung junger Literaten eingedrungen ist. »Ich arbeite nur am eigenen Schreibtisch, im eigenen Arbeitszimmer. In jeder anderen Umgebung bin ich völlig unfähig zur Arbeit. In einem fremden Raum kennt man die Gegenstände nicht. Fremde Stühle scharren mit den Füßen. Die Stühle zu Hause benehmen sich nicht so aufdringlich. Mit ihnen hat man seine Ruhe, sie sind ein Bestandteil der Ruhe, die zur Arbeit nötig ist.« Alles dies notierte kürzlich ein arrivierter junger deutscher Autor der »Gruppe 47« über sich selbst. Es entlarvt seine Romane, wie Heideggers Provinzialismus seine Fundamentalontologie trivialisierte.

Ich darf in diesem Zusammenhang auch an Karl Kraus erinnern, an seine Zeitschrift *Die Fackel*, die er allein schrieb, an seine Aufsätze und Bücher, deren sprachkritisches Pathos den Autor damals schon bekannt machte, und der heute wieder zwar von keinem aufklärerischen, aber dafür betont christlichen Publikum kreiert wird. Auch Karl Kraus gehört dem neueren intellektuellen Provinzialismus an, indem er ihn wesentlich vorbereitete. Es wird fast ausschließlich Handwerk kritisiert, aber keine Ideen, keine Stile, keine größeren geistigen Zusammenhänge, keine Theorien, Induktionen oder Deduktionen. Der Bezugspunkt ist nie eine Ästhetik, immer nur ein Geschmack, sein Geschmack. Alle Urteile Karl Kraus' lesen sich wie erotische Sätze. So wird immer mehr behauptet als bewiesen, und durch nichts verrät sich die Provinz in seiner Intelligenz so deutlich wie durch das besessene Auftreiben jener kleinen feststellbaren Fehlstellen aller Autoren zu geistesgeschichtlichen Katastrophen, wobei indessen die beständige lokale Fixierung, die das Gesicht verzieht, nur eine provinzielle Grimasse, aber kein globales Gesicht gewinnt. Die Auseinandersetzungen mit Heine, George und Benn sind typisch dafür.

Merkwürdig bleibt indessen, daß Ernst Blochs »Wunschlandschaften« sogar in Tübingen der Provinz entwischen, während Lukács' »Realismus« nie ganz den Geruch enger Kleinstädte und ihrer Kontore verliert. Nur infolge ihrer ontologischen Beharrlichkeit bezüglich der Dinge und Substanzen verliert sich die Dialektik in einem geistigen Provinzialismus, in dem auch ihr revolutionäres Feuer erstickt.

Tatsächlich ist der Gegensatz zwischen Provinzialismus und Antiprovinzialismus im geistigen Leben nur ein engerer Ausdruck für den viel umfassenderen und allgemeineren, der Europa und unsere Zivilisation auch heute noch nicht losläßt, den zwischen Rationalismus und Irrationalismus. Unter Rationalismus ist dabei, um es noch einmal anders zu sagen, jede Denkweise zu verstehen, die methodisch und bewußt vorgeht, also wiederholbar ist, und zwar in endlich vielen Schritten, und für die Gründe und Folgen keine an sich bestehenden Sachverhalte, sondern nur unsere Aussagen über solche Sachverhalte sind, also Urteile, Entscheidungen, beweisbar und mitteilbar, korrigierbar und kontrollierbar. Als Irrationalismus ist hingegen jede Denkweise zu bezeichnen, die im weitesten Sinne nicht Sätze, sondern Sachverhalte verknüpfen möchte, die das Urteil zwischen die Dinge statt zwischen unsere Sätze über die Dinge drängt, die das Empirische ins Transzendente, das Methodische in Geglaubtheit, das Hypothetische in Hypostasen entrückt und die Kontinuität der Gedanken in die Diskontinuität unserer Gefühle zurückversetzt.

Der europäische Irrationalismus, von dem hier die Rede ist, hat eine mannigfache Ausprägung. Im ganzen wirkt er sich pseudokommunikativ aus; denn er dient dem Aufbau des nichtmitteilbaren Wissens, also einer Idee der Intelligenz, die ebenso reaktionär wie antisozial ist. Wir sprechen von einem agnostizistischen Irrationalismus, wenn die Existenz von Dingen behauptet wird, die gleichzeitig im Prinzip unerkennbar sein sollen, und wir bezeichnen den Irrationalismus als einen metaphysischen, wenn er die Existenz von Dingen behauptet, die weder logisch noch empirisch zugänglich sind, aber durch Verfahren erkennbar werden sollen, die logische und empirische Verfahren transzendieren. Ich brauche nicht zu betonen, daß der religiöse Irrationalismus beide Modifikationen zur Erhaltung seiner Hypostasierungen benötigt, daß es aber auch einen politischen Irrationalismus gibt, der alle diese bezeichneten Spielarten benützt, um jene Majorisierung zu erreichen, in der sich die Macht als Medium menschlicher Konformität und Saturierung etabliert. Es handelt sich um Intelligenzverlust, und seine vitale Signatur enthält den immer wieder auffälligen Vorgang, anderen eine spekulative, keine determinierte Entscheidung zu überlassen, und dieser Verlust der Intelligenz äußert sich stets in der emotionalen und vitalen Vorliebe für die Scheinwelt der Irrationalität und ihre pseudokommunikative Funktion innerhalb einer verstörten Gesellschaft auf geistigen Abwegen.

Ich brauche kaum noch darauf hinzuweisen, daß der Begriff »Gott« hier als höchste und verhängnisvollste Kategorie menschlicher Irrationalität erscheint. Er hat angesichts der Schöpfungsfähigkeit menschlicher Intelligenz einen negativen Rang, indem nicht gesagt werden kann, wann er etwas bezeichnet, und indem er uns von jeder Idee der Produktivität im Grunde entbindet. So ist die folgenreiche Vorstellung eines höchsten Wesens umstellt von allen Formen der Irrationalität und damit der Wortlosigkeit ausgeliefert, und diese Wälle der Irrationalität, die jeden geistigen Aspekt unmöglich machen, sind theoretisch nur durch konsequenten Atheismus zu ersetzen. Atheismus, und zwar in allen Modifikationen, ist stets Ausdruck einer äußersten Verbindung von Willensstärke und Rationalität, die es nicht zulassen kann, daß ein Diskontinuum des Geistes postuliert wird, das menschliche Worte verstummen läßt und der Mitteilbarkeit geringeren Raum gibt als dem Sein. Alle unterscheidbaren Ausprägungen des Atheismus, der historische Atheismus, daß »Gott tot« ist; der metaphysische Atheismus, daß kein »höchstes Wesen« existiert; der erkenntnistheoretische Atheismus, daß aus auftretenden Unbestimmtheiten nicht in jedem Falle auf unbekannte Parameter geschlossen werden darf; der ethische Atheismus, daß der

Mensch die Freiheit seines Handelns verliert, wenn es ein höheres Wesen gibt, dem er verantwortlich ist; und der logische Atheismus, daß es kein Sinnkriterium für Sätze über Gott gibt, das von naiver mythologischer Welteinstellung unterschieden werden könnte, münden in der These von der kreativen Verifizierbarkeit einer prinzipiell atheistischen menschlichen Existenz durch die produktive Intelligenz.

Mir scheint, daß diese These von der kreativen Verifizierbarkeit des Atheismus das grundlegende und wesentliche Prinzip unserer Rationalität ist, das nicht außer acht gelassen werden darf, wenn über die geistigen Möglichkeiten nachgedacht wird.

Der unsere intellektuelle Existenz tragende Rationalismus ist natürlich kein System im traditionellen Sinne, sondern eine Methode oder, wenn man es so ausdrücken will, ein System methodisch erreichbarer Sätze, also ein offenes, kein abgeschlossenes System; es kann zwar vom Kriterium der Widerspruchsfreiheit beherrscht werden, aber nicht vom Kriterium der Vollständigkeit, und es kann ohne weiteres die Grenzen der Wissenschaften gegen das Selbstverständnis des Daseins oder gegen die Erkennbarkeit der Dinge zugeben, denn diese Grenzen bedeuten in jedem Falle die Grenzen des menschlichen Geistes und seiner intelligiblen Welt überhaupt, weil kein Grund gefunden werden kann, Denken im Prinzip abzubrechen, wenn es im Prinzip möglich ist.

Dementsprechend erscheint auch das Ich nirgendwo als ein Naturprodukt; der kosmologische Stil der Schöpfung kann an ihm nicht verifiziert werden. Das Ich ist ausschließlich das Ergebnis der existenzsetzenden Kraft des Denkens, das Ergebnis eines Rückstoßes, sofern man darauf aus ist, Wahrheiten über die Welt zu entdecken. Unter diesen Bedingungen wird es zu einem verständlichen, zunehmenden oder abnehmenden Wesen, das in jeder Reflexion, die es anstellt, auf die Spuren seiner Variabilität stößt.

Zweifellos läßt sich heute übersehen, daß für die Entwicklung unserer Zivilisation von Anfang an ein Zwang zur Technik, ein Zwang zur geistig produzierten künstlichen Realität vorlag und daß die rationalen Züge unserer Intelligenz diesem Zwang entsprechen und um so wesentlicher werden, je tiefer sie eingeschnitten und je dichter ihre Netze sind. Die drei großen Formen des Irrationalismus, der metaphysische, der agnostizistische und der existentielle Irrationalismus haben zu allen Zeiten diesen zivilisatorischen Zwang zur Technik nicht erleichtert, sondern erschwert. Der metaphysische Irrationalismus mit seiner Verlagerung menschlicher Exekutive in transzendentes Jenseits, das die Leiden vertiefte und die Glücke verdächtigte, der agnostizistische Irrationalismus mit der Irritierung bewußter Erkenntnis durch bewußtlosen Glauben und der existentielle Irrationalismus mit der Einführung vitaler Bezüge und Ressentiments in die Urteilskraft. Konfessionalismus, Subjektivismus und Vermachtung. Dämonologie, Suprematie und Diktaturen. Jedermann kennt die Auswüchse, verliert die Spuren und vergißt die Ursprünge. Doch heute ist sichtbar für alle die Zivilisation zur zusammenfassenden Kategorie menschlicher Sicherheit geworden, und die Zunahme der Rationalität, also die Zunahme der Übersehbarkeit menschlicher Entscheidungen, bedeutet nicht nur zunehmende Verwegenheit unserer Intelligenz, sondern auch zunehmende Festigkeit unseres Daseins. Anti-Irrationalismus ist demnach eine Forderung, die die zunehmende Zivilisation mit ihren beständig sich schärfenden Kategorien der Sekurität und Präzision an uns stellt. Nur das methodische Vorgehen, das rationaler Intelligenz entspringt, kann die organischen und technischen Gefüge, die sich in der gesamten Lebenswelt anreichern und durchdringen, die sich in unserem Körper wie in unserem Umkörper längst berühren und unser Bewußtsein, unsere Instinkte, unsere Ideen, unsere Sprachen anfüllen, vermitteln und störungslos verbinden. Es wird sich auf die Dauer als unmöglich und als vital und intellektuell unbefriedigend erweisen, der geistigen Arbeit und dem körperlichen Leben irrational einen transzendierenden Sinn zuzusprechen. Das Verständnis der Immanenz der künstlichen Welt, die wir errichten, beruht auf der Einsicht in die Immanenz ihres Sinns.

# 5 Ästhetischer Irrationalismus

Es gibt einen ästhetischen Irrationalismus, den selbst produktive Künstler nicht müde werden zu verteidigen, den sie gerne anführen, um gewisse nichtkommunikative Reste ihres Werkes verständlich zu machen und den sie im 19. Jahrhundert durch Schelling und im 20. Jahrhundert durch Bergson gerechtfertigt sehen. Natürlich gibt es gewisse Beziehungen dieses ästhetischen Irrationalismus zum Kunstpessimismus des 19. Jahrhunderts, dessen Entstehung aber andererseits auch wieder nicht abgelöst werden kann von der Entwicklung der technischen Zivilisation, insbesondere nicht von ihrem globalen Zug.

Goethe bemerkt 1805 in dem Artikel »Letzte Kunstausstellung«, daß »Gemüt über Geist, Naturell über Kunst« gesetzt würde, und so sei »der Fähige wie der Unfähige gewonnen«; Hegel hebt in den *Vorlesungen über die Ästhetik* hervor: »Kunstwerk ist es nur, insofern es, aus dem Geiste entsprungen, nun auch dem Boden des Geistes angehört«, doch, so wird weiter bemerkt: »wir haben kein absolutes Bedürfnis mehr, einen Gehalt in der Form der Kunst darzustellen«; selbst Nietzsche ist in diesen Kunstpessimismus einzubeziehen, sofern er, der in *Die Geburt der Tragödie* gegen Sokrates polemisiert hatte, weil er in ihm die Kunst durch den Wissenden gefährdet sah, nun in *Menschliches Allzumenschliches* gegen Wagner seinen Abschied von der Kunst notierte, indem er eine Epoche heraufkommen sah, in der der wissenschaftliche Mensch den künstlerischen ablöse.

Ich halte diese Sätze hier fest, weil sie ebenso hellsichtig wie kritisch und bedauernd eine schmerzhafte Diskrepanz zwischen Geist und Kunst, zwischen den Forderungen der Epoche und dem Sinn für Stil ausmachen, die die späteren, die heutigen geistigen Schwierigkeiten der künstlerischen Produktion, genau von diesen ist ja hier die Rede, vorwegnimmt. Auch wird niemand, der jene Stellen im ganzen nachliest, den leisen ästhetischen Anti-Irrationalismus und Anti-Provinzialismus bemerken, der in den Formulierungen wach ist. Dieses Ausspielen des Geistes gegen die Kunst ist um so erstaunlicher, als ja Goethe, Hegel und Nietzsche unabhängig von diesen Notierungen nicht in jeder Hinsicht bewußte Rationalisten waren, sondern weitverzweigt auch mit der Geschichte des neueren europäischen Irrationalismus verbunden sind. Goethes Mißtrauen gegen Newton, Hegels Mißverhältnis zur Mathematik, Nietzsches Gedanken an Zarathustra sind zweifellos auch Quellen eines verhängnisvollen Irrationalismus, der sich weltanschaulich, sektiererisch, provinziell auswirkte und der heute wie nie zuvor die Kunst, die Literatur, die Philosophie in spirituelle Schwierigkeiten mit der technischen Zivilisation bringt.

Jener Kunstpessimismus, der historisch argumentiert, aber ästhetisch postuliert, hat übrigens, was Malerei und Plastik anbetrifft, in unserer Epoche noch eine Tieferlegung ins Prinzipielle erfahren: Ernst Robert Curtius, der in der erstaunlich radikalen Einleitung zu *Europäische Literatur und lateinisches Mittelalter* bemerkt, wir hätten zwar die Eisenbahnen, aber nicht das System der Traditionsübermittlung »modernisiert«, stellte fest, daß zwar die Literatur, aber nicht die Kunst »Träger von Gedanken« sei. Es handele sich hier um einen ontologischen Tatbestand, die Literatur habe eine »andere Seinsweise« als die Kunst. Davon abgesehen, daß eine solche Auffassung, die ich für falsch halte, deutlich die Verengung des Blicks zum Ausdruck bringt, die immer eine Folge kategorialer Ontologien ist, bietet sie dem ästhetischen Irrationalismus ein neues Fundament an, das den bewußten Rückzug in das Geistlose erleichtert und jede Hand, jeden Blick von der Anstrengung des Begriffs dispensiert. Man hat eine Möglichkeit mehr, die nachlassende Spannung zum Geist in allen Machwerken, die als Schöpfungen ausgegeben werden, zu verdecken und jene Flut handwerklicher, pseudotheoretischer und konfessioneller Selbstbespiegelungen zu rechtfertigen, die sich heute in den Traktaten und Manifesten der Maler und ihrer Galerien ausbreitet und die keineswegs über die Halbfertigkeit der Fabrikate hinwegtäuscht, sondern im Gegenteil dem Kenner auch noch die Bedürfnislosigkeit der Intelligenz vor Augen führt. Ich räume natürlich ein, daß es die emotionale Zerfahrenheit methodenloser Kunstkritik ist, deren sich offenbar jedermann beliebig bedienen kann und die gedankenlos, wie es das Prinzip ist, die Dokumentation der »Richtung« gegen die Feststellung der ästhetischen Realität gesetzt hat (weil jene billiger zu haben ist), an der sich die Unternehmungslust der ungelernten Intelligenz in der heutigen Malerei verhängnisvoll entzündet.

Man entdeckt leicht, daß genau in dem Maße, wie die moderne Kunst zu einem solchen sozialen Phänomen geworden ist und eine Klasse der Armut fixiert, die zwar nicht ökonomisch, sondern intellektuell eine Proletarisierung und Primitivisierung, nämlich der Prinzipien und Theoreme definiert, zugleich die spätbürgerlichen irrationalistischen Züge entwickelt werden. Indem das ästhetische Interesse an der Entschiedenheit eines Stils und eines künstlerischen Seins hinter das geschäftliche Interesse an der Frequentierung der Galerie zurückweicht, tritt auch der Schund gleichberechtigt neben das Werk, und der verkäufliche Name wird wichtiger als das verkäufliche Objekt. So ist gerade im Zuge der Kunst und ihrer Kritik, und nicht nur in Deutschland, eine Klasse ambivalenter Halb- und Zwischenintelligenz entstanden, die, geschäftstüchtig, vorzugsweise die nichtintelligiblen Zonen der Kunst aufsucht und einerseits den antiintellektuellen Stil der längst saturierten Arbeiterklasse nachholt und andererseits ihr Bildungsdefizit und ihren Rationalitätszerfall als Stimulans des Lebens bewerten möchte und gegen die Progressivität der technischen Welt ins Feld führt. In dieser Hinsicht unterscheidet sich die Neigung vieler Informeller zu einer konfusen Katholizität durch nichts von der Bewunderung der Beatniks für den Zen-Buddhismus. In jedem Irrationalismus wird schließlich der Punkt erreicht, an dem der Pakt mit der Reaktion unvermeidlich wird, selbst Mathieu, den ich keineswegs verabscheue, wurde ihr Opfer, und wenn ihre theoretischen Gründe unbefestigt bleiben und visuell bereits das Ungenügen am Geiste sichtbar wird, dann können auch Gegenstandslosigkeit und Abstraktion nicht länger darüber hinwegtäuschen, daß eine Regression in das Gemüt eingesetzt hat. Der Widerspruch, mit Hilfe der erweiterten technologischen und begrifflichen Strukturen der Modernen sich einerseits neue Freiheiten künstlerischer Materialien und Gestaltungen zu erkaufen, andererseits aber ihre theoretischen, rationalen Grundlagen zu desavouieren und durch Mythologeme, Emotionalität, Vitalismen, Konfessionen und dergleichen irrationalistisch zu ersetzen, könnte bereits als die Selbstaufhebung der Kunst durch Kunst gedeutet werden, wenn es darum ginge, den Kunstpessimismus Hegels manifest werden zu lassen.

Es kann heute nur Kunst geben, wenn es einen Zwang zu ihr gibt, wenn ein absolutes Bedürfnis besteht, einen geistigen Gehalt, der anders nicht faßbar oder realisierbar ist, durch die Form der Kunst auszudrücken. Es gehört zum wichtigsten Problem moderner Ästhetik zu zeigen, daß es überhaupt geistige Gehalte gibt, die anders als durch Kunst nicht darstellbar sind, daß es also neben den semantischen Botschaften auch ästhetische gibt, die im Prinzip zwar auffindbar sind, deren Erkennbarkeit und Formulierbarkeit aber keineswegs nur der Intuition überlassen werden können und eine ebenso spirituelle wie methodische Anstrengung bedeuten.

Offenbar sind zu allen Zeiten vier verschiedene, doch zuweilen sich überlagernde kommunikative Intentionen in der pragmatischen Dimension der Kunst sichtbar gewesen: Unterhaltung, Konfession, Experiment und Tendenz, also Kunst im Dienste der Zerstreuung eines Individuums oder der Massen, Kunst mit der Absicht, Innerlichkeit auszudrücken, Kunst mit der Funktion der fortgesetzten Erweiterung ihrer eigenweltlichen Mittel und Kunst mit dem Interesse, Bewußtseinslagen oder äußere Zustände zu verändern. Der Zwang zur Kunst wird im Rahmen unserer technologisch determinierten Zivilisation und ihrer rationalen Funktionalität immer weniger unter den Kategorien der Unterhaltung oder der Konfession erfolgreich sein, doch zunehmend die Kategorien des Experiments und der Tendenz beanspruchen. Dementsprechend verändern sich die semantischen Umstände der ästhetischen Botschaften, Gegenstandslosigkeit in der Malerei, Handlungslosigkeit im neuen Roman und im neuen Film, Bilderlosigkeit in materialer und konkreter Poesie, kritische Verfremdung im epischen Theater, apophantischer Realismus an Stelle des fiktiven sind bereits Formen neuer künstlerischer Signatur, die nicht unterhalten, sondern versuchen, nicht bekennen, sondern verändern wollen.

In seinem hervorragenden Buch *La création scientifique*[6] hat A. A. Moles 1957 deutlich genug hervorgehoben, daß es keine prinzipiellen Unterschiede gibt, die zwischen künstlerischen und wissenschaftlichen Hervorbringungen bestehen, und die tiefen

Analysen, die neuerdings Claude Lévi-Strauss in *La pensée sauvage*[7] dem wilden, ursprünglichen Denken der Primitiven gewidmet hat, indem er Vorstellungen der Logik, der Logistik und Informationstheorie darauf anwandte, bestätigen jene Auffassung.

# 6 Intelligenz und Opposition

In allen ihren Funktionen, der fundierenden wie der kritischen und der utopischen, arbeitet die Philosophie an einer beständigen Korrektur der Begriffe. Sie versucht, sie im Prozeß der Geschichte zu verfeinern oder auszuscheiden, der Zivilisation und der ihr jeweils eigentümlichen Art der Humanität anzupassen, das heißt als intelligible Mittel des Umgangs, des Verkehrs, der Mitteilung von Ideen, der Umsetzung in Aktionen als drohende oder beruhigende Möglichkeiten geschmeidig zu erhalten.

Auch Macht und Opposition als zentrale Begriffe menschlicher Aktionen, und jede Aktion unterscheidet sich von einer bloßen Handlung oder einem bloßen Vorgang durch die vorausgesetzte Existenz entschiedener Individualitäten und durch die gefällte Entscheidung für ganz bestimmte Bedeutungen, bedürfen einer solchen beständigen, neuen Festlegung. Es sind offene Begriffe, variabel in der Entwicklung menschlicher Gesellschaft und korrigiert durch sie und nur im Einzelfall in der bestimmten Epoche und am umrissenen Ort abschließbar.

Natürlich gehören Macht und Opposition primär der utopischen Funktion des Geistes an, aber ihre Korrelation ist eine ausgesprochen kritische. Denn wie weit die eine die andere begrenzt, ist eine wesentliche Frage der Existenzbestimmung des Menschen.

Das Verhältnis Herr und Knecht, das Hegel und Marx zur Verfügung stand und die Aktionen der Macht wie auch die der Opposition dirigierte, hat sich verschoben. Nicht der Besitz oder der Nichtbesitz von Produktionsmitteln definiert heute die prekäre Lage der Zivilisation, sondern der Besitz oder der Nichtbesitz gewisser Theoreme, wenn man darunter den Inbegriff des zur Erhaltung oder Entwicklung der technischen Zivilisation ausnützbaren Wissens in der Form der Theorie versteht, ist gegenwärtig in jener Hinsicht entscheidend.

Nach dem Kriege haben literarische, philosophische und politische Schriftsteller mindestens in Europa insofern ideologisch zu wirken versucht, als sie gegen reaktionäre, restaurative Tendenzen einer selbst im Antifaschismus vorherrschenden Bourgeoisie schrieben. Es entstanden Kader einer Opposition, die sich literarisch, philosophisch und politisch abzeichneten, je nachdem auf welcher Ebene diese Restauration festgestellt, aufgehalten und bekämpft werden sollte. Die literarische Opposition wandte sich vor allem gegen konservativen christlichen Illusionismus, die philosophische gegen Metaphysik und die politische gegen Kapitalismus, Klerikalismus, Nationalismus, Imperialismus, Neofaschismus und Proletkult.

Doch stellt man Schwankungen in dieser Opposition fest, was die Eindeutigkeit der Gesinnung und die Stringenz der kritischen Methode anbetrifft. Das Verhältnis Sartres zu Merleau-Ponty, die Geschichte ihrer Zusammenarbeit in der Zeitschrift *Temps Modernes*, ihre Freundschaft, ihre Auseinandersetzungen mit der Kommunistischen Partei, Sartre hat das alles kürzlich beschrieben, ist vielleicht das deutlichste Beispiel des Eingeständnisses jener Unsicherheit der Opposition in der Argumentation. Diese Unsicherheit enthüllt sich bei näherem Zusehen immer wieder als eine Folge der Anfälligkeit europäischer Rationalität für Irrationalismen aller Art. Selbst der Marxismus, den man gern als zentrale Denkweise der europäischen Linken bezeichnet, besitzt diese Anfälligkeit.

Dennoch kann man, allgemeiner, eine einheitliche Tendenz der linken Opposition konstatieren. Der Ruck nach links ist ein Ruck zunehmender Rationalität, in der Vernunft gegen Emotionalismen, Recht gegen Vorrecht, Freiheit gegen Unterdrückung, Klarheit gegen Unklarheit, Menschlichkeit gegen Beschränktheit, Welt gegen Provinz, Urbanismus gegen das Idyll, Ideen und Prinzipien gegen Blut und Boden gesetzt werden. Der Klassenkampf hat begonnen, zwischen Rationalisten und Irrationalisten zu spielen, er dringt in die intelligiblen Sphären ein und legt von oben her Strukturen in die Gesellschaft. Er öffnet Denkweisen und zerstört auf diese Weise die Weltanschauungen, aus denen man Privilegien abzuleiten gedachte.

Innerhalb jedes kapitalistischen Systems vollziehen sich die Methoden zur Steigerung der gesellschaftlichen Produktivkraft der Arbeit, wie Marx sich ausdrückt, auf Kosten des individuellen Arbeiters. Indem dieser individuelle Arbeiter zum Intellektuellen geworden ist, der die Theoreme der technischen Zivilisation erarbeitet, wird er in dieser Hinsicht ausgebeutet und in dem gleichen Maße aus der Macht ausgesondert, wie er ihr die technologischen Mittel liefert. Man umstellt die Intelligenz mit Irrationalismen und bettet die Lebensabläufe und produktiven Tätigkeiten anticartesianisch und antihegelianisch in emotionale und religiöse Metaphysiken ein, deren Vermachtung wie Wälle gegen die methodische Progression der Vernunft wirken.

Intelligenz ist heute somit als progressive und revolutionäre Klasse sichtbar geworden. Aber sie ist es nur so lange, wie sie im Besitz jener produktiven Kräfte, jener unerläßlichen Theoreme bleibt, die unsere technische Zivilisation braucht und verbraucht. Denn dieses Kennzeichen unserer Zivilisation, daß sie Theoreme, daß sie Ideen braucht und verbraucht, stellt ihren Prozeß unter einen Zwang zum Geist, der sich kaum eine Vernachlässigung, eine Ausflucht leisten kann. Daß Intelligenz zur Verfügung stehen muß, ist eine Forderung der Geschichte geworden, die der Nichtumkehrbarkeit auch ihrer partiellen Vorgänge Ausdruck verleiht. Mindestens theoretisch gehört die Ausscheidung der in dieser Hinsicht störenden Fakten zu den moralischen Aktionen unserer Welt. Progressivität ist kein zufälliges, sondern ein essentielles Merkmal im Horizont des Machens, in der künstlerischen Realität, die wir bewohnen. Ihr Verlust kann sinnentstellende, tödliche Folgen haben für ein humanes Leben innerhalb dieser beweglichen Zivilisation, die hier keineswegs als ein Wert, sondern nur als eine Wirklichkeit aufgefaßt ist.

Macht und Opposition, um nun zu ihnen zurückzukehren, erscheinen im Zusammenhang der technischen Welt als institutionelle Stellen zugleich äußerster rationaler Möglichkeiten und äußerster Sensibilität. Als solche sind sie zwar durchaus anfällig für Ideen, doch auch ebenso empfindlich für deren Ungehorsam. Für jede Macht kann die Innovation einer Idee, wenn sie in die Hände der Opposition gerät, nur das Zeichen des Ungehorsams sein. Denn die Macht kann die Idee zuletzt nur in der Form einer Institution, nicht aber in der Form einer Aktion wie die Opposition verbrauchen. Schon daraus folgt, daß Macht im Prinzip leichter zu manipulieren ist als Opposition und daß nicht die

Macht, sondern die Opposition der natürliche Ort jener Art von Intelligenz ist, die auf Ideen und ihre Innovationen spekuliert. Dementsprechend weiß man auch, wann und wo die retardierenden Momente zu erwarten sind.

Der Argwohn, den die Opposition der Macht entgegenbringt, kann also mindestens im Prinzip durchaus mehr als bloß ein Ausdruck möglicher anderer Macht sein. Die Opposition muß unendlich an der Intelligenz interessiert bleiben, um genau aus diesem Grunde und in dem Maße, wie sie es ist, die Gegenmacht, die Antimacht zu sein. Das Verhältnis der Aktionen, die einerseits in der Macht und andererseits in der Opposition entspringen, drückt das Selbstverständnis des Menschen als ein Mißverhältnis aus. Entscheidungen auf Grund vitaler Lagen beanspruchen geistige Entscheidungen, um Entscheidungen für Theoreme zu sein, und Entscheidungen auf Grund von Ideen sind gezwungen, vitale Lagen einzukalkulieren, in denen sie sich zuspitzen können. Dennoch ist die Zukunft, auf die die Macht sich bezieht, stets extensional gemeint, während die Zukunft, an die die Opposition denkt, intensional ausgebreitet ist. Auch die Erinnerungen, die von der Macht verarbeitet wurden, sind nicht wie die der Opposition anhaltende Rückstöße der Entscheidungen, sondern übliche Zwangsvorstellungen jedermanns, der längst das Gefühl für Humanität durch eine Unbescheidenheit in der Saturierung ersetzt hat.

Davon abgesehen, daß Macht immer daran arbeitet, die Intelligenz auszusondern, bis sie bemerkt, daß die Opposition daraus Nutzen zieht, ist die Intelligenz auch von sich aus nicht Träger der Macht, da ihre Anstrengungen, der geistigen Arbeit einen Sinn zu verleihen, sie davon abhält. Man muß bedenken, daß nicht nur die Anwendung der Theoreme, die Produktivität der Ideen, die Schönheiten einer Sprache die intelligible Welt weithin sichtbar werden lassen, sondern daß das bloße Bestehen der Intelligenz als oppositionelle und revolutionäre Klasse wesentlich zum Sinn der geistigen Arbeit gehört, zu ihrem existentiellen Sinn, zur individuierenden Arbeit am gesellschaftlichen Wesen. Denn diese individuierende Arbeit des Geistes nagt zugleich oppositionell die Macht an. Jedenfalls besteht die Technik der intellektuellen Opposition gegen die Macht, und im Grunde gibt es heute keine andere mehr, primär immer darin, sie methodisch der

Rationalität und Sensibilität der Intelligenz auszusetzen. Die Diskreditierung der Macht durch die Opposition ist somit eine Frage disponibler Ideen und Theoreme geworden. Schon das Auftreten disponibler Ideen und Theoreme wird im Lager der Macht als Ungehorsam empfunden und gedeutet, doch bleibt diese Empfindung oder diese Deutung stets ein Zeichen der Hinfälligkeit und Zerbrechbarkeit. Selbstverständlich ist Macht unter einem gewissen Aspekt auch naiv, und im Verhältnis zu dieser mächtigen Naivität denkt schon, wer überhaupt denkt, unmoralisch; denn jeder neue Gedanke verletzt die Unschuld eines Bewußtseins, das ihn nicht kennt.

Aktion und Intelligenz bedingen also einander, wenn die Opposition sinnvoll ist. Es sind ihre Komponenten. Die komplementären Züge des Widerstandes. Doch da es kein Kontinuum der Ideen gibt, gibt es auch keines der Entscheidungen, die gegen die Macht gefällt werden können. Das hat andererseits zur Folge, daß der zerstreute, fein verteilte Angriff, der von den Theoremen und den Entscheidungen aus geführt wird, für die Macht insofern höchst gefährlich ist, als er sie in disparaten Teilen treffen kann, spaltet und in ein Diskontinuum verwandelt, was nur kompakt wirksam sein kann. Lenin irrte, als er gegen den Aufbau einer Opposition schrieb, weil er ihre Zersplitterung fürchtete; im Gegensatz zur Macht ist gerade die Opposition in der Zersplitterung stark. Allerdings muß sie bewußt Gegenmacht bleiben können und in keinem Augenblick der Opposition daran denken, die andere Macht zu sein. Jeder Gedanke an die Macht stört die Technik der reinen Opposition. Lenin, von dem man mindestens in diesen Dingen noch etwas lernen kann, ermahnte gelegentlich den »Linken Radikalismus«, indem er schrieb: »Revolutionäre Parteien müssen zulernen. Sie haben gelernt anzugreifen. Jetzt gilt es, zu begreifen, daß man diese Wissenschaft durch die Wissenschaft ergänzen muß, wie man sich richtiger zurückzieht. Man muß begreifen – und die revolutionäre Klasse lernt aus eigener bitterer Erfahrung begreifen –, daß man nicht siegen kann, ohne gelernt zu haben, richtig anzugreifen und sich richtig zurückzuziehen...« Das gilt in starkem Maße für die Opposition im Verhältnis zur Macht, wenn man unter dem Rückzug einen Rückzug auf Ideen und Theoreme versteht, deren Beweis des Geistes zugleich der Beweis ihrer Kraft ist.

In einer Epoche, in der jede Anhäufung der Macht, zeitlich wie räumlich, als ein potentielles Verhängnis für alle angesehen werden muß, ihr Mißbrauch darüber hinaus nicht nur erleichtert, sondern auch getarnt werden kann, bedeutet Opposition ein legitimes, echtes, notwendiges, selbständiges, nur für sich stehendes, selbstgenügsames Prinzip der Politik, ein wachsames Auge, die längere Aufmerksamkeit, das feinere Denken, den besseren Schluß, den geringeren Enthusiasmus, die versteckte Popularität, die stärkere Radikalität, das bewußtere geistige Dasein, die Gegenmacht, den Ungehorsam der Ideen. Man kann sich dieses Prinzips bedienen, ohne an der Macht beteiligt sein zu wollen und ohne die Mehrheit zu besitzen. Opposition kann Intelligenz gegen Mehrheit setzen. Mehrheit kann der Demokratie gefährlich sein wie Diktatur. Auch sie kann die Humanität verletzen und ausschalten. Hingegen bleibt die Opposition der Intelligenz eine Bestätigung der Humanität.

So ist zu vermuten, daß Macht in der technischen Zivilisation vital und rational möglich und sinnvoll bleiben wird, wenn zugleich mit ihr auch das Korrelat der Opposition besteht. Dem in jeder Hinsicht gedoppelten Wesen entspricht deutlich die duale Herrschafts- und Verwaltungsform seiner Welt.

Das bringt mich darauf, noch hinzuzufügen, daß die experimentelle Intelligenz das ganze Bewußtsein, Individuum zu sein, vertieft und damit nicht nur den Eindruck erweckt, sondern auch die Möglichkeit gewinnt, sich selbst gegen das gesellschaftliche Wesen auszuspielen. In diesem Faktum wurzeln die anarchischen und improvisatorischen Züge, die sie, die Intelligenz, antiprovinziell in die konservativen und konsistenten Strukturen der Zivilisation zugunsten ihrer Anpassung an eine sensibler werdende Humanität hineinbringt und auf diese Weise Macht und Opposition noch stärker ausdifferenziert. Denn in dem Maße, wie sich die Macht für das Kollektiv interessiert, interessiert sich die Opposition gerade nicht dafür, sondern für das Individuum. Diktatur und Demokratie sind demnach genauso weit für das individuelle Bewußtsein der experimentellen Intelligenz als Gegenspieler völlig irrelevant, wie sich beide nur auf Macht, nicht auf Opposition, auf das kollektive, nicht auf das personale Dasein des Menschen beziehen. Damit kommt vor allem in der experimentellen Intelligenz die Dialektik von Macht und Opposition zum Ausdruck und zum Austrag. Aber es ist für die Schöpfungsfähigkeit dieser Intelligenz durchaus von Vorteil, wenn sie, im Gegensatz zur Dialektik der politischen Ökonomie der Geschichte, offene, abgehackte Dialektik bleibt, wie man sie bezeichnet hat, um auszudrücken, daß der Umschlag nicht eintritt. Tritt der Umschlag ein, kann man sicher sein, daß das schöpferische Individuum an Produktivität verliert, was es an Vermachtung gewinnt, daß die Identifizierung mit dem gesellschaftlichen Wesen einsetzt in dem Maße, wie die Entscheidungen kollektiviert werden, und daß jene Verallgemeinerung der Humanität eingeleitet wird, die mit ihrem Verlust endigt. Denn auch jede Demokratie, die als Macht nicht mit der disparaten Opposition zu leben vermag, entwickelt keinen Staat, sondern nur ein demokratisches System der Unterdrückung der individuellen schöpferischen Intelligenz. Sie wird zum Ursprung einer provinziellen Lebenseinstellung, einer provinziellen Geistesart, die ebenso proletarisch wie bürgerlich ausgeprägt sein kann und in Wahrheit nicht Humanität und Zivilisation im Sinne hat, sondern Clan und Regionalismus.

# 7 Atheismus

Atheismus ist nicht nur in Mitteleuropa ein kritisches Thema. Denn nicht nur hier betrifft er drei äußerst empfindliche Bereiche menschlichen Daseins: die intime Gefühlswelt und das Jenseitsbedürfnis, dann die Konfession, also Bekenntnismöglichkeit und Bekenntnisfähigkeit, und schließlich eine gewisse parteipolitische Sphäre, zusammenhängend mit traditionellen, konservativen Institutionen ökonomischer Interessen, gesellschaftlicher Schichten und Staatsgefüge.

Doch ich nehme an und setze voraus, daß mich diese kritischen Konstanten der Macht hier nicht zu stören brauchen. Außerdem kann erfahrungsgemäß dieses Thema ernsthaft überhaupt nur auf einer bestimmten Niveaufläche menschlicher Intelligenz erörtert werden. Denn wie kein anderes fällt es in das Zentrum der »Anstrengung des Begriffs«; einen gedankenlosen Atheismus, einen Atheismus, der nicht die Konzeption eines denkenden Wesens ist, der keine Gründe hat oder sie nicht anzugeben weiß, also purer »Laizismus« wäre, kann es im Prinzip nicht geben. Atheismus ist demnach ein spirituelles Merkmal menschlicher Existenz, nur als ein solches kann er diskutiert werden. Seine Gründe und Probleme sind Gründe und Probleme der Intelligenz; sie bestehen nur für Intellektuelle, also für jene Klasse denkender Wesen, für die das Dasein und die Welt nur unter dem Aspekt der fortschreitenden Erweiterung des menschlichen Geistes wesentlich und interessant sind.

Die spirituelle Reinheit des Atheismus scheint mir somit das entscheidende Ziel in der theoretischen Erarbeitung zu sein, und man wird sich dabei vor allem einer philosophischen Sprache bedienen müssen, weil letztlich nur diese jener spirituellen Reinheit entsprechen kann. Ich muß einfügen, daß der Begriff der Philosophie, der hier vorausgesetzt wird, der moderne wissenschaftliche ist, der Philosophie nicht auf ein System oder auf eine

Weltanschauung reduziert, sondern als Inbegriff bestimmter Disziplinen auffaßt, die weder zur Naturwissenschaft noch zur Geisteswissenschaft gehören, aber für beide verbindlich sind; Logik, Wissenschaftstheorie, Ontologie, Ästhetik rechnen z. B. dazu. Dieser Art von Philosophie fallen im wesentlichen drei Aufgaben zu: die fundierende, die kritische und die utopische. Die fundierende Aufgabe besteht in der Analyse und Begründung der für die einzelnen positiven Wissenschaften wie Mathematik, Physik, Literaturwissenschaft usw. wichtigen Grundlagen; die kritische Aufgabe, die mindestens seit der Aufklärung historisch sichtbar und wirksam geworden ist, bezieht sich auf die Entlarvung und Revision menschlicher bzw. gesellschaftlicher Mißstände oder ideologischer Gewohnheiten, Einrichtungen, Privilegien usw.; die utopische Aufgabe endlich besteht im Entwurf neuer Normen, neuer individueller oder gesellschaftlicher Ziele, in der Entwicklung von Ideen, die dem Fortschreiten der Zivilisation und der Herausarbeitung der Humanität dienlich sind; Lessings »Erziehung des Menschengeschlechtes«, Marx' »klassenlose Gesellschaft«, Nietzsches »Übermensch«, Blochs »Prinzip Hoffnung« gehören u. a. der utopischen Funktion der Philosophie an. Was nun aber die philosophische Erarbeitung des Atheismus anbetrifft, so kann sie nur dann seine spirituelle Reinheit, seinen existentiellen Sinn und seine zukunftsvollen Aspekte erreichen, wenn sie gleichermaßen fundierend, kritisch und utopisch vorgeht.

Ich verteidige also den Atheismus als die notwendige und selbstverständliche Form menschlicher Intelligenz, als menschlichen Sinn der geistigen Arbeit unter der Voraussetzung, daß der Mensch wesentlich Schöpfer seiner erweiterungsfähigen geistigen Welt und Realität ist, und indem ich dabei nie die Produktivität des denkenden Wesens aus dem Auge verliere, lenke ich den Blick auf das alte Doppelantlitz menschlicher Rationalität, die genau in dem Maße Seiendes, Welt, Wesenheiten, Dinge usw. gewinnt, wie sie auch das cartesianische Ich, das denkende Bewußtsein, den existierenden Denker »in Fleisch und Blut« gibt. Rationalität, man versteht, ist also in jedem Falle existentielle Rationalität. Wir sprechen vom intelligiblen Effekt der Existenz und vom existentiellen Effekt der Intelligenz oder, um es einfacher zu sagen, von der existenzsetzenden Kraft der Vernunft und von der vernunftsetzenden Kraft der Existenz.

Mir scheint nun, daß jede Darstellung und Verteidigung des Atheismus in diesen, der Idee des Menschen angemessenen existentiellen Rationalismus eingebettet werden kann und muß. Doch sind dabei vorab zwei inhaltliche Modifikationen zu unterscheiden.

Zunächst ist unter Atheismus jede Form einer philosophisch stringenten Beschreibbarkeit und Begreifbarkeit der Welt als Inbegriff alles Seienden zu verstehen, die keinen Bezug nimmt auf ein metaphysisch postuliertes, Denkbarkeit und Erfahrbarkeit übersteigendes höchstes Wesen, von dem diese Welt in einer formulierbaren Weise abhängen soll (kosmologischer Atheismus). Alsdann ist Atheismus jede Form des Selbstverständnisses des Menschen als des bewußt denkenden und schöpferischen Wesens ebenfalls ohne Bezugnahme auf ein transzendentes produktives anderes Sein (existentieller Atheismus). Wir unterscheiden also damit zwischen atheistischem Weltverständnis und atheistischem Selbstverständnis.

Zur Erläuterung und Rechtfertigung können rationale und existentielle Gründe angeführt werden. Was die rationalen Gründe anbetrifft, so sind im Rahmen der fundierenden Rolle der Philosophie, in deren Zusammenhang sie gesehen werden müssen, insbesondere von seiten der neuen Wissenschaftstheorie und Logik (Peirce, Russell, Wittgenstein, Schlick, Carnap, Stegmüller u. a.) zahlreiche Argumente beigebracht worden, die jedem vermeintlichen Satz über Gott einen faßbaren, evidenten oder konstruierbaren Sinn absprechen. Es läßt sich zeigen, daß Aussagen über Gott von der Art »Gott ist höchstes Wesen« oder »Gott ist transzendent« nicht das geringste mehr aussagen als etwa »X ist pektabel«. In einer solchen Aussage wird von einem unbekannten Etwas (X) ein unbestimmtes Prädikat (ist pektabel) ausgesagt. Diese sprachliche Formulierung ist kein Satz, sondern ein Scheinsatz. Wir kennen weder das Subjekt (X) noch das Prädikat (ist pektabel). Sätze über Gott sind leicht als derartige Scheinsätze zu entlarven. Sie sind dementsprechend auch weder wahr noch falsch. Und weder denkend noch erfahrend ist uns etwas gegeben, das sinngemäß, also als transzendente Etwase, an die Stelle des unbekannten Subjekts oder an die Stelle des unbekannten Prädikats eingesetzt werden kann, damit eine verstehbare, sinnvolle Formulierung entsteht. Selbst wenn man nun diesen Schwierigkeiten dadurch entgehen wollte, daß man die hypostasierten Ausdrücke »Gott«, »Allmächtigkeit« und dergleichen als bloße »Interpretationen« gewisser menschlicher Grundgefühle, Situationen oder Erfahrungen erklärt (Todesangst, Weltekel, »schlechthinnige Abhängigkeit«), bleibt doch die merkwürdige Tatsache bestehen, daß wir dann menschlich höchst reale Fakten gänzlich leeren Begriffen zuordnen, wir also offenbar gezwungen sind, unsere Grundgefühle, Situationen und Erfahrungen, um sie zu verstehen oder loszuwerden, in eine Scheinwelt, in eine Leere zu projizieren. Sicherlich können uns emotionale Bewegungen, die ja niemals scharf genug unterscheiden, über diese Verwicklungen und Unstimmigkeiten hinwegtäuschen, doch ebenso sicher ist, daß das denkende Wesen in keinem Augenblick von ihnen absehen kann, ohne seine Wesentlichkeit zu verlieren.

Es ist möglich einzuwenden, daß das Denken grundsätzlich nicht kritische Instanz religiöser Vorstellungen sein kann, daß »Gott«, »Allmächtiger«, »ewiges Wesen« usw. keine Argumente der logischen Konstruktion der Sätze, keine Gegenstände wissenschaftlicher Untersuchungen sein dürfen. Man zieht sich jedoch mit diesem Einwand aus der Möglichkeit des Denkens auf die Möglichkeit des Glaubens zurück. Denken und Glauben geraten dabei in ein gegensätzliches Verhältnis, das man etwa so wiedergeben könnte, daß man sagt: Denken ist (im Prinzip) Wissen, wovon die Rede ist, und Glauben ist (im Prinzip) Nichtwissen, wovon die Rede ist. Das würde zur Folge haben, daß man nicht im gleichen Sinne sagen kann »ich glaube an...«, wie man »ich denke an...« formuliert. Während Denken in jedem Falle nur Denken ist, wenn es Denken »an etwas ist«, könnte Glauben nur dadurch Glauben sein, daß es kein Objekt des Glaubens gibt, daß Glauben kein Objekt hat und daß die Objektlosigkeit des Glaubens eine Folge der Aufhebung des Denkens durch den Glauben ist. Dem Objektbezug des Denkens entspricht kein Objektbezug im Glauben, der durch das Denken nur bestätigt werden kann. Allerdings, und das ist hervorzuheben, weil gewisse Versuche Kierkegaards oder Kardinal Newmans, Gott aus der gläubigen Subjektivität zu konstituieren, aus diesem Argument Nutzen ziehen, verweist andererseits jeder Glaube, wenn auch nicht auf ein Objekt, stärker als Denken auf ein Subjekt. Dem Objektbezug des Denkens korrespondiert offenbar ein Subjektbezug des Glaubens, der sichtbarlich in dem Maße die gläubige Subjektivität hervortreten läßt, wie gerade das Objekt in ihm verschwindet.

Fasse ich jetzt die rationalen Gründe des Atheismus zusammen, so darf ich sagen, daß es sich in ihm keineswegs darum handelt, die Nichtexistenz eines höchsten Wesens zu behaupten und Sätze über Gott als falsch zu erweisen; logisch sind vielmehr verneinende Aussagen über Gott genauso sinnlos wie bejahende und die Formulierung seiner Nichtexistenz. Das denkende Wesen ist in seiner konsequenten Rationalität nur dann im vollen Umfang atheistisch, wenn es die Idee Gottes und alle Sätze über sie suspendiert. Vom Standpunkt menschlicher Rationalität, sagte ich, und die Anwendung dieser Rationalität auf den Glauben als Gegenprinzip des Denkens wirft, wie wir sahen, auf die denkende und glaubende Subjektivität zurück, setzt also menschliche Existenz.

Damit treten die existentiellen Argumente des Atheismus hervor. Ich wiederhole, daß die Objektlosigkeit des Glaubens, die auf die subjektive Existenz des Gläubigen und nur auf sie zurückwirft, eine Folge der Tatsache ist, daß Glaube sich denkend in Scheinsätzen, in Leerformen bewegt. Das bedeutet aber ein Außerkraftsetzen der wesentlichsten Funktionen des menschlichen Geistes. Das denkende Wesen setzt sich einer Begrenzung, einer Limitation seiner Fähigkeit aus, deren Gründe unaussprechlich und dunkel bleiben. Das Denken gibt dem Glauben kein Objekt, aber es ist evident das entscheidende Prinzip unseres Geistes, und an keiner Stelle seines Prozesses tritt das Verbot auf, das uns veranlassen könnte, die Fortsetzbarkeit des Denkens aus freien Stücken aufzugeben, die Kriterien der Wahrheit und Unwahrheit plötzlich außer Kraft zu setzen, um eine Scheinwelt, eine Leere in uns eintreten zu lassen. Die rationale Situation des Geistes wird zu einer zugespitzten existentiellen: entweder man entschließt sich zur im Prinzip möglichen Fortsetzbarkeit des Denkens, dann verschwindet das religiöse hypostasierte Reich der Transzendenz, oder man entschließt sich, das Denken abzubrechen und den Glauben zuzulassen, dann verschwindet das denkende Wesen als ein Prinzip der Welt, wie die gesamte Weltobjektivität hinter die gläubige Subjektivität zurücktritt.

Einer solchen zugespitzten Situation geistiger Existenz, die selbstverständlich nur für diejenigen gegeben ist, die sich auf der entsprechenden Niveaufläche der Intelligenz bewegen, kann man nur auf zwei Weisen entgehen: entweder man bleibt prinzipiell unterhalb dieser Niveaufläche, oder man entscheidet sich für oder gegen die prinzipielle Fortsetzbarkeit des Denkens. Im ersten Falle streift man die Gedankenlosigkeit und im zweiten Falle ist man entweder in der »Nachfolge« oder Atheist.

Selbstverständlich kann eine echte Entscheidung nur auf dem Fundament von Gründen gefällt werden, die dem denkenden Wesen Argumente seines Willens sein können, und da zeigen sich sogleich drei mächtige Aspekte, aus denen die Gründe für die Fortsetzbarkeit des Denkens hervorbrechen:

erstens sind keine Kriterien bekannt, die Anlaß sein könnten, dort, wo die Fortsetzbarkeit des Denkens im Prinzip noch möglich ist, davon abzusehen, so daß es also keine Gründe gibt, die tatsächlich angegeben werden könnten, kritische Maßstäbe der analytischen rationalen Denkweise an gewisse Vorstellungen, Inhalte oder Formulierungen nicht anzulegen;

zweitens ist die Welt in ihrer Objektivität dem existierenden Ich im Denken gegeben, und das Verschwinden dieser Welt hinter den hypostasierten Inhalten des Glaubens würde mindestens im Prinzip auch die existenzsetzende Kraft des realen menschlichen Geistes aufheben;

drittens versteht sich das denkende und wollende Wesen auch als produktives, schöpferisches, arbeitendes Wesen. Das denkende und wollende Wesen kann sich und die Welt letztlich nur in den Produkten seines Machens, seiner Arbeit, demonstrieren; »comprendre, c'est fabriquer«, erläuterte bereits Mersenne, der Statthalter des Descartes in Paris, wie man ihn genannt hat. Gegebenheit der Welt ist Voraussetzung ihrer Erkennbarkeit, und beide bedeuten zugleich auch ihre Herstellbarkeit. Aber die ursprüngliche Blindheit des Wollens und des Machens kann wie die ursprüngliche Dunkelheit der Vernunft nur denkend, also im Maße der zunehmenden Rationalität, aufgehoben werden, und jede Begrenzung dieser Rationalität, jeder Gedanke der Rechtfertigung einer »abgehackten« Rationalität kann sich früher oder später gegen die grundsätzliche Erweiterungsfähigkeit des menschlichen Geistes und seiner Welt, die man bekanntlich Zivilisation nennt, richten.

Ich räume indessen ein, daß mindestens im Prinzip die gegenteilige Entscheidung gegen die grundsätzliche Fortsetzbarkeit des Denkens und für die Verlierbarkeit der Objektivität der Welt aus dem Geiste zugunsten einer unsterblichen Subjektivität möglich ist. Doch wäre von dem, der sich auf der entsprechenden Niveaufläche menschlicher Intelligenz in dieser Weise entscheidet, mindestens die gleiche existentielle Entschlossenheit zu erwarten, die das denkende Wesen in seiner Entscheidung für die Fortsetzbarkeit des Denkens sichtbarlich in der Welt bereits demonstriert hat, indem es Humanität der Zivilisation an die Gedanken des Fortschritts und der technischen Realität band. Denn Glauben ohne Konsequenz des Glaubens ist ebenso wenig möglich wie Denken ohne Folgerichtigkeit des Denkens. Das Urteil darüber gehört jedoch der kritischen und utopischen Aufgabe der Philosophie an. Ich will hier das Mißtrauen der Marx, Kierkegaard und Nietzsche nicht rekapitulieren, sondern abschließend nur noch auf folgendes aufmerksam manchen:

Es gibt heute von seiten der anthropologischen Wissenschaften genügend Argumente für die Auffassung, daß die sichtbarliche biologische Hinfälligkeit der menschlichen Natur nur durch jenen Schritt in die Zivilisation bewältigt werden konnte, die als Zwang zur Technik, zur künstlichen Realität erkennbar wird. Die existentielle Kategorie der Sekurität, die in der naturhinfälligen vitalen Situation des Menschen gründet und die jeden Vorgang der technischen Zivilisation begleitet, findet ihr Korrelat in der rationalen Kategorie der Präzision, ohne die technische Gebilde nicht installiert werden können. Auf der Herausarbeitung der existentiellen Kategorie der Sekurität und der rationalen Kategorie der Präzision beruht offensichtlich der Gesamtprozeß der technischen Entwicklung und die historisch mit ihr verbundene Humanisierung. Es handelt sich um nicht umkehrbare Vorgänge, und jede Beschädigung, jede nachlassende Kraft menschlicher Intelligenz, jeder individuell oder gesellschaftlich eingeführte oder wirksame Irrationalismus der Selbstunterbrechung des Denkens kann sich nicht anders als verhängnisvoll auswirken. Im Hinblick auf die Unabgeschlossenheit der menschlichen Zivilisation, der Zerbrechlichkeit und Verschwommenheit unserer Vorstellungen von Humanität, die noch immer wieder einmal geschichtlich und politisch in Erscheinung treten, ist das Eindringen methodischer Rationalität in alle provinziellen Irrationalismen des menschlichen Geistes von tiefer Notwendigkeit. Es scheint mir allerdings unverkennbar zu sein, daß im Rahmen der intellektuellen Entwicklung der Menschheit der Glaube und seine Substrate immer weniger wesentlich werden und sich immer deutlicher aus der wirklichen, historischen Welt zurückziehen, so daß es schließlich derer, die sich nicht dazu entschließen können, an intime und transzendente Vorstellungen die analytischen und kritischen Maßstäbe rationaler Intelligenz nicht anzulegen, und die ein Stein des Anstoßes sind, auch nicht mehr bedarf.

# Nachwort

Geist ist der Inbegriff möglicher Realität, nichts anderes und nichts mehr oder weniger. Was wirklich geworden ist, ist schon nicht mehr Geist. Das gilt für Sätze und das gilt für Kunstwerke. Ein Satz, heißt es, besagt dadurch überhaupt etwas, daß er Fälle, die an sich möglich sind, ausschließt. Je mehr Fälle ausgeschlossen werden, desto mehr besagt ein Satz. Aber das, was wirklich ist, kann nicht zu den ausgeschlossenen Fällen gehören. Sofern ein Satz Fälle ausschließt, reflektiert er auf Geist, sofern er einen Fall behauptet, auf Wirklichkeit. Auch ein Kunstwerk ist dadurch wirklich, daß es die Möglichkeit, auch anders sein zu können, ausschließt, aber eben diese Fälle verbürgt das, was Geist ist an ihm.

Diese eigentliche Dialektik unserer Produktivität muß in Betracht gezogen werden, wenn man, wie das hier geschieht, die menschliche Intelligenz als Prinzip der Kreation einführt.

Wissenschaft als solche realisiert nicht. Sie sammelt Erfahrungen, stellt Hypothesen auf, macht Theorien, Systeme, erreicht Wahrheit, speichert Wissen, nicht Kreation. Nur die Methoden, die Algorithmen, die in der Wissenschaft ersonnen werden, spannen einen Bogen vom Bereich des Geistes zu dem Bereich der Wirklichkeit, die nicht Geist ist, stellen also den Zusammenhang zwischen Möglichkeit und Wirklichkeit her. Rationalität als Inbegriff, als Wesen dieser Methode kann sich daher letztlich nur sinnvoll auf herstellbare, nicht auf hergestellte Realität beziehen. Die Erschaffung einer Wirklichkeit, nicht ihre bloße Aufdeckung ist das letzte Ziel der produktiven Rationalität, demnach Veränderung der Gegebenheiten, nicht ihre Konstatierung, Schritte über Schritte hinaus, nicht ihr Stehenbleiben.

Von diesem Standpunkt aus erweisen sich Kunst und Technik als hergestellte Realität und äußerste Rationalität. In endlich vielen Schritten verlassen sie den bloßen Bereich der Möglichkeit und fixieren auf diese Weise methodisch ihre Wirklichkeit, die ästhetische und die technologische. Technik ist jeweils in geringerem Maße anders zu denken als Kunst. Der Grad des Geistes, den Technik zur Voraussetzung hat, ist also im Prinzip geringer als der Grad des Geistes, auf den Kunst reflektiert. Wenigstens im Prinzip. Das Gegenteil würde eine Degradation der Kunst anzeigen. Hegel glaubte in seiner Zeit von ihr sprechen zu dürfen. Das definitive schöpferische Unvermögen in der jüngeren Moderne der Gegenwart, die zwar als soziales, aber nicht als ästhetisches Phänomen sichtbar ist, kann ebenfalls nicht anders aufgefaßt werden. Der ästhetische Irrationalismus, der, wie gesagt, heute wieder die Selbstauffassung der jüngeren Kunst antiintellektuell und provinziell bestimmt, zeigt den empfindlichen Mangel an Geist an, der ihre vermeintlichen Kreationen auffällig degradiert hat. Aber es ist dem Ganzen hinzuzufügen, daß die Kunst weder zu den ausgeschlossenen Fällen der Technik, noch die Technik zu den ausgeschlossenen Fällen der Kunst gehört, und genau dieser Konnex zeigt an, daß die Idee der Rationalität in beiden Fällen der hergestellten Wirklichkeit die identisch-eine, die kreative Rationalität ist.

Diese kreative Rationalität ist natürlich eine Kategorie der experimentellen. In jedem Experiment wird der Übergang von an sich möglichen Fällen des Geistes zu dem einen der Wirklichkeit deutlich wahrnehmbar. Auch ist das Prinzip der Schöpfung keine atheistische Redeweise, aber das Prinzip des Experiments ist es. Der Gedanke an eine Schöpfung aus dem Nichts ist indessen längst vom Gedanken an die Schöpfung aus den Materialien verdrängt worden, und für diese Schöpfung aus den Materialien steht hier der Begriff des kreativen Experiments und seiner kreativen Rationalität. So existieren wir also nicht als handelnde Wesen spezifisch, sondern als produktive. In den Handlungen sind wir wesentlich bestimmt, in der Produktivität sind wir wesentlich frei. Wir müssen handeln, aber wir müssen nicht hervorbringen. In den Handlungen gibt es Kausalitäten, in der Produktivität Entscheidungen, die sich existenzsetzend auswirken. Handeln kann man außerdem gemeinsam, produktiv sein nur als einzelner. Man kann Handlungen majorisieren, aber nicht Produktivität, und Kausalität kann allgemein, aber Entscheidung nur singulär sein. Doch die Verwechslung von Handlung und Produktivität gehört heute bereits der Konvention an, deren sich die Macht aus Gründen der Kontinuität in den Verhältnissen, auf die sie sich bezieht, bedienen muß, um zu dauern.

Die ausgenützte Intelligenz muß heute nachdrücklich gegen die Regression des Geistes und seiner kreativen Freiheit aus einer Zivilisation ankämpfen, deren entschiedene und entscheidende Realitäten als Kunst und Technik Ergebnisse jenes Geistes und seiner Freiheit sind. Und diese Regression erweist sich wieder einmal als eine Folge des Druckes irrationaler Bezugssysteme, in deren undeutlichem Namen Intelligenz individuell gebrandmarkt wird. Denn nicht die Schlüsse dieser Intelligenz werden ja jeweils von der Macht gefürchtet, in den meisten Fällen bleiben sie dieser durchaus unverständlich, sondern der individuierende Effekt dieser Schlüsse, mit dem die Legitimität der bestehenden Verhältnisse in Zweifel gezogen, das Gefühl der Saturierung beunruhigt und die Macht beschädigt werden kann. Es ist evident, daß nur mit Hilfe eines irrationalen Bezugssystems eine fragwürdig gewordene Legitimität, eine beunruhigende Saturierung und eine beschädigende Macht auf die Dauer noch erhalten werden können. Doch ist der damit institutionell gewordene Selbstwiderspruch unserer Zivilisation, die Desavouierung des Intellekts durch diejenigen, die sich unermüdlich seiner Kreationen bemächtigen, durchaus reflexiv; er erreicht die zuerst, die ihn präparieren, und das ist übrigens eine Erfahrung der Geschichte.

# Anmerkungen

## Einleitung

1 Vgl. Elisabeth Walther: *Bibliographie der veröffentlichten Schriften von Max Bense*, Agis, Baden-Baden 1994.
2 Max Bense: »Kausalität« (*Aufriß*, H. 1, 1930, S. 8–10).
3 Max Bense: »Zur Metaphysik der abendländischen Problematik« (*Gegner*, Jg. 3, H. 1/2, Juli 1932, S. 10–11).
4 Max Bense: »Kunst und Macht. Gottfried Benn: Kunst und Macht« (*Berliner Tageblatt* Nr. 498, 21. 10. 1934) und »Macht und Kunst. Zu Gottfried Benns neuem Buch« (*Kölnische Zeitung* Nr. 36, 20. 1. 1935, S. 10).
5 Max Bense: »Stilisten der exakten Wissenschaft« (*Kölnische Zeitung* Nr. 328, Randnote, 2. 7. 1937). Dazu gehören z.B. »Über philosophische Sprachen« (*St. Galler Tagblatt*, 26. 9. 1952); *Plakatwelt*, Deutsche Verlags-Anstalt, Stuttgart 1952; »Man liebt die Schönheit nicht ... Notizen zur geistigen Lage der Literatur« (*Die Neue Zeitung*, 24.–26. 12. 1952); »Mensch und Technik« (*Hobby*, 1953); »Philosophische Sprache und Reflexion« (*Aufklärung*, März 1953); »Der Mensch im technischen Zeitalter und die Ästhetik« (*Hess. Hochschulwochen für staatswissenschaftliche Fortbildung*, 1955); »100 Jahre ›Augenblick‹« (*augenblick*, H. 4, 1955); »Extrakt einer statistischen Ästhetik« (*Das Kunstwerk*, Jan. 1958); »Fotoästhetik« (*Das Kunstwerk*, Okt. 1958); »Textästhetik« (*augenblick*, Jan.-April 1960); »Kunst verlangt nach Theorie. Die Zeichentheorie als Grundlage der neuen Ästhetik« (*VDI-Nachrichten*, Febr. 1965); »Projekte generativer Ästhetik« (*VDI-Nachrichten*, April 1965); »Semiotik und Linguistik« (*Grundlagenstudien aus Kybernetik u. Geisteswissenschaft*, Dez. 1965); »Zusammenfassende Grundlegung moderner Ästhetik« (*Mathematik und Dichtung*, München 1965); »Ästhetik und Programmierung« (*IBM-Nachrichten*, Dez. 1966); »Urbanismus und Semiotik« (*Arch+*, Juli 1968); »Computer-Graphik – Künstliche Kunst« (*Organorama*, 1970); »Systemtheoretische Erweiterung des Zeichenbegriffs« (*LiLi*, H. 1/2, 1971); »Semiotische Ästhetik und ihre Semiosen« (*LiLi*, 1974); »Das System der theoretischen Semiotik« (*Semiosis* 1, Jg. 1, H. 1, 1976).

6 Max Bense: »Manifest des existentiellen Rationalismus 1951« (*Aufklärung*, Jg. 1, H. 7, 1951, S. 145–148).
7 Max Bense: *Raum und Ich. Eine Philosophie über den Raum*, Luken & Luken, Berlin 1934.
8 Max Bense: »Die Wendung zum Symbol« (*Kölnische Zeitung* Nr. 365, 8. 7. 1933).
9 Max Bense: *Aufstand des Geistes. Eine Verteidigung der Erkenntnis*, Deutsche Verlags-Anstalt, Stuttgart 1935 und Oldenbourg, München/Berlin 1935.
10 Max Bense: *Anti-Klages oder von der Würde des Menschen*, Widerstandsverlag, Berlin 1935 und Oldenbourg, Berlin/München 1937.
11 Ludwig Klages: *Der Geist als Widersacher der Seele*, 3 Bde., 1929–32.
12 *Kierkegaard-Brevier*, aus dem Dänischen übersetzt und herausgegeben von Peter Schäfer und Max Bense, Einleitung von M. B., Insel-Verlag, Leipzig 1937, $^{2}$1951, $^{3}$1955, $^{4}$o. J., italienische Übersetzung Verlag Il Saggiatore, Mailand 1959.
13 Max Bense: »Über Leben und Wirken Sören Kierkegaards«, Einführung in: Sören Kierkegaard: *Entweder – Oder*, Dieterichsche Verlagsbuchhandlung, Leipzig 1939, $^{2}$1941.
14 Max Bense: *Sören Kierkegaard – Leben im Geist*, Nachwort von A. E. Brinckmann, Hoffmann & Campe, Hamburg 1942.
15 Max Bense hielt seine letzte Kierkegaard-Vorlesung auf Wunsch der Studenten im Wintersemester 1986/87.
16 Max Bense: *Quantenmechanik und Daseinsrelativität. Eine Untersuchung über die Prinzipien der Quantenmechanik und ihre Beziehung zu Schelers Lehre von der Daseinsrelativität der Gegenstandsarten*, Welzel-Druck, Köln-Kalk 1938.
17 Max Bense: *Vom Wesen deutscher Denker oder zwischen Kritik und Imperativ*, Oldenbourg, München/Berlin 1938.
18 Max Bense: *Die abendländische Leidenschaft oder zur Kritik der Existenz*, Oldenbourg, München/Berlin 1938.
19 Max Bense: *Geist der Mathematik. Abschnitte aus der Philosophie der Arithmetik und Geometrie*, Oldenbourg, München/Berlin 1939.
20 Max Bense: *Einleitung in die Philosophie. Eine Einübung des Geistes*, Oldenbourg, München/Berlin 1941 (Bd. 2 der Reihe »Einheit des Wissens«).
21 Max Bense: *Aus der Philosophie der Gegenwart*, Staufen-Verlag, Köln o. J. [1941].
22 Max Bense: *Über Leibniz*, Karl Rauch, Jena 1946.
23 Max Bense: »Vorbemerkung« zu Denis Diderot: *Gedanken über Philosophie und Natur*, Werden und Wirken, Weimar 1948.
24 Max Bense (Hg.): René Descartes: *Briefe 1629–1650*, Vorbemerkung und Einleitung, Staufen-Verlag, Köln/Kefeld 1949.
25 Blaise Pascal: *Abhandlung über die Leidenschaften der Liebe. Gebet zu Gott um den heilsamen Gebrauch der Krankheiten*, übers. von Alois Motan und Elisabeth Walther, Nachwort von Max Bense: »Pascals Existenz des Geistes und des Herzens. Materialien zu einer

Existenzphilosophie des klassischen Rationalismus«, Kiepenheuer, Köln/Hagen 1949.

26 Max Bense: *Einleitung in die Philosophie. Eine Einübung des Geistes*, Oldenbourg, München/Berlin 1941.

27 Max Bense: *Philosophie als Forschung I* (kein 2. Band erschienen), Staufen-Verlag, Köln/Krefeld 1947.

28 Max Bense: *Hegel und Kierkegaard. Eine prinzipielle Untersuchung*, Staufen-Verlag, Köln 1948.

29 Max Bense: »Theorie dialektischer Satzsysteme. Eine Untersuchung über die sogenannte dialektische Methode« (*Philosophische Studien*, Berlin, Bd. 1, H. 2–4, 1949, S. 202–233) und (*Philosophische Studien*, Bd. 2, H. 1–2, 1950, S. 153–167).

30 Georg Wilhelm Friedrich Hegel: *Vorlesungen über die Ästhetik*, ausgewählt und eingeleitet von Max Bense, edition rot, text 36, Stuttgart 1968.

31 Max Bense: *Umgang mit Philosophen*, Staufen-Verlag, Köln/Krefeld 1947.

32 Max Bense: *Brasilianische Intelligenz. Eine cartesianische Reflexion*, Limes, Wiesbaden 1965 ist nach den vier Brasilienreisen von 1961–1964 entstanden.

33 Max Bense: *Descartes und die Folgen. Ein aktueller Traktat*, Agis, Krefeld/Baden-Baden o.J. [1955], ²1956, ³1960 als Anhang zu *Ein Geräusch in der Straße. Descartes und die Folgen II*.

34 Max Bense: *Ein Geräusch in der Straße*, Agis, Baden-Baden 1960.

35 Max Bense: »Rosenschuttplatz«, CD, für 3 Männerstimmen eingerichtet von Clytus Gottwald. Schola cantorum (Manfred Gerbert, Ewald Liska, Theophil Maier), Aufnahme Süddeutscher Rundfunk 1966, 2. Bayer Records 1993.

36 Max Bense: *Artistik und Engagement. Präsentation ästhetischer Objekte*, Kiepenheuer & Witsch, Köln/Berlin 1970.

37 Max Bense: *Ungehorsam der Ideen. Abschließender Traktat über Intelligenz und technische Welt*, Kiepenheuer & Witsch, Köln 1965, ²1965, ³1966.

38 Max Bense: »Anti-Alternative DFU« (*studentenzeitschrift th stuttgart* 15, August 1965, S. 4–5). Dazu auch: »Opposition und Intelligenz« (*Blätter für deutsche und internationale Politik*, Jg. 10, H. 8, 1965, S. 662–666) und »Die Funktion der intellektuellen Opposition« (*Blätter für deutsche und internationale Politik*, Jg. 12, H. 3, 1966, S. 207–216).

39 Vgl. zum Problem des Atheismus auch: »Warum man heute Atheist sein muß« (*Zürcher Woche* Nr. 24, 14. 6. 1963, S. 5 u. 7); »Warum man Atheist sein muß« (*Club Voltaire. Jahrbuch I*, hg. v. Gerhard Szczesny, Szczesny, München 1963, S. 66–71).

40 Max Bense: *Quantenmechanik und Daseinsrelativität* (Diss. Bonn 1937), Welzel-Druck, Köln 1938.

41 Max Bense: *Konturen einer Geistesgeschichte der Mathematik. Die Mathematik und die Wissenschaften*, Claasen & Goverts, Hamburg 1946, ²1948.

42 Max Bense: *Konturen einer Geistesgeschichte der Mathematik II. Die Mathematik in der Kunst*, Claasen & Goverts, Hamburg 1949.
43 Max Bense: »Kybernetik oder die Metatechnik einer Maschine« (*Merkur* 37, Jg. 5, H. 3, März 1951).
44 Max Bense: *Der Begriff der Naturphilosophie*, Deutsche Verlags-Anstalt, Stuttgart 1953.
45 Max Scheler: *Die Wissensformen und die Gesellschaft*, 1926, [2]1960; *Die Stellung des Menschen im Kosmos*, 1928, ergänzte Fassung hg. v. Maria Scheler, München 1947. M.B. hat vor allem seine Ausführungen zu Sein und Dasein, Raum, Geist usw. verarbeitet.
46 Karl Zink (Pseudonym von M.B.): *Physikalische Welträtsel. Ein Buch von Atomen, Kernen, Strahlen und Zellen*, Staufen-Verlag, Köln 1942.
47 Max Bense: »Traktat über das populäre Buch« (*Verlagsprospekt des Oldenbourg-Verlags*, München o.J. [1937].
48 Max Bense: *Das Leben der Mathematiker. Bilder aus der Geistesgeschichte der Mathematik*, Staufen-Verlag, Köln o.J. [1944].
49 Dazu u. a.: »Moderne Naturwissenschaft. Eine neue Literaturgattung« (*Kölnische Zeitung* Nr. 570, 8. 11. 1936); »Theologische Mathematik. 300 Jahre ›Discours de la méthode‹« (*Europäische Revue*, Jg. 13, H. 4, 1937, S. 320–322); »Philosophie der Naturwissenschaften. Kant und die moderne Physik« (*Kölnische Zeitung* Nr. 219, 2. 5. 1937); »Exkurs über die Angst vor der Mathematik« (*Kölnische Zeitung* Nr. 254, 23. 5. 1937); »Stilisten der exakten Wissenschaft« (*Kölnische Zeitung* Nr. 328, 2. 7. 1937); »Exkurs über den Geist der Mathematik« (*Die Neue Rundschau*, 48. Jg. d. Freien Bühne, H. 7, 1937, S. 63–68); »Die Idee der Naturerkenntnis bei Nietzsche und Kierkegaard« (*Unsere Welt als Geschichte*, Bd. 29, 1937, S. 33–36); »Der Irrationalismus und die moderne Mathematik« (*Europäische Revue*, Jg. 14, H. 9, 1938, S. 768–778); »Das Gesetz in der Schönheit. Abstraktionen der Mathematik und die Kunst« (*Kölnische Zeitung* Nr. 576, 13. 11. 1938); *Geist der Mathematik. Abschnitte aus der Philosophie der Arithmetik und Geometrie*, Oldenbourg, München/Berlin 1939; »Philosophie und Mathematik« (*Kölnische Zeitung* Nr. 347, 11. 7. 1942); »Der mathematische Geist« [8 Porträts von Mathematikern] (*Kölnische Zeitung*, Jan. bis Juni 1943).
50 Max Bense (Hg.): *Briefe großer Naturforscher und Mathematiker*, gesammelt und mit einer Vorbemerkung, Staufen-Verlag, Köln 1943.
51 Max Bense: *Moderne Naturphilosophie*, Butzon & Bercker, Kevelaer 1949.
52 Max Bense: *Was ist Elektrizität?* Butzon & Bercker, Kevelaer 1950.
53 M.B.s Artikel erschien in der Zeitschrift *Merkur* 37, Jg. 5, H. 3, März 1951, S. 205–218.
54 Das Buch *Cybernetics or Control and Communication in the Animal and the Machine*, 1948, von Norbert Wiener, dem »Vater der Kybernetik«, konnte M.B. 1950 erwerben.
55 Charles P. Snow: *The two cultures and the scientific revolution*, 1959 (dt. *Die zwei Kulturen*).

56 Max Bense: *Technische Existenz. Essays*, Deutsche Verlags-Anstalt, Stuttgart 1949.
57 Max Bense: *Literaturmetaphysik. Der Schriftsteller in der technischen Welt*, Deutsche Verlags-Anstalt, Stuttgart 1950.
58 Max Bense: *Theorie der Texte. Eine Einführung in neuere Auffassungen und Methoden*, mit einem Beitrag von Elisabeth Walther »Textsemiotik«, Kiepenheuer & Witsch, Köln/Berlin 1962.
59 Max Bense: *kleine abstrakte ästhetik,* edition rot, text 38, Stuttgart 1969.
60 Max Bense: *Aesthetica. Einführung in die neue Ästhetik*, Agis, Baden-Baden 1965 (überarbeitete, erweiterte und zusammengefaßte Bücher: *Metaphysische Beobachtungen am Schönen,* Stuttgart 1954; *Aesthetica II. Aesthetische Information*, Krefeld/Baden-Baden 1956; *Aesthetica III. Ästhetik und Zivilisation. Theorie der ästhetischen Kommunikation*, Krefeld/Baden-Baden 1958; *Aesthetica IV. Programmierung des Schönen. Allgemeine Texttheorie und Textästhetik,* Baden-Baden/Krefeld 1960), $^{2}$erw.1982.
61 Max Bense: »projekte generativer ästhetik«, Georg Nees: »stochastische grafik« und »programme«, in: *computer-grafik*, edition rot, text 19, Stuttgart 1965.
62 Max Bense: *Artistik und Engagement. Präsentation ästhetischer Objekte,* Kiepenheuer & Witsch, Köln/Berlin 1970.
63 Max Bense: *Das Auge Epikurs. Indirektes über Malerei,* Deutsche Verlags-Anstalt, Stuttgart 1979.
64 Max Bense: *Die Realität der Literatur. Autoren und ihre Texte*, Kiepenheuer & Witsch, Köln 1971.
65 Max Bense: *Rationalismus und Sensibilität. Präsentationen*, Agis, Baden-Baden 1956.
66 Max Bense: *Literaturmetaphysik. Der Schriftsteller in der technischen Welt*, Deutsche Verlags-Anstalt, Stuttgart 1950.
67 Max Bense: *Die Philosophie* (Reihe: Zwischen den beiden Kriegen, Bd. 1), Suhrkamp, Frankfurt a. M. 1951.
68 Max Bense: *Plakatwelt. Vier Essays,* Deutsche Verlags-Anstalt, Stuttgart 1952.
69 Max Bense: *Die Theorie Kafkas*, Kiepenheuer & Witsch, Köln/Berlin 1952.
70 Max Bense: *Aesthetica [I]. Metaphysische Beobachtungen am Schönen*, Deutsche Verlags-Anstalt, Stuttgart 1954.
71 Max Bense: *Aesthetica II. Aesthetische Information,* Agis, Krefeld/Baden-Baden 1956.
72 Max Bense: *Aesthetica III. Ästhetik und Zivilisation. Theorie der ästhetischen Kommunikation*, Agis, Krefeld/Baden-Baden 1958.
73 Max Bense: *Aesthetica IV. Programmierung des Schönen. Allgemeine Texttheorie und Textästhetik*, Agis, Baden-Baden/Krefeld 1960.
74 Max Bense: *Aesthetica. Einführung in die neue Ästhetik*, Agis, Baden-Baden 1965, $^{2}$erw.1982.
75 Charles W. Morris: »Esthetics and the Theory of Signs« (*Journal of Unified Science*, vol. 8, 1939).

76 Max Bense: *Semiotik. Allgemeine Theorie der Zeichen*, Agis, Baden-Baden 1967.
77 Max Bense: *Zeichen und Design. Semiotische Ästhetik*, Agis, Baden-Baden 1971; *Semiotische Prozesse und Systeme in Wissenschaftstheorie und Design, Ästhetik und Mathematik. Semiotik vom höheren Standpunkt*, Agis, Baden-Baden 1975; *Vermittlung der Realitäten. Semiotische Erkenntnistheorie*, Agis, Baden-Baden 1976; *Die Unwahrscheinlichkeit des Ästhetischen und die semiotische Konzeption der Kunst*, Agis, Baden-Baden 1979; *Axiomatik und Semiotik in Mathematik und Naturerkenntnis*, Agis, Baden-Baden 1981; *Das Universum der Zeichen. Essays über die Expansionen der Semiotik*, Agis, Baden-Baden 1983; *Repräsentation und Fundierung der Realitäten. Fazit semiotischer Perspektiven*, Agis, Baden-Baden 1986; *Die Eigenrealität der Zeichen* (hg. v. Elisabeth Walther), Agis, Baden-Baden 1992.
78 Max Bense: *kleine abstrakte ästhetik,* edition rot, text 38, Stuttgart 1969.
79 Max Bense: *Après-fiche für uns hier und für andere. Werbung für »Rheinlandschaft«*, Faltblatt, Handpressendruck Klaus Burckhardt, Stuttgart 1961.
80 Max Bense: *bestandteile des vorüber. dünnschliffe mischtexte montagen,* Kiepenheuer & Witsch, Köln/Berlin 1961.
81 Max Bense: *Entwurf einer Rheinlandschaft*, Kiepenheuer & Witsch, Köln/Berlin 1962.
82 Max Bense: *vielleicht zunächst wirklich nur. monolog der Terry Jo im Mercey Hospital*, edition rot, text 11, Stuttgart 1963.
83 Max Bense: *Die präzisen Vergnügen. Versuche und Modelle*, Limes, Wiesbaden 1964, $^{2}$1968.
84 Max Bense: *Epische Studie zu einem epikureischen Doppelspiel*, mit 10 Offsets von Helgart Rothe, hg. v. Walter Aue, Hake, Köln 1967.
85 Max Bense: *Die Zerstörung des Durstes durch Wasser. Einer Liebesgeschichte zufälliges Textereignis*, Kiepenheuer & Witsch, Köln 1967.
86 Max Bense: *nur glas ist wie glas. werbetexte*, Fietkau, Berlin 1970.
87 Max Bense: *Der Mann, an den ich denke,* aus dem Nachlaß hg. v. Elisabeth Walther, edition rot, text 53, Stuttgart 1991.
88 Max Bense: *Zentrales und Occasionelles*, Edition Künstlerhaus, Stuttgart 1981.
89 Max Bense: *Das graue Rot der Poesie. Gedichte*, Agis, Baden-Baden 1983.
90 Max Bense: *Kosmos Atheos. Gedichte, Suzette 1985*, Agis, Baden-Baden 1985.
91 Max Bense: *Nacht-Euklidische Verstecke. Poetische Texte, Stuttgart Suzette Bloomington 1986/87*, mit vier Übersetzungen ins Englische v. Becke Buffalo, Agis, Baden-Baden 1988.
92 Max Bense: *Poetische Abstraktionen. Gedichte und Aphorismen*, mit einer Kaltnadelradierung »Auge« von Paul Wunderlich, manus presse, Stuttgart 1990.

93 Max Bense: »Die Attribute Epikurs« (*Allgemeine Zeitung Mainz*, 26. 9. 1948); Max Bense: »Die Attribute Epikurs« (*St. Galler Tagblatt*, 10. 3. 1951).
94 Max Bense: *Von der Verborgenheit des Geistes*, Habel, Berlin 1948.
95 Max Bense: *Plakatwelt. Vier Essays*, Deutsche Verlags-Anstalt, Stuttgart 1952.
96 Max Bense: »Von der Wahrheit im Aphorismus« (*Kölnische Zeitung*, 20. 2. 1938).
97 Max Bense: »Das Literarische in der Philosophie« (*Kölnische Zeitung*, 28. 1. 1940).
98 Max Bense: »Literarischer und wissenschaftlicher Stil« (*Kölnische Zeitung*, 8. 6. 1941).
99 Max Bense: »Über den Essay« (*Kölnische Zeitung*, 19. 4. 1942).
100 Max Bense: »Über den Essay und seine Prosa« (*Merkur* 3, Jg. 2, H. 3, März 1947, S. 414–424).
101 Max Bense: »Über existentielle Prosa« (*Die Sammlung*, Jg. 3, H. 11, 1948, S. 676–680).
102 Max Bense: »Über expressionistische Prosa« (*Merkur* 12, Jg. 3, H. 2, 1949, S. 197–199).
103 Max Bense: »Metaphertheorie« (*texturen* 8, 1956, S. 2–3).
104 Max Bense: »Neue Textsorten« (*augenblick*, Jg. 5, H. 1, 1961, S. 23–27).
105 Max Bense: »Konkrete Poesie« (*manuskripte* 11, Jg. 4, H. 2, 1964, S. 1–3).
106 Max Bense: *experimentelle schreibweisen*, edition rot, text 17, Stuttgart 1964.
107 Max Bense: »Theorie kubistischer Texte« (*Pour Daniel-Henry Kahnweiler*, hg. v. Werner Spies, Hatje, Stuttgart 1965, S. 56–61).
108 Max Bense: »Die pantomimische Funktion der Sprache« [zu Ernst Jandl] (*manuskripte*, Jg. 6, H. 3, 1966/67, S. 33–34).
109 Max Bense: »Über natürliche und künstliche Poesie«, aus: *Theorie der Texte*, 1962 (*Über die Sprache*, hg. v. Karlheinz Daniels, Schünemann, Bremen 1966, S. 299–303).
110 Max Bense: »Was erzählt Gertrude Stein?« (*Probleme des Erzählens in der Weltliteratur. Festschrift für Käte Hamburger zum 75. Geburtstag*, hg. v. Fritz Martini, Klett, Stuttgart 1971).
111 Max Bense: »Was ist ein topographischer Text?« (*Kritisches Jahrbuch* 2, Niedlich, Stuttgart 1972, S. 91).
112 Vgl. Elisabeth Walther: *Bibliographie der veröffentlichten Schriften von Max Bense*, Agis, Baden-Baden 1994.
113 Max Bense: *Ptolemäer und Mauretanier oder die theologische Emigration der deutschen Literatur*, Kiepenheuer, Köln/Berlin 1950; neue Aufl. Haffmans, Zürich 1984.
114 Max Bense: *Die Theorie Kafkas*, Kiepenheuer & Witsch, Köln/Berlin 1952.
115 Max Bense: *Plakatwelt. Vier Essays*, Deutsche Verlags-Anstalt, Stuttgart 1952.
116 Max Bense: »Die Küste Picassos« (*Das Kunstwerk*, Jg. 9, H. 3, 1955/56, S. 3–7).

117 Max Bense: »Rom – Genua« (*augenblick*, Jg. 2, H. 1, 1956, S. 5–10).
118 Max Bense: »Kontext nur für Francis Ponge« (Katalog *Francis Ponge – Visuelle Texte* zur Ausstellung Galerie Gänsheide, Studiengalerie, Institut Français, Stuttgart, 5.–20. 7. 1958).
119 Max Bense: »Montage Gertrude Stein 1958. Mischtext« (*augenblick*, Jg. 3, H. 5, 1958, S. 42–43).
120 Max Bense: »Montage des IST« (Katalog *konkrete texte*, Ausstellung im Studium Generale, Arbeitskreis Geistiges Frankreich, TH Stuttgart, WS 1959/60).
121 Max Bense: »Mondlied für den Homo sapiens«, aus: *Das graue Rot der Poesie*, Agis, Baden-Baden 1983.
122 Max Bense: »Hadamards ›Vergiß-Funktoren‹«, letzte Zeile, aus: *Nacht-Euklidische Verstecke*, Agis, Baden-Baden 1988.
123 Max Bense: »Letzte Implikation«, aus: *Das graue Rot der Poesie*, Agis, Baden-Baden 1983.

## Manifest des existentiellen Rationalismus 1951

1 Das Manifest erschien in *Aufklärung*, Jg. 1, H. 7, Dezember 1951, S. 145–148.
M. B. hatte diese philosophische Konzeption schon in Abhandlungen und Büchern implizit formuliert und kam auch später immer wieder auf dieses Programm der Vereinbarung von Rationalität und Existenzphilosophie zurück, z. B. auch in seiner Essay-Sammlung *Rationalismus und Sensibilität* (1956).

## Raum und Ich. Eine Philosophie über den Raum

Luken & Luken, Berlin o. J. [1934] und Nachdruck: Oldenbourg, München/Berlin 1943.

1 Bevor das Buch erschien, veröffentlichte Max Bense folgende Abhandlungen, die darin enthalten sein sollten: »Überwindung der Lebensangst« (*Kölnische Zeitung*, 13. 2. 1934), »Geist und Gestalt«, nicht identisch mit dem Kapitel »Gestalt und Geist« des Buches (*Cahiers Luxembourgeois*, 15. 5. 1934) und »Zur kosmogonischen Anthropologie« (*Zeitschrift für Welteislehre*, Jg. 2, H. 3, 1934, S. 68–81).
2 Max Scheler: *Die Wissensformen und die Gesellschaft*, 1926; *Die Stellung des Menschen im Kosmos*, 1927. Die »Daseinsrelativität« Schelers verband er in seiner Dissertation mit der Quantenmechanik. In seinem Buch *Die Eigenrealität der Zeichen*, posthum 1992, kam er noch einmal ausführlich auf Scheler zurück.
3 Hanns Hörbiger, Hauptvertreter der Welteislehre. M. B. arbeitete an seinen Zeitschriften *Schlüssel zum Weltgeschehen* und *Zeitschrift für*

*Welteislehre* Anfang der dreißiger Jahre mit. Georg Hinzpeter, Eugen Georg, Kerler u. a. gehören zu diesem Kreis.

4 Edmund Husserl: *Ideen zu einer reinen Phänomenologie und phänomenologischen Philosophie*, 1913, $^{2}$1928, auf die sich M. B. hier wahrscheinlich bezieht. Er schrieb am 3. Mai 1938 einen ungezeichneten Nachruf in der *Kölnischen Zeitung*.

5 Hans Leisegang: *Denkformen*, 1928. M. B. war an der Universität Jena Kollege von Leisegang.

6 Euklid (Eukleides): *Die Elemente. 13 Bücher.* Das berühmte 5. Postulat lautet: »Wenn eine Gerade zwei Geraden trifft und mit ihnen auf derselben Seite innere Winkel bildet, deren Summe kleiner ist als zwei Rechte, dann treffen sich die beiden Geraden, wenn man sie auf dieser Seite verlängert.« (aus: Herbert Meschkowski: *Mathematiker-Lexikon*, Mannheim 1964, S. 80).

7 Ludwig Klages: *Der Geist als Widersacher der Seele,* 3 Bde., 1929–32. M. B. setzte sich in *Anti-Klages oder Von der Würde des Menschen* (1937) mit Klages auseinander, was ihm einigen Ärger einbrachte.

8 David Herbert Lawrence: *The woman who road away*, 1928 (dt. *Die Frau, die davon ritt*). Lawrence war einer der bevorzugten Schriftsteller M. B. s.

9 Vgl. Paul Valéry: *Morceaux choisis*, »Sur Mallarmé«, Paris 1930, S. 275. M. B. hat eine Auswahl aus den Schriften Valérys zum Druck vorbereitet, die im Oldenbourg-Verlag während des Krieges verlorenging.

10 »Akt des Wählens« ist ein Schlüsselwort in der Ästhetik M. B. s.

11 Rolf Mayr, ein Jugendfreund und Schriftsteller.

12 Bertrand Russell: *Introduction to Mathematical Philosophy*, 1918; *The Analysis of Mind,* 1921, dt. 1927. Bertrand Russell u. Alfred North Whitehead: *Principia Mathematica*, 1910–13. Sowohl als Logiker als auch als philosophischer Schriftsteller wurde Russell immer wieder von M. B. erwähnt.

13 Georg Cantor, Begründer der Mengenlehre: *Grundlagen einer allgemeinen Mannigfaltigkeitslehre*, 1883; *Gesammelte Abhandlungen mathematischen und philosophischen Inhalts*, hg. v. E. Zermelo, 1932. M. B. würdigte in »Fünfzig Jahre Mengenlehre« (*Kölnische Zeitung*, 13. 2. 1934) die Bedeutung dieses Zweigs der Mathematik.

14 Oswald Spengler: *Der Untergang des Abendlandes.* Bd. 1: *Umriß einer Morphologie der Weltgeschichte*, 1918, Bd. 2: *Welthistorische Perspektiven*, 1922; *Der Mensch und die Technik*, 1931. Spengler war vor allem in den frühen Jahren ein viel zitierter Autor in den Schriften M. B. s.

15 René Descartes war neben Pascal und Leibniz der Hauptvertreter des »klassischen Rationalismus«, der es als einer der ersten wagte, die Philosophie von der Theologie zu trennen. M. B. gab 1949 René Descartes: *Briefe 1629–1650* (übers. v. Fritz Baumgart) mit einer ausführlichen Einleitung und Anmerkungen heraus. Vgl. auch M. B.s Buch *Descartes und die Folgen* (1955) in diesem Band.

16 Blaise Pascals Abhandlung über die Kegelschnitte ist nicht erhalten,

nur der Bericht darüber von Leibniz. Über Pascal äußerte sich M.B. mündlich und schriftlich seit 1935 immer wieder. Vgl. »Pascals Existenz des Geistes und des Herzens. Materialien zu einer Existenzphilosophie des klassischen Rationalismus«, in: Blaise Pascal, *Abhandlung über die Leidenschaften der Liebe. Gebet zu Gott um den heilsamen Gebrauch der Krankheiten*, Köln/Hagen 1949.

17 Werner Heisenberg: *Die physikalischen Prinzipien der Quantentheorie*, 1930.
Max Bense: »Das Geheimnis der Materie« (Heisenberg und Schrödinger) (*Kölnische Zeitung*, 19. 11. 1933). In der Dissertation (1938) bezieht sich M.B. auf die »Quantenmechanik« von Heisenberg, Schrödinger, usw., die er – wie gesagt – mit der »Daseinsrelativität« Schelers verbindet. Siehe Band 2.

18 Albrecht Fabri, ein Jugendfreund und Mitglied der »Rheinischen Gruppe«, studierte Germanistik und Musikwissenschaft. Er dichtete und komponierte. Der erwähnte Essay scheint nicht publiziert worden zu sein.

19 Goswin P. Gath war Begründer der »Rheinischen Gruppe«, Lyriker und Buchhändler in Köln-Nippes. *Gedichte*, Pasing b. München 1933. Das Zitat ist dem Gedicht »Die Tänzerin« entnommen.

20 Johann Wolfgang von Goethe: *Zur Farbenlehre*, 1910. M.B. zitierte Goethes Farbenlehre in seinen ästhetischen Schriften.

## Aufstand des Geistes. Eine Verteidigung der Erkenntnis

Deutsche Verlags-Anstalt, Stuttgart/Berlin 1935
und Oldenbourg, München/Berlin 1935.

Im Vertrag mit der Deutschen Verlags-Anstalt wird der Titel noch mit *Der Wille zum Geist. Eine Verteidigung der Erkenntnis* angegeben, was auf Nietzsche zurückgeht. Der endgültige Titel orientiert sich an Ortega y Gassets *Der Aufstand der Massen*, das 1931 in der Deutschen Verlags-Anstalt erschienen war. (Am 27. 11. 1953 hat Ortega auf Einladung von M.B. an der TH Stuttgart über »Mensch und Technik« gesprochen.) Es ist das zweite Buch des Studenten Max Bense, in welchem er seine Konzeption des »existentiellen Rationalismus«, zwar nicht wörtlich, aber inhaltlich formuliert. Naturerkenntnis einerseits und Existenzphilosophie andererseits, Heisenberg und Kierkegaard, gilt es zu verbinden, wie er im Vorwort formuliert. Daß er die politischen Gefahren deutlich sah, kann man folgenden Sätzen entnehmen: ».. . diese Dekadenz innerhalb des menschlichen Totaldaseins besteht in der nachlassenden Spannung zum Geist, im Verlust des ›Willens zum Geist‹ durch einen rohen Willen zur Macht oder in einem Mangel an Kraft für und gegen den Geist.« (S. 71) und: »Was soll eine Philosophie ... noch bedeuten, wenn die Nation sich formt unter dem Gesetz einer einheitlichen Weltanschauung?« (S. 111) und schließlich: »Geist allein adelt nicht, aber Blut allein auch nicht.« (S. 120). Diese Zitate zeugen von Klarsicht und Mut; denn schließlich mußte er ja sein Studium gut zu Ende bringen.

1 Sören Kierkegaard (1813–1855) hat auf M.B. einen bleibenden Eindruck gemacht. Seine erste Auseinandersetzung mit K. erschien unter dem Titel »Überwindung der Lebensangst« am 13. 2. 1934 in der *Kölnischen Zeitung*. Als ein Kapitel von *Raum und Ich* gedacht, wurde es dort aber nicht publiziert. M.B. muß sich schon vor 1933 mit K. beschäftigt haben; denn er konnte seinen Freund Peter Schäfer dazu anregen, aus K.s Werk zu übersetzen. 1937 gab er mit ihm im Insel-Verlag das Bändchen Nr. 519, *Kierkegaard-Brevier*, heraus, das er einleitete. Es erfuhr drei Auflagen und wurde auch ins Italienische übersetzt. In seinem Buch *Vom Wesen deutscher Denker* (1938) heißt ein Kapitel: »Sören Kierkegaard und der deutsche Geist« (S. 99–131). 1939 schrieb er die Einleitung unter dem Titel »Über Leben und Wirken Sören Kierkegaards« zu K.s *Entweder – Oder* (übersetzt von Christoph Schrempf, hg. v. Fritz Droop, Dieterich, Leipzig 1939). Sein Buch *Sören Kierkegaard – Leben im Geist* erschien in der Reihe »Geistiges Europa«, hg. v. A.E. Brinckmann, bei Hoffmann und Campe, Hamburg 1942.

2 Die Existenzphilosophen Martin Heidegger und Karl Jaspers, die sich sowohl auf Kierkegaard als auch auf Husserl beziehen, treten in den frühen Schriften häufig auf, z.B. in »Überwindung der Lebensangst« (*Kölnische Zeitung*, 13. 2. 1934), wo man auch einen Hinweis auf den spanischen Philosophen Miguel de Unamuno findet.

3 Während des Studiums schrieb M.B. über viele Neuerscheinungen in Philosophie, Mathematik, Physik, Geologie usw. Der Name Werner Heisenberg taucht am häufigsten auf, neben Planck, Schrödinger, de Broglie, Einstein, Minkowski, Weyl, Dirac, Bohr, Lise Meitner, Born usw. Heisenberg wird zum ersten Mal in »Das dynamische Weltbild« (*Kölnische Zeitung*, 7. 2. 1933) erwähnt. M.B. hat übrigens die Verdienste jüdischer Wissenschaftler stets gebührend gewürdigt und damit gezeigt, daß dies auch unter den Nazis möglich war.

4 Das Problem der Relation zwischen der »inneren und äußeren Wirklichkeit« oder zwischen Subjekt und Objekt zeigt sich für M.B. sowohl in der Philosophie (Nietzsche, Kierkegaard u. a.) als auch in der Physik (Heisenberg u. a.), die vom störenden Einfluß des Beobachters bei der Beobachtung ausgehen.

5 M.B. setzte sich schriftlich und mündlich mit Pascal auseinander. Sein Begriff des »existentiellen Rationalismus« ist von der Unterscheidung Pascals »esprit de finesse« und »esprit géométrique« beeinflußt. Vgl. z.B. »Die Wissenschaftstheorie Blaise Pascals« (*Zeitschr. f. philosoph. Forschung*, Bd. II, H. 1, 1947).

6 Rembrandt wurde auch in »Rembrandt und Kierkegaard. Eine Betrachtung« (*Kölnische Zeitung*, 18. 2. 1942) mit dem dänischen Philosophen in Beziehung gesetzt. Es gibt im Nachlaß ein Typoskript »Rembrandt und Kierkegaard oder Die beiden Wirklichkeiten. Aus einer Hell-Dunkel-Philosophie«, das in den frühen dreißiger Jahren geschrieben worden sein muß, aber mit dem gedruckten Artikel nicht identisch ist.

7 Mit Sicherheit geht der ursprüngliche Titel des Buches: »Der Wille zum Geist« auf Nietzsches *Wille zur Macht* zurück. Zum 35. Todestag Nietzsches publizierte M.B. »›Ecce homo‹, vom Bild des Philosophen« (*Kölnische Zeitung*, 25. 8. 1935).

8 Der holländische Mathematiker und Logiker L. E. J. Brouwer vertrat eine »intuitionistische Logik« und wandte sich damit gegen Hilberts formalistische Logik.

9 Vgl. »David Hilbert oder die Rechtfertigung der Mathematik« in: *Vom Wesen deutscher Denker* (1938), das in dieser Ausgabe nicht enthalten ist. M.B. interessierte sich speziell für die Zeichenkonzeption Hilberts.

10 M.B. hat über viele Mathematiker geschrieben. Vgl. *Geist der Mathematik* (1939), *Das Leben der Mathematiker* (1943) usw., die hier nicht nachgedruckt werden. In Band 2 ist *Konturen einer Geistesgeschichte der Mathematik* Bd. I, 1946 und II, 1949 enthalten.

11 Hans Reichenbach: *Axiomatik der relativistischen Raum-Zeit-Lehre*, 1920; *Ziele und Wege der heutigen Naturphilosophie*, 1931. M.B. besprach R.s *Philosophische Grundlagen der Quantenmechanik* (*Deutsche Literaturzeitung*, Jg. 71, H. 1, 1950). Reichenbach sprach auf Einladung M.B.s Anfang der fünziger Jahre an der Universität Stuttgart.

12 Von Leopold Kronecker stammt der Satz: »Die ganzen Zahlen hat der liebe Gott gemacht, alles andere ist Menschenwerk.«

13 Gottfried Benn hat M.B. zum ersten Buch ermutigt. M.B. rezensierte Benns *Kunst und Macht* (1934) (*Berliner Tageblatt*, 21. 10. 1934; *Kölnische Zeitung*, 20. 1. 1935 und *Europäische Revue*, August 1935). Man hat Benn später seine Nähe zum Nationalsozialismus vorgeworfen, aber M.B. formuliert in der 2. Besprechung u. a.: »... Bedeutet der Aufgang der Macht wirklich das Ende der Kunst? ... Die Macht ist nichts ohne Idee, und Vitalität allein bedeutet nichts ohne Geist ... Denn im Tiefsten glaubt er [Benn] daran, daß das ›Politische Reich‹ der Deutschen niemals ohne ein ›Geistiges Reich‹ bestehen kann.«

14 Wolfgang Pauli gehörte zu den führenden theoretischen Physikern. Für das Pauli-Verbot bzw. Pauli-Prinzip erhielt er 1945 den Nobelpreis und 1958 die Max-Planck-Medaille. Er war besonders an den philosophischen Grundlagen der Quantenmechanik interessiert.

15 Während des Krieges hat M.B. eine dreibändige Leibniz-Ausgabe zusammengestellt, die bei Oldenbourg verlorenging. Von seinen Ausführungen über Leibniz vgl. z.B. »Gottfried Wilhelm Leibniz oder zwischen Mathematik und Musik« (in: *Vom Wesen deutscher Denker*, 1938).

16 In der Deutschen Verlags-Anstalt Stuttgart erschien von Julius Evola *Erhebung wider die Moderne*. E. wurde seine Nähe zum Faschismus vorgeworfen.

17 M.B. hat den dialektischen Theologen Karl Barth sehr geschätzt, trug aber später eine Kontroverse über Atheismus mit ihm aus (vgl. *Züricher Woche*, 14. 6. 1963).

18 Werner Heisenberg veröffentlichte 1930 *Die physikalischen Prinzipien der Quantentheorie*. Er erhielt 1932 den Nobelpreis für Physik. M.B. hat am 27. 8. 1961 am Bayerischen Rundfunk mit ihm und Willy Hochkeppel über Kunst und Naturwissenschaft diskutiert. Titel der Sendung: »Experten und Dilettanten«.

19 Über Sprache, Sprachkritik, Sprache der Wissenschaften, Philosophie, Literatur usw. hat M.B. mehrfach geschrieben. Vgl. »Literarischer und wissenschaftlicher Stil« (*Kölnische Zeitung*, 8. 6. 1941) als ein Beispiel unter vielen.

20 Schöpfung, Kreation u. ä. sind Begriffe, die auf Literatur und Physik bezogen werden. Vgl. auch »Begriff und Wesen der Schöpfung« (*Europäische Revue*, Juni 1935).

21 Begriffe wie »Zeichenmacher«, »Zeichen«, »Urzeichen« usw. sind erste Spuren eines lebenslangen Studiums der Zeichen bzw. Zeichentheorie oder Semiotik M.B.s.

22 Hermann Schmalenbach, *Das Ethos und die Idee des Erkennens* (1933) ist wahrscheinlich eine der Quellen von M.B.s eigenen Vorstellungen von Ethik im Sinne der Verantwortung für die eigenen Taten.

23 Urphänomen, Urbild, Urform usw. sind schon in *Raum und Ich* erörtert worden.

24 Wahrscheinlich ist hier Hedwig Conrad-Martius gemeint. Ihre *Realontologie* erschien 1923.

25 Gotthold Ephraim Lessings *Laokoon oder Über die Grenzen der Malerei und Poesie* (1766) hat noch auf die späten ästhetischen Schriften M.B.s gewirkt.

26 Anspielung auf Max Stirners *Der Einzige und sein Eigentum* (1845).

## Über Leibniz

Leibniz und seine Ideologie. Der geistige Mensch und die Technik.

Karl Rauch Verlag, Jena 1946. (2. Text in: *Die Fähre*, München, Jg. 1, H. 4, April 1946, S. 213–223 und in: *Aufbau*, Berlin, Jg. 2, H. 10, 1946, S. 1016–1022).

1 Paul Valéry sprach 1926 in Berlin über Leibniz.
2 Proklos Diadochos (410–485). *Euklid-Kommentar*, hg. v. M. Steck, 1945 und E. Abderhalden, 1945.
3 René Descartes: *Discours de la méthode*, mit einem Anhang: *Géométrie, Météores, Dioptrique*, 1637 (dt. v. A. Buchenau, 1920).
4 Blaise Pascal: *Essai sur les coniques*. Bekannt durch den Bericht von Leibniz; *Traité du Vide*, 1651; *Traité du triangle arithmétique*, 1654. Korrespondierte mit Pierre de Fermat über Wahrscheinlichkeit.
5 Gottfried Wilhelm Leibniz: *Dissertatio de Arte Combinatoria*, 1666 [mit dem arithmetischen Dreieck, das später Pascalsches Dreieck genannt wurde]; *Nova methodus pro maximis et minimis*, 1684; *De geometria infinitorum*, 1686 (dt. *Mathematische Schriften*, hg. v. C.I. Gerhardt, 7 Bde., 1849–63); *Opuscules et fragments inédits*, hg. v. Louis Couturat, Paris 1903.
6 David Hilbert: *Grundlagen der Geometrie*, 1899; *Axiomatisches Denken*, 1918; zus. mit W. Ackermann: *Grundzüge der theoretischen Logik*, 1928, 1938.
7 George Boole: *An investigation of the laws of thought, on which are founded the mathematical theories of logic and probability*, London 1854.
8 Charles Sanders Peirce: *Collected Papers*, hg. v. Paul Weiss und Charles Hartshorne, Cambridge, Mass., Bd. 1 u. 2, 1931; Bd. 3 u. 4, 1933; Bd. 5 u. 6, 1934.
9 Bertrand Russell und Alfred North Whitehead: *Principia Mathematica*, 1910–13, dt. Vorwort u. beide Einleitungen: *Einleitung in die mathematische Logik*, 1923; Bertrand Russell: *The Problems of Philosophy*, 1912 (dt. *Die Probleme der Philosophie*, Erlangen 1926).
10 Vgl. Anm. 6.
11 Ernst Schröder: *Vorlesungen über die Algebra der Logik*, 3 Bde., 1890–1905 (Schröder geht auf Peirce zurück).
12 Gottlob Frege: *Begriffsschrift*, 1879; *Die Grundlagen der Arithmetik*, 1884.
13 Heinrich Scholz lehrte an der Universität Münster. An seinen Seminaren über Mathematische Logik nahm Max Bense von Köln aus in den Jahren 1933–34 teil. Heinrich Scholz: *Geschichte der Logik*, 1931; *Kunstsprachen und Natursprachen*, 1938; *Metaphysik als strenge Wissenschaft*, 1941; *Fragmente eines Platonikers*, 1941.
14 Mit dem Prinzip der Komplementarität hat sich Max Bense noch in der Zeit von 1970–1985 beschäftigt.

15 Feldtheorie. Albert Einstein und Hermann Weyl versuchten, das elektromagnetische und das Gravitations-Feld in einheitlicher Form als Folge der geometrischen Struktur der Raum-Zeit-Welt aufzustellen, was aber nicht glückte. Ab 1927/28 sprach man in der Quantentheorie von »Feldquantierung«.
16 Georg Wilhelm Friedrich Hegel: *Phänomenologie des Geistes*, 1807; *Wissenschaft der Logik*, 1812–16; *Enzyklopädie der Wissenschaften*, 1817, 1827, 1830.
17 Bernard Bolzano: *Wissenschaftslehre*, 4 Bde., 1837; Neuauflage 1929–31; *Paradoxien des Unendlichen*, posthum 1851, Neudruck 1923.
18 Hier wird wahrscheinlich Bezug genommen auf Sören Kierkegaard: *Entweder-Oder.*
19 Pierre Simon, Marquis de Laplace: *Traité de Mécanique Céleste*, 5 Bde., 1799–1825.
20 Johannes (Jean) Calvin: *Institutio religionis christianae*, 1536, dt. 1887.
21 Isaac Newton: *Philosophiae naturalis principia mathematica*, 1687.
22 Gottfried Wilhelm Leibniz: *De rerum originatione radicali; Initia et specimina scientiae novae generalis.*
23 Blaise Pascal: Brief 1661 an einen Freund in Clermont, in: *Pascal*, Auswahl u. Einleitung R. Schneider, Fischer-Bücherei 70, Frankfurt u. Hamburg 1954, S. 264–266.
24 Erhard Weigel, Lehrer von Leibniz: *Arithmetische Beschreibung der Moralweisheit*, 1674.
25 Blaise Pascal: *Brief an den Kanzler Séguier*, 1645, Widmungsbrief zur Rechenmaschine, die er erfunden hat, in: *Pascal*, Ausw. u. Einl. R. Schneider, Frankfurt u. Hamburg 1954, S. 74–75.
26 Jean Jacques Rousseau: *Discours sur les sciences et les arts*, 1750 (dt. *Abhandlung: ob die Wissenschaften etwas zur Läuterung der Sitten beigetragen haben*).
27 *Encyclopédie ou dictionnaire raisonné des sciences, des arts et des métiers*, hg. v. Denis Diderot u. Jean le Rond d'Alembert, Paris 1751–1780.
28 Denis Diderot: *Pensée sur l'interprétation de la nature*, 1753 (dt. *Gedanken über Philosophie und Natur*, hg. v. Ilse Lange u. Max Bense, übers. v. Ilse Lange u. Vorbemerkung v. Max Bense, Weimar 1948).
29 Karl Rosenkranz: *Diderots Leben und Werke*, 2 Bde., 1866.
30 Felix Klein: *Vorlesungen über die Entwicklung der Mathematik im 19. Jahrhundert*, 1926/27.
31 Antoine Arnauld u. Pierre Nicole: *La logique ou l'art de penser* (Logik von Port-Royal), 1662.
32 Charles du Bos: *Approximations*, 7 Bde., 1922–37 (dt. Auswahl *Der Weg zu Goethe*).

## Umgang mit Philosophen. Essays
Staufen-Verlag, Köln 1947.

Diese Essays sind bis auf drei – »Denken und Dichten«, »Der Begriff der Diagnose«, »Die Begeisterung« – zwischen 1938 und 1944 in Zeitungen und Zeitschriften erschienen. Sie sind fast unverändert übernommen worden. Der Essay »Was ist Klarheit« wurde 1948 in *Die Neue Zeitung* nachgedruckt.

Es handelt sich im einzelnen um:

Aufzeichnungen über den Geistigen (*Kölnische Zeitung* Nr. 614, 1. 12. 1940).
Umgang mit Philosophen (*Kölnische Zeitung* Nr. 450 u. 451, 4. 9. 1940).
Über die Phantasie (*Kölnische Zeitung* Nr. 25, 14. 1. 1940 und *Das Reich*, 17. 11. 1940).
Über den Stil (*Kölnische Zeitung* Nr. 115, 2. 3. 1940).
Denken und Dichten (Vorher nicht erschienen).
Über die Polemik (*Die Literatur*, Jg. 41, H. 9, Juni 1939, S. 536–537).
Der Begriff der Diagnose (Vorher nicht erschienen).
Exkurs über das Schreiben (*Kölnische Zeitung* Nr. 51, 28. 1. 1940).
Über die Heiterkeit im Aphorismus (*Berliner Tageblatt* Nr. 429/430, 11. 9. 1938).
Was ist Klarheit (Vorher nicht erschienen; Nachdruck: *Die Neue Zeitung*, 23. 10. 1948).
Über die Weisheit (*Kölnische Zeitung* Nr. 560, 2. 11. 1940).
Die Begeisterung (Vorher nicht erschienen).
Über die Ironie (*Kölnische Zeitung* Nr. 206, 23. 4. 1940 u. *Kölnische Rundschau*, 11. 3. 1947).
Kontur, Tiefe und Klarheit (*Kölnische Zeitung* Nr. 137, 20. 5. 1944).
Über Geistesabwesenheit (*Kölnische Zeitung* Nr. 84, 25. 3. 1944).
Über das Gelächter der Dummen (*Kölnische Zeitung* Nr. 329, 3. 7. 1938).
Über den Trost (*Kölnische Zeitung* Nr. 639, 17. 12. 1939).
Über die schmerzliche Erfahrung (*Kölnische Zeitung* Nr. 522, 15. 10. 1939).

## Descartes und die Folgen. Ein aktueller Traktat
Agis, Baden-Baden und Krefeld 1955.

Das Buch erschien als zweiter Supplement-Band zur Zeitschrift *Augenblick* 1955, $^{2}$1956, $^{3}$1960 als Anhang zu *Ein Geräusch in der Straße*. Vor allem dieses zweite Buch löste neue Kontroversen aus, als der Senat der TH Stuttgart die Ernennung Max Benses zum persönlichen Ordinarius beantragt hatte. Der »Fall Bense« kam sogar vor den baden-württembergischen Landtag, der gegen diese Ernennung war, wurde damals jedoch nicht entschieden. Die SPD-Fraktion schlug im März 1961 dann vor, einen zweiten Lehrstuhl für Philosophie als ideologisches Gegengewicht zu Max Benses Lehrstuhl einzurichten. Nach Schaffung des zweiten Lehrstuhls, der 1962 besetzt wurde, konnte Max Bense im April 1963 endlich zum »persönlichen Ordinarius« ernannt werden.

1 Anthony Collins: *A Discourse on Freethinking*, 1713.
2 Immanuel Kant: *Beantwortung der Frage: Was ist Aufklärung?* 1784.
3 Henry David Thoreau: *The Resistance to Civil Government,* Boston 1849 (dt. *Über die Pflicht zum Ungehorsam gegen den Staat*, Zürich 1967); *Civil Disobedience*, Boston 1866.
4 Jean Giono: *Précisions*, 1939.
5 Hans Sedlmayr: *Verlust der Mitte*, 1948.
6 Czesław Miłosz: *Verführtes Denken*, 1953.
7 René Descartes: *Meditationes de prima philosophia*, 1641. Im Text wird auch Bezug genommen auf *Discours de la méthode*, 1637 und *Principia philosophiae*, 1644.
8 Blaise Pascal: »Fragment einer Einleitung zu einer Abhandlung über die Leere« (in: *Pascal*, hg. v. R. Schneider, Fischer Bücherei, Frankfurt 1954).
9 Bertold Brecht: *Fünf Schwierigkeiten beim Schreiben der Wahrheit*, Paris 1934.
10 Jules Monnerot: *La sociologie du communisme*, 1949 (dt. *Soziologie des Kommunismus,* 1952).
11 Jean Paul Sartre: *L'être et le néant*, 1943 (dt. *Das Sein und das Nichts*, 1952, vollständig 1962).
12 Simone Weil: *La pesanteur et la grâce*, 1947 (dt. *Schwerkraft und Gnade*), *Attente de Dieu*, 1950 (dt. *Das Unglück und die Gottesliebe*).

## Ungehorsam der Ideen. Abschließender Traktat über Intelligenz und technische Welt

Verlag Kiepenheuer & Witsch, Köln 1965, $^{2}$1965, $^{3}$1966.

Dieses Buch ist eine Fortsetzung der politisch-philosophischen Traktate *Descartes und die Folgen* und *Ein Geräusch in der Straße*. Die einzelnen Themen sind aber weiter und deutlicher gefaßt als in den beiden anderen Büchern. Vor allem geht es M. B. hier um die Lage der Intelligenz in den sechziger Jahren, um Wissenschaft, Kunst, Technik, Rationalität, Ästhetik, Provinzialismus, Irrationalismus, Opposition und Atheismus, kurz, um alle Themen, mit denen er sich schon vorher auseinandersetzte oder die er später detaillierter entwickeln sollte. Die Kapitel sind selbständig nicht veröffentlicht worden, auch wenn die Thematiken in anderen Publikationen in ähnlicher Form aufgetreten sind.

1 Jakob Leupold, Mechaniker (1674–1727): *Theatrum machinorum*, 9 Bde., 1724–39.
2 Jean Racine: *Bérénice. Tragédie*, 1670.
3 Nathalie Sarraute: *L'ère du soupçon. Essais sur le roman*, Paris $^{2}$1956 (dt. *Zeitalter des Argwohns. Über den Roman*, Köln 1963).
4 Claude Lévi-Strauss: *Tristes Tropiques*, Paris 1955 (dt. *Traurige Tropen*, Köln 1960).
5 Gallupieren, Wortspiel, verbalisierter Name von George Gallup, amerikanischer Meinungsforscher (1901–1984).
6 Abraham A. Moles: *La création scientifique*, Genf 1957.
7 Claude Lévi-Strauss: *La pensée sauvage*, 1962 (dt. *Das wilde Denken*).

# Namenregister